U0564082

中国社会科学院创新工程学术出版资助项目

中亚安全与稳定研究

A STUDY ON SECURITY AND STABILITY IN CENTRAL ASIA

吴宏伟　主编

课题组成员及分工

前　言		吴宏伟
第一章	中亚地区安全形势及其发展趋势	苏　畅
第二章	影响中亚政治与社会稳定的制度因素	包　毅
第三章	经济发展与中亚安全	张　宁
第四章	影响中亚安全与稳定的社会因素	杨　进
第五章	世界形势与中亚地区安全	吴宏伟
第六章	国际关系和国际合作对中亚安全与稳定的影响	赵会荣
第七章	中亚地区安全的中国因素	肖　斌
第八章	覆盖中亚的安全与经济合作机制	张　昊
后　记		吴宏伟

CONTENTS

目 录

前　言

这是一部以中亚安全和社会稳定为主要研究内容的专著，是中国社会科学院俄罗斯东欧中亚研究所中亚研究室专家团队在研究中亚、高加索、上海合作组织问题过程中经过长期积累取得的一项阶段性重要研究成果。本书虽然字数不多，篇幅也不算长，却是学者们在中亚安全领域长期探索和思考的结果。希望我们的研究能够为打算了解中亚情况的读者提供一些帮助。

在这本书即将付梓之前需要写一个前言。写什么好我一直没有决定下来。这个前言本应该是一篇对全书观点和结论进行高度概括和总结的短文，但我认为自己很难完美地做到这一点。因为这本书是集体项目的成果，集合了八位研究人员的智慧和重要观点，每一位读者从不同角度去阅读都会有不同的感受和收获。基于这种考虑，我并不打算在前言中对全书进行概括和总结，只是想简要谈谈自己对中亚安全与稳定问题的理解以及我们为什么要对中亚安全与稳定问题进行研究。

一　对安全与稳定概念的理解

（一）什么是安全与稳定

“安全”和“稳定”本身就是两个非常引人注意、容易使人产生联想的词语，当把它们与国家和国家政权联系起来时更是如此。在讨论中亚安全与稳定问题前首先需要搞清楚：什么是安全？什么是稳定？应该怎样对它们进行定义？

“安全”一词在《现代汉语词典》中的解释是“没有危险，不受威胁，不出事故”。在政治学领域探讨安全问题的时候，一般多指国家安全。探讨国家安全问题主要是研究国家、国家政权、国家公民、社会是否面临危险和威胁，以及应该怎样避免和消除这些危险和威胁。

《现代汉语词典》对“稳定”的词条解释：一是“稳固安定，没有变动”；二是“使稳定”；三是“指物质不容易受外界其他物质影响和作用而改变性能”。在政治学中，稳定一般指国家政权的稳定和社会稳定。研究社会稳定主要是探讨影响社会稳定的主要因素及消除这些消极因素的措施与途径。

国家安全和社会稳定是互不相同但又密切相关的两个概念。在我看来，影响国家安全的因素主要是外部因素，而影响政权和社会稳定的因素主要是内部因素。因此，国家安全和社会稳定是保障一个国家长治久安的最基本的两个要素。

（二）什么是传统安全与非传统安全

国家安全通常又被分为传统安全和非传统安全两大部分。传统安全一般指与国家间军事行为有关的冲突，简单说，就是一个国家面临的军事威胁和威胁国际社会安全的军事因素，包括国家的领土安全、公民的生命安全和政权的安全等；以军事安全为核心，与国家间军事行为相关联的安全属于传统安全，一个国家和国家政权面临另一个国家主体或军事联盟的军事威胁属于传统安全威胁。关于这点比较明确，没有太多疑问。

与传统安全威胁相对的是非传统安全威胁，通常把国家间军事威胁以外的安全威胁都看作非传统安全威胁。人们对非传统安全的认识并不完全一致，对其概念的理解也不尽相同。20 世纪 80 年代，随着世界安全形势发展，学者们对国家安全的概念和认识有了新的变化，认为国家安全的概念不仅包括军事安全，而且应该包括非军事性问题引起的安全问题，如资源、环境、人口等。2003 年，英国学者在《新安全论》中提出了五个相互关联的安全领域：军事安全、政治安全、经济安全、社会安全和环境安全。2011 年 9 月，中国国务院新闻办公室发表《中国的和平发展》白皮书。白皮书列举了当今世界面临的主要威胁，即恐怖主义、大规模杀伤性武器扩散、金融危机、严重自然灾害、气候变化、能源资源安全、粮食安全和公共卫生安全等。

现在，人们在讨论非传统安全时所涉及的内容主要包括：恐怖主义、武器扩散、跨国犯罪、经济安全、金融安全、信息安全、粮食安全、生态环境安全、能源安全、卫生安全、走私贩毒、民族宗教冲突、难民和非法移民、海盗和洗钱等。

非传统安全理论的出现有其深刻的历史和国际背景。苏联后期，即戈尔巴乔夫当政以后，苏联对内对外政策发生很大变化和调整，东西方关系得到很大改善，冷战思维逐步弱化，军备竞赛已经不是主流，国家之间发生战争或军事冲突的可能性逐步降低。与此同时，世界各国所面临的非传统安全威胁却越来越严重，因此，非传统安全理论受到学者们的重视，非传统安全威胁成为各国重点防范的对象。

传统安全与非传统安全往往相互交织、相互渗透，在一定条件下可以相互转换、互为诱因。进入21世纪以后，世界形势再次发生剧烈变化。各国面临的非传统安全威胁丝毫没有减弱，同时以美国为首的西方国家多次以“民主”“人权”为借口，入侵主权国家，推翻合法政府，搅乱地区原有的政治格局，使更多国家面临着既要应对来自外部军事入侵威胁，又要防范宗教极端主义和国际恐怖主义向本国的渗透和蔓延，同时还要面对和解决其他非传统安全问题。也就是说，各国需要面对的是来自传统安全和非传统安全两方面的威胁与挑战。这是世界安全形势的新特点和新趋势。

（三）新安全观与中国的贡献

对国家安全的看法和主张构成一个国家的安全观。不同国家对安全的看法和主张也不完全相同，各国会因周边环境不同、发展道路不同，以及政治体制不同而面临不同的安全威胁。按理说，各国面临的非传统安全问题应该是共同的，如恐怖主义、有组织犯罪、毒品走私、环境保护、海盗，等等。但事实上我们看到，在应对非传统安全方面国际社会并没有形成统一的立场和统一行动。对不同制度国家采用双重标准成为西方国家惯用的伎俩和手段。美国和西方一些国家只关心自身安全，不关心他国安全，甚至不惜用牺牲别国安全来保障自己的安全，造成新的意识形态对抗和新的军备竞赛。在欧洲，西方用北约东扩和以防范伊朗导弹威胁为名在俄罗斯边界修建导弹防御系统，不断挑战俄罗斯国家安全底线。在亚洲，美国大力推行“重返亚太”和“亚太再平衡战略”，挑起东亚南亚国家间矛盾与争端，拉帮结派，消除异己，拉拢少数国家结成军事同盟，打造亚洲版北约，站在了欧亚地区多数国家的对立面，造成欧亚地区国家间关系高度紧张。老的军事联盟——北约的继续存在并不断扩张以及亚洲新军事联盟的形成大大增加了相关地区军事冲突的不确定性。不仅中国、俄罗斯等非美国盟国面临着巨大威胁，即使是美国政府、美国人民，以及那些所谓的美国盟国，也并没有体会到更多的安全感。

近年来，西亚北非局势持续动荡，宗教极端主义和恐怖主义四处泛滥，很多国家深受其害是一个不争的事实。究其根源，大家都明白造成这种严峻安全形势的一个重要原因，就是以美国为首的西方国家推行错误的政策。关于这一点在媒体和专家学者论著中已有大量描述，这里就不一一赘述。西方国家对世界安全造成实质性影响的另一个错误做法，就是采用双重标准来对待恐怖主义问题，多次以反恐为名推翻他国政权，导致很多地区陷入无休止的动荡，安全形势严重恶化，最后连欧洲国家也不得不吞食自己种下的苦果。

在维护世界和平以及地区安全与稳定方面中国做出了极大贡献。中国是较早提出新安全观的国家。早在 2009 年，时任中国国家主席胡锦涛在联合国大会发表演讲时就全面阐述了中国“互信、互利、平等、协作”的新安全观，指出应该“既维护本国安全，又尊重别国安全关注，促进人类共同安全”。2014 年 5 月 21 日，在上海举行的亚洲相互协作与信任措施会议第四次峰会上中国国家主席习近平指出：“安全应该是普遍的。不能一个国家安全而其他国家不安全，一部分国家安全而另一部分国家不安全，更不能牺牲别国安全谋求自身所谓绝对安全。”习主席提出：“应该积极倡导共同、综合、合作、可持续的亚洲安全观，创新安全理念，搭建地区安全和合作新架构，努力走出一条共建、共享、共赢的亚洲安全之路。”

中国领导人提出的“不搞对抗”“合作共赢”“共同安全”的安全合作新理念符合所有国家的共同利益，也符合世界形势发展的新潮流和新趋势，正得到越来越多国家的支持。多年来，中国一直都是这一新安全观的积极倡导者、实践者和推动者，是维护世界和地区和平与安全的重要力量。

二　为什么中亚安全与稳定问题非常重要

安全与稳定是每一个国家的头等大事。这不仅仅关系到这个国家的长治久安，也关系到这个国家人民的幸福安康，同时对周边国家的安全与稳定也会产生极大的正面或负面影响。

（一）维护国家安全和社会稳定是中亚国家的首要任务

独立以来，中亚国家始终都把安全和稳定当作头等大事和首要任务，其缘由自然不言而喻。自独立之日开始，中亚国家就面临着复杂的国内和国际形势：国家政权需要建立和巩固，国内各派政治力量对政权虎视眈眈；国家面临发展道路的选择，不同发展道路会导致不同的发展结果；在外交上既要与俄罗斯保持密切关系，又要努力得到西方社会承认，融入国际社会，必须搞平衡外交，但这个度很难把握；由于处在由计划经济向市场经济转型时期，法律基础很薄弱，机制也不完善，腐败现象屡禁不绝，国家财富通过各种“合法”或“非法”渠道集中到少数人手中，引起民众强烈不满；经济上遇到的困难难以克服，苏联时期劳动分工形成的产业布局导致独立后产业结构失衡、产业链断裂和企业大量倒闭，企业员工失业，民众生活水平大幅下降。这一时期是中亚国家政治和经济转型的特殊时期，是其政治、经济体系重新构建的时期，也是各方面矛盾容易集中爆发的时期。塔吉克斯坦独立不久就发生内战，一直到1997 年才结束内战。2005 年和 2010 年，吉尔吉斯斯坦发生两次非正常政权更迭。这些说明独立以后相当长时期内中亚国家的政治、经济和社会局势都比较脆弱，任何一件偶发事件都有可能导致国家安全与稳定体系发生系统性崩溃。这也是一些人不看好中亚国家发展前景的重要原因。

近年来中亚国家的安全与稳定问题再次引起人们的关注。从全球视野看，世界正面临着越来越多非传统安全的威胁与挑战，其中最严重的要数宗教极端主义和恐怖主义。美国和一些欧洲国家错误的中东政策是导致中东陷入混乱的根本原因。如今，西亚北非等一些地区冲突严重，叙利亚、伊拉克、阿富汗等国战乱不止，IS 恐怖组织占领了叙利亚和伊拉克大片地区，并努力向阿富汗扩展。世界主要国家，也包括中亚国家，都有相当数量的极端分子前往叙利亚等地参加“圣战”。恐怖主义和宗教极端主义正像瘟疫一样向世界各地蔓延，互联网成为极端思想扩散和渗透的重要渠道。还有一些思想极端者，虽然没有去中东参战，但被互联网等一些媒介洗脑后也走上与人民为敌的犯罪道路。除了日益严重的宗教极端主义和恐怖主义威胁外，应对毒品走私、跨国犯罪、水资源和边界争端、粮食安全、能源安全、生态安全等非传统安全威胁也已经成为中亚各国政府需要认真对待的急迫问题。

本书讨论的中心内容主要是中亚面临的非传统安全问题。在完成本项目过程中，我们一直认为内部因素是影响中亚地区安全与稳定的最主要因素，这是我们关注的重点领域。本书有四章涉及这方面内容，分别是中亚地区安全形势及其发展趋势；影响中亚政治与社会稳定的制度因素；中亚安全的经济因素；影响中亚安全与稳定的社会因素。由于篇幅和研究能力的限制，我们无法对中亚非传统安全范畴内的问题面面俱到，只能选择其中的一部分。其他尚未研究的部分或者在以往同事们的研究成果中已有所涉及，或者将是我们今后重点关注的研究对象。

（二）中亚安全与稳定对周边国家非常重要

研究中亚的学者经常会提到中亚地处十分重要的地缘战略位置。提起中亚，很多人马上就会想起英国地理学家、地缘政治家麦金德在《历史的地理枢纽》一书中提出的“心脏地带理论”和美国地缘政治学家布热津斯基那本著名的《大棋局》及其对亚欧大陆重要性的描述。中亚地区正处于欧亚大陆的中心地带，于是就有了“谁控制了中亚，谁就控制了世界”的说法，世界各主要国家都有参与中亚地区大国博弈的充足理由。那些推崇麦金德和布热津斯基学说并准备参与中亚大国竞争的国家显然有着自己的打算。有的国家虽然在距离上远离中亚，却把中亚看作自己的“邻居”，有的干脆直白表示在中亚有自己的“核心利益”。对一些国际势力而言，控制中亚是主要目的，因此它们不希望中亚太安全，太稳定，这会增加它们介入中亚竞争的难度与成本。只有把水搅浑了，它们才可能来这里浑水摸鱼。

从地理位置上讲，中亚的邻居北有俄罗斯，东有中国，南有阿富汗、伊朗，西面与外高加索阿塞拜疆隔里海相望。除阿富汗以外，中亚及其周边地区基本都属于比较平静安宁的地区。对和平与发展的追求，促使中国、俄罗斯、部分中亚国家于 2001 年建立了上海合作组织，随后蒙古国、伊朗、印度、巴基斯坦、阿富汗、白俄罗斯成为上合组织的观察员国。可以说，上海合作组织是以中亚地区为核心，基本覆盖了周边地区，是维护这一地区安全与稳定的重要国际合作机制。

对于中亚周边国家来说，中亚安全与稳定的重要性首先在于彼此是邻居关系。中国有不少俗语、谚语和成语说明邻里关系的重要性，如“邻家失火，不救自危。”“远水不救近火，远亲不如近邻。”“邻居平安，自己也平安”等。相信在其他国家，在不同民族里都有类似的谚语和俗语。周边国家重视中亚安全问题，是因为相信如果中亚出现问题，相邻国家都会被波及。

中亚国家安全与稳定的重要性对邻居们来说也在于其特殊的地理位置。中亚位于欧亚大陆腹地和中心地段，是连接东亚与西亚、东亚与欧洲、亚洲北部俄罗斯与南亚的重要路上通道和交通走廊。历史经验表明，中亚地区安宁和稳定了，它的桥梁作用就可以很好发挥出来，东西方陆上贸易就会繁荣和发展，东西方文化与文明的交流就会充分。中亚地区如果陷入混乱，这种混乱不仅会向周边国家和地区扩散，而且也会中断陆上交通，东亚与西亚、欧洲的贸易自然也会受到很大影响。所以周边国家都希望有一个能够长期保持和平与稳定的中亚。

中亚安全与稳定的重要性还在于其在世界能源体系中的重要地位。中亚是世界许多国家能源（主要是石油和天然气，未来可能还包括电力）的重要供应者。向北，过去中亚国家生产的天然气、石油通过俄罗斯大量销售到欧洲；向西，从阿塞拜疆首都巴库经格鲁吉亚首都第比利斯到土耳其港口城市杰伊汉的石油管道已经运营多年；向东，从土库曼斯坦经乌兹别克斯坦、哈萨克斯坦最终到中国—中亚天然气管道（A/B/C 线）以及哈萨克斯坦至中国的石油管线都早已投入使用；向南，从土库曼斯坦经阿富汗、巴基斯坦到印度的天然气管道和中亚—南亚输变电项目（CASA－1000）已经开始动工兴建。未来，至少在新能源彻底取代化石能源之前，中亚在世界能源供应体系中的重要地位将很难被削弱。

以上事实说明，中亚国家与周边国家的利益已经被牢牢捆绑在一起，一个覆盖欧亚地区的命运共同体和利益共同体正在形成。

（三）中亚安全与外部世界息息相关

中亚国家安全与域外势力的关系是一个很有意思的话题。世界上很少有地区如中亚国家那样，其安全受到域外力量（这里主要指国家力量）的影响和制约，以至于有人得出结论，认为中亚国家的命运掌握在别人手中。这种论调我们当然不能同意，这也是我们在前面用大量篇幅讨论中亚安全内部因素的动机之一。但我们也承认，世界和地区形势以及域外力量确实能够对中亚安全与稳定造成较大影响，有时甚至是主要影响。域外大国的中亚政策和在中亚地区的博弈在特定时期内对中亚安全形势变化产生了重要的推动作用。本书有两章涉及这方面的内容，一是世界形势与中亚地区安全，二是国际关系和国际合作对中亚安全与稳定的影响。作者没有把大国在中亚的竞争看作“零和博弈”，基本上都是从正面角度看待外部世界与中亚安全两者之间的关系。

在对外关系方面，中亚国家并非总是一帆风顺。中亚国家之间有不少矛盾，水资源利用和边界纠纷只是其中之一。在与域外大国关系上，中亚国家奉行平衡外交政策，努力搞好与俄罗斯、中国、美国、欧盟国家、土耳其、印度等国的关系，但总体上，西方世界对中亚国家的政治体制接受程度较低，对中亚国家领导人长期执政多有质疑，总想对中亚国家进行“民主改造”，这应该属于另一种形式的非传统安全问题。除了大力加强自身安全能力建设外，中亚多数国家应对传统安全和各种形式的非传统安全威胁的最主要方法是与俄罗斯建立军事同盟，依靠俄罗斯的军事力量来保障自身政权安全。除与俄罗斯进行双边军事合作外，在多边框架下多数中亚国家还参加了俄罗斯主导的独联体集体安全条约组织。双边加多边，这在一定程度上使这些国家丧失了部分主权，但中亚国家在这方面可选择的余地不多。

过去我有一种观点，认为在当今世界，国家间爆发军事冲突的可能性在逐步降低，传统安全威胁会越来越少，非传统安全威胁会越来越多、越来越大。但南斯拉夫、伊拉克、利比亚、叙利亚等国家血淋淋的事实告诉我们，传统安全的威胁并没有离我们远去。虽然面对惨烈的战争后果，个别西方国家有时也会进行总结或检讨，但其后来人极少能够汲取教训，依然会前赴后继地去犯前人多次犯过的错误。对一个主权国家安全造成威胁的或许是一个国家，也许是一个国家联盟。它们在侵犯别国主权的时候往往会找出一大堆理由来强调自己入侵别国的正当性与合法性，造成的后果是无法逆转和修复的。中亚一些国家正是清楚地看到这一点，才放弃了幻想，并与俄罗斯结成同盟。上海合作组织在维护中亚地区安全与稳定方面当然能够发挥重要作用，但主要是在非传统安全领域。中亚地区的传统安全保障更多是由独联体集体安全条约组织来承担。

本书出版面世之际正逢中亚国家独立 25 周年。回顾 25 年来中亚国家走过的路程，我们惊奇地看到，中亚国家积极主动维护中亚地区安全与稳定的努力取得了明显成效。尽管在发展中遇到了各种各样的困难，也一直面临传统的和非传统安全的威胁和挑战，但中亚国家这些年保持了基本稳定，这不能不说是一项巨大的成就。中亚各国都建立和进一步完善了本国政治体制；较为顺利地完成了由计划经济向市场经济的转型；建立起主权国家基本架构和较为完善的法律体系；较好维护了国家主权、国家统一和领土完整，在国际社会成功地站稳了脚跟。更为重要的是中亚国家积累了与宗教极端主义和恐怖主义斗争、保障国家安全和稳定的丰富经验，其中很多值得别国学习和借鉴。我认为，中亚国家 25 年来的稳定与发展，这本身就是对世界和平做出的巨大贡献。

三 中亚安全与中国

中亚安全和稳定与中国有关系吗？答案是肯定的。作为中亚的重要邻国，中国有理由对中亚安全与稳定给予更多的关注。越来越多的高层互访、越来越密切的民间往来、不断增多的经济合作项目将双方利益紧密联系在一起。在这种背景下，中国与中亚关系研究不但受到中国学者的重视，而且也成为西方国家、俄罗斯、中亚国家学者关注的重点。2013 年，习近平主席提出共建丝绸之路经济带的倡议以后，中亚作为丝绸之路经济带核心区域，其安全与稳定对丝绸之路经济带建设的影响更成为中外学者绕不开的话题。虽然中亚安全与中国关系方面的内容在我们的这部专著中只占一章，但篇幅是各章中最长的，这足以说明这部分内容在我们课题组专家心目中的分量，因为这毕竟是我们研究中亚问题最终的落脚点。

（一）中亚与中国有密切的政治、经济和文化联系

中国与中亚直接接壤，哈萨克斯坦、吉尔吉斯斯坦和塔吉克斯坦三国与中国有近 3300 千米的边界线。乌兹别克斯坦和土库曼斯坦虽然与中国没有直接

接壤，但也算近邻。中亚在古代就是丝绸之路经过的重要区域，因此中国与中亚国家不但有着较为悠久的历史文化联系，在现代更是建立了密切的政治和经济关系。当然，文化关系也在不断发展之中。

中国与中亚国家有数量较多的跨界民族，两地人民文化相通、血脉相连。如哈萨克族、吉尔吉斯族（在中国称柯尔克孜族）、塔吉克族、维吾尔族、乌兹别克族（在中国写为乌孜别克）、土库曼族（中国的撒拉族被认为历史上曾是土库曼民族重要的一支）、俄罗斯族、东干族（在中国为回族）、鞑靼族（在中国称塔塔尔族）、朝鲜族等在两边都有分布。他们或主体在中亚，或主体在中国，在另一方只有少量分布。随着中国与中亚国家政治、经济和文化关系越来越密切，双方民众往来日益频繁，民间交往逐渐成为中国与中亚国家关系发展的重要推动力量。

苏联时期，在相当长时间里中苏关系紧张，中亚地区成为苏联与中国对峙的前沿。那时中国从中亚方向感受到的是来自苏联的巨大军事压力。苏联后期，中苏关系明显改善，中国新疆与苏联中亚的边界紧张状况也得到逐步缓解。苏联开始与中国就边界问题进行谈判。在谈判过程中，苏联解体了。中亚国家独立以后，以中国为一方，俄罗斯、哈萨克斯坦、吉尔吉斯斯坦和塔吉克斯坦为另一方继续就边界问题进行谈判。最终，中国与这四个邻国通过谈判顺利解决了边界问题，消除了双边关系中最大障碍，从而加强了政治互信和军事互信，为以后发展双边关系奠定了坚实基础。

在安全领域，一个安全、稳定的中亚对中国安全具有极为重要的意义。一方面，在阿富汗形势日趋紧张和恶化、西亚北非深陷动荡危机、宗教极端主义和恐怖主义四处蔓延的背景下，中亚成为中国西北方向重要的安全屏障。这是人们过去对中亚与中国安全关系的普遍看法。从另外一个方面说，中国的安全与稳定对中亚国家也很重要。一个安全、稳定和强大的中国是中亚国家得以持续维护安全与稳定的重要保障。这一点过去说得真不多。

在经济领域，中亚已经是中国重要的合作伙伴。中亚是中国能源与矿产资源的重要来源地之一，中亚也是中国与西亚、与欧洲之间重要的交通走廊。所以我们说，中国经济发展中也有中亚国家的很大贡献。中亚国家面临很多发展中国家常见的问题。它们都是新独立国家，家底比较单薄，经济基础薄弱，抵御经济危机能力有限，特别是近年来国际经济发展趋缓，消费市场萎靡不振，大宗商品价格长期处于低位，发展中国家本币大幅贬值。这些都给中亚国家带来相当大冲击。中国经济发展虽然也面临诸多困难和挑战，但在经过改革开放近 40 年快速发展后，总体发展水平已经达到较高程度，应对经济危机的能力大大提高。中国愿意与周边友好国家共同分享中国改革开放的成果，愿意与中亚国家一起克服经济发展中面临的困难。

2013 年中国领导人提出共建丝绸之路经济带倡议后，得到中亚国家积极响应，表示愿意借助中国力量发展本国经济。中亚地区重要的地缘战略位置、领导人将本国发展战略与丝绸之路经济带建设全面对接的决心，以及广大民众的热烈期盼和大力支持，使中亚地区毫无悬念地成为丝绸之路经济带核心区域。大家都明白这样一个道理，只有经济发展了、国家强大了，社会才能实现长期稳定，国家才能实现长治久安，中亚国家也不例外。因此可以说，不论在安全领域、政治领域，还是在经济领域，中国与中亚国家都相互需要。从未来发展趋势看，命运共同体和利益共同体两大目标很有可能首先在中国与中亚国家之间实现。

人文领域合作是双边关系重要组成部分，关系到民心相通的大问题，是安全合作和经济合作的重要基础。过去人们不太重视人文合作，一方面是人文合作需要较大投入而见效很慢，另一方面对中亚来说需要解决的首先是国家安全和经济发展问题，文化交流始终处于次要地位。人文交流严重滞后导致中亚国家民众对中国不了解、不信任，导致“中国威胁论”在中亚不少地区很有市场。这也难怪，过去中国与中亚国家之间的人文交流确实太少了，多数民众都是通过俄语和英语媒体来了解中国和中国人。尽管中国在这方面做出很大努力，但这仍是中国与中亚国家关系中的一个短板。随着丝绸之路经济带建设的实施，中国与中亚国家关系也进入一个崭新阶段，新形势对双方人文合作提出了新的要求。中亚国家年轻人大量到中国留学和这些国家中学和大学中对学习中文的强劲需求就说明了这一点。中国政府需要及时出台相应政策，尽可能满足中亚国家人民在学习中国文化方面的需求。

（二）中亚安全与稳定是我们长期关注和研究的重点领域

在这部书即将编排完毕的时候，中亚又发生了两件大事：一件是 2016 年

8月30日中国驻吉尔吉斯斯坦大使馆遭遇恐怖爆炸袭击；另一件是9月2日晚乌兹别克斯坦政府宣布乌总统卡里莫夫因病去世。两件事都引起国际社会普遍关注和巨大反响。虽然对中国大使馆进行爆炸袭击的恐怖分子真正要针对的目标出现了新的疑问，但显然恐怖组织针对外国使馆发动袭击本身就说明中亚安全形势的复杂性和脆弱性。这种袭击不是第一次，也不会是最后一次。与恐怖势力进行斗争将是中亚各国面临的一项长期艰巨任务。中国推动的丝绸之路经济带建设也会在安全方面面临诸多威胁与挑战。我们相信中亚国家和中国政府与人民绝不会向邪恶势力低头，不会退缩，正义终将战胜邪恶。

卡里莫夫总统是中国人民的老朋友。在他的领导下乌兹别克斯坦长期保持了政治稳定和经济稳步发展。他积极推动乌中关系不断向前发展。老总统的去世引发了世界各国对乌兹别克斯坦安全形势和社会稳定的担忧。在此之前的三四年中，有关在乌兹别克斯坦和哈萨克斯坦两国谁将成为老总统新的接班人以及在权力交接过程中两国能否继续保持稳定的讨论一直都在进行。到目前为止，我们看到乌兹别克斯坦政府机构运转正常，权力接班正在按照法律程序有条不紊地顺利进行。虽然这一过程尚在继续中，但不少人已经松了一口气。人们对卡里莫夫总统之后的乌兹别克斯坦形势的担忧属于正常情况，这样的担心可能是对乌兹别克民族缺乏深入了解所致。我同意一位哈萨克斯坦学者的观点，在乌兹别克斯坦政权过渡过程中乌兹别克民族传统社会和传统文化将起重要作用。毫无疑问，以乌兹别克为主体民族的乌兹别克斯坦人民以具有深厚、悠久的传统文化而著称，有很高的文化素养，集体观念强，对极端宗教思想和西方思想侵蚀高度排斥，对西亚北非动荡传入中亚保持高度警惕。在政权平稳交替过程中，这些优秀品质将发挥重要作用。这为我们研究中亚安全问题提供了新的视角。

正是由于中国与中亚关系的重要性，中亚国家安全与稳定一直是中国中亚研究学者长期关注的重点问题，在中国社会科学院俄罗斯东欧中亚研究所主编的《中亚国家发展报告》和《上海合作组织发展报告》中，始终将中亚安全问题放在突出的地位。在历届国内外中亚问题研讨会上，中亚安全与社会稳定都是研讨的重点内容。2013年，中国社会科学院启动创新工程，“中亚国家政治与社会稳定及其发展趋势研究”课题成为中国社会科学院俄罗斯东欧中亚研究所创新项目之一，这部即将出版的《中亚安全与稳定研究》便是这项创新工程项目的最终成果，也是中国社会科学院俄罗斯东欧中亚研究所中亚学科对自己长期研究中亚安全与稳定问题的一次阶段性总结。

我们特别重视与国内外学术界在中亚研究领域进行交流，愿意与同行分享我们的研究成果，也欢迎大家提出宝贵意见，以提高我们的研究水平，纠正我们以往不准确的看法或结论。我反复强调这本书属于阶段性成果就是想表明一种态度，即虽然我们的课题即将结束，但我们对中亚安全与稳定的研究不会中止。这一领域还有很多空白需要我们继续去探索，这是时代赋予我们的任务。

最后我想说的是，我特别感谢中国社会科学院俄罗斯东欧中亚研究所中亚研究室的同事们。我们长期在一起工作，一起完成了许多重要项目，为中国中亚研究贡献了力量。同事们一直都很勤奋，工作起来不要命，让我十分感动，这是一个非常优秀的团队。我也特别感谢长期以来对我们研究工作给予极大关怀的院所两级领导和单位各部门同事，你们是激励我们学术事业不断向前推进的动力。我还想感谢国内兄弟单位的学术界同人，在编写《中亚国家发展报告》和《上海合作组织发展报告》中你们一直都在给予我们坚定无私的支持。

吴宏伟

2016 年 10 月 6 日于北京

第一章　中亚地区安全形势及其发展趋势

第一节　对中亚地区安全形势的总体描述

中亚国家独立以后基本上都选择了威权主义政治体制。这种体制在发展过程中不断遇到来自国内外要求改革的双重压力，因此，中亚国家的决策者被迫做出选择，即在加强总统权力的同时采取了一些低限度改革的举措，以缓解这种压力。2012～2014 年是中亚国家的“大选年”，也是低限度政治改革的实施阶段，可以说，中亚国家从 2012 年开始进入“轻微动荡期”。

当前中亚形势总体稳定，但风险上升。虽然尚没有发生重大的安全事件，主要是各国加强治理和打击力度，恐怖组织和宗教极端组织还处于观望期和准备期，但实际上已是风雨欲来：地区一些长期安全问题没有解决，冲突加剧，如边境摩擦、社会矛盾；宗教极端思想传播难以遏制；外部威胁大幅上升。未来中亚安全面临更为严峻的挑战。

当前中亚地区的安全形势主要有以下几个特点。

第一，政治风险普遍上升。当权者与反对派的角力、政治的内斗等非常激烈。

第二，社会状况更加“不平衡”。也可以说“急剧的不平衡”和“极端的不平衡”，前者是指速度而言，后者是指程度而言。这种不平衡体现在政治、经济、军事、文化等各个方面，体现在不同国家以及同一个国家的不同地区之间，也体现在权力归属、资源分布、财富分配、贫富差距等可能引发矛盾冲突的焦点问题上。哪个国家“不平衡”问题解决得好，社会就稳定、发展；哪个国家不能很好地解决这个问题，就将危机四伏，甚至是国无宁日。尤其在经济方面，虽有发展，但过于缓慢，迫切需要实现地区内经济一体化，但障碍太多很难实现，经济增长严重依赖资源出口，独立20多年并没有解决经济结构畸形单一的问题。社会方面也是问题多、矛盾大，民众对政府的不满情绪加剧，群体性事件增多。

第三，外部的压力空前增大。外部威胁（或影响）主要来自三个方面：一是阿富汗内乱威胁，二是中东局势影响，三是大国博弈的影响。其中主要的、直接的影响来自阿富汗，间接的影响来自大国的激烈竞争、西亚南亚的局势变化和国际市场的影响。中亚国家“被输入”了很多政治、经济和安全难题。美国与北约从阿富汗撤军临近、阿富汗局势复杂化，恐怖主义加快向中亚“回流”。毒品走私愈演愈烈，贩毒集团和极端势力合力破坏中亚南部的稳定。后危机时期，全球经济的不稳定，国际粮价、油价的攀升，使一些中亚国家出现高通胀、低就业的难题。自2013年以来，俄在中亚势力大增，与哈保持平等密切关系，对吉、塔小国操控力强，中亚国家各自选择亲俄亲美政策，但受乌克兰事件影响，中亚国家都面临对外政策的再次选择，未来有可能选择“第三类国家”即与地区性大国如中、印加强关系。

第四，国际合作的矛盾性凸显。各种各样的国际机制都试图发挥更大的作用，但计划的最终落实面临很多难题。中亚召开了多次高级别的国际会议，也参与了一些新机制，提出了许多推进地区合作的新倡议。但是，新的会晤机制继续重复旧机制的问题，议而不决、决而不行已经成为中亚多边合作中的一种常态。包括上合组织在内，都面临发展的“瓶颈”，成员国的积极性下降，未来的合作重点需要重新确定。俄罗斯、伊朗、印度、日本对中亚的热情很高，战略目的不同，但都有自己的针对性，这加剧了中亚地区的国际竞争。

与前几年相比，当前中亚安全形势出现一些新的特点：一是中亚安全的外溢性显现，以前，中亚通常是外部威胁的“输入国”或“接收国”，近年中亚的恐怖主义、宗教极端主义开始向俄、向中东、向南亚输出；二是“安全领域之外的因素”影响中亚稳定，包括各国内部激烈的政治角力、中亚国家间日益激化的矛盾（水问题、边界问题与一体化问题）、大国在中亚的军事竞争；三是外部环境变化对中亚的影响在加大，除了阿富汗形势之外，中东局势、世界经济变化等，对中亚的影响也越来越大。具体来说，当前中亚安全形势的新特点主要有以下几点。

第一，周边地区局势对中亚安全的影响在加重。

首先是中东形势的影响。一是中亚的恐怖分子到叙利亚进行“圣战”，二是中东的宗教极端思想蔓延至中亚，主要是萨拉菲思想。

中亚地区的恐怖分子主要通过两个路径到达中东：一是经巴基斯坦—阿富汗—土耳其；二是经俄罗斯—欧洲到达。据俄联邦安全局第一副局长斯米尔诺夫表示，目前经俄罗斯到中东的中亚恐怖分子有 300 ~ 400 人。① 这些恐怖分子到中东主要或是参加叙利亚“圣战”，成为雇佣兵；或是与当地恐怖组织融合，建立新的恐怖组织。2013 年 9 月，来自车臣地区和哈萨克斯坦的非法武装分子在叙利亚北部阿勒颇宣布成立一支武装力量。② 2013 年 6 月底，在叙利亚的阿勒颇捕获了基地组织分支机构的领导人，其中就有土库曼斯坦籍的恐怖分子。也有的人是到中东参加进行恐怖活动的培训。

中亚恐怖分子到中东参战将导致非常严重的后果，如中东恐怖主义向中亚输出、中东成为中亚恐怖组织新的受训基地、从中东返回的中亚恐怖分子为害地区安全。2013 年年底，在塔什干举行的上合组织反恐中心会议上，各国情报机构的代表对此非常忧虑，列举了大量关于中亚恐怖分子到中东参战的数据。等到叙利亚战争结束，这些参战的中亚恐怖分子将会流向哪里？中亚是否会成为他们的目标？答案是显而易见的。1980 年代苏阿战争期间，苏联军队中的很多中亚士兵最后被阿富汗人同化，有的倒戈与苏军作战，有的在战争结束后回到中亚成为宣传“圣战”的宗教激进分子。在 1990 年代塔利班执政时期，中亚宗教极端分子又以阿富汗为基地从事一系列活动。可以说当前是“第三代”中亚宗教极端分子在新形势下采用新的残酷手段从事恐怖活动。他们除了在阿富汗活动外，还到中东进行“圣战”，不仅是积累作战经验，更重要的是他们在那里将接受新的宗教极端思想，寻找新的经费资助者（包括 70

---

① Батальон джихада из России, 21 сентября 2013, http://svpressa.ru/war21/article/74577/?rss=1.

② Батальон джихада из России, 21 сентября 2013, http://svpressa.ru/war21/article/74577/?rss=1.

万散居在中东的乌兹别克人），然后回到中亚地区，这将给地区安全带来更大的威胁。事实上，这一问题已经初现后果。吉尔吉斯斯坦国家安全委员会宣称，2013 年 8 月底，在奥什地区查出并逮捕了国际恐怖组织“伊斯兰圣战联盟”的一个团伙，该团伙自叙利亚潜入，计划在比什凯克和奥什实施一系列恐怖活动。该团伙中有 1 名哈萨克斯坦公民、2 名吉尔吉斯斯坦公民，他们曾参与叙利亚反对派武装的军事行动。①

其次，阿富汗对中亚的恐怖主义影响更加显现。

一是“乌伊运”对中亚边境地区构成威胁。“乌伊运”主要在阿富汗的北部活动，在东部也有。据巴基斯坦和平问题研究所所长介绍，这些在巴部落区活动的“乌伊运”分子还到处寻找新的难民以补充人数。由于他们的活动区域靠近土库曼斯坦，也对土安全造成潜在威胁。“乌伊运”与巴基斯坦塔利班关系密切，并通过贩毒获得经费。

当然，要客观评估“乌伊运”对中亚的安全影响。总体来看，“乌伊运”的影响是有限的：其一，作为恐怖组织，它仅仅对中亚国家的边境进行军事袭扰，很难撼动整个地区的安全形势；其二，“乌伊运”在中亚地区之外活动多年，在中亚国家缺乏群众基础，对年轻人的吸引力已不复当年，加上缺乏杰出的领袖，今天的“乌伊运”已经算不上是有影响力的组织了；其三，一部分“乌伊运”已经“南亚本土化”，目标也发生了变化。一部分“乌伊运”武装主要在巴基斯坦北瓦济里斯坦活动，这支队伍中包括乌兹别克人，塔吉克人，土库曼人，吉尔吉斯人，还有中国的维吾尔族人。阿富汗战争 10 余年来，“乌伊运”一直在巴基斯坦、阿富汗作战，形成了新的军事理念和战术，也不再把乌兹别克斯坦作为唯一的袭击目标，而是在巴基斯坦西北部落区立足，发展，企望在那里建立一个“真正的、纯洁的‘乌兹别克斯坦’”。② 在巴基斯坦北瓦的“乌伊运”主要受巴塔利班领导，其中有不少武装分子加入了塔利班。并且不断

---

① ГКНБ Кыргызстана сообщает о задержании международной террористической группы из Сирии，http：//www. fergananews. com/news/21201.

② Пристальный взгляд на Исламское движение Узбекистана，19 сентября，http：//russian. eurasianet. org/node/60300.

接收来自中亚的武装分子。[①] 巴基斯坦前内务部部长认为："最近几年'乌伊运'分子完全丧失了理想特质，唯塔利班马首是瞻，转运武器、招募成员、实施爆炸、贩运毒品。他们只对钱感兴趣，只想更多地捞取钱财。"[②]

二是阿富汗的毒情严重。2013 年阿富汗鸦片产量大幅增加，比 2012 年产量增加了 36%，[③] 已经成为世界毒品生产大国。据俄罗斯麻管局局长伊万诺夫称，阿富汗北部的贩毒组织正在军事集团化，其装备已经很先进。[④]

最后是中亚的伊斯兰化、伊斯兰政治化问题。

当前，中亚地区伊斯兰化潮流悄然扩散，具体体现是宗教习俗保守化。穿着伊斯兰传统服饰者越来越多，一些地方禁止女孩接受世俗教育，拒绝娱乐和庆祝活动。宗教团体和宗教设施增多。目前，在乌兹别克斯坦正式登记的宗教组织有 2225 个，其中 2051 个是伊斯兰教的组织，包括清真寺、宗教学校和伊斯兰中心和几个什叶派的组织。[⑤] 在吉尔吉斯斯坦有近 3000 所伊斯兰学校。[⑥] 宗教思潮原教旨化、支持政教合一体制的人越来越多。据美国独立民调机构"Pew Research Center"2013 年 4 月的一份调查报告显示，在中亚国家中，支持将伊斯兰教法典作为官方法律的居民，在哈萨克斯坦为 10%，在塔吉克斯坦为 27%，在吉尔吉斯斯坦高达 35%。[⑦] 中亚国家并没有准备好如何应对新一轮的伊斯兰复兴，面对即将到来的巨大的中东宗教极端思想输出浪潮、国内的意识形态斗争、宗教极端组织的政治化谋求等威胁，中亚国家还有许多事要做，加之这里面还有西方因素，西方国家在混乱中再制造混乱，将大大增加中亚地区的政治风险。

还有就是有关伊斯兰教育及伊斯兰世俗化问题。20 多年来，中亚国家官

---

① BBC：Целью боевиков ИДУ, воюющих в Пакистане, все равно остается Узбекистан, http：//www. fergananews. com/news/21467.

② ИДУ более активно за рубежом, нежели дома, 31 января 2014 г. , http：//www. inozpress. kg/news/view/id/40984.

③ О наркоситуации в Афганистане, http：//afghanistan. ru/doc/73104. html.

④ Глава ФСКН："Международные наркогруппировки активно вооружаются", 20 сентября 2013, http：//rus. ruvr. ru/news/2013 _ 09 _ 20/Glava-FSKN-Mezhdunarodnie-narkogruppirovki-aktivno-vooruzhajutsja-9197/.

⑤ Forum18：В Узбекистане продолжают преследовать за обучение детей исламу и несанкционированные собрания христиан, http：//www. fergananews. com/news/20942.

⑥ http：//www. nr2. ru/asia/482977. html.

⑦ http：//www. ng. ru/ng_ religii/2013 - 09 - 20/1_ islam. html.

方的伊斯兰教教育水平非常低，神职人员对伊斯兰教经的释经能力不强；官方对伊斯兰教的限制与控制，令正统的伊斯兰教发展缓慢，使原本应该“充满人文内涵”的伊斯兰教渐渐失去穆斯林精神支柱的作用，反而是具有蛊惑精神的宗教极端思想，被许多信徒接受。伊斯兰的世俗化在这些年中也没有大的发展，在许多方面裹足不前。中亚国家对宗教极端主义中的一些问题没有一致看法，例如，吉尔吉斯斯坦的安全部门认为伊斯兰解放党并不能构成多么严重的威胁，但乌兹别克斯坦则高度重视这一组织。由于认识的不同，各国的打击力度与方向也不同，这导致一些极端组织会集中在某国或某个地区，势力越来越大，难以根除。

第二，中亚国家缺乏建立集体安全机制的统一意识和良好的国际法基础以及共同的发展意愿，地区内部矛盾重重，对外则各傍大国，不仅不能共同应对安全威胁，反而由于内部矛盾与大国在中亚的利益不相融合增加了风险。我们看到，1999～2000 年中亚出现安全危机时，中亚国家有一些应对恐怖主义的合作，但现在面对共同的挑战，并没有看到中亚国家的一致合作，甚至没有表现出太多的合作意愿。对于中亚国家内部存在的矛盾，如有关边界、水、能源的纠纷等，也没有一个合适的机制或平台让中亚五国之间进行协商解决，同时，外部势力的干预只是想从中得到自己的利益，因而加剧了情况的复杂性。目前在中亚国家起主导作用的机制不多，发挥不了主要的作用，而来自地区以外的各种机制和组织又太多，利益相互牵制，无法从中亚国家的利益角度出发，不能起到推动地区稳定与发展的良好作用。

第三，边境冲突和边界问题趋向严重，中亚各国难以协商解决。2013 年年初发生索赫飞地事件，吉乌边防士兵与居民发生冲突，6 月该地再起争端。近年中亚国家边境，尤其是吉乌、吉塔边境冲突时有发生，并且冲突规模越来越大，摩擦事件很容易变成几百人甚至数千人参加的冲突，如 2014 年 5 月 7 日吉塔边境发生边民冲突，参与人数达到 2000 人，造成大量人员受伤。吉乌边界线长 1378.44 千米，其中 1058 千米已经勘定，[①] 有 320 千米还存在争议。[②] 乌哈边

① http://www.interfax.ru/world/366619.

② http://www.fergananews.com/news/20518.

界长2159千米，有很多争议区段，在两国边境经常发生互相射击和非法劫持事件。[①] 除边境地区边防士兵之间的冲突外，贩毒也是重要问题，尤其是在哈吉边境，阿富汗的大部分毒品都借道于此流向海外。吉的边境由于开放程度高和腐败严重，几近沦为“走私走廊”。[②]

第四，毒品犯罪严重。费尔干纳谷地成为阿富汗—中亚最重要的一条贩毒路线。[③] 毒品衍生出一系列严肃问题：其一，运毒吸引了贫民、无职业者，甚至还有妇女参加；其二，吸毒人员大量增加，导致犯罪率上升；其三，催生“影子经济”，对合法经济发展起到阻碍作用；其四，毒贩的行贿加速国家机构和权力部门的腐败；其五，影响地区安全，贩毒集团非常希望自己所在的区域形势不稳定，并为此推波助澜；其六，毒、恐联通问题凸显；其七，一些大毒枭谋求控制国家权力，影响政权。未来塔吉克斯坦发生政治贩毒集团之间武装冲突的可能性在增加。吉南部中心奥什已成为毒品之都，来自阿富汗的毒品在这里分流分销。吉尔吉斯斯坦毒控中心副主任阿尔德巴耶夫（Руслан Алтыбаев）称，这一地区贫困程度非常高。[④]

第五，黑社会猖獗，已触及国家权力核心、深入社会经济领域，对国家发展构成消极影响。在中亚一些国家，黑帮人物在政府高官举办的聚会上大肆行贿，在议会中向某些议员施压令犯罪集团获利，控制食品、酒类、农作物等现象已非常普遍。中亚国家犯罪案件大量增加，黑社会活动影响社会稳定。例如在吉尔吉斯斯坦有20多个大的犯罪集团。这些犯罪集团不但进行走私等违法活动，而且还控制一些经济产业。中亚国家面临安全恶化和政治风险上升的重大威胁，若毒、恐、黑形成勾连之势，将令社会形势更加复杂，继而影响国家安全和总体发展。

---

① http：//www. kursiv. kz/news/details/vlast1/Prigranichnoe-zamykanie1/.

② http：//www. kursiv. kz/news/details/vlast1/Prigranichnoe-zamykanie1/.

③ Выход Узбекистана из ОДКБ обострит наркоситуацию в Средней Азии и России，считает директор ФСКН，http：//www. fergananews. com/news. php？ id = 18984&mode = snews.

④ Ош как транзитный пункт наркотиков，http：//www. centrasia. ru/newsA. php？ st = 1357637400.

第二节　中亚国家面临三股势力的威胁

随着美国从阿富汗撤军，各方对中亚安全的担心越来越多。的确，当前的中亚不稳定因素增多，呈现出“内忧外患”的特点：“内忧”是指政治稳定性、经济形势、社会问题、非传统安全等领域的风险在上升；“外患”是指来自大国博弈、阿富汗形势和“阿拉伯之春”的压力在增强。中亚地缘政治格局进一步复杂；地区安全形势受外部因素影响程度在加大，尤其是受阿富汗形势和中东乱局的影响较多；中亚国家内部稳定受到严峻挑战，安全难题呈现复杂性、综合性、多层次性的特点。在地区安全问题中，令人担忧的主要威胁之一便是宗教极端势力抬头的问题。本文以 2012～2013 年上半年为考察时间，分析中亚宗教极端势力活动特点、未来发展趋势及对中国的影响。

一　当前中亚宗教极端势力的特点

第一个特点是，当前中亚宗教极端势力总体呈上升趋势，但尚未成为地区安全的主要威胁。

与之前相比，2012～2013 年，中亚宗教极端主义活动的确呈现上升态势，包括在哈萨克斯坦的袭击事件增多，塔阿边境地区武装分子越境趋向失控，伊斯兰解放党在吉尔吉斯斯坦活跃，并且向北部发展，政治化倾向明显，等等。人们还非常担心在阿富汗北部活动的乌兹别克斯坦伊斯兰运动（简称“乌伊运”）再“杀回”中亚，以及 2014 年之后由于宗教极端主义的扩散将给地区带来新的安全危机。

在哈萨克斯坦发生的袭击事件较多，目标主要是警察和权力机构，形式上有团伙也有个人，并且自杀式袭击增多。“哈里发战士”（Джунд аль-Халифат）① 成为哈主要宗教极端组织，他们多次表示对在哈发生的一些恐怖

① 该组织本部在巴阿边境，90% 的成员都是哈萨克族人，大多属于哈萨克斯坦的瓦哈比分子。该组织致力于“圣战”运动，与阿富汗人结盟对抗美军，在哈萨克斯坦制造了多起袭击事件。哈总检察长办公室称，该组织成立于 2009 年，由受到 Said Buryatsky（Саид Буряткий）（真主保佑）说教启发而创立。

事件负责。[①] 此外还有西哈萨克斯坦州的一些极端组织，如乌拉尔斯克的恐怖主义小组，这个组织主张建立伊斯兰国家，并策划袭击行动，后被警方破获。[②] 在塔阿边境地区，不仅有毒品和走私贩子频繁往来，还有以反毒和运毒不同面孔出现的塔政府官员，出入更多的还是那些成分复杂的武装分子——塔前反对派武装残余力量、“乌伊运”等恐怖组织成员、来自中东和巴基斯坦及阿富汗的具有献身精神的“圣战”分子。据塔吉克斯坦安全部门称，（中亚的）武装分子越过达尔瓦扎山到达阿富汗的巴达赫尚。[③] 在美国国务院 2008 年关于恐怖主义的一份报告中（报告由美国中情局完成）强调指出，2006 ~ 2008 年吉尔吉斯斯坦的伊斯兰解放党成员由 5000 人增加到 1.5 万人，其成员主要是生活在吉尔吉斯斯坦南部的乌兹别克人。吉尔吉斯斯坦政府称，支持伊斯兰解放党的居民在增多，该组织在民众中的影响力迅速扩大。在吉尔吉斯斯坦只有 30% ~40% 的伊玛目接受过专业理论教育。当社会、经济、政治和精神等各方面情况不尽如人意时，宗教激进主义的传播就会继续扩大。土库曼斯坦宗教极端主义活动也在悄悄增加。2013 年 6 月底，在叙利亚的阿勒颇捕获了基地组织分支机构的领导人，其中有土库曼斯坦籍的恐怖分子，他是在阿什哈巴德接受培训的。萨拉菲主义在土库曼斯坦不仅存在，而且有扩散的趋势。近年来在土库曼斯坦能观察到宗教极端主义泛滥的趋势。比如在达绍古兹，出现了还不到 35 岁就留着长胡子的青年人，他们号召当地居民严格遵循宗教模式生活，甚至当地还有中学生频繁参与清真寺活动。[④]

第二个特点是，当前中亚地区宗教极端势力的内生性和政治化倾向比较明显。

首先是有一些内生的极端组织，如 2010 ~2011 年在比什凯克制造一系列

---

① Один на один с ЕвропойДжихадисты снова прибегли к тактике волков-одиночек, http: //religion. ng. ru/society/2012 -04 -04/5_ tet-a-tet. html.

② Dialog. kz: Фонтан фантазий казахстанского экс-банкира Аблязова, http: //www. centrasia. ru/news. php? st =1332100800.

③ В приграничном с Таджикистаном районе Афганистана отмечено скопление боевиков, http: //rus. ozodi. org/content/article/24700719. html.

④ М. Какабаев: Как в Туркменистане готовят террористов, http: //www. centrasia. ru/news. php? st =1373140920.

袭击事件的“公正统治军”。土库曼斯坦也出现宗教极端主义活动。“内生”性极端组织的出现意味着什么？意味着地区内部极端主义思潮涌动、社会矛盾激化。这些小型宗教极端组织的主要特点包括：（1）大多来自地区外部，或者是地区内原有的宗教极端势力残余部分改个称谓；（2）大部分组织影响力有限，活动能力不强，一般以宣传极端思想为主；（3）一些小型极端组织积极寻求境外支持，谋求与境内外极端组织或恐怖组织对接，从事暴恐活动；（4）大多有跨境活动特点，主要在俄罗斯和中亚国家流窜。

目前伊斯兰解放党在吉尔吉斯斯坦的活动范围不仅限于南部，还在向北部扩充。吉国家安全委员会主席 Ш. 阿塔哈诺夫（Шамиль Атаханов）强调，在吉宗教组织中最具危险性的代表是伊斯兰解放党。伊斯兰解放党的政治意图日益明显，并常常在各种场合中阐明自己的政治纲领，一些高层成员甚至能对执政当局施加某些影响。在 2013 年 5 月库姆托尔金矿抗议事件中，伊斯兰解放党也参与其中，煽动群众。①

第三个特点是，宗教极端思想不断扩散。

在哈萨克斯坦，萨拉菲分子主要在西部、南部的大、中城市中活动，并吸收了一些知识分子和政治精英；在吉尔吉斯斯坦和塔吉克斯坦，萨拉菲主义者有很多穆斯林拥趸，塔接受萨拉菲主义的教职人员正在大量增长。“萨拉菲”问题对中亚的危险性在于，首先，萨拉菲主义非常具有吸引力和煽动性。萨拉菲思想流行于中东，吸纳了大量政界、宗教界和知识界的精英。如果萨拉菲思想中的激进主张进入中亚，将有可能与当前中亚宗教极端思想形成契合，变成新的思想武器。其次，近年在中东政局变化中，萨拉菲政治势力异军突起，目前已经形成了以沙特为中心的“萨拉菲派新月”，与以伊朗为中心的“什叶派新月”和旧有的逊尼派抗衡。萨拉菲政治影响力在迅速扩张。这种样板作用对中亚的宗教极端势力是极具诱惑的。最后，在萨拉菲思想基础上衍生出的极端组织和恐怖组织，如“渎神与迁徙组织”“圣战与统一组织”“黑旗组织”“圣徒组织”等，除了在中东，还在与中亚相邻的

① Кыргызстан: В селах Тамга и Барскоон начались массовые беспорядки, милиция открыла огонь, http://www.fergananews.com/news/20718.

巴基斯坦和阿富汗活动，这些组织以破坏国家安全统一、挑起宗派仇恨为主要目标和手段，杀伤力强，影响恶劣，如果它们与中亚的宗教极端势力合作，将给地区安全带来新的挑战。

宗教极端思想传播增多，形式多样化。与之前相比，其传播方式有变化，之前的传播方式是散发传单，在清真寺进行煽动，以及创办地下宗教学校等。当前由于中亚各国打击的力度增大，许多传播方式具有更加隐蔽的特点，如举办家庭讲经班、儿童讲经班，或在校园传播极端思想，鼓励戴伊斯兰头巾等。

二　中亚宗教极端主义威胁上升的原因

前些年，中亚宗教极端势力的发展受外部影响较大，目前形势变化则是由内因外因共同作用，主要是受阿富汗局势、中亚内部权力交接、中亚国家社会矛盾、西亚北非动荡的影响。

第一，中亚安全形势受外部因素影响程度加强，“阿富汗综合征”带来的压力更加直接。

随着美国从阿富汗撤军，阿富汗形势的发展变化牵动着相邻中亚国家的神经。首先，撤军后阿富汗有可能再度发生军阀混战，这将对中亚安全直接造成冲击，令中亚国家十分忧虑。其次，作为中亚宗教极端势力强硬后台的塔利班试图在撤军后尝试建立政教合一政权，中亚国家担心宗教极端主义和恐怖主义会回流中亚。中亚学者普遍认为，2014 年以后由于阿富汗局势的变化，这种可能性将非常大。[①] 事实上近两年来的情况表明，这股极端主义和恐怖主义回潮已经开始，巴阿一些恐怖组织和宗教极端组织成员，尤其是来自中亚的成员，回流的情况比较多，特别是在塔吉克斯坦发现的此类人员更多一些，如 2013 年 7 月被审判的巴基斯坦恐怖组织“安拉之战”两名成员都是来自吉尔吉斯斯坦的农民，在巴基斯坦加入该组织并接受训练后，又返回塔吉克斯坦进

① Militancy in Central Asia：More Than Religious Extremism，http：//www. stratfor. com/weekly/militancy-central-asia-more-religious-extremism？utm_ source = freelist-f&utm_ medium = email&utm_ campaign = 20120809&utm _ term = sweekly&utm _ content = readmore &elq = 718a8b782a814aada13362808c66f2a9.

行“圣战”宣传。[①] 最后，阿富汗毒品给中亚安全和社会领域带来严重的后果，作为毒品“运输走廊”的中亚也成为国际贩毒集团觊觎掌控的对象，在其无法控制的情况下就会尽可能制造混乱。

第二，西亚北非形势对中亚十分不利。

中亚几个国家正处于权力交接的敏感期，对于“阿拉伯之春”十分警惕，采取了积极的防范措施，但这些措施在一定程度上也激化了官民矛盾。

政治乱局中伊斯兰教的势力强劲崛起，成为中东一支重要的政治力量。中东进入什叶派和逊尼派抗衡时期，教派冲突明显，在未来可能更加激烈。什叶派与萨拉菲派的激进色彩会对中亚宗教极端势力产生示范效应，甚至会成为中亚宗教极端势力新的意识形态来源。在中东乱局中，宗教极端势力和宗教恐怖势力会更加猖獗，对中亚造成直接影响，例如，近年在哈萨克斯坦十分活跃的恐怖组织“哈里发战士”的领导人之一卡尔萨拉乌伊（Moezeddine Garsallaoui）是瑞士籍的突尼斯人，曾是基地组织在巴基斯坦北瓦济里斯坦的领导人之一。[②] 此外，中亚国家的境外政治反对派也在加紧活动。乌兹别克斯坦最大的政治反对派联盟“乌兹别克斯坦人民运动”于2012年6月29日在布拉格举行第二次联合大会，联盟主席M. 萨利赫（Муххамад Салих）呼吁人民“起义”推翻现政府，并不断在西方发表谴责卡里莫夫总统的言论，[③] 他认为“阿拉伯之春”表明民主和伊斯兰教是可以联合的，[④] 这显然十分符合当前中亚人权分子的口味，也为未来宗教极端势力与政治反对派可能的合流提供了理论依据。由境外塔吉克人成立的“塔吉克斯坦国民运动”也在西方国家的支持下频频活动，并谋求参加塔吉克斯坦2013年的总统大选，影响国家政治进程。[⑤]

---

① Таджикистан: В Согде осуждены двое членов пакистанской группировки Джундуллах, http://www.fergananews.com/news/20973.

② В Пакистане убит лидер террористической группировки Солдаты Халифата, http://www.fergananews.com/news/19647.

③ М. Салих: Армия Узбекистана не будет воевать за Каримова, http://news.tj/ru/news/m-salikh-armiya-uzbekistana-ne-budet-voevat-za-karimova.

④ В Праге 29 – 30 июня пройдет второй съезд Народного движения Узбекистана, http://www.fergananews.com/news.php? id = 18956&mode = snews.

⑤ Tajiks living abroad created political movement, http://en.ca-news.org/news/444931.

中亚各国执政当局对地区内种种“中亚之春”的迹象十分忧虑，纷纷采取强硬措施，如严厉打击宗教极端主义，[①] 完善有关国家安全的法律法规，[②] 打压国内反对派，限制宗教团体活动，整顿互联网，[③] 控制大众传媒等。[④] 这一系列措施引起国内民众对政府的不满，加上权力部门有时借此欺压百姓，激化了官民矛盾，也成为西方国家攻击中亚国家人权与民主问题的把柄。

第三，中亚国家内部稳定受到严峻挑战，安全难题呈现复杂性、综合性、多层次性的特点。安全领域中的各个问题相互缠绕、互为因果，无法把安全问题从当前地区内的各种问题中单独剥离出来进行研究论述。

中亚国家的政治风险在增加。哈、乌两个中亚大国面临权力交接，继承人情况不清楚，导致政治利益集团之间的斗争更加激烈；中亚国家政体不完善，政党政治不成熟，威权盛行，精英之间的矛盾突出；各国普遍对强力部门的依赖程度大；大国或邻国的政治影响加强。

中亚社会出现危机的特征日益明显。除了旧有的贫困、人口、土地等社会问题难以解决之外，[⑤] 还增加了一些新情况。其一，粮食安全问题更加突出。2012 年中亚各国（除哈萨克斯坦外）普遍出现粮食短缺加重的情况。2012 年 4 月，联合国全球食品项目代表称，吉尔吉斯斯坦有 18% 的居民食品不足，食品价格上涨导致贫困居民不得不减少食物的摄取。[⑥] 土库曼斯坦从 2012 年 7

---

① Liberation：Узбекистан. Запад повторяет старые ошибки，http：//www. centrasia. ru/newsA. php？ st = 1325857440.

② В Казахстане принят новый закон “О национальной безопасности”，http：//www. centrasia. ru/newsA. php？ st = 1325841480.

③ В Таджикистане заблокирована популярная социальная сеть Facebook，http：//www. fergananews. com/news. php？ id = 18280&mode = snews.

④ Situation with corruption，freedom of speech and religion worsened in Tajikistan over last year-report，http：//en. ca-news. org/news/462021.

⑤ 据联合国开发计划署的数据，2011 ~ 2012 年吉尔吉斯斯坦的贫困水平提高了 6%。2009 年贫困居民占吉全国人口的 31%，2011 年已经增长为 37%。但是指数还是有点虚，因为在外打工的劳动移民增加了居民收入，否则贫困居民将占人口的 43%。有分析家评价“吉尔吉斯斯坦的贫困在以失控和急剧增长的态势发展”。И. Дудка：Бедность. kg-неравный бой и трудный самый，http：//www. centrasia. ru/newsA. php？ st = 1351146960.

⑥ Кыргызстан：18% населения не могут обеспечить себя продуктами питания，http：//www. fergananews. com/news. php？ id = 18506&mode = snews.

月起粮食价格上涨了3倍，对贫困居民影响很大。[①] 其二，塔吉克斯坦的社会矛盾悄然积聚。塔土地归农场主所有，农民只能租用土地。农场主对农民层层盘剥，手法恶劣（例如要求农民必须按土地比例缴纳粮食，并与地方官员勾结对抵制者采取拒绝提供医疗服务等惩罚性措施），政府对这些做法却难有作为，令农民群体对政府强烈不满。[②] 此外，教育领域问题也很多，包括教育机构不足、教师不足、教师待遇低。[③] 教育力量弱导致无法抵御宗教极端思想，进入宗教学校成为越来越多贫民子弟的选择。其三，因2010年奥什事件吉尔吉斯斯坦心理疾病患者增多，据吉国家心理健康中心发布的数据，目前到医院就诊的心理病患者达到5.2万人，每年增加2000～3000人，没有就诊的患者更多。据吉的一些心理学家称，不少于40%的吉尔吉斯斯坦人由于2010年的政局动荡和奥什族际冲突而处于心理疾病边缘。此外，在吉平均每天要发生四五次的集会，这也促使心理病患者增多。[④]

中亚国家之间的矛盾更加尖锐突出，其实质是对政治利益和经济利益的争夺加剧。乌塔水资源纠纷仍没有解决，仍不通航，铁路时时被封锁，随意关闭边防检查站。乌塔关系紧张，对塔经济造成巨大损失，贫困居民生活更加艰难，不断引发社会矛盾，政权的稳定也受到影响。

边境仍有发生低烈度冲突的可能性，给边境地区造成紧张局势。边境冲突事件增多，引发冲突的原因也在增多，包括在吉塔、乌塔、乌吉的边境。居民间争夺水源和农业用地，越境走私居民与边防军之间、两国边防士兵之间、贩毒集团与边防士兵之间的摩擦与交火时有发生。乌吉边境线共长1375千米，其中约有300千米是有争议的。2012年4月，乌在未争得吉同意的情况下在

---

① В Туркменистане сразу в 3 раза подорожал хлеб, http://www.centrasia.ru/newsA.php? st = 1341917460.

② З. Гулматшоев: Обстановка в Таджикистане накаляется с каждым днем, http://www.centrasia.ru/newsA.php? st = 1358489340.

③ С. Мамазаиров: Кризис в системе образования Таджикистана, http://www.centrasia.ru/newsA.php? st = 1326400560.

④ В Кыргызстане растет число людей с психическими расстройствами, http://www.fergananews.com/news.php? id = 18034&mode = snews.

边境筑起600千米长的防护网，令边境局势陡然紧张。[1] 2013年1月7日，在费尔干纳谷地南部的乌塔两国交界处发生了索赫飞地冲突事件。[2] 从主观角度来说，乌兹别克斯坦并没有激化矛盾的意愿，但让边境长期处于紧绷状况，是不可能改善国家间关系的，一旦两国关系紧张，首先会影响边境局势，有可能引发潜在的军事冲突。随着中亚国家主权意识的增强，由边界问题产生的矛盾未来会更多；美国分别向乌、塔提供其从撤离阿富汗后遗留下来的军事装备，这易引起两国在边境地区的军事对抗升级。

当前中亚地区安全形势更加复杂，头绪多，事件多，但总体还没有到安全恶化的程度，形势仍在可控范围内。这是由于中亚国家内部保持基本稳定，执政当局对整体局势控制力较强；目前中亚的主要安全威胁来自外部，即来自阿富汗北部，而以“乌伊运”为主的威胁并不大，因为其人数并不多，即使进入中亚，也不会造成地区性紧张；哈萨克斯坦的安全形势远谈不上失控和恶化，出现的一些袭击事件不排除是刑事案件，不能夸大哈的问题。

三　未来趋势

未来几年，中亚宗教极端势力会随着阿富汗形势恶化、中东宗教极端主义思潮泛起这两大外在因素和中亚地区内部政权更迭、社会矛盾突出等内在因素，再度增强。

第一，宗教极端思想的影响。在当前中亚宗教极端势力问题中，宗教极端思想对地区安全和各国政局的威胁，已远超宗教极端组织所实施的恐怖袭击。这是因为宗教极端思想拥有更多的民众支持，而治理这种同时属于意识形态领域、政治领域、社会领域的问题要比打击恐怖分子困难得多。目前在中亚传播最广最深的仍是伊斯兰解放党所宣传的宗教极端思想，以及激进宗教分子的“圣战”思想。萨拉菲主义也很流行。哈、吉、塔的宗教极端思想形势均很严峻。中亚有可能进入宗教极端思想的泛滥期，社会矛盾、经济发展瓶颈、外部

---

① Узбекистан возводит ограждение на границе с Кыргызстаном-без согласования с Бишкеком, http：//www. fergananews. com/news. php? id = 18551&mode = snews.

② Конфликт на узбекско-киргизской границе：Данные о заложниках и раненых противоречивы, http：//www. fergananews. com/news/20000.

威胁等因素相结合，会使宗教极端思想对中亚民众产生更大的影响。

第二，宗教极端组织再度活跃，中亚可能面临更多的恐怖袭击，这些恐怖活动将会常态化。费尔干纳谷地或会成为中亚恐怖分子的新“安全岛”，“乌伊运”可能会再度坐大。未来地区安全形势将更加复杂，恐怖主义威胁不会减轻，只会呈上升趋势。跨国犯罪难以遏制，恐怖势力、宗教极端势力、贩毒集团、反政府武装势力相互勾结。

中亚有几个地区是最为脆弱的：塔阿边境地区，塔阿边境到费尔干纳谷地沿线地区，费尔干纳谷地。在塔吉克斯坦已形成政治贩毒集团，官匪沆瀣，政治贩毒集团为追逐利益可能引发新的冲突。

尽管“乌伊运”在阿富汗前景暗淡，但不会马上被清除，原因在于“乌伊运”是一个具有思想基础、组织建构、武装力量和一定民众支持的结构完整的恐怖组织，目前的困境仅仅是人员和资金不足，一旦这两点被补足，“乌伊运”会恢复元气，仍有可能成为中亚地区最大的一支恐怖力量；此外，在中东国家居住着70万乌兹别克人，① 其中一些人在塔利班执政时期向“乌伊运”等恐怖组织提供过资金，他们可能会在中东局势持续动荡、宗教极端势力强劲崛起的过程中，再次给中亚的宗教极端势力以经济支持。目前中亚宗教极端思想再度泛滥，若“乌伊运”返回中亚，可能会得到不少人员补充，到时将更难实施打击。“基地组织”、哈卡尼网络等国际恐怖组织与“乌伊运”交织密切，因此，“乌伊运”仍然是一个需要重视的安全威胁。

第三，越来越频繁的边境冲突会促使宗教极端势力的活跃。边境地区局势复杂化、经常性的交火事件、边民的不满情绪，都是不利因素。

第四，应多关注新出现的中亚社会问题，如塔吉克斯坦的农业用地问题等，其极有可能为宗教极端思想提供新的社会基础，可能成为未来引发社会动荡的因素，加上原有的一些社会问题，情况会更加复杂。

第五，中亚进入意识形态危机期。当前中亚各国的贫困阶层无法得到完整的教育，居民文化素质整体下降，影响了社会的稳定与发展。新的社会精英受

① Узбекистан одновременно стержень безопасности и главная угроза Центральной Азии, 9 апреля 2013, http://www.zonakz.net/articles/?artid=65919.

西方影响大，整个社会处于一种分散的状态，容易受到趋同的影响，陷于非理性状态。宗教极端思想在塔吉克斯坦和吉尔吉斯斯坦近乎失控，官方几乎束手无策。如何对抗宗教极端思想成为各国政府的难题。中亚国家独立以来，文化教育萎缩，居民文化生活枯燥，新一代受教育程度低，呈两极分化状况：富有阶层青年到西方国家学习，贫困阶层无法得到完整的教育，地下宗教学校飞速增加。

第六，我国在治理新疆恐怖势力的同时，也要重视反毒问题。从前新疆的毒品大多来自金三角地区，但近年中亚毒情严重，吉尔吉斯斯坦的奥什已成为毒品中转站。阿富汗毒品已经进入新疆，如不加强应对，毒品在新疆地区泛滥指日可待。

第三节　中亚地区毒品问题

中亚各国在苏联解体之后都经历过一段政治、经济和社会转型期，在塔吉克斯坦甚至还爆发了内战。时至今日这一转型期并未完全结束，贫困、两极分化、腐败等各种问题仍然困扰着中亚国家。除此之外，中亚各国包括禁毒在内的执法机构的机制建设以及国家的法律法规体系都有待完善，执法能力和执法队伍的装备水平都有待提高。以塔吉克斯坦为例，2014 年塔吉克斯坦总统拉赫蒙在索契冬奥会期间同普京会晤时，向集安组织提出，希望该组织能为塔边防部门提供包括夜视设备在内的援助，以改善塔边防军的装备条件，更好地应对 2014 年北约联军撤军后塔阿边境极有可能出现的日益严重的毒品贩运等威胁。①

自阿富汗外流的海洛因中约有 1/4 经过中亚国家，也就是经所谓的“北方路线”贩运。② 每年有 75～80 吨海洛因通过这条路线流入俄罗斯。③ 联合国

---

① Asia Plus：ОДКБ вооружит Таджикистан，http：//news. tj/ru/newspaper/article/odkb-vooruzhit-tadzhikistan.

② 国际麻醉品管制局：《2012 年年度报告》，http：//www. incb. org/documents/Publications/AnnualReports/AR2012/AR。

③ Екатерина Степанова，Афганистан после 2014：перспективы для России，http：//www. ifri. org/? page = detail-contribution&id = 7672.

毒品和犯罪问题办公室公布的数据表明，仅2009年便有约90吨的阿富汗海洛因贩入中亚，其中约75~80吨运往俄罗斯，约11吨在中亚地区消费，3.4吨被查获。[①] 中亚和俄罗斯的禁毒部门估计，2010年贩入中亚的阿富汗海洛因数量同2009年相差不多。除此之外，有35~50吨鸦片流入中亚，[②] 而实际的数量可能更高。俄罗斯专家认为毒品问题不仅对中亚国家内部构成威胁，还影响到中亚邻国间的安全以及地区稳定。[③]

阿富汗同中亚地区的边境主要由三段构成：土库曼斯坦—阿富汗边境、塔吉克斯坦—阿富汗边境和乌兹别克斯坦—阿富汗边境。其中土库曼斯坦—阿富汗边境长达744千米，[④] 位于沙漠地带，地势平坦；塔吉克斯坦—阿富汗边境和乌兹别克斯坦—阿富汗边境则基本沿喷赤河划定。塔阿边境和乌阿边境的毒贩时常乘坐小船或者自行游泳渡过边境河流将毒品走私入境，而在土库曼斯坦同阿富汗边境的毒贩则是徒步穿越沙漠地带贩运毒品。在这三段边境当中，塔阿边境被认为是阿富汗毒品流入中亚的主要渠道，联合国毒品和犯罪问题办公室称，走私到中亚的鸦片中约有一半是通过塔阿边境，经由乌兹别克斯坦和土库曼斯坦边境流入的量并不大。[⑤] 学者认为塔阿边境地区已经成为具有全球意义的主要贩毒枢纽，自阿富汗流向俄罗斯的海洛因中80%以上是通过塔吉克斯坦贩运的。[⑥] 乌阿边境管控相对严格，土阿边境地势平坦但地处荒漠地带。此外，塔阿边境地区成为阿富汗毒品流入中亚的主要通道同塔吉克斯坦的政治、经济形势有密切关系。

---

① UNODC, The Global Afghan opium trade, http://www.unodc.org/documents/data-and-analysis/Studies/Global_ Afghan_ Opium_ Trade_ 2011-web.pdf, P44.

② UNODC, Opiate flows through northern Afghanistan and Central Asia, http://www.unodc.org/documents/data-and-analysis/Studies/Afghanistan_ northern_ route_ 2012_ web.pdf.

③ Центразия, И. Комиссина: Северный маршрут смерти. Трафик афганского героина через Центральную Азию-прямая угроза безопасности России, http://www.centrasia.ru/newsA.php? st=1362808740.

④ CADAP, Программа по предотвращению распространения наркотиков в Центральной Азии, http://www2.gtz.de/dokumente/bib-2011/giz2011-0569ru-drug-programme-cadap.pdf.

⑤ UNODC, Opiate flows through northern Afghanistan and Central Asia, http://www.unodc.org/documents/data-and-analysis/Studies/Afghanistan_ northern_ route_ 2012_ web.pdf.

⑥ Joshua Kucera, The narcostate, http://www.politico.com/magazine/story/2014/02/tajikistan-the-narcostate-103886.html.

中亚地区贩毒路线的大方向为阿富汗—中亚—俄罗斯，俄罗斯为主要目的地及消费市场。其中70% ~75%的毒品是通过卡车或者其他交通工具通过中亚被运往俄罗斯南部和西伯利亚的西部地区。[①] 苏联解体以来，阿富汗毒品经由中亚向俄罗斯和欧洲的贩运路线经过一定的演变，至今已基本得以确定。1990年代初形成了阿富汗—中亚—俄罗斯毒品贩运路线。

现今塔吉克斯坦已成为阿富汗毒品流入中亚的主要通道，联合国毒品和犯罪问题办公室估计，2010年有75 ~80吨海洛因、18 ~20吨鸦片自阿富汗通过塔吉克斯坦外流，平均每天大约有200公斤海洛因和50公斤鸦片过境。[②] 根据俄罗斯边防部门的资料，1990年代，塔境内毒品贩运的基本路线如下：喷赤河流域—塔阿边境西段；霍罗格—穆尔加布—奥什；加尔姆区的卡拉胡尔布—杜尚别—独联体其他国家。[③] 实际上，阿富汗毒品在塔境内的贩运路线所涉及的远非上述地区，归纳起来，塔吉克斯坦的毒品贩运路线大致可以分为两条：一条是从戈尔诺-巴达赫尚自治州沿着帕米尔高原向北，穿过高海拔地区抵达萨雷塔什和吉尔吉斯斯坦的奥什；另一条是沿帕米尔高原海拔较低的地区向北抵达塔吉克斯坦的首都杜尚别，从杜尚别毒品可以分别流向四面八方。[④] 塔阿边境成为阿富汗—中亚边境上最主要的毒品通道，同时也是管理最薄弱的一环。其原因在于：首先两国边境大部分地段仅有一条喷赤河相隔，极易穿越。其次，塔吉克斯坦边防军自2005年起才开始独立履行塔阿边境的边防执勤，经验及装备都有所欠缺，并且在阿富汗北部，尤其是塔阿边境地区分布着大量的鸦片及海洛因加工厂。[⑤] 最后，塔阿边境执法机构和海关官员腐败盛行，为贩毒集团充当保护伞，甚至时常发生执法机构官员直接参与毒品贩运的

---

① UNODC, Opiate flows through northern Afghanistan and Central Asia, http://www.unodc.org/documents/data-and-analysis/Studies/Afghanistan_northern_route_2012_web.pdf.

② UNODC, Opiate flows through northern Afghanistan and Central Asia, http://www.unodc.org/documents/data-and-analysis/Studies/Afghanistan_northern_route_2012_web.pdf.

③ Александр Князев, К истории и современному состоянию производства наркотиков в Афганистане и их распространения в Центральной Азии, Бишкек-Илим.

④ 李昕韡：《中亚地区的毒品形势与国际禁毒合作》，中国社会科学院研究生院2010年硕士学位论文。

⑤ UNODC, Opiate flows through northern Afghanistan and Central Asia, http://www.unodc.org/documents/data-and-analysis/Studies/Afghanistan_northern_route_2012_web.pdf.

情况，如 2012 年 1 月，一名塔国防部官员因携带 1 公斤海洛因被逮捕，[①] 同年 7 月，一些塔边防部队官员则因携带 21 公斤海洛因、37 公斤鸦片和 321 公斤大麻在喷赤地区被捕。[②]

中亚地区毒品贩运组织的特点鲜明，在“北方路线”上，每个中亚国家都有各自的犯罪集团，但整体而言，塔吉克斯坦和俄罗斯的有组织犯罪集团拥有垄断性地位。塔贩毒集团不仅将毒品自塔吉克斯坦贩运到其他中亚国家，还直接将毒品贩入俄罗斯，并将势力延伸至俄境内。据塔吉克斯坦执法部门的资料，2012 年共有 274 名塔吉克斯坦的贩毒者在俄罗斯被捕，[③] 俄罗斯执法部门于 2013 年 1 月进行的一次行动中逮捕了 3 名塔吉克斯坦贩毒集团成员，缴获 57 公斤海洛因，[④] 堪称大案。

总体来看，中亚地区的毒品贩运集团带有鲜明的部族或者家族关系特点，且组织结构多为在大型毒品贩运卡特尔之下有若干个中型或小型的组织。但是每个中亚国家的贩毒集团特点各不相同，大致可以将土库曼斯坦、乌兹别克斯坦和哈萨克斯坦的贩毒集团归为一类，塔吉克斯坦和吉尔吉斯斯坦贩毒集团归为另一类。塔吉克斯坦及吉尔吉斯斯坦的特点是这两国的贩毒集团同政治势力结合紧密，贩毒集团甚至拥有左右政局的能力。塔吉克斯坦贩毒集团同政治势力之间的关系尤为紧密。

近年来中亚地区吸毒的情况发生了很大的变化。第一，中亚地区吸毒的人数迅速增长，以塔吉克斯坦为例，该国卫生部部长萨利莫夫于 2012 年 1 月公布的数据称，2011 年该国吸毒人数新增率高达 73%。2012 年吉尔吉斯斯坦官方公布数据称，该国在册的吸毒人员为 1.07 万人，[⑤] 而 2006 年联合国毒品和

---

① CA-News, Officer of Ministry of Defense detained with 1 kg of heroin in Tajikistan, http: //en.ca-news.org/news: 440301/.

② CA-News, Investigator of Border Troops of Tajikistan caught with 380 kg of drugs, http: //en.ca-news.org/news: 512281/.

③ Фергана.news, Таджикистан: В 2012 году правоохранители и силовики изъяли почти шесть тонн наркотиков, http: //www.fergananews.com/news/20054.

④ 《俄联邦安全局没收 50 多公斤阿富汗海洛因》，甘肃禁毒网，2013 年 1 月 17 日。

⑤ Центразия, Вл. Качалов: Голодная Киргизия, http: //www.centrasia.ru/newsA.php? st = 1357289400.

犯罪问题办公室公布的数据为 7842 人[①]，6 年时间增长幅度颇高。值得注意的是，哈萨克斯坦国家安全委员会第一副主席高斯曼·阿姆林在 2012 年 6 月称，在 2009 年至 2012 年的 3 年中哈萨克斯坦的在册吸毒人数减少了 8.6%，但这并非说明该国的毒情有所减轻，因为哈萨克斯坦的毒品消费量仍然很大，阿姆林同时表示，过境哈萨克斯坦的阿富汗毒品中有 10% 在哈境内被消费掉了。[②]第二，在某些中亚国家，吸毒人员在总人口中的占比不断扩大，这一趋势主要表现在塔吉克斯坦和吉尔吉斯斯坦。2012 年，吉尔吉斯斯坦官方在册吸毒人员数为 1.07 万人，而同期吉尔吉斯斯坦的总人口仅为 564.5 万，[③] 考虑到官方统计的数据并非一个国家真实的吸毒人数数据，通常 1 名在册吸毒人员背后会存在至少 4 名隐性吸毒者，由此可以看出，"瘾君子"在吉尔吉斯斯坦总人口中的比重相当巨大。第三，注射吸毒在中亚吸毒者中也相当流行，共用注射器、使用不安全溶剂等问题时常带来艾滋病等传染病的蔓延。2012 年 2 月，欧盟—吉尔吉斯斯坦预防药物滥用行动计划协调员亚历山大·泽利琴科在美国弗吉尼亚州乔治·梅森大学发表演说时称，吉尔吉斯斯坦的艾滋病患者中有 65% 是由于共用注射器而致病的。[④] 根据吉官方宣布的数据，自 2000 年到 2012 年，该国艾滋病患者数量从 149 人增长到 599 人，增加了 3 倍，其中大部分患者感染的原因均为吸食毒品。[⑤]

从上面的论述中可以看出，吸食毒品给中亚国家造成的影响很大，其中对塔吉克斯坦和吉尔吉斯斯坦的危害甚巨。土库曼斯坦和乌兹别克斯坦的情况有所不同，两国对境内吸毒问题的态度较为封闭，其中，土库曼斯坦在尼亚佐夫时代几乎从不对外公布其国内吸毒情况，土曾多次因为对国内涉毒数据信息公

---

① 李昕韡：《中亚地区的毒品形势与国际禁毒合作》，中国社会科学院研究生院 2010 年硕士学位论文。

② Trend：Kazakhstan gets up to 10 percent of transit drugs，http：//en. trend. az/regions/casia/kazakhstan/2033340. html.

③ 《2012 年吉尔吉斯斯坦社会经济概况》，中国商品网，http：//ccn. mofcom. gov. cn/spbg/show. php？ id = 13816。

④ Eurasia. net，Kyrgyzstan：A Look at Central Asia's Drug War，http：//www. eurasianet. org/node/65066.

⑤ Центразия：За десять лет число больных СПИДом в Кыргызстане выросло в четыре раза，http：//www. centrasia. ru/newsA. php？ st = 1326510660.

开程度低而被国际麻醉品管制局点名批评。[①] 实际上当时土吸毒情况相当严重。土库曼斯坦一名中学教师于2013年接受记者采访，评论尼亚佐夫时期土库曼斯坦的毒情时说："那是最糟糕的年代，毒品就像瓜子一样被公开地四处贩售。"[②] 别尔德穆哈梅多夫上台后加大了对毒品贩运的打击，加强了禁毒宣传力度，对公开涉毒信息的态度也有所改变。土戒毒机构负责人于2013年接受采访时称，近年来土国内的毒情有了极大改善，政府已经对土库曼斯坦的毒品批发与零售市场进行了强力打击，并开始对吸毒者提供治疗，在学校中宣传毒品的危害。现在毒品交易就算存在也是处于地下状态，并且价格高得惊人。[③] 乌兹别克斯坦官方对吸毒问题则长期采取对外保守，对内高压的政策，相关数据的公开程度极低。一些报道称，在该国人口密集且贫困的费尔干纳地区和塔什干等大城市中，吸毒问题相当严重，同时吸毒者的人权难以得到保障。但这些言论大多出自国际人权组织和人权活动家的口中，或是出自旅居国外的乌兹别克斯坦反对派，因此很难保证其客观性和权威性。

尽管中亚各国对打击毒品贩运的关注度都很高，但毒品缴获量同流经中亚地区的毒品数量相比仍然比例极低。以海洛因为例，2009年便有约90吨的阿富汗海洛因被贩入中亚，其中仅有3.4吨被查获。[④] 而根据联合国公布的数据，2010年中亚国家总共缴获了2.6吨海洛因，不到贩运入中亚海洛因总量的3%（估计总量为90吨）。[⑤] 总体而言，这并非说明中亚国家的禁毒执法机构玩忽职守，国际禁毒机构的平均毒品缴获量也不到流通量的10%，考虑到中亚国家仅仅独立20余年，其禁毒机制从无到有需要一个建设过程，同时中亚各国正经历的转型动荡期也给禁毒机制的建立与完善带来了不利影响，导致各国禁毒机构的执法能力较弱，且贪腐问题给中亚国家禁毒也造成了极大的负面影响。

---

① 李昕韡：《中亚地区的毒品形势与国际禁毒合作》，中国社会科学院研究生院2010年硕士学位论文。

② Central Asia online, Turkmenistan cracks down on drugs, http://centralasiaonline.com/en_GB/articles/caii/features/main/2013/03/12/feature-01.

③ 同上。

④ UNODC, The Global Afghan opium trade, http://www.unodc.org/documents/data-and-analysis/Studies/Global_Afghan_Opium_Trade_2011-web.pdf.

⑤ UNODC, Opiate flows through northern Afghanistan and Central Asia, http://www.unodc.org/documents/data-and-analysis/Studies/Afghanistan_northern_route_2012_web.pdf.

第四节　中亚国家应对安全威胁的措施与战略

一　中亚国家应对安全威胁的措施

总体上讲，中亚国家领导人对打击宗教极端势力的态度一致，均表示要坚决打击这一危及国家安全的邪恶势力。哈萨克斯坦总统纳扎尔巴耶夫认为，毒品、恐怖主义和紧缺的水资源是对中亚稳定的主要威胁。纳扎尔巴耶夫总统在2000年的国情咨文中针对维护国家安全和反恐怖问题提出4项措施：建立切实可行的地区安全体系，建设强大的现代化军队，加强禁毒工作，加强经济安全。[①] 纳扎尔巴耶夫总统还提出建立独联体反恐怖中心。2001年2月9日，纳扎尔巴耶夫总统在哈萨克斯坦第一届全军会议上的讲话中指出，恐怖主义、极端主义、小股匪徒入侵以及与贩毒有关的犯罪是国家安全的最大威胁。[②] 2002年4月，乌兹别克斯坦总统卡里莫夫表示，乌兹别克斯坦将采取更加严厉的措施打击伊斯兰解放党。卡里莫夫总统说，该组织具有激进和宗教极端特点，该党的宗旨和任务都具有宗教极端的激进色彩，触犯了乌兹别克斯坦的法律，因此没有理由使其在境内合法化，乌兹别克斯坦政府对其政策没有改变。2002年5月31日，塔吉克斯坦政府召开“打击恐怖主义和宗教极端主义”会议，拉赫蒙总统在分析和总结了近3年来塔吉克斯坦的恐怖主义形势之后，指出国家所有部门要积极配合打击恐怖主义。[③]

具体来看，中亚国家对宗教极端势力的打击措施随地区安全局势和宗教极端势力的变化而不断进行调整，主要分为三个阶段。第一阶段是独立初期到1999年，主要是遏制宗教极端势力的发展。中亚国家独立初期，宗教极端势力增长迅速，中亚国家的领导人开始认识到，宗教极端势力的发展将导致国内

---

① 赵常庆：《哈萨克斯坦：经济与安全年》，《俄罗斯和东欧中亚国家年鉴（2000年）》，当代世界出版社，第64~65页。

② 赵常庆：《哈萨克斯坦：大庆之年，形势不错》，《俄罗斯和东欧中亚国家年鉴（2001年）》，当代世界出版社，第58页。

③ *Наджот*, №33. 2002.

形势不稳，塔吉克斯坦发生的内战也有可能蔓延至中亚其他国家。在认识到问题的严重性之后，中亚各国领导人开始采取遏制宗教极端势力的措施。第二阶段是 1999 ~ 2001 年，明确宗教极端势力为影响本地区安全的重要威胁，中亚国家加强了打击力度。第三阶段是 2001 年至今，支持美国打击塔利班，继续打击国内极端分子，但中亚各国的打击强度并不相同。

在第一阶段"遏制宗教极端势力"时期，中亚宗教极端势力呈现的特点是"政治化""极端化""反当权者"。中亚国家的领导人也认识到宗教极端组织对政权的威胁，但对于其对国家乃至整个地区安全的影响预见还是模糊的，政治家们更多关注的是塔吉克斯坦内战等重大的传统安全问题。因此这一时期各国采取的措施以遏制、限制为主，工作重心是遏制宗教的"极端化"、取缔宗教极端组织或带有极端色彩的宗教政党。在 1992 ~ 1994 年，中亚各国政府采取了一系列打击宗教原教旨主义和伊斯兰政治反对派的措施，禁止了一些伊斯兰教政治组织，对那些以政治反对派面目出现的宗教极端组织的领袖人物，采取了监禁、驱逐甚至处决的严厉措施。这在乌兹别克斯坦表现得最为明显。[①] 从 1994 年夏季开始，乌兹别克斯坦总统卡里莫夫领导了一场对宗教原教旨主义全方位的打击行动，并在短期内取得了比较明显的成效。[②] 1995 年，乌兹别克斯坦政府在（费尔干纳州）浩罕的一个清真寺中驱散了一批持反对意见的穆斯林群众。1995 年 8 月，瓦哈比派领袖阿布杜瓦里·古里·米尔扎耶夫在塔什干机场被捕。[③] 1995 ~ 1996 年，中亚各国政府采取新的措施限制伊斯兰教政治化的发展。首先是限制中亚穆斯林与外国宗教组织的联系，继而是制定更加严格限制宗教政治化的政策，最后则是利用民族主义思想来压制宗教极端思想。与此同时，继续取缔地下秘密活动的反政府组织。[④]

---

① 王建平、吴云贵、李兴华：《当代中亚伊斯兰教及其与外界的联系》，中国社会科学院世界宗教研究所内部出版，2000 年 7 月，第 112 页。

② 巴哈提：《中亚五国》，参见赵匡为主编《世界各主要国家的政教关系》（第一集），宗教文化出版社，1998。

③ 王建平、吴云贵、李兴华：《当代中亚伊斯兰教及其与外界的联系》，中国社会科学院世界宗教研究所内部出版，2000 年 7 月，第 69 ~ 70 页。

④ 王建平、吴云贵、李兴华：《当代中亚伊斯兰教及其与外界的联系》，中国社会科学院世界宗教研究所内部出版，2000 年 7 月，第 113 页。

第二阶段是对宗教极端势力进行严厉打击。1999 年 2 月 16 日发生在乌兹别克斯坦塔什干的爆炸事件给中亚各国敲响了警钟。紧随其后的两次武装袭击中亚南部事件，更引起中亚国家领导人对宗教极端势力的高度重视。中亚宗教极端势力成为地区安全的头号问题。这一时期各国均采取了各种措施，对宗教极端组织进行严打。

首先，中亚国家对极端分子进行严密追查、逮捕、审判。“2·16”爆炸事件发生后，乌兹别克斯坦政府在全国范围内清查乌兹别克斯坦伊斯兰运动的恐怖分子和伊斯兰解放党成员。审判了参与“2·16”事件的恐怖分子，6 名首犯被处以极刑。乌兹别克斯坦政府还勒令父母们把信奉极端宗教的子女送到执法机关进行登记，只要表示悔改便不予追究；增加在街区巡视的警察数量，在居民区实行“安全承包制”，即每个居民区设居民长，负责居民区的治安状况，有外来人员进入要立即上报。2000 年 11 月 17 日，乌兹别克斯坦最高法院缺席判处恐怖组织乌兹别克斯坦伊斯兰运动最高领导人尤尔达舍夫和纳曼干尼死刑。2001 年，塔吉克斯坦加大打击极端分子力度，逮捕了 100 多名伊斯兰解放党成员，其中有 2 人被处以极刑。塔吉克斯坦还抓住美国等西方国家打击塔利班和基地组织的机会，力图肃清国内的极端势力。2001 年 1 月 4 日，塔吉克斯坦索格德州首府苦盏市法院分别判处 14 名伊斯兰解放党成员有期徒刑 8 ~ 18 年不等，原因是他们以暴力改变国家政体为目的从事地下活动，煽动宗教和民族仇恨。1999 ~ 2002 年，在塔吉克斯坦共有 108 名伊斯兰解放党成员被审判。

其次，打击毒品贩运，控制宗教极端组织的资金来源。毒品贸易是乌兹别克斯坦伊斯兰运动等宗教极端组织资金的重要来源，因此禁毒斗争亦是打击宗教极端势力的工作重心。塔吉克斯坦与乌兹别克斯坦的边境线长达 2000 千米，大部分是地势复杂的崇山峻岭，且边防力量薄弱，是宗教极端分子藏匿和阿富汗毒品向中亚输出的重要通道。自 1999 年塔什干发生“2·16”爆炸事件后，乌兹别克斯坦关闭了与阿富汗的边境，但是毒品仍然由阿富汗经塔吉克斯坦源源不断地运送到乌兹别克斯坦境内。乌兹别克斯坦在 2001 年加大了打击毒品的力度，成立了国家毒品监控中心。该中心的主要任务是：第一，忠实履行乌兹别克斯坦在打击毒品方面承担的国际义务；第二，铲除毒品的种植；第三，做好预防工作，宣传教育年轻人选择健康的生活方式。毒品泛滥的“重灾区”——塔吉克斯坦也一直与毒品进行艰苦卓绝的斗争。2005 年，哈萨克斯坦共缴获各类毒品 20 多吨。

最后，从思想、观念上与宗教极端势力斗争，提高宗教教育水平。主要有几种方式。第一，官办一批宗教教育机构，以健全的宗教思想之盾来对抗宗教极端主义之矛，帮助人们抵御极端分子的蛊惑。1999 年 4 月，乌兹别克斯坦政府在联合国协助下创办塔什干伊斯兰大学，这是一所拥有初等教育和高等教育的现代化教学机构，除宗教学科外，还设立法律、经济、历史、国际关系、信息技术等课程，旨在培养适应新时代的伊斯兰神学人才，引导年轻一代正确认识伊斯兰教。大学定期培训来自全国各地的神职人员，进行反宗教极端主义的教育。伊斯兰大学为培育新一代伊斯兰教教职人士，提高该国的宗教教育水平，建立新型的、宗教与世俗学科相结合的伊斯兰教育模式奠定了基础。第二，通过宗教事务管理机构来加强不同宗教之间的相互了解，管理宗教组织，组织正规的宗教活动，防止宗教政治化，遏制宗教极端思想的蔓延。1996 年吉尔吉斯斯坦成立了国家宗教事务委员会，加强对境内宗教事务的管理。乌兹别克斯坦宗教事务委员会不但被授权监督宗教音像和印刷品，同时还负责追踪调查伊斯兰解放党等宗教极端组织的宣传材料。乌兹别克斯坦的穆斯林理事会也致力于伊斯兰教教义的解释工作。

第三阶段是 2001 年“9·11”事件后至今，通过相关法规细化打击恐怖主义的措施，成立专门的反恐机构，举行反恐军事演习，加强对宗教极端组织的侦查工作。

第一，中亚国家通过相关法规进一步细化打击宗教极端势力的具体措施。如吉尔吉斯斯坦政府在《打击宗教极端主义的国家计划（2004～2005）》中，制定了打击宗教极端主义的主要策略：一是有效预防宗教极端主义的滋生与发展；二是加强对宗教组织活动的监督；三是巩固和进一步发展打击宗教极端主义的合作；四是建立防止宗教极端主义传播与蔓延的预警系统；五是保持社会的和谐稳定。具体措施有以下几点。一是采取具体方案控制加入宗教组织、教派的人数，尤其是年轻人加入这些组织的数量。二是完善在打击宗教极端主义方面的法律基础。三是控制宗教极端主义的宣传品，制止宗教极端组织的活动。[①] 四是加强内务部、地方行政和地方自治管理机构对宗教极端势力的预警工作，并有效防止民族之间发生冲突。五是内务部与国家安全局合作，包括：（1）采取完善的侦查手段，定期交换有关情报，包括在国外活动的中亚宗教极端组织及其领导人和成员的信息，进行煽动宣传的、受到极端组织资助的非政府组织，以及宗教教育机构及其成员的信息；（2）采取综合措施提高对极端主义犯罪的预防能力；（3）通过协调一致的行动来削弱伊斯兰解放党的活动。[②]

哈萨克斯坦在《采取措施预警和控制恐怖主义、极端主义的总统令》中对各部门的职能做出具体规定。政府的职责是：对入境签证进行严格把关；加强对武器走私的检查；完善对旅游和移民的监督措施；加强国际反恐合作，缔结打击恐怖主义和极端主义的国际条约，同在这一领域有丰富经验的国家进行交流。该总统令中还对各部门的职责做出了进一步的要求。文化、信息和社会部门的职责是对宗教团体的活动进行监督，对国内传播的宗教宣传品进行鉴定；交通部要同有关部门一起整顿航空、铁路、航运、公路等领域的国际航线部分；内务部要严格监督非法入境者；教育与科技部要对在国际交流中的大学生和高校教师进行甄别，以及为普通教育毕业年级的学生制定基础宗教教材；海关部门要增加检查站；总检察长要每三个月检查一次宗教组织和宗教教育机构，以及有外国参与的慈善、文化和教育机构的合法性；国家安全委员会负责协调各部门在打击恐怖主义和极端主义方面的工作；国家安全委员会、内务部和总统卫队要进行有效合作，并加强对恐怖主义和极端主义的预警能力；各州、阿拉木图和首都阿斯塔纳行政长官从2000年第一季度开始要开展把非法移民驱逐出境的工作。同时，各级政府都要加强对中央国家机构、地方政府部

---

① Государственная программа противодействия религиозному экстремизму в Кыргызской Республике на 2004 - 2005 годы, http://www.legislationline.org/ru/legislation.php?tid=46&lid=6606&less=false.

② Постановление правительства Кыргызской Республики О работе Министерства внутренних дел Кыргызской Республики, местных государственных администраций и органов местного самоуправления по предупреждению и профилактике религиозного экстремизма и недопущению межнациональной розни, г. Бишкек, Дом Правительства от 20 июля 2004 года N 543, http://www.legislationline.org/ru/legislation.php?tid=46&lid=6604&less=false.

门、居民区、重要公共场所及其他重要建筑的保护措施。[①]

第二，成立专门的反恐机构。2003 年，哈萨克斯坦设立了国家安全委员会反恐中心（АТЦ КНБ），这成为打击恐怖主义和极端主义的主要部门，负责协调各部门在反恐和反极端主义方面的工作。根据哈萨克斯坦制订的《2004～2006 年打击三股势力计划》，2005 年，该反恐中心采取了一系列措施打击恐怖主义，包括更新技术与装备、进行联合军演、举行会议等。[②] 哈萨克斯坦还重视反恐宣传，出版《反恐中心信息简报》，同时在传媒领域加强反恐宣传。

第三，举行反恐军事演习，提高军队打击恐怖主义的实战能力、快速反应能力和协同作战能力。2004 年 4 月和 10 月，哈萨克斯坦先后举行了代号为“萨雷阿尔卡－2004”和“完美－2004”两次反恐军事演习。哈萨克斯坦陆军、空军、边防军、内卫部队等都派出部队参加反恐演习，就搜索、围剿、解救人质以及陆空协同等重点进行演练。2005 年，哈萨克斯坦反恐中心在 6 个州进行了各部门间的反恐军事演习。2006 年 5 月和 9 月，在哈萨克斯坦的巴甫洛达尔州和卡拉干达州举行了专门针对恐怖分子制造爆炸、劫持人质活动以及协调各强力部门间工作的演习。[③] 2004 年 5 月，土库曼斯坦在阿什哈巴德地区举行反恐演习。同月，吉尔吉斯斯坦举行大规模军事演习，以企图对吉尔吉斯斯坦军事目标发动袭击的恐怖分子为假想敌，分防御作战和进攻两个阶段进行了演习。

第四，加强边境的管控能力。塔吉克斯坦与阿富汗边境、吉尔吉斯斯坦与乌兹别克斯坦边境，以及哈萨克斯坦与乌兹别克斯坦边境都是极端分子越境流窜的活跃地区。为防止宗教极端势力对本国的渗透，中亚各国都十分重视对边

---

① О мерах по предупреждению и пресечению проявлений терроризма и экстремизма, Указ Президента от 10. 02. 2000 N 332, http: //www. legislationline. org/ru/legislation. php? tid = 46&lid = 6568&less = false.

② Специфика проявлений терроризма и экстремизма в Центральной Азии: основные тенденции и итоги 2005 - 2006 гг., Доклад Центра антитеррористических программ, http: //studies. agentura. ru/centres/cap/itogi2005 - 2006.

③ Специфика проявлений терроризма и экстремизма в Центральной Азии: основные тенденции и итоги 2005 - 2006 гг., Доклад Центра антитеррористических программ, http: //studies. agentura. ru/centres/cap/itogi2005 - 2006/.

境的防控，在边境严加戒备。吉尔吉斯斯坦扩编了楚河州边防总队，在塔拉斯州成立了边防警备区，在国家各个边境地区建立了一系列新的边防哨所，改善了一批哨所和检查站的技术装备。哈萨克斯坦在哈吉、哈乌边境新建多个边防哨所。2004 年在乌兹别克斯坦发生系列爆炸等重大恐怖事件后，该国以及哈萨克斯坦、吉尔吉斯斯坦和塔吉克斯坦等中亚国家边防部队均迅速提高部队战备等级，加强了边境巡逻和通行检查力度。[①]

第五，对于极端分子的追捕和审判也取得明显成效，这也是中亚国家打击宗教极端势力的最常用手段。近年哈萨克斯坦的宗教极端组织活动相对比较频繁，哈萨克斯坦相应加强了打击力度。2005 年 1 月，哈萨克斯坦警方在阿拉木图抓获了约 40 名伊斯兰解放党分子，这些人正在阿拉木图的一座大清真寺里进行集会。[②] 2006 年 4 月，哈萨克斯坦安全部门抓获了 10 名恐怖分子，他们全都是哈萨克斯坦人，从他们的住处搜出了自杀式袭击用具和枪支弹药、宣传极端思想的印刷品和录像资料。2006 年 12 月，哈萨克斯坦安全部门在阿斯塔纳等地抓获了 10 名“社会”组织的成员，缴获了武器弹药、极端思想出版物。[③]

2002 年，乌兹别克斯坦采取严厉措施打击伊斯兰解放党，逮捕了几百名传播该党思想的激进分子。2004 年，乌兹别克斯坦警方抓获 2002 年 12 月 27 日在比什凯克的奥比伦大市场（Обирон）制造爆炸事件的 A. 卡里莫夫，并判处其死刑。2005 年 1 月，对制造 2004 年 7 月爆炸事件的 6 名嫌疑犯进行调查。[④] 在震惊国际社会的“安集延事件”中，据乌兹别克斯坦官方发布的数据，有 94 名宗教极端恐怖分子被打死，在 2005 ~ 2006 年审判了

---

① 中国现代国际关系研究院反恐怖研究中心：《2004 国际恐怖主义与反恐怖斗争年鉴》，时事出版社，2005，第 69 ~ 70 页。

② В Алма-Ате задержаны сторонники исламской организации Хизб-ут-Тахрир，ИА Фергана. Ру，Радио Свобода，http：//news. ferghana. ru/detail. php? id = 596&mode = snews.

③ Специфика проявлений терроризма и экстремизма в Центральной Азии：основные тенденции и итоги 2005 - 2006 гг. Доклад，Центра антитеррористических программ，http：//studies. agentura. ru/centres/cap/itogi2005 - 2006/.

④ В Ташкенте продолжается судебный процесс над организаторами июльских взрывов，ИА Фергана. Ру，Радио Гранд（Ташкент），http：//news. ferghana. ru/detail. php? id = 599&mode = snews.

78 人，他们承认从事了恐怖活动，分别被判处 12 ~ 20 年的徒刑。[①] 2007 年 4 月 27 日，塔什干市法院审判了 7 名伊斯兰解放党成员，均为妇女。她们分别以触犯宪法，散发扰乱社会秩序和危及社会安全内容的传单，建立、领导和参与宗教极端主义、分裂主义和原教旨主义组织及其他被禁止的组织等罪名被判处 3 年徒刑。[②]

吉尔吉斯斯坦是伊斯兰解放党比较活跃的中亚国家，尤其是在吉南部奥什、贾拉拉巴德等地区。吉尔吉斯斯坦采取措施防止宗教激进思想的扩散，清查宗教出版物，整顿宗教组织，2002 年逮捕了 20 名伊斯兰解放党分子。2005 年，吉尔吉斯斯坦检察机关对 74 起有伊斯兰解放党成员参与的刑事案件立案，抓获 99 人，其中有 16 名妇女。2004 年发生 38 起类似案件，对 97 人进行了起诉。[③] 2006 年 7 月 14 日，内务部和安全部门抓获 5 名极端分子，这些人企图在吉尔吉斯斯坦南部制造恐怖事件，挑起居住在那里的乌兹别克人和吉尔吉斯人的族际冲突。同年 9 月 2 日，1 名乌兹别克斯坦伊斯兰运动的头目在奥什被抓获。9 月，执法部门共打死 11 名极端组织的武装分子。[④] 2007 年 2 月和 3 月，警方逮捕了 20 多名伊斯兰解放党分子，这些人被指控触犯了宪法第 299 条即企图暴力夺取政权，第 297 条即企图传播散布宗教极端思想和挑拨民族关系，以及第 259 条即建立犯罪组织。[⑤]

据塔吉克斯坦总检察长公布的数据，到 2003 年，塔吉克斯坦已经抓获了数百名伊斯兰解放党分子，对其中的 100 多人进行了起诉。2005 年，共破获

---

① Специфика проявлений терроризма и экстремизма в Центральной Азии：основные тенденции и итоги 2005 - 2006 гг. Доклад，Центра антитеррористических программ，http：//studies. agentura. ru/centres/cap/itogi2005 - 2006/.

② Семь женщин осуждены в Узбекистане за участие в Хизб ут - Тахрир，http：//www. prima-news. ru/news/news/2007/4/28/38109. html.

③ В Таджикистане в прошлом году арестованы почти 100 членов запрещенной Хизб ут-Тахрир-генпрокуратура，http：//www. interfax-religion. ru/？ act = news&div = 8727.

④ Специфика проявлений терроризма и экстремизма в Центральной Азии：основные тенденции и итоги 2005 - 2006 гг. Доклад，Центра антитеррористических программ，http：//studies. agentura. ru/centres/cap/itogi2005 - 2006.

⑤ Киргизия：В Кочкорском районе задержаны двадцать членов запрещенной партии Хизб-ут Тахрир，http：//www. ferghana. ru/news. php？ id = 5449&mode = snews&PHPSESSID = 33f3727b1de05bce38d50cf843d4dd68.

74 起各种极端组织案件，逮捕了 99 人，比上年增长 2%。2006 年，共抓获 60 名极端分子，当年的前 9 个月内务部破获了 10 起预谋的恐怖事件，抓获 30 名极端分子，其中 80% 是乌兹别克人，其余是吉尔吉斯人和塔吉克人，[①] 其中近一半为乌兹别克斯坦伊斯兰运动的成员。[②] 据塔吉克斯坦内务部称，从 2005 年年初开始，塔吉克斯坦加强了打击伊斯兰解放党的力度，共抓获 100 名左右该党激进分子，[③] 其中包括 16 名妇女，约有 40 人面临 12 年以下的徒刑。2005 年，共抓获了 99 名该组织成员，查获了 15097 份传单、404 本书籍和杂志、98 份宗教小册子、54 张光碟，[④] 在塔吉克斯坦的北部抓获了伊斯兰解放党的一个头目，在极端分子的住所发现了 300 份传单和一些瓦哈比派的宣传品。[⑤] 此外，2006 年 10 月，在索格德州还抓获了 6 名宗教极端组织“巴伊阿特”（Байат）成员。该组织自 2004 年就进入塔吉克斯坦安全部门的视线，在索格德州有两个地下据点，领导人是 A. 卡尤莫夫（Анвар Каюмов），目前还在追捕中。[⑥] 2007 年 4 月，警方在北部抓获了一名乌兹别克斯坦伊斯兰运动的领导人 C. 萨法洛夫（Сафар Сафаров），他是该组织的第 8 号人物。[⑦] 为遏制伊斯兰解放党的发展，塔吉克斯坦政府在该党活跃的地区建立官方宣传机构，与居民就伊斯兰解放党问题进行对话。此外，塔吉克斯坦还开始在首都杜尚别关闭非法的清真寺，从而减少极端组织的活动场所。据非官方消息，目前在塔吉克

① Специфика проявлений терроризма и экстремизма в Центральной Азии: основные тенденции и итоги 2005 - 2006 гг. Доклад, Центра антитеррористических программ, http://studies.agentura.ru/centres/cap/itogi2005 - 2006/.

② В Таджикистане осуждены два члена Исламского движения Узбекистана, http://www.ferghana.ru/news.php?id=6154&mode=snews&PHPSESSID=25315d54d42c1c4bdbc390a0edd47c57.

③ Страны Средней Азии, http://www.imepi-eurasia.ru/baner/sa.doc. январь 2006 г.

④ Специфика проявлений терроризма и экстремизма в Центральной Азии: основные тенденции и итоги 2005 - 2006 гг. Доклад, Центра антитеррористических программ, http://studies.agentura.ru/centres/cap/itogi2005 - 2006/.

⑤ Страны Средней Азии, январь 2006 г, http://www.imepi-eurasia.ru/baner/sa.doc.

⑥ Специфика проявлений терроризма и экстремизма в Центральной Азии: основные тенденции и итоги 2005 - 2006 гг. Доклад Центра антитеррористических программ, http://studies.agentura.ru/centres/cap/itogi2005 - 2006/.

⑦ На севере Таджикистана задержан один из лидеров Исламского движения Узбекистана, http://www.ferghana.ru/news.php?id=5695&mode=snews&PHPSESSID=960022c7dfec3662d647cf56601cbf3b10.04.2007.

斯坦共有 3000 多座清真寺，分析家们认为，约有 90% 的清真寺是非法的。[①]

二　中亚国家与其他国家的双边合作

（一）与俄罗斯的合作

俄罗斯是中亚国家的近邻，在苏联时期形成的传统关系使俄罗斯自然而然成为中亚国家最适合的安全伙伴。中亚国家独立初期，各国军队尚在建设之中，国防力量不足，因而一些中亚国家与俄罗斯确立了军事互助合作关系，把本国领土纳入俄罗斯的防御空间之内，哈萨克斯坦、塔吉克斯坦、吉尔吉斯斯坦分别与俄罗斯签署了军事合作条约，尤其是塔吉克斯坦长期保留俄罗斯军队在塔驻扎。这一时期中亚国家与俄罗斯在打击宗教极端势力问题上已经开展了合作，例如 1998 年 10 月，乌兹别克斯坦、塔吉克斯坦与俄罗斯曾结成三国联盟，共同制止宗教极端主义的渗透。

中亚南部在 1999～2000 年受到宗教极端分子的武装袭击后，俄罗斯与中亚国家加强了安全合作。这符合双方的安全诉求：中亚宗教极端分子与车臣匪徒相互勾结、相互渗透，对中亚与俄罗斯的国家安全造成严重威胁，双方必然要展开安全合作。乌兹别克斯坦总统卡里莫夫表示，俄罗斯在中亚地缘政治中发挥着重要作用，俄罗斯在这一地区具有长期战略利益，在维护地区安全与稳定方面起着不可忽视的作用。[②] 俄罗斯同样重视中亚地区，并表示“乌兹别克斯坦是俄罗斯在中亚最重要的战略伙伴之一”[③]。

中亚国家同俄罗斯在打击宗教极端势力上的安全合作主要包括以下几个方面。

第一，在打击宗教极端势力这一问题上立场一致，相互支持。1999 年 6 月，哈萨克斯坦副总理兼外交部部长托卡耶夫访问俄罗斯，俄领导人表示会继

---

① Таджикистан：В Душанбе закрывают мечети，http：//www. ferghana. ru/news. php? id = 5460&mode = snews&PHPSESSID = 0dabc495d043041e23a7910e325977e5.

② Сотрудничество и региональная интеграция отвечают интересам наших народов，*Народное слово*（*Узбекитан*）.

③ Россия и Узбекистан подписали программу сотрудничества на ближайшую пятилетку，http：//www. ferghana. ru/article. php? id = 5583&PHPSESSID = 56220ada654c82b84b36837b467f9d31.

续巩固两国的盟友关系，哈则支持俄罗斯对国际主要问题的立场。[①] 同年9月1日，俄罗斯国防部部长谢尔盖耶夫抵达塔什干，与乌兹别克斯坦总统卡里莫夫讨论了吉尔吉斯斯坦南部局势问题，卡里莫夫表示希望俄罗斯参与解决安全危机。同年10月25日，俄罗斯和吉尔吉斯斯坦两国总理在会谈时表示，双方将在反恐斗争中相互支持，俄罗斯将帮助吉尔吉斯斯坦保障国家安全、巩固外部边界和打击国际恐怖主义。2000年8月20日，哈、吉、塔、乌四国总统和俄联邦安全委员会秘书伊万诺夫举行会晤，发表中亚各国将采取坚决措施打击恐怖主义的声明。声明认为恐怖主义和极端主义势力是对中亚赤裸裸的侵略行为，是对中亚各国宪法和民主准则的侵犯，目的在于破坏这一地区的安全和稳定，扰乱地区和国际局势，必须采取坚决措施予以打击。同年8月25日，在塔吉克斯坦首都杜尚别举行的俄罗斯和塔吉克斯坦内务部联合委员会会议上，俄罗斯内务部部长鲁沙伊洛宣布，俄将协助中亚各国打击入侵的国际恐怖分子，并将恐怖分子的入侵视为对独联体国家安全的共同威胁。2001年4月25日，俄罗斯武装力量总司令科瓦什宁访问乌兹别克斯坦，打击宗教极端主义问题是双方会谈的主要内容之一。同年5月3~5日，乌兹别克斯坦总统卡里莫夫访俄，在联合打击三股势力问题上，俄乌领导人认为两国有共同的利益，俄要加强与乌的合作以保证俄南部稳定，乌承认俄在中亚的利益，认为乌俄的军事合作有利于独联体南部的安全。同年11月29日，俄罗斯总统普京与塔吉克斯坦总统拉赫蒙举行非正式会谈，商议两国的反恐合作问题。2002年7月，举行俄罗斯—中亚非正式峰会，哈、吉、乌、塔的领导人与俄罗斯总统举行了会晤，就中亚安全形势和国际反恐问题进行了磋商。在2005年乌兹别克斯坦发生“安集延事件”后，俄罗斯坚决支持卡里莫夫政权，同意卡里莫夫有关“安集延事件”是“由境内外极端分子策划的恐怖活动”的定论，并组团到安集延调查，得出的结论之一就是“西方媒体夸大了事件中的死亡人数”，并支持乌坚定打击宗教极端势力的立场。

此外，俄罗斯在认定宗教极端组织方面也与中亚国家基本保持一致。2003年2月14日，俄罗斯最高法院宣布伊斯兰解放党是“被国际社会公认的一个

---

① Ф. Олегов：Россия-Казахстан：сотрудничество продолжается，*Независимая газета*（*Россия*）.

具有恐怖主义倾向的宗教极端组织”，同时也属于恐怖组织。[①] 乌兹别克斯坦伊斯兰运动也早被俄罗斯确认为恐怖组织。

第二，签署安全合作文件。2000 年 9 月，俄罗斯与吉尔吉斯斯坦签署了《两国护法机关 2000～2001 年合作议定书》，俄将协助吉打击有组织犯罪、国际恐怖主义和经中亚地区向俄境内贩运毒品的活动。2002 年 12 月，俄罗斯总统普京、国防部部长伊万诺夫分别访问吉尔吉斯斯坦，签署了《比什凯克宣言》以及《俄吉安全合作协议》等文件。2003 年 9 月 22 日，吉尔吉斯斯坦与俄罗斯签署了《在吉尔吉斯斯坦境内的俄罗斯空军基地的地位与条件协议》。2004 年 6 月 16 日，普京访问乌兹别克斯坦，两国签署了《俄乌战略伙伴关系协议》。协议包括两国将协调行动以在中亚地区建立有效安全体系、俄向乌提供军事装备以及在必要时俄可以使用乌军事设施等内容。2005 年 11 月 14 日，乌俄签订了《关于俄乌建立联盟关系的条约》。条约规定，如果两国中的一方遭到第三国入侵，另一方可以为其提供包括军事援助在内的必要帮助，两国必要时有权使用对方的军事基地和军用设施。此外，双方将在更新武装力量装备和军队改革等方面加强合作，并在打击国际恐怖主义和极端主义等方面协调行动。

第三，俄罗斯在中亚发生突发事件时积极参与解决，并加强与中亚国家的军事往来与合作，向中亚国家提供先进军事技术，协助中亚国家保卫国家安全。首先，在中亚发生恐怖袭击时，俄罗斯与中亚国家一道共商对策。1999 年吉尔吉斯斯坦南部受到宗教极端组织袭击之后，由俄、哈、吉、乌、塔五国军事人员组成的行动小组对吉尔吉斯斯坦南部局势进行了详细调查，以便掌握非法武装的准确人数，制订有效的打击计划。其次，中亚国家通过参与俄罗斯主导的防御系统来增强本国的安全保障系数。2000 年 3 月，吉尔吉斯斯坦加入了俄、哈防空部队“联合战斗值勤”。俄罗斯边防军还参与塔吉克斯坦边境地区的防务行动，维护塔边境安全，打击在塔吉克斯坦与阿富汗接壤地区的宗教极端分子。最后，加强军事技术合作。2000 年 5 月，俄罗斯空军总司令科

---

① Витали Пономарев, Дело активиста ХИЗБ УТ-ТАХРИР Юсупа Касимахунова, Правозащитный Центр “Мемориал”.

尔努科夫访问哈萨克斯坦、乌兹别克斯坦，目的是加强军事技术合作，特别是在防空系统方面的合作。俄哈两国防空部队就利用米格-31远程战斗机执行“独联体国家联合防空体系”内的战斗任务达成协议。俄罗斯还为中亚国家提供技术装备，并帮助中亚国家培训了大批军事人才和护法机关人员。2005年乌兹别克斯坦发生“安集延事件”后，乌兹别克斯坦对俄罗斯提供的安全需求增强，7月初，乌兹别克斯坦总统卡里莫夫表示，在本地区遭受外来安全威胁时，乌兹别克斯坦愿意向俄罗斯提供布哈拉、安集延、汉纳巴德等10个机场。①

第四，举行联合军事演习。1999年中亚安全形势恶化，吉尔吉斯斯坦南部局势发生动荡，宗教极端势力加紧向中亚地区渗透。在这种情况下，俄罗斯与中亚国家在1999~2000年举行了3次军事演习，对宗教极端主义形成威慑之势。1999年10月26日，俄罗斯、乌兹别克斯坦、塔吉克斯坦、哈萨克斯坦和吉尔吉斯斯坦五国开始在比什凯克举行军事协调指挥作战演习。

第五，双方安全部门合作追捕宗教极端分子。俄罗斯与乌兹别克斯坦两国在打击伊斯兰解放党方面进行有效合作。2004年2月13日，两国安全人员抓获了伊斯兰解放党在莫斯科分部的领导人之一Ю. 卡西马胡诺夫（Юсуп Касимахунов）。② 俄罗斯安全部门称，伊斯兰解放党利用乌兹别克斯坦伊斯兰运动的许多“恐怖工具”，并同基地组织有联系，把一些成员派到基地组织的训练营地进行培训。2004年6月，俄罗斯安全部门又在秋明州抓获了数名伊斯兰解放党成员，到2005年1月，已经有100多名该组织成员在俄罗斯被抓获。据俄安全部门称，伊斯兰解放党已经在俄罗斯的莫斯科州、下诺夫格罗德州、萨马拉州等7个州建立了分支机构。③

此外，俄罗斯还与中亚国家共同打击毒品犯罪。2007年5月至2008年2月，哈、乌、塔、俄的安全人员进行了代号为“台风”的缉毒行动，在阿拉

---

① Виктория Панфилова，Владимир Мухин，Меняю Вашингтон на Москву，*Азия-плюс*.

② В Москве арестован один из лидеров организации хизб ут-тахрир，*Время новостей*，*Интерфакс*.

③ Виталий Пономарев，Россия：Спецслужбы против исламской партии хизб ут-тахрир，Правозащитный центр "Мемориал"，Москва，февраль 2005，http://www.memo.ru/daytoday/05hizb01.htm.

木图、契姆肯特、卡拉干达和彼得巴甫洛夫斯克的行动中共查获800多公斤的海洛因和100多公斤鸦片，抓获了包括专门在中亚—俄罗斯路线走私毒品的国际贩毒组织大头目Б. 马赫麦德霍扎耶夫（Б. Махмудходжаев）在内的42名毒贩。①

总体来说，俄罗斯与中亚国家在打击宗教极端势力方面的合作有较大的发展空间。自1999年中亚国家受到宗教极端分子武装袭击之后，俄罗斯与中亚国家在联合打击宗教极端势力的问题上加强了合作，合作的内容比较务实，也取得了一些成效。虽然美国与中亚国家的安全合作也比较密切，但中亚国家逐渐认识到，在维护地区安全方面俄罗斯仍是切实可靠的保障与依托。同时，俄罗斯通过与中亚国家加强安全合作，也巩固了自身在中亚的影响力。当然，由于中亚国家与俄罗斯的安全合作还存在一些问题，如中亚国家对俄罗斯视中亚为自己的战略后院一直深感不安，对俄罗斯有防范心理，在安全问题上不愿意完全受制于俄罗斯，本国的边境保卫也不愿过于依赖俄罗斯，因而也间接影响了在打击宗教极端势力方面的合作。

（二）与美国和西方其他国家的合作

1. 与美国的合作

在“9·11”事件之前，美国与中亚国家安全合作的重点主要是推动中亚无核化进程，防止中亚（主要是哈萨克斯坦）的核武器、核材料、核专家向外扩散；展开北约和平伙伴关系计划，与中亚国家建立军事安全关系，降低中亚国家对俄罗斯的军事依赖，减少俄罗斯在这一地区的影响力。

对于中亚国家来说，美国是中亚国家非常重视的安全伙伴。中亚国家认为，美国强大的军事力量是维护中亚地区安全的可靠保证，同时也可以平衡俄罗斯的影响。乌兹别克斯坦总统卡里莫夫曾于1999年表示，乌兹别克斯坦把与美国的军事合作看成保障中亚地区和平与稳定的重要因素。与宗教极端主义和恐怖主义有关的“9·11”事件、乌兹别克斯坦与俄罗斯签署《关于俄乌建

---

① Узбекистан: В Ташкенте захвачен главарь крупной международной наркогруппировки, http://www.ferghana.ru/news.php?id=8405&mode=snews&PHPSESSID=56220ada654c82b84b36837b467f9d31.

立联盟关系的条约》、“安集延事件”、吉尔吉斯斯坦政权更迭、美军撤出中亚军事基地等是影响美国与中亚国家合作的几件大事，也是在这一领域合作亲疏关系变化的转折点。

美国与中亚国家在打击宗教极端势力方面的合作主要有以下几个方面。

第一，美国积极推动哈萨克斯坦消除核武器，防止核材料流入国际恐怖分子手中。苏联解体后，在哈萨克斯坦境内还有104个导弹发射井和40架战略轰炸机，如果处理不好这批核武器，中亚地区就有可能成为危险的核扩散策源地。国际社会十分关注哈萨克斯坦的核武器问题，美国积极参与了从哈萨克斯坦拆除和销毁核武器的过程，最终哈萨克斯坦加入了《不扩散核武器条约》，从而使哈萨克斯坦在1995年9月彻底实现了无核化。

除了消除哈萨克斯坦的核武器外，美国还从1993年开始关注中亚地区的核武器与核材料可能流散的问题，担心恐怖分子获得核材料与核技术，对全球防扩散体系和美国的安全构成威胁。中亚国家在独立后，中央政权对一些边远山区的控制力还不够强，加上一些山区与阿富汗相邻，而在阿富汗聚集的宗教极端组织和恐怖组织对核武器和核材料十分觊觎，因此核材料流失绝非危言耸听。在俄罗斯就曾发生过多起核材料走私未遂的案件。俄罗斯官方曾经公开表示，本·拉登曾在独联体范围招募核物理学家。①

1997年，美国加强了与中亚国家在防核扩散领域的合作。1998年，美国与乌兹别克斯坦签署了《关于在化学军备设施非军事化领域和防止化学军备技术扩散方面进行合作的协议》。1999年3月17日，美国负责独联体事务的无任所大使史蒂夫·塞斯塔诺维奇（Stephen Sestanovich）在美国国会就美国的中亚政策作证时，除重申民主、改革、融入西方政治和军事机制外，还强调“美国应在防核扩散、反恐和打击毒品走私等问题上采取负责任的态度”②。1999年，美国与乌兹别克斯坦签署了《合作减少威胁协议》，以拆毁乌兹别克斯坦境内咸海附近的生物武器研究设施，并为相关科学家提供就业机会。1999

---

① Представитель Совета безопасности РФ сообщает о попытах афганских талибов получить доступ к ядерным материалам, *Интерфакс*, 7 октября 2000г.

② Jim Nichol, *Central Asia's New States: Political Developments and Implications for U. S. Interests, Foreign Affairs, Defense, and Trade Division*, May 18, 2001, cited from IB93108.

年 3 月 10 日，美国国会通过《丝绸之路战略法案》，重申美国与中亚进行军事接触的重要性，并承诺提供边界控制援助。2000 年，乌兹别克斯坦开始使用美国的探测器拦截从哈萨克斯坦运往巴基斯坦边界的放射性物质。

第二，美国向中亚国家提供打击宗教极端势力的军事援助。塔吉克斯坦内战结束后，阿富汗战争成为中亚地区严重的外部威胁。阿富汗的不稳定局势使宗教极端主义的活动十分频繁，宗教极端组织以阿富汗为基地，在中亚制造了不少恐怖事件。美国与中亚的安全合作也不再限于传统安全领域，开始重视非传统安全领域中的宗教极端势力问题，在对中亚国家援助方面增加了新内容，如在《丝绸之路战略法案》中强调要加强打击毒品走私、武器扩散和跨国犯罪等活动。

美国与中亚国家的军事高层增加往来，“9·11”事件发生之前，美国国防部部长、参谋长联席会议主席、中央司令部高级官员曾多次出访中亚，中亚各国国防部部长和总参谋长也相继访问了美国。美国与中亚国家的军队先后举行了多次军事演习。1998 年 2 月，美国与乌兹别克斯坦建立了联合委员会，致力于消除本·拉登的恐怖网络，并且在这一年签署了《关于打击恐怖主义的声明》《国防部 1999～2000 年合作计划》；1999 年 5 月又签署了《1999～2000 年双边防御合作计划》。

中亚南部在 2000 年遭受宗教极端组织袭击后，美国相应提供了一些援助。2000 年 4 月，美国国务卿奥尔布赖特访问哈萨克斯坦、吉尔吉斯斯坦和乌兹别克斯坦三国，宣布向中亚实行一项新的“中亚边界安全倡议”。根据这个倡议，美国向每个中亚国家（起初是吉尔吉斯斯坦、哈萨克斯坦和乌兹别克斯坦，后来扩大到土库曼斯坦和塔吉克斯坦）提供 300 万美元的安全援助。同年 11 月，乌兹别克斯坦国防部部长访问美国，双方签署了《关于进一步发展军事技术合作的协议》。美国还把中亚地区划为“反恐怖安全区”，表示将对中亚的安全承担责任，并接收乌兹别克斯坦、哈萨克斯坦、吉尔吉斯斯坦的特种部队军人到美国受训。2001 年 12 月，美国国务院将乌兹别克斯坦伊斯兰运动列入黑名单，禁止该组织成员入境，并冻结其在美国的资金。2004 年 5 月和 9 月，美国武装力量中央司令部总司令安东尼·吉尼、中央陆军总司令弗兰克斯先后访问乌兹别克斯坦，表示美国将继续资助乌兹别克斯坦的学生到美国军校学习，并向乌军队提供一笔人道主义援助，帮助乌兹别克斯坦抵抗恐怖分子的入侵。[①]

“9·11”事件发生前的2000年至2001年，在安全领域，除乌兹别克斯坦外，中亚其他国家均与美俄保持平衡关系，甚至俄罗斯略占上风。这一方面是由于车臣问题使俄罗斯与中亚国家在打击宗教极端势力方面有共同的安全诉求，俄罗斯在态度上比较积极，俄罗斯在具体行动方面也比较务实，协助中亚国家解决宗教极端主义危机；另一方面，这一时期中亚地区在美国全球战略中还处于边缘位置，美国并没有拿出更多的时间与金钱打造中亚这一新的海外基地。[②] 从乌兹别克斯坦独立后到2005年“安集延事件”发生之前，与中亚其他国家相比，乌兹别克斯坦同美国的军事关系更亲近一些，这一方面是因为乌兹别克斯坦对俄罗斯在中亚的势力始终存有一种担心；另一方面也因为乌兹别克斯坦一直在与哈萨克斯坦争夺中亚大国地位，加强与美国的合作有助于实现这一目标；同时这也与美国向乌兹别克斯坦提供军事、经济援助有关。

第三，美国与中亚国家在军事打击阿富汗塔利班的过程中进行合作。“9·11”事件发生后，美国发动了阿富汗战争，中亚国家向美国提供帮助，包括提供本国的空中通道和地面走廊、交换有关情报、开放机场等。美国在中亚国家租借了多个机场，包括乌兹别克斯坦的汉纳巴德机场和铁尔梅兹机场、吉尔吉斯斯坦的马纳斯国际机场、塔吉克斯坦的杜尚别机场和库利亚布机场等。美国与哈萨克斯坦签署了备忘录，哈允许美国军用飞机使用阿拉木图机场做紧急降落。土库曼斯坦也向美国开放了领空，并允许美国军用飞机过境时可在阿什哈巴德机场加油。

作为回报，美国承诺打击阿富汗境内的乌兹别克斯坦伊斯兰运动武装，消灭其的庇护所和训练营，乌兹别克斯坦伊斯兰运动的主力在战争中被歼灭，中

---

① 孙壮志：《中亚新格局与地区安全》，中国社会科学出版社，2001，第191页。

② 虽然从20世纪90年代初至“9·11”事件发生前，美国共向哈萨克斯坦、吉尔吉斯斯坦、乌兹别克斯坦3国提供了3000万美元的军事援助（见郑羽主编《中俄美在中亚：合作与竞争（1991～2007）》，社会科学文献出版社，2007，第358页），但如果与美国提供给独联体其他国家的军援相比就会发现这个数字并不算多。以美国十分重视的格鲁吉亚为例，1998～2001年，美国仅为“保卫格鲁吉亚边界”一项就出资7200万美元，并且每年都向格鲁吉亚国家元首保卫部拨款1000万美元，用于购置特种装备；仅在2004年，美国就向格鲁吉亚提供了高达2.6亿美元的军事援助（苏畅主编《格鲁吉亚》，社会科学文献出版社，2005，第225页）。

亚地区的内外部威胁大大减轻。阿富汗战争结束后，美国与中亚国家进一步扩大双边军事合作，2002 年 1 月，美国中央司令部司令弗兰克斯访问乌兹别克斯坦，双方签署协议，规定双方将在联合训练、举办联合研讨班、发展两军伙伴关系方面进行合作。同年 3 月，美乌两国发表了建立战略伙伴关系的声明，在声明中，美国政府确认在乌兹别克斯坦安全受到外部威胁时将与乌共同磋商，做出反应行动，并扩大包括提供武器装备在内的双边军事合作。美国还向中亚国家增加军事援助，如承诺在塔吉克斯坦建立边防体系、各级军官培训、更新通信设备等方面提供专项援助。乌兹别克斯坦仅在 2001 年就从美国的对外军援（FMA）款项中得到了 2500 万美元，从核不扩散、反恐等相关项目中得到了 1800 万美元，从“支持自由法案”（FSA）基金中得到了 4050 万美元。[①]

第四，中亚国家向美国提供长期驻扎的军事基地。阿富汗战争打响后，中亚地缘政治地位及其对美国安全战略的重要性大幅提高，美国酝酿出台新的中亚政策。这一时期，美国在中亚的安全目标是，美国和北约主导的多国安全合作继续在反恐战争之后的中亚发挥作用。[②] 为实现这一目标，布什政府签署了一系列政府双边文件，试图令美军长期驻扎中亚合法化，并以此推进美国与中亚国家的军事安全合作。美军于 2001 年 10 月 7 日在乌兹别克斯坦的汉纳巴德部署了 1500 多名军人和 30 架战机，并建立了特种部队指挥中心。同月 12 日，美国与乌兹别克斯坦发表了关于加强双边合作的协定。2001 年 12 月，美国与吉尔吉斯斯坦签署了《为美国空军及其盟国提供军事基地协议》，美国租用吉尔吉斯斯坦马纳斯军事基地，为期 1 年。之后两国很快又签署了新的协议，把基地租期延长了 3 年，而且租期可以每隔 3 年延长一次。[③] 2002 年 9 月 23 日，美国与吉尔吉斯斯坦两国总统签署联合声明，表示双方将深化战略伙伴关系。

① John C. K. Daly, Kurt H. Meppen, Vladimir Socor and S. Frederick Starr, “Anatomy of a Crisis: U. S. -Uzbekistan Relations, 2001 – 2005”, *Silk Road Paper*, February 2006.

② S. Frederick Starr, “The War against Terrorism and U. S. Bilateral Relations with the Nations of Central Asia”, U. S. Senate Committee on Foreign Relations, Subcommittee on Central Asia and the Southern Caucasus, 13 December 2001, http://www.cacianalyst.org/Publications/Starr_Testimony.htm.

③ Роман Стрешнев, США Европа и Россия: стратегии в Центральной Азии, *Красная звезда* (*Россия*), 17 Августа 2004.

美国驻中亚国家的军事基地是美国企图进一步以及长期对中亚施加军事影响的信号。五角大楼表示，美国“正在为在中亚可能持续多年，并举行定期军事演习的军事存在做准备”，美国国防部副部长沃尔福威茨表示：“这些基地的功能政治性多于军事性，意图在于向各方发出一个信息，即我们有能力返回这个地区，而且能够达到目的，我们不会忘记这个地区。”①

在中亚的美军基地更具现实性的意义在于，这些基地能为驻阿富汗联军提供重要的后勤保障，从而在继续打击塔利班、阿富汗战后重建等问题上发挥作用。驻阿联军的物资主要靠美军驻中亚基地中转；联军的飞机可以在这些基地进行休整和加油；中亚的军事基地还为联军提供了安全可靠的空中走廊。阿富汗的稳定对于中亚地区安全至关重要，打击塔利班及其他宗教极端势力和恐怖主义势力，对中亚国家来说就是消除宗教极端势力的主要外部威胁。这也是中亚国家向美国等西方国家提供军事基地的原因之一。

但是，中亚国家与美国在打击宗教极端势力方面的合作还存在一些问题。其一，中亚的“民主”问题是美国与中亚国家安全合作的障碍。美国为推动中亚的民主进程做了不少工作，包括扶持反对派、建立数量众多的人权组织。中亚国家对美国的这些做法早已十分不满，例如在2000年中亚南部受到恐怖主义袭击后，美国在向中亚国家提供援助的同时，附加了诸多政治与民主条件，这成为此后包括乌兹别克斯坦在内的中亚国家加强与俄罗斯安全合作的重要原因。而在2005年吉尔吉斯斯坦政权更迭和乌兹别克斯坦发生“安集延事件”后，中亚国家更加意识到美式民主对本国政权的威胁，最终美军撤出了在乌兹别克斯坦的军事基地。其二，美国与中亚国家的利益并不契合，美国更关心保护本国在中亚已经存在或潜在的利益，如中亚的油气资源与运输，打击阿富汗的军事行动也是出于美国的安全需求，实际上对中亚国家真正关心的打击跨国犯罪、毒品、宗教极端势力等问题并没有实施什么重大行动。其三，俄罗斯因素。俄罗斯向中亚国家提供了不少安全保障，与中亚国家在打击宗教极端势力方面有一些切实、具体的合作，这增加了中亚国家在安全领域对俄罗斯

① A. Murray, “Challenge in the East: the US is Using the War against Terror to Establish New Bases around China, Its Emerging Rival in Asia”, *The Guardian*, January 30, 2002, p. 10.

的依赖，同时在俄美博弈中俄罗斯也向中亚国家施加压力，使中亚国家与美国的合作受到一定限制。

2. 与西方其他国家的合作

独立初期，中亚国家与西方其他国家的安全合作主要在传统军事领域，如军事技术合作、武器装备援助等，而在打击宗教极端势力等非传统安全领域的合作比较有限，且规模不大。1995 年 4 月，德国总统赫尔佐克访问哈萨克斯坦，双方签署了有关打击有组织犯罪的协议。同年 11 月，乌兹别克斯坦总统卡里莫夫出访德国，也签订了有关打击有组织犯罪的协议。随着中亚宗教极端主义形势日益严峻，西方国家与中亚国家在这一领域的合作也有所加强。首先是安全领域的双边高访增加，签订了一些反恐合作文件。1998 年 2 月，德国总统赫尔佐克访问吉尔吉斯斯坦，签署了《关于两国合作打击有组织犯罪、恐怖活动和其他恶性犯罪的协议》等文件，德国还帮助吉尔吉斯斯坦培训军官。2004 年 10 月 12 日，德国总理施罗德访问乌兹别克斯坦，两国领导人就地区安全问题和两国的合作进行磋商。其次，进行务实合作。2004 年 8 月 18 日，英国与哈萨克斯坦在哈东南部的训练场举行代号为“草原之鹰 -2004”的军事演习，旨在提高部队在应对包括打击宗教极端势力在内的快速反应能力。2007 年，法国向其在塔吉克斯坦的军事基地增派了 3 架歼击机，以加强打击阿富汗非法武装的力度，巩固塔吉克斯坦的安全形势。①

3. 与“南方”邻国的合作

在打击宗教极端势力方面，土耳其、伊朗、巴基斯坦、印度等中亚的“南方”邻国也与中亚国家有共同语言，都比较重视发展安全领域的合作关系。独立初期，中亚国家都认为与土耳其有“特殊的关系”②，土耳其也是率先承认中亚各国独立的国家之一。中亚国家对土耳其在发展经济和推行社会政策方面的成功之处感兴趣，因此中亚国家与土耳其迅速展开密切往来，在打击宗教极端势力方面的合作也开展得比较早。1993 年 4 月，土耳其总统厄扎尔

① Франция усилила свою военную авиабазу в Таджикистане, http://www.afghanistan.ru/doc/8389.html, 18.03.2007.

② 中亚国家与土耳其不仅都信奉伊斯兰教，而且哈萨克斯坦、乌兹别克斯坦、吉尔吉斯斯坦、土库曼斯坦国家的主体民族与土耳其主体民族同属突厥民族，语言同属突厥语系，容易进行交流。

访问乌兹别克斯坦，双方签署了《关于两国共同反对非法扩散武器和麻醉品协议》等多项合作文件。1995 年 6 月，土耳其总统德米雷尔访问哈萨克斯坦，双方签署了《两国进一步发展和深化合作宣言》《军事技术合作协议》等 48 项文件。2000 年 10 月 16 日，土耳其总统塞泽尔访问乌、哈、土、吉四国，在乌兹别克斯坦与卡里莫夫总统签署联合声明，表示两国要合作打击恐怖主义、毒品走私和有组织犯罪。在会谈后举行的联合记者招待会上两国领导人表示，恐怖主义对两国安全构成威胁，因此在打击恐怖主义和有组织犯罪方面应加强合作。卡里莫夫总统特别强调，土耳其不仅在政治方面支持乌兹别克斯坦为打击恐怖主义和极端主义所做的努力，还将对乌兹别克斯坦提供军事技术援助。在土耳其总统塞泽尔访问乌兹别克斯坦期间，两国军事部门签署了《军事合作协议》。塞泽尔总统在访问吉尔吉斯斯坦时，双方签署了《关于打击恐怖主义的联合声明》。在哈萨克斯坦，塞泽尔总统与纳扎尔巴耶夫总统签署了包括合作打击恐怖主义、毒品走私和宗教极端主义内容的联合声明。2007 年 12 月 12 日，土耳其总统居尔访问哈萨克斯坦，安全问题是两国领导人会晤时的主要议题之一。

伊朗在打击宗教极端势力方面与中亚国家的合作主要表现在积极调解塔吉克斯坦内战方面，并发挥了独特作用。伊朗和阿富汗塔利班政权的关系非常紧张，与中亚国家的立场相近。伊朗多次促成塔吉克斯坦冲突双方进行谈判。1997 年 2 月，塔吉克斯坦总统拉赫蒙与反对派领袖努里在伊朗东北部城市马什哈德就实现国内和平签署了三项协议。同年 5 月，塔吉克斯坦政府和反对派在伊朗首都德黑兰签署了一项旨在停止长达 5 年内战、实现民族和解的议定书。[①] 此外伊朗与中亚国家在打击毒品走私方面也有一些合作。[②]

总体来看，土耳其、伊朗与中亚国家在打击宗教极端势力方面的合作并不多，成果也不显著，双方之间总是存在一些隔阂。近年由于土耳其、伊朗等国与中亚各国程度不等地处于不冷不热的状态，因此在安全领域的合作更加有限。主要原因是，首先，土耳其、伊朗的宗教极端势力对中亚影响比较大，这

---

① 孙壮志：《中亚新格局与地区安全》，中国社会科学出版社，2001，第 196 页。

② Доклад о человеческом развитии Центральной Азии （2005），http：//www. un. org/russian/esa/hdr/Central_ Asia_ 2005. pdf.

些国家的宗教极端组织和宗教学校是中亚的激进分子“进修”“深造”的地方，例如仅塔吉克斯坦的索格德州就有200多人通过非法途径经哈萨克斯坦和俄罗斯，到达伊朗等国的高等宗教学校学习。[①] 这令中亚国家对伊朗和土耳其的泛伊斯兰主义和泛突厥思想存有戒心。其次，中亚一些国家认为，土耳其和伊朗在中亚地区并没有真正起到维护和平的作用，甚至与某些导致局势复杂化的因素有关。在塔利班执政时期，土耳其对塔利班态度暧昧。伊朗的一些犯罪集团通过乌兹别克斯坦、吉尔吉斯斯坦等国向阿富汗、塔吉克斯坦走私武器，也对双边关系有影响。最后，土耳其和伊朗的经济和军事实力有限，军事技术也不够先进，在与中亚国家进行的军事与安全合作中提供不了太多帮助。此外，这也与近年中亚国家对土耳其和伊朗等国的政策调整有关。近年中亚国家更重视与土耳其和伊朗发展经贸关系，而这两个国家在中亚国家独立初期输出伊斯兰复兴思想引起中亚国家的戒心之后，也相应改变了对中亚的政策，以发展经贸、能源合作为主，并且随着中亚能源地位的上升，这些国家也确实越来越重视与中亚的能源合作。

中亚国家独立后，巴基斯坦一度是在中亚比较有竞争力的国家，但由于缺乏经济实力，以及阿富汗问题的干扰，巴基斯坦与中亚国家在打击宗教极端势力方面的合作没有大的进展。1996年10月，巴基斯坦国家元首法·莱加利访问哈萨克斯坦，两国领导人就阿富汗冲突的解决办法进行了会谈，但未能达成一致，巴基斯坦关于在阿富汗组成联合政府的主张没有得到哈萨克斯坦的明确支持，哈萨克斯坦总统纳扎尔巴耶夫强调不应干涉阿富汗内政，如果战争从阿富汗境内蔓延到其他地区，独联体国家将被迫根据集体安全条约采取相应措施。巴基斯坦的亲塔利班态度让中亚国家与之保持距离。另一个影响双方在打击宗教极端势力方面合作的重要原因是，巴基斯坦的武装犯罪分子和大量毒品经由阿富汗进入中亚地区，在“9·11”事件后，巴基斯坦西北山区更成为乌兹别克斯坦伊斯兰运动等中亚宗教极端分子的藏身之地，这些因素对中亚国家发展与巴基斯坦的关系造成了障碍。

不过，巴基斯坦政府自2007年以来加大力度清剿南瓦济里斯坦的极端分

① В Таджикистане стало больше подпольных мечетей, http://www.religare.ru/article39340.htm.

子，体现出巴基斯坦打击恐怖主义、宗教极端主义的积极姿态，巴基斯坦与中亚国家安全部门的合作也有所增多。2007 年 3 月 13 日，巴基斯坦总理阿齐兹访问乌兹别克斯坦，安全合作是双方重要的交流内容，双方安全部门还达成协议，巴基斯坦得到乌兹别克斯坦的支持，允诺把乌兹别克斯坦伊斯兰运动的领导人、目前藏匿在巴基斯坦西北部族地区的尤尔达舍夫清除掉。[①] 2007 年 3 月，巴基斯坦军方在南瓦济里斯坦省打死 50 名乌兹别克斯坦伊斯兰运动分子，[②] 由此引发持续数周的武装冲突，造成 200 多人死亡。[③] 战斗持续到当年 4 月，许多乌兹别克斯坦伊斯兰运动分子被驱赶到了塔利班势力较大的巴基斯坦北瓦济里斯坦省。[④] 巴基斯坦官方称在清剿过程中有 200 ~ 220 名“乌伊运”武装分子被打死。[⑤] 10 月，巴基斯坦政府军再次与部族地区武装分子激战，抓获了大量来自乌兹别克斯坦和阿拉伯国家的武装分子。[⑥] 但是，随着巴基斯坦政局在 2007 年下半年以及 2008 年的持续动荡，巴基斯坦国内的宗教极端势力越来越活跃，在巴基斯坦部落地区活动的塔利班和乌兹别克斯坦伊斯兰运动有可能对中亚安全构成更大的威胁，中亚国家与巴基斯坦的安全合作还有很大的空间。

---

① Власти Пакистана намерены полностью разгромить узбекских боевиков в зоне племен, http://www.ferghana.ru/news.php? id = 5599&mode = snews&PHPSESSID = 660a128545fe24c3b0e65f53d4c85909.

② В Пакистане убиты десятки боевиков-членов Исламского движения Узбекистана, http://www.ferghana.ru/news.php? id = 5473&mode = snews&PHPSESSID = 616faa1925690a3352b6097e6eb6bc16.

③ В Пакистане возобновились столкновения между пуштунами и исламистами, http://www.rian.ru/incidents/terrorism/20070331/62888899.html.

④ Пакистан: Боевики ИДУ полностью блокированы отрядами племен Южного Вазиристана, http://www.ferghana.ru/news.php? id = 5645&mode = snews&PHPSESSID = 68c935bea432d878c10bd68603662bd8. Президент Пакистана признался в оказании помощи местным пуштунам для изгнания узбекских боевиков, http://www.ferghana.ru/news.php? id = 5754&mode = snews&PHPSESSID = 4e88aedc59a57790813dea0f9fe6628d. Вазиристан решил окончательно избавиться от иностранных боевиков, http://www.ferghana.ru/article.php? id = 5058&PHPSESSID = 17be50e2db46f1a8f2c4b3d75548b60b.

⑤ Пакистан: Боевики ИДУ полностью блокированы отрядами племен Южного Вазиристана, http://www.ferghana.ru/news.php? id = 5645&mode = snews&PHPSESSID = 68c935bea432d878c10bd68603662bd8.

⑥《巴基斯坦部落军事冲突为什么愈演愈烈?》，http://news.xinhuanet.com/newscenter/2007-10/14/content_6878714.htm，2007 年 10 月 14 日。

印度同样面临着宗教极端势力的困扰，打击宗教极端势力是印度与中亚国家的共同目标。中亚是印度比较重视的地区，虽然印度更关注中亚的能源，但在打击宗教极端势力方面还是与中亚国家有一些合作。印度与哈萨克斯坦、乌兹别克斯坦等国家发展安全合作，还与乌兹别克斯坦在2000年签署了两国间引渡协议和司法援助条约。① 中亚国家也比较重视与印度在这一领域的合作，"中亚各共和国正在希望印度作为兄长抓住主动权，并把它的经验转变成一项政策来与恐怖主义的威胁做斗争"。② 1993年5月，印度总理拉奥访问乌兹别克斯坦，两国领导人就共同打击恐怖活动和非法买卖毒品达成协议。1995年2月，哈萨克斯坦国防部部长访问印度。2003年8月初，印度与塔吉克斯坦举行了联合反恐军事演习。印度与哈萨克斯坦签署了政府间反恐协定，尤其在防务方面加强合作。③ 印度学者甚至提出，通过建立联合反恐工作组交流信息，组建"反叛乱专家组织"对极端分子进行搜寻，协助中亚国家进行武装力量训练，发展中亚的经济以消除恐怖主义根源，建立印度式的民主社会等措施来加强与中亚国家打击宗教极端势力的合作。④

由于上述中亚的"南方"邻国同样存在宗教极端势力，甚至一些国家的宗教极端组织就是中亚宗教极端势力的外部支撑，因而中亚与这些国家在打击宗教极端势力上的合作更具有必要性和务实性。但这种合作又十分有限，其根本原因是这些国家本身的实力有限，没有太多能力像俄、美两大国那样为中亚国家提供经济援助、军事支持。

从2006年开始无论是海洛因还是鸦片的缴获量都有所下降。对造成缴获量下降的原因有很多分析，一种观点认为这是因为从阿富汗流入中亚的海洛因总量减少；另一种观点则认为贩入中亚的毒品强烈依赖阿富汗北部的毒品生

① 克里弗顿·伊万·马库斯：《国际恐怖主义：未来的震源》，转引自《中亚和南亚的恐怖主义和 宗教极端主义》，杨恕译，兰州大学出版社，2003，第78页。

② 克里弗顿·伊万·马库斯：《国际恐怖主义：未来的震源》，转引自《中亚和南亚的恐怖主义和 宗教极端主义》，杨恕译，兰州大学出版社，2003，第78页。

③ Rahul Bedi, "India and Central Asia", *India's National Magazine*, Vol. 19, No. 19, September, 2002, http://www.flonnet.com/fl1919/19190600.htm.

④ 克里弗顿·伊万·马库斯：《国际恐怖主义：未来的震源》，转引自《中亚和南亚的恐怖主义和宗教极端主义》，杨恕译，兰州大学出版社，2003，第78页。

产，缴获量下降的原因可能因阿富汗北部鸦片产量的下降。从近年来实际毒情分析，阿富汗北部鸦片产量下降可能是导致缴获量下降的原因之一。

（三）国际合作

作为阿富汗毒品外流的主要通道，中亚国家对于国际禁毒合作的态度多持欢迎态度，而曾经对国际禁毒合作态度较封闭的土库曼斯坦在近年来也有所改变，在禁毒领域的国际合作态度正日益积极。俄罗斯、美国、中国等大国同中亚各国之间的禁毒合作也很密切，其中，俄罗斯同中亚国家的合作大多是在包括集安组织在内的多边合作框架下进行，美国的侧重点是向塔吉克斯坦和吉尔吉斯斯坦禁毒部门提供包括装备、培训等方面的援助，中国则在上合组织框架下同哈萨克斯坦、塔吉克斯坦等中亚国家开展了多次控制下交付行动，同时在上合组织框架下为中亚国家禁毒官员提供培训。由于中亚的禁毒合作机制中以国际组织框架下的多边合作为主，因此在下文中主要阐述中亚地区主要的国际禁毒机制。

1. 联合国主导的国际合作

联合国毒品和犯罪问题办公室（简称禁毒办）是中亚禁毒领域最为主要的国际组织，1993 年，禁毒办在乌兹别克斯坦塔什干成立了中亚办公室，主要负责在中亚地区实施国际禁毒合作项目。联合国毒品和犯罪问题办公室在中亚的禁毒合作方式多样，除了传统的通过对中亚国家提供技术援助以加强禁毒能力建设之外，毒品和犯罪问题办公室还积极将中亚国家的边境管控项目同区域性的情报分析系统发展项目及联合行动结合起来。现今，联合国毒品和犯罪问题办公室实施的措施包括建立中亚区域信息与协调中心（该中心设于阿拉木图，国际麻醉品管制局认为协调中心在加强区域禁毒执法合作方面成效卓著）①，开展控制下交付技术发展援助项目、易制毒化学品与前体管控项目、边境联络办公室项目、各国毒品管控机构与情报交流机制建设项目。② 另外，禁毒办还在中亚地区倡导《阿富汗及其邻国地区计划（2011～2015）》，该计

① 国际麻醉品管制局：《2012 年年度报告》，http：//www. incb. org/documents/Publications/AnnualReports/AR2012/AR_ 2012_ C. pdf。

② UNODC：https：//www. unodc. org/centralasia/en/unodc-in-central-asia. html.

划旨在促进协调中亚地区的禁毒工作。在减少毒品危害方面，禁毒办推动了中亚地区在减少注射吸毒和监狱中防止艾滋病蔓延的项目。可以说联合国毒品和犯罪问题办公室在中亚地区推行的禁毒合作机制成效卓著，为遏制阿富汗毒品在该地区的蔓延起到了重要作用。

2. 集体安全条约组织（简称集安组织）主导的国际合作

禁毒是集安组织成员国合作的重点领域，2002 年，集安组织成员国签署了《共同打击非法毒品贩卖议定书》，2003 年，将应对毒品犯罪与国际恐怖主义、武器走私等共同列为该组织的重要工作领域[①]。集安组织主导的禁毒合作主要内容为联合执法和对禁毒人员进行培训。联合行动方面主要是在集安组织框架内定期举行代号为“通道”的联合缉毒行动。另外，集安组织同上合组织还开展了代号为“东方通道”的联合缉毒行动，该行动旨在打击从阿富汗和中国走私毒品的犯罪集团，行动内容包括打击贩毒、打击前体和易制毒化学品走私贩运、监测和打击毒品加工厂、打击武器及爆炸品贩运走私以及洗钱犯罪等[②]。

3. 欧盟主导的国际合作

在中亚禁毒国际合作领域起到主要作用的除了联合国、集安组织之外还包括欧盟。欧盟十分重视同中亚各国开展禁毒合作，合作内容主要集中在提高中亚各国，尤其是塔吉克斯坦和吉尔吉斯斯坦的边境管控能力和缉毒机构的行动能力方面。欧盟在中亚禁毒领域实施的项目主要有两个。

第一个项目是中亚边境管控项目（BOMCA），该计划开始于 2003 年，资金来自欧盟和联合国开发计划署，具体由开发计划署负责实施[③]。至今，边境管控项目已经成为欧盟在中亚地区最大的援助项目之一。现阶段边境管控项目的主要目标为：提高中亚安全；为合法贸易和过境便利化做出贡献；减少非法贩运货物或者人员。重点在于如下几个部分。

---

① 李昕韡：《中亚地区的毒品形势与国际禁毒合作》，中国社会科学院研究生院 2010 年硕士学位论文。

② Afghanistan. ru，ОДКБ и ШОС расширяют сотрудничество в борьбе с наркотрафиком из Афганистана и Китая，http：//afghanistan. ru/doc/22951. html.

③ 李昕韡：《中亚地区的毒品形势与国际禁毒合作》，中国社会科学院研究生院 2010 年硕士学位论文。

第一，机构改革。该部分工作的目标在于支持中亚国家根据边境管控项目的原则和举措制定其边界管控战略及政策，以强化中亚各国的边境管控力度。这是边境管控项目的第一部分，主要是推动中亚各国逐步采用边境管控战略并推进相关机制和体制改革。2012 年 3 月，吉尔吉斯斯坦批准了基于边境管控战略的国家战略与行动计划。而塔吉克斯坦则同欧安组织密切合作，以推动塔边境管控机制改革的进展。

第二，提高专业工作能力。具体目标为加强边防和边检人员的专业技能。内容主要包括在边境管控项目框架下建立多所培训中心，并实施多种培训机制，为中亚国家边防和边检部门培训人员、警犬，提高执法部门在禁毒、反走私等领域的工作能力。

第三，强化边境地区的禁毒机构合作。这一部分的主要目标为强化打击非法贩运毒品的跨界合作能力。边境管控项目同中亚国家政府合作，在所有国家建立了毒品分析部门，主要职能是在国家和地区层面促进禁毒领域的多机构合作。合作内容包括情报交流、风险分析、联合行动等，并通过对包括车辆检查、前体分析、毒品分析等各方面的培训强化中亚各国毒品分析部门人员的具体工作能力，并为吉尔吉斯斯坦和塔吉克斯坦的毒品分析部门援助办公设备。

除了上述三个主要部分之外，边境管控项目还同中亚各国合作建设边防设施和边防站点，以改善中亚国家边防设施落后的现状。

第二个项目是打击中亚毒品行动项目（CADAP），由欧盟提供资金支持，德国负责实施，包括德国、波兰和捷克的科技部门共同参与该阶段的项目计划。[①] 现阶段的打击中亚毒品行动项目旨在数据信息网络建设（包括原始数据收集、数据信息处理、信息化战略和数据情报网络连通），该项目旨在为符合中亚各国需求而从区域层面进一步提升情报信息交流和信息共享能力。

总体而言，欧盟同中亚的禁毒合作主要被纳入边境安全合作的框架之下，对于提高中亚各国的边境管控能力、打击边境地区的跨国毒品贩运起到了重要作用。但是就禁毒本身而言，这并非是简单地提高边境管控能力便能解决的问题，而是需要警务、情报、社会组织、医疗卫生等多部门全方位的共同努力才

① CADAP：http：//www. cadap. eu/.

能有所改善。欧盟同中亚的合作重点放在了边境管控项目上，禁毒只是该项目一系列合作目标之一，因此对提高禁毒领域的合作效果造成了一定影响。

4. 上海合作组织主导的国际合作

上海合作组织的前身是成立于1996年的上海五国机制，军事安全领域的互信是上海五国机制成员国的合作基础。2001年6月签署的《上海合作组织成立宣言》标志着上海合作组织的正式成立，现今上合组织成员国有中国、哈萨克斯坦、吉尔吉斯斯坦、俄罗斯、塔吉克斯坦和乌兹别克斯坦，观察员国有阿富汗、印度、伊朗、蒙古国和巴基斯坦，并同联合国、东南亚国家联盟、独联体等国际组织建立了正式联系。①

上海五国机制时期，中、俄等成员国便注意到毒品贩运问题，在1998年7月"上海五国"元首发表的《阿拉木图联合声明》中就明确指出："各国将采取措施，打击国际恐怖主义、有组织犯罪、偷运武器、贩卖毒品和麻醉品以及其他跨国犯罪活动。"② 上海合作组织成立之后，成员国对打击毒品贩运和禁毒合作的重视程度日益增强，关于禁毒的内容是历次上合组织成员国首脑峰会宣言和联合公报中的重要内容，2013年上合组织成员国元首理事会发表的新闻公报中，各国元首对禁毒合作达成共识："非法贩运和滥用毒品严重威胁本地区安全和稳定，危害各国人民的健康和福祉。必须采取措施，建立共同打击毒品威胁的有效工作机制，构筑打击非法贩运毒品、精神药物及其前体的可靠防线，遏制毒品扩散。成员国主张积极与其他相关国家、国际和地区组织及机构就此开展合作。"③

2003年，上海合作组织成员国在杜尚别举行上合组织禁毒专家会议，与会各方就上合组织成员国多边禁毒合作协议文本草案达成基本共识，为上合组织禁毒协议的签署打下了基础。2004年6月，在塔什干各成员国元首签署了《上海合作组织成员国关于合作打击非法贩运麻醉药品、精神药物及其前体的

---

① 李昕韡：《中亚地区的毒品形势与国际禁毒合作》，中国社会科学院研究生院2010年硕士学位论文。

② 《阿拉木图声明》，新浪网，http：//news. sina. com. cn/c/2006 - 05 - 31/095210022508. shtml。

③ 《上海合作组织成员国元首理事会会议新闻公报》，新华网，http：//news. xinhuanet. com/world/2013 - 09/14/c_ 117365777. htm。

协议》，明确了禁毒合作的原则，并在该协议中明确了上合组织成员国应采取情报交流、应对方要求采取专业侦查措施、执法合作（包括控制下交付）、举办会议或研讨会、交换禁毒法律法规及数据等相关材料、培训缉毒人员、提供物质及技术协助、共同开展相关领域科学研究、必要时交换麻醉品及其前体样品、司法协助、成立工作组或交换代表以协调工作、共同发展社会戒毒机构等方式在禁毒领域进行合作①。

2009年，上合组织推动建立了领导人、高官、专家三级禁毒合作机制，标志着成员国之间的禁毒合作进入务实新阶段。2011年6月，上合组织成员国元首在阿斯塔纳峰会上批准了《2011～2016年上合组织成员国禁毒战略》及其《落实行动计划》，明确了成员国在应对阿富汗毒品威胁、禁毒预防教育、戒毒康复、国际合作等领域的相关措施及落实机制，为成员国禁毒合作指明了方向。② 2013年中国总理李克强在出席上合组织成员国总理第十二次会议上发表的讲话中指出，各方应把打击恐怖活动和禁毒作为当前安全合作的重点，同时尽快赋予上合组织反恐机构禁毒职能。毒品的危害不仅是当前的，更是长远的。③

上合组织成立以来为打击地区毒品贩运起到了重要作用，成绩也很显著。仅2008年11月至2010年8月期间，在上合组织框架下，中国同哈萨克斯坦国家安全委员会合作共4次成功实施了控制下交付行动。④ 除此之外，中国还多次举办了上合组织成员国禁毒部门人员培训班，累计培训人员141人，进一步提高了有关成员国禁毒执法能力，加深了成员国禁毒部门对其他国家禁毒法律法规的理解和认同⑤。

近年来，上合组织同集安组织等其他国际组织在禁毒领域的合作也有所强化。2012年集安组织在开展打击从阿富汗和中国走私贩运毒品及前体、易制

① 《上海合作组织成员国关于合作打击非法贩运麻醉药品、精神药物及其前体的协议》，全国人大网站，http：//www. npc. gov. cn/wxzl/gongbao/2005 －02/24/content_ 5337666. htm。

② 《上合组织禁毒合作进入务实发展新阶段，中国警方打击涉金新月地区毒品犯罪战果卓著》，2012年4月2日，http：//www. mps. gov. cn/n16/n1237/n1342/n803715/3190672. html。

③ 《李克强在上海合作组织成员国总理第十二次会议上的讲话》，http：//www. fmprc. gov. cn/mfa_ chn/ziliao_ 611306/zt_ 611380/dnzt_ 611382/lkqcf_ 662387/zxxx_ 662389/t1104115. shtml。

④ 《上合组织禁毒合作进入务实发展新阶段，中国警方打击涉金新月地区毒品犯罪战果卓著》，http：//www. mps. gov. cn/n16/n1237/n1342/n803715/3190672. html。

⑤ 同上。

毒化学品的“东方通道”行动后宣称，将在集安组织和上合组织禁毒机构之间进行务实合作。博尔久扎在接受采访时说，集安组织准备与上合组织之间在打击毒品贩运领域扩大合作。①

经过 11 年的建设，上合组织在中亚地区主导的禁毒合作已经取得了较大成绩，组织机制建设与务实合作都取得了很大进展，在 2013 年的比什凯克元首峰会上决定在上合组织反恐执委会下增设禁毒职能，这将为禁毒合作的进一步机制化奠定更为坚实的基础。但上合组织内的禁毒合作尚有大量空间可用，比如在戒毒治疗、禁毒宣传、打击洗钱等各个相关领域都可建立相关合作机制。随着 2014 年阿富汗撤军后毒品贩运威胁的增加，上合组织禁毒合作机制职能和地位会得到进一步加强。

① Afghanistan. ru，ОДКБ и ШОС расширяют сотрудничество в борьбе с наркотрафиком из Афганистана и Китая，http：//afghanistan. ru/doc/22951. html.

第二章 影响中亚政治与社会稳定的制度因素

政治稳定是政治学理论的一个重要研究范畴，是国家政治发展和现代化建设中应该特别关注的问题。对于仅仅独立20多年的中亚转型国家而言，政治稳定不仅是这些国家政治发展的重要目标，而且是国家建设和经济发展的前提条件。受经济发展条件、政治制度化水平、结构体系中的政治权力分化不足等因素的影响，中亚国家的政治稳定经常受到来自国内外各种社会政治因素的困扰。

第一节 中亚国家政治体系的变迁及政治发展轨迹

独立之初，中亚五国均沿着苏联后期政治改革的惯性，以俄罗斯政治体制为模板，选择了总统制为国家政权的组织形式。除吉尔吉斯斯坦外，其他四国维持着以总统制为核心的权力结构体系。吉尔吉斯斯坦在经历了两度政治危机和政权非正常更替后，无奈放弃总统制，于2010年6月改行议会制，意图通过权力的结构性改革，实现国家权力在各派利益之间的均衡分配。

一 中亚国家政治权力结构体制的变迁

从政治制度角度看，中亚五国经历了20多年的政治转型，实现了由苏维埃体制向西方式宪政体制的转变，依照三权分立的原则构建了本国的政治结构体系。但从政治体系结构的稳定与平衡、国家主权的稳定性、政府的稳定性、政治生活秩序的稳定性以及社会政治心理的稳定性等政治系统和政治文化角度来看，在中亚各国社会相对稳定的表面现象下，各种矛盾与斗争正暗流涌动。

（一）中亚特色的总统制

苏联解体后，中亚五国先后宣布独立，并相继于1992年5月至1994年11月颁布了独立后的首部宪法，确立了以总统为核心的国家权力结构体系，除塔吉克斯坦和吉尔吉斯斯坦外，各国时任国家最高领导人均转型为开国元首。在中亚总统制国家中，总统居于国家权力结构体系的核心地位，拥有最高行政权，对政府总理及地方行政长官具有任免权，同时还被赋予部分的立法权和司法权，在国家政治生活中起着绝对主导的作用。相比之下，中亚各国的议会与司法机关的权力相对弱小，并在人事任免等方面受制于总统，难以形成对总统权力的制约。三权处于失衡状态，国家政权的稳定寄予总统个人，总统事实上成为维持权力体系平衡的中心。

首先，总统拥有广泛的宪法空间。总统不但主导执行权力，而且还被赋予了一定的立法与司法权力。宪法不但赋予总统多方面的实权，使其在国家的政治生活中拥有绝对的主导权和控制力，同时，总统还拥有一定的立法权。如乌兹别克斯坦宪法规定，总统不仅对宪法法院、最高法院、最高经济法院的院长和其他组成人员的候选人有提名权，而且对州、区、市各级法院和经济法院的组成人员有任免权。① 塔吉克斯坦和乌兹别克斯坦都给予前总统终身上院议员的身份。宪法给予总统多方面的实际权力，使其在法律框架内具备了控制议会的宪政基础和依据。

除宪法赋予总统宪政资源的优势外，总统在政治生活中也获得了拓展其政治资源优势的社会政治基础。转型时期特殊的经济发展状况对加强总统权力提出了现实的需要，而相对较低的政治多元化程度也为总统凝聚各种社会政治力量、扩大社会资源创造了条件。其中，亲政权党派倚重总统的宪政资源得以发展，政权党与亲政权政治力量借助总统的支持不断发展壮大起来，并在议会中

① Поправки в Конституцию вступили в силу, 19 апреля, 2011 Uzdaily. uz, http://news.olam. uz/politics/1915. html.

扩大了自己的影响。进入21世纪后，除吉尔吉斯斯坦以外，其他中亚国家均形成了政权党和亲政权党派在议会中占据绝对优势的局面。塔吉克斯坦政权党——人民民主党在议会占有80%的多数席位。2007年，哈萨克斯坦政权党——祖国之光人民民主党以88.05%的得票率独立入主议会下院，使哈萨克斯坦独立后首次出现了“一党制”议会。哈萨克斯坦政权也因此遭到一些政府反对派和西方社会的指责，该议会被戏称为总统“口袋里的议会”[①]。总统则借助这些政党确保其对议会的影响力，实现其个人意志的法律表达；总统的治国理念也会在立法机关获得支持，并转化为国家的各项制度与政策。这种政治格局加强了总统在权力体系中的比较优势，使“三权”的天平进一步向以总统为首的行政权力倾斜，加重了总统权力体制的失衡态势，并强化了总统在体制中的主导地位。

与此同时，在中亚国家的权力制衡体系中，立法权与司法权对总统权力的制衡能力和手段都相对有限，很难与以总统为核心的行政权力相抗衡，致使国家权力向总统倾斜。中亚的总统制国家中宪法大都规定，在总统犯有叛国罪，或在违反宪法及法律的情况下，议会有权对总统提起诉讼，并启动弹劾程序[②]。但在实际运作过程中，多数中亚国家对议会制衡总统权力都做出了各种限制。例如，对于总统是否违反宪法或法律，必须由宪法法院裁定，而宪法法院委员会主席大多由总统任免。这样，其对总统的制衡手段事实上形同虚设。再如，多数国家的宪法规定，提起总统弹劾案的议员必须超过议员总数的2/3方可获得议会通过。这不但在法理上加大了议会弹劾总统的难度，也使中亚各国在政治现实中难以实现有效的制衡。在政权党和亲政权党在议会上下两院中占据绝对多数的情况下，此条款形同虚设，完全失去了实现的可能性。除对提出弹劾动议的议员人数有所限制外，哈萨克斯坦宪法还在弹劾程序上对议员严格设限。如哈萨克斯坦2007年之前的宪法就曾规定，一旦状告总统叛国罪被法院驳回，提出弹劾总统动议的议员将立即被取消议员资格。哈萨克斯坦2007年宪法将此条款修改为，若议会对总统的弹劾案未获得通过，则提出议

① Д. Агнин, Поправка Назарбаева в теорию постсоветской демократии, http://www.centrasia.ru/newsA.php4? st=1187908800.

② 赵常庆：《列国志——哈萨克斯坦卷》，社会科学文献出版社，2003，第62页。

案的议会下院，即马日利斯将提前中止行使权力。①

一般来说，议会对总统权力的制衡主要体现在对总统的弹劾以及对政府总理的任免上。同时，虽然议会可以通过对政府的不信任案来制衡执行权力机关，如在未通过政府工作报告的情况下，议会可对政府提出不信任案，但弹劾程序中政府与议会的去留权还是掌握在总统手中。议会在提交议案和审议对政府的不信任案过程中处于被动状态，使这一议会制衡总统和政府的机制最终成为总统左右议会的有力手段。可以说，对中亚各国的立法机关而言，无论是对总统提起弹劾案，还是对政府提出不信任案，都有可能使自身陷入被动的境地。立法机关在缺乏有效宪政资源的情况下，很难对总统的权力形成制衡与威慑。

虽然中亚各国的宪法均规定司法权具有独立性，它只服从于宪法。但宪法同时赋予总统对司法权力机关领导人的任免权，以及对宪法委员会的裁决实施否决权，这些都使得中亚各国的司法权力机关非但难以形成对总统的制约，反而会在很大程度上受制于总统。可以说，总统权力过于强势与立法和司法权力相对弱势的格局，成为中亚国家三权失衡的总统制的主要特征。

其次，总统是立法进程的主导者。根据中亚各国宪法，总统拥有宪法动议权及相关法律的修改权。其中，宪法的修订与补充要经过严格的法律程序，包括提出动议、进行修改、议会审议、提交全民公决，以及宪法法院最终裁决等环节。但由于中亚各国的总统拥有较大实权，因而总统在客观上主导了修宪及其他法律的立法程序。哈萨克斯坦的宪法规定，依据总统、议会、政府，各州、首都和共和国直辖市地方机关，以及20万名以上具有选举权的共和国公民的倡议，总统有权做出举行全民公决的决定。同时，议会下院有对由总统提出的修改和补充宪法、宣布举行全民公决的决定进行审议的权力。但是，多数中亚国家的总统在国家结构中处于相对强势的地位，政权党和亲政权政党在立法机关中居于主导地位，在这种情况下，总统提出的任何修宪或立法动议都会

---

① Конституция Республики Казахстан（2007）（принята на республиканском референдуме 30 августа 1995 года），（с изменениями и дополнениями от 21. 05. 2007 г），Астана，Аккорда，21 мая 2007 года，№ 254 -III ЗРК，http：//www. constcouncil. kz/rus/norpb/constrk/，статья 47.

在议会下院顺利通过。另外，在一些中亚国家甚至直接赋予总统对宪法委员会裁决的最终决定权，进而将举行全民公决的法律程序的主导权转移到总统手中。自独立至今，多数中亚国家通过频繁修订或通过全民公决重新修改或颁布新宪法，扩大了总统权力，延长了总统任期。

在转型过程中，中亚社会的多元化尚未发展，民众意识形态与价值观念趋同，使社会难以形成统治精英与民众之间的契约，最终，法律成为领导人意志的表达。“领导人意志至上”的观念根深蒂固，民众大多接受国家主义观念，把自己的命运寄托于统治者，指望“好政权”或者“好总统”能够解决所有问题。在这样的社会中，国家领导人的意志和偏好左右着整个国家的发展方向，总统个人的执政能力与政治魅力决定着政权的稳定。总统是整个政治权力结构运行的核心，他集多重角色于一身，既是政治规则的制定者与执行者，也是权力斗争的参与者与仲裁者。与总统权力相比，政府、议会及司法机关的权力或被弱化，或处于从属地位。在这种情况下，中亚国家的政治体制也逐渐从法律条文上的“三权分立”转变为事实上的“一元化”总统治理，这种治理模式可以被称为“强人政治”。中亚国家的政权模式更接近于威权主义的政府。威权主义把“社会看作一个等级组织，一个在单一统治者或单一统治集团领导下的特殊的支配链。支配、服从和秩序高于自由、同意和参与的价值”①。在威权体制下，政治和经济的存续与发展有赖于强势的领导人，他们按其所认为的需要行事，而不是直接根据大众的需求。② 中亚国家领导人在权力体系中的核心地位以及在修宪进程中的主导作用都印证了中亚国家威权体制的特征。

（二）“吉式”议会制

自 2005 年阿卡耶夫政权被更迭以来，吉尔吉斯斯坦经历了连年的政治动荡，围绕政体改革引发的政治骚乱和民族冲突一度令该国政局失控。政权危机背后深层的部族利益冲突与矛盾使吉尔吉斯斯坦放弃了总统制，于 2010 年 6 月以全民公决的方式颁布了议会制宪法。政体改革是吉尔吉斯斯坦历经两任总

① 〔美〕迈克尔·罗斯金等：《政治科学》，华夏出版社，2001，第 76 页。

② 〔美〕迈克尔·罗斯金等：《政治科学》，华夏出版社，2001，第 77 页。

统的家族式统治和连年的政治动荡之后做出的既无奈又必然的选择。[①] 吉尔吉斯斯坦各方都希望通过议会制这种新的国家管理形式实现国家权力在部族和政治利益集团之间的分配，缓解南北部族政治对峙的局面，摆脱连年的社会动荡，恢复国家的秩序与稳定。

吉尔吉斯斯坦议会制宪法重新梳理了总统、议会与政府之间的关系。新宪法规定实行一院制议会，设120个议席，议员通过政党的比例代表制选举产生，任期五年。同时，得票率过半的政党或由超过半数以上议员组成的议会党团获得政府组阁权，一个政党获得的席位数不得超过65席。[②] 新宪法草案的核心内容是扩大议会的权力，使其在国家管理体系中发挥主导作用，通过分权机制将代表不同利益的政党与政治力量纳入宪法轨道，同时，削弱总统权力，将其职权限制在仲裁的职责范围内。

然而，在吉尔吉斯斯坦的政治实践中，议会制道路并不是一帆风顺的。立法机关基本形成了对执行权力机关的制约，一方面，通过议会选举和总统选举，吉尔吉斯斯坦实现了国家权力机关由总统制向议会制的结构性调整，政治精英间的斗争因政治力量的“重新洗牌”而暂时得以平息。然而另一方面，以部族主义为特征的南北政治对立并未因此消解。各种政治力量在新体制内尚处于磨合期，各派议会党团的利益分化与政治博弈造成了执政联盟实质上的不稳定性，各党派和利益集团之间经常因权力划分问题龃龉不合，难以达成妥协。自2010年改为议会制以来，吉尔吉斯斯坦执政联盟已历经四度重组，除了首任总理阿坦巴耶夫因参加总统选举而主动辞职外，其他两届政府总理皆因执政联盟的解散而下台，政府更替已成常态。

吉尔吉斯斯坦的议会制一直是独联体国家政治发展进程研究中最有争议性的话题。目前，对于其议会制改革的评价存在两种基本的看法。议会的支持者认为，议会制是时代的产物，是部族政治传统浓厚的吉尔吉斯斯坦政治体制的最佳选择，它适合吉尔吉斯斯坦的国情，有利于促进国家的和谐与统一。议会制的分权与制衡机制可以有效地平衡集团利益，缓解部族间的尖锐矛盾，将各

① 邓浩：《从吉尔吉斯斯坦剧变看中亚地区形势走向》，《新疆师范大学学报》（哲学社会科学版）2011年第1期。

② Конституция Кыргызской республики, http://www.gov.kg/?page_id=263.

派政党和政治力量纳入宪法轨道，使之成为体制内政党，从而避免矛盾冲突升级为街头政治。在新的议会体制之下，党派与地方精英逐渐从地方与党派利益的维护者转变为国家权力的执行者和危机的管理者，各个党派开始以议会为平台，实现对国家政权的管理与监督。持类似观点的吉尔吉斯斯坦前驻华大使库鲁巴耶夫就认为："目前，在吉尔吉斯斯坦，政治精英群体正在发生着一些变化。一些热衷于迅速'敛财'的政治精英，已开始从政治舞台的前台淡出，因为社会已开始行使监督的职能。"① 反对者则认为，在社会结构和部族政治的影响下，议会制传统的缺失使议会党团和执政联盟时常因利益分配不均而出现分化，致使议会成为政治精英追逐利益和进行政治交易的场所。可以说，在吉尔吉斯斯坦现实的政治条件下，议会制强化了政党利益的彼此对立，造成危及国家政治稳定的隐患。在独联体国家存在不少反对的声音，一些不看好吉尔吉斯斯坦议会制的政治家和学者认为，该体制无法解决吉尔吉斯斯坦的现实问题。俄罗斯战略研究所专家库尔托夫就认为，建立任何形式的联盟都不会在议会形成可以执行长期明确路线的稳定多数派，因为吉尔吉斯斯坦所有政党领导人都是以前历届政权的领导人，他们无数次地相互攻击，早就破坏了彼此的关系，这些无疑会对议会和政府的稳定造成障碍。②

值得一提的是，虽然在议会制下总统的权力相对受到牵制与压缩，但在人事任免、内外政策、控制武装部队等方面仍给总统保留了相当多的决策空间。吉尔吉斯斯坦的议会制事实上更像法国的半总统制，总统对国家的政治生活依旧拥有决定权。作为实行议会制以来的首届政府总理和首任总统，其民选身份使总统阿坦巴耶夫较少受到来自党派和地方部族利益之争的负面影响，与通过议会党团讨价还价和相互妥协选出的总理相比，总统拥有更多的独立性。这也是他放弃总理职位，参加总统选举的原因之一。目前，阿坦巴耶夫无论在体制内还是在民众心理上，都被认为是保证吉尔吉斯斯坦政治稳定的重要人物，因为他是将吉尔吉斯斯坦带出混乱无序困局的总统，其影响力在吉尔吉斯斯坦尚无人能及。同时，阿坦巴耶夫又是折中、妥协和联合的象征，并得到俄罗斯的

---

① 〔吉〕库鲁巴耶夫：《吉尔吉斯斯坦独立20周年回顾与展望》，《现代国际关系》2011年第8期。

② 《吉尔吉斯斯坦议会选举结果公布，其前途仍难预料》，《青年参考》2010年11月5日。

支持。虽然身为北方人，阿坦巴耶夫却有意为自己打造全民总统的形象，故而得到了南北各部族选民的尊重与支持。

由于经济发展水平、历史传统、社会结构、宗教信仰结构、国际环境等特殊因素的影响，吉尔吉斯斯坦议会制的社会政治基础还有待巩固与加强。吉尔吉斯斯坦议会制的稳定与制度化过程还将经受多重考验。作为中亚社会政治发展的试验田，吉尔吉斯斯坦的议会制进程将为完善中亚国家的总统制治理与模式提供可资借鉴的经验。

二　中亚国家政治的发展轨迹

独立20多年来，中亚国家的政治转型进程是一个“制度创建与国家构建”的双建进程。伴随着中亚国家的政治发展进程，中亚社会政治也经历着深刻的变革，这里充斥着民主化与现代化、“去苏联化”与“去俄罗斯化”的多重关系以及西方化与本土化、伊斯兰化与世俗化多种矛盾的互动与冲突。

（一）现代化进程

中亚各个民族在不同的历史时期都被欧亚大陆上古代帝国的武力所征服，由于连续不断的外族入侵与殖民统治，几个世纪以来，中亚地区内部始终处于分散状态，社会组织形态主要以氏族部落或部落联盟为主。中亚民族自主的国家化进程多次因战乱和帝国的扩张被打断，始终没有形成现代意义上的完整的国家形态。18世纪初，沙皇俄国开始在中亚地区扩张，对这一地区施行了近两个世纪的军事殖民统治。十月革命胜利后，中亚地区成为苏维埃社会主义共和国联盟的一部分，而中亚各民族也在苏联的同化政策下被赋予苏维埃中亚民族的属性，从而奠定了各自民族发展的基础。

首先，中亚国家的政治发展具有跨越式发展的特征。在隶属于沙皇俄国的200多年和作为苏联一员的70年时间里，中亚社会发生了翻天覆地的变化。在沙俄军事殖民管理体系下，中亚民族从原始的游牧部落过渡到农奴社会，在苏联时期又跃进到了具有一定工业文明的社会主义社会，并迅速进入俄式的欧化进程，其经济、语言、文化、教育等都得到了显著的发展与提高。政治制度也由最初非国家形态下的部族联盟议政体系，过渡到了具有现代意义的议行合一的苏维埃体系。20世纪末，苏联解体使中亚民族的政治制度与国家形态再度发生质的变化，中亚五个加盟共和国成为具有国际法主体地位的独立国家。

从历史发展轨迹看，中亚民族所经历的社会变迁与国家化进程都是以非自然方式发生的，是依附于大国或作为大国的一部分进行的，具有跨越式发展的特征。中亚社会和民族对社会改革与变迁的内生动力相对缺乏，或者说中亚社会尚未出现改革的需求，便被裹挟到社会变革的大潮中，被迫跟随大国同步行动。由此可见，大国的外部推动作用是历史上中亚民族社会变革的主导力量，在外力参与下的外部植入式的发展模式，成为中亚地区制度变革与社会变迁的基本模式。戈尔巴乔夫在苏联后期推行的政治改革，迫使中亚五国再度被动进行变革，各加盟共和国响应联盟中央的号召，进行了由苏维埃体制向三权分立的西方宪政民主体制转型的制度变革。

由于中亚国家自身对政治改革缺乏心理准备，因而在政治转型初期表现出相应的被动性。中亚国家的政治转型进程的参照系是西方的民主价值观与西方的宪政民主。民主源于西方，在没有经历过文艺复兴、思想启蒙运动以及工业革命的中亚地区实行民主制所面临的问题，主要是其社会政治经济发展水平的低下与民众对于民主体制文化认同的缺失。多数中亚国家的社会经济发展水平相对落后，社会多元化程度较低，社会政治制度化水平也相对薄弱，这些制约因素往往使中亚国家无法支撑民主机制的有效运转。其主要表现为：立法、行政、司法之间缺乏有效的分权和制衡机制；官僚机构处在庇护关系、裙带主义、腐败的阴影之下，行政官员素质低下而不称职；社会上盛行精英主义，而不是多元主义，政党弱小而不具有竞争力；公民社会、利益集团和社团生活不够成熟等。[①] 从传统文化的角度来看，中亚各民族政治文化中包含着很多崇尚权力、服从权威、信奉宗法观念与等级关系等非民主的文化观念，同时，转型时期中亚各国在民族、宗教等领域的再传统化又进一步强化了民众心中的这些文化观念。这些传统的文化观念与强调人人平等、分权与制衡理念的西方宪政民主思想有着本质的区别。由于各种主客观因素的作用，当西方民主政治价值观与西方民主政治体制作为一种异质文化植入中亚社会肌体后，中亚五国政治

① 〔美〕霍华德·威亚尔达：《新兴国家的政治发展——第三世界还存在吗?》，刘青、牛可译，北京大学出版社，2005，第114～115页。

肌体在运行过程中不可避免地表现出某种“排异现象”。也就是说，部族政治对西方的民主价值观和政治制度的合法性缺乏观念上的认同，而“街头政治”则成为实现政权合法性的有力手段。实践表明，不顾社会发展的客观条件，超前移植民主制度，非但不利于提高中亚五国政权机关的执政能力，反而会在国家的权力结构体系中形成掣肘关系，导致权力机关的低效，甚至给社会带来不稳定。

与此同时，这种植入式的民主宪政体制在中亚国家的肌体内发生了变形，并为威权主义总统制提供了合理性依据，转型时期中亚国家普遍存在的社会经济危机也为中亚国家选择总统制政体提出了现实的要求。在危机状态下，威权总统治理模式显示了其整合社会资源的独特优势，成为社会秩序与政权稳定的保障。转型时期中亚国家在制度建设的能力上相对薄弱，缺乏组织良好的多元利益集团和能发挥作用的政党，也不存在有效的政府机构，因此，威权体制成为必然选择，它提供了秩序与稳定，迎合了中亚国家实现自身发展的政治需要。在从苏维埃体制转向政治现代化的过程中，中亚各国都需要一个强有力的掌权者来总揽大局、整合社会政治经济资源、提供社会秩序与稳定。也正因为如此，中亚各国的威权总统在政治转型时期的历届总统选举中均获得了持久及很高的支持率，甚至连支持总统的政党在议会选举中也得到了同样的厚遇。总统在权力结构体系中的核心地位，与政权党和亲政权势力在议会中的优势地位叠加，进一步扩大了总统的执政空间。

其次，中亚国家的政治发展进程是伴随着其国家化进程而进行的。对任何国家而言，政治发展都是一个渐进的、有机的发展过程，而非仅仅依靠外力就能顺利完成的过程。与历史上多次变革不同的是，中亚国家的政治转型是建国与建制的双重转型进程。苏联解体使中亚国家第一次获得了独立建国的契机，中亚国家被推上国际政治舞台和与大国进行地缘政治博弈的前沿地带。这一变化给毫无建国与治国经验的中亚国家提出了艰巨的国家化任务，要求中亚五国的政治发展进程脱离对大国的依附关系独立前行。其建国进程不同于其历史上的多次变革，因而也体现了中亚政治转型进程的独特之处。

此次构建国家认同与完善国家制度的政治转型进程不同于中亚国家历史上的历次跨越式发展进程，这里包含着对国家和民族自我认同的主动性行为。在这一进程中，中亚五国需要克服各种矛盾和问题，包括双建进程中国家化与民主化的矛盾，自我认同构建过程中现代化与再传统化的矛盾，国家独立进程中对俄罗斯的依附关系与“去俄罗斯化”的矛盾，国家认同形成过程中地区主义与权威主义的矛盾，同时还包括在西方宪政体制框架内与苏联政治遗产及中亚民族部族政治的适应性问题，大国博弈中保持国家独立性的问题，等等。这些矛盾和问题是中亚国家实现政治现代化的阻力和包袱，也说明中亚国家的独立与政治转型不是一个简单脱离苏联母体和国家机关升级的“物理过程”，而是一个夹杂着多重矛盾的“化学过程”，在此进程中，因矛盾关系与条件的变化，转型轨迹也存在发生突变的可能。中亚国家只有理顺政治转型进程中的诸多内在矛盾关系，才能将国家带入正确的历史发展轨道。

（二）再传统化进程

国家的独立与建国进程促使民族主义和部族政治的兴起。中亚多数国家为多民族国家，除主体民族外，还生活着几十甚至上百个少数民族，其中包括人口数量众多的俄罗斯族。如何让主体民族树立民族自信，也让生活在其中的其他民族增强国家认同感是中亚各国政府面临的重大挑战。独立之初，各国都迫切需要通过追溯历史和文化根源来树立民众对新独立国家和主体民族的认同感。然而，苏联时期中亚各民族与俄罗斯民族之间存在复杂的关系，居民的风俗习惯因受到共产主义意识形态和俄罗斯文化的影响，已被俄罗斯化或欧洲化，在某些时期宗教信仰活动曾遭到一定程度的限制，多数中亚民族传统文化的发展处于断裂甚至是停滞状态。因此，相对于 300 年来俄罗斯及随后苏维埃文化的影响，恢复各国主体民族的传统文化不仅仅是一个复兴的过程，更是一个再传统化的过程。

独立之初，中亚各国就着手探究本民族的历史和文化源头，修缮历史遗迹，重拾民族的风俗习惯与传统礼仪，收集和整理历史文化人物及其作品，以此树立新独立国家的国际形象并加强民众对国家的认同感。在哈萨克斯坦，出土于阿拉木图附近、距今有 3000 年历史的“金人”遗迹，成为哈萨克斯坦主体民族起源的象征；享誉世界的诗人阿拜和哲学家阿尔 - 法拉比等历史文化名人成为该国文化形象的代表。同样，乌兹别克斯坦的宗教学者和诗人纳瓦依，古城撒马尔罕、布哈拉，吉尔吉斯斯坦口承文学的代表作品英雄史诗《玛纳斯》及“阿肯弹唱”艺术，作家钦·艾特马托夫等，都成为这些国家引以为傲的文化符号。此外，民族语言文化的复兴也是中亚国家强化主体民族意识的标志之一。多数中亚国家都将掌握国语作为公务员考核的一项重要标准，总统候选人必须熟练掌握国语方可通过资格认证。

在中亚各国主体民族再传统化的进程中，对伊斯兰传统和部族政治文化的重新认识及解读与推广，成为文化寻根的主流。作为中亚地区的传统文化，伊斯兰教在中亚国家独立之初扮演着“填补空白”和弘扬民族文化的标志性角色，填补了这一地区因苏联解体和国家刚刚独立而在思想意识和民族认同领域出现的空白点。无论是作为传统文化还是精神支柱，伊斯兰教在中亚地区都有得天独厚的优势。中亚地区主体民族中的居民大多为伊斯兰教信众，即使在苏联时期大力宣扬无神论和共产主义价值观的政治环境下，中亚地区依然活跃着大量伊斯兰教的“隐性信众”。苏联后期，伊斯兰教就已成为社会主义意识形态的挑战者。独立后，各国普遍出现的文化寻根现象为伊斯兰教在中亚地区的复兴和扩大提供了良好契机。苏联解体后，原有的价值体系被摧毁，伊斯兰教在中亚社会迅速复苏和传播，伊斯兰教的风俗习惯和传统节日在中亚地区得以恢复，并被在国家层面上加以推广和弘扬。各国经历着再伊斯兰化的过程。伊斯兰教教义中的道德观念与入世思想对于团结民众、巩固政治稳定具有积极的作用和利用价值。与西方推动的“政治民主化”不同，伊斯兰教在中亚地区有着深厚的群众基础和广泛的文化认同。独立之初，中亚各国领导人在宣布建立世俗政权与坚持政教分离原则的同时，几乎都对伊斯兰教给予一定的政策支持，以期将伊斯兰教打造成为凝聚民心、提高国家认同的精神支柱。然而，在各国政权利用伊斯兰教唤起民族意识与增强国家凝聚力的同时，也或多或少地滋长了宗教反世俗的一面。伴随着伊斯兰教在中亚地区的传播与推广，伊斯兰教的政治化趋势日益增强，作为政治转型的副产品，宗教极端主义和恐怖主义也随之泛起，对中亚国家的政权稳定形成威胁。伊斯兰教政治化的发展态势与中亚国家领导人普遍提倡的政教分离和政权世俗化的治国理念背道而驰，这也是中亚各国领导人始料未及的。在中亚的费尔干纳谷地及其周边地区逐渐形成了伊斯兰教条带区，这里聚集着众多笃信伊斯兰教的信众，他们对宗教领袖的服从高于对世俗政权的认同，使得这里的地方分离主义倾向严重。政权原本希望借助这些传统文化的凝聚力增进民族团结和维护其政权稳定，结果却激发了一些势力借助宗教反世俗的一面和分离倾向。近年来，中亚各国政府大多对本国伊斯兰组织的活动采取了谨慎立场，甚至实施了一些限制性措施，以防止本国出现伊斯兰教政治化倾向。

苏联解体和苏维埃体制的转型，造成中亚地区外部垂直管理体系的削弱，而由民主催生的部族冲突和政治动乱不可避免地使地方自治传统得到复兴。在苏维埃政治体制下，部族倾向被共产主义意识形态掩盖起来，而在去除苏联体制影响的过程中，独立国家的领导层大量选拔任用本国主体民族的政治精英，甚至通过语言和文化领域的法律规定，将大量非主体民族，主要是俄罗斯族的政治精英排斥在官僚体制之外。如哈萨克斯坦和吉尔吉斯斯坦等国的宪法和相关法律规定，公务员必须熟练掌握国语，才能进入该国的官僚体系。这些明显具有倾向主体民族的规定不但实现了国家政权管理体制的主体民族化和“去俄罗斯化”，而且还使部族政治成为官僚体制的副产品。在政治体制缺乏稳定性，国家认同、民族认同尚未最终确立的情况下，中亚地区固有的部族政治文化和社会心理在民意中形成偏好，部族成员与领袖之间的服从、庇护与支持关系，在政治转型过程中演变为精英与民众、中央与地方，甚至是族际之间的关系，并为巩固上层政治精英的权力，维系官僚信任体系发挥着积极的纽带和支撑作用。同时，部落内部还经常分化为诸多地区性部族，地区化越明显，部族成员在政治博弈过程中对地方资源的倚重也就越强，从而造成了地方进一步分化和分离的恶性怪圈。

以血缘和家庭为纽带的部族政治在中亚各国的表现不同，因而也形成了不同的民族特征。由于各国公民的民族认同与民族特征存在差异，中亚民族国家的发展阶段也不尽相同。在哈萨克斯坦，由于部族的族群意识和地域观念相对比较淡薄，因而避免了地方部族精英之间的彼此对立；在吉尔吉斯斯坦，部族众多且各自为政，政权常因各部族之间的对立而发生冲突；在土库曼斯坦，部族之间的力量悬殊，执政部族在国家政权中占有绝对优势，这为总统提供了稳定的政权基础；在乌兹别克斯坦和塔吉克斯坦，部族之间的冲突表现为地方势力之间的派系斗争。部族政治强调的是狭隘的地区利益，地方部族霸权、种族庇护、各式各样的宗法家族—代理人等造成地区性分割状态和严重的分离情绪。① 部族政治文化对国家的政治发展进程和国家的稳定有很大的影响。在中亚五国建制与建国的双重进程中，有些中亚国家领导人扬长避短，充分挖掘和发挥部族文化中积极的一面，进而促进了国家政权的稳定与社会的发展。哈萨克斯坦总统纳扎尔巴耶夫就坦言："在长达70多年的苏联时期，在社会稳定、经济飞速发展的环境下，哈萨克人真正实现了民族一体化。"② 可见，哈萨克斯坦并没有在部族政治的基础上强调和维护各个部族和地区的狭隘利益，而是在国家统一的前提下不断强化哈萨克民族和国家的观念。而在另一些国家，部族认同高于对国家的认同，部族和地方利益不断被强化，成为政治精英夺权的工具，致使部族之间的矛盾与冲突久拖不决，使国家陷入危机困境。从传统文化的角度来看，中亚各民族政治文化中包含着很多崇尚权力、服从权威、信奉宗法观念与等级关系等非民主的传统，这与强调人人平等、分权与制衡理念的西方民主政治思想有着本质的区别，而中亚各国的再传统化进程又进一步强化了民众心中的这些文化观念。当西方民主政治价值观与西方民主政治体制作为一种异质文化被强行植入中亚社会肌体后，由于各种主客观因素的影响，中亚各国内部几乎都表现出程度不一的"排异现象"。一些学者在分析吉尔吉斯斯坦两度通过政变实现政权更替时这样指出：在地方传统文化氛围中，民众对异族的自由民主体制缺乏认同感。③ 也就是说，部族政治对于西方的民主价值观和政治制度缺乏观念和法律上的认同，因而带有部族政治色彩的反对派可以通过"街头政治"推翻民选政府，无政府主义的"街头政治"成为反对派实现政权合法性的有力手段。实践表明，不顾社会发展的客观条件，超前移植民主制度，不仅无助于提高中亚各国政权机关的执政能力，而且还会与国家的权力结构形成掣肘关系，导致权力机关的低效性，甚至会成为社会的不稳定因素。

---

① Ситнянский Г. Ю. Интеграционные тенденции на постсоветском пространстве и противодействие им（на примере Киргизии）1991 – 1999 гг. // Расы и народы. Современные этнические и расовые проблемы. Ежегодник. Вып. 27. М.：《Наука》, 2001. С. 245.

② 杨雷：《论哈萨克斯坦三玉兹的关系》，《俄罗斯中亚东欧研究》2011年第1期。

③ Кыргызстан：этнический плюрализм и политические конфликты，7 апреля，http：//www. peoples-rights. info/2010/04/kyrgyzstan-etnicheskij-plyuralizm-i-politicheskie-konflikty.

（三）“去苏联化”

苏联后期戈尔巴乔夫的政治改革是一场由共产党领导人发起的自上而下否定共产主义根本内容的革命。此次改革本身天然地带有强烈的政治目的和意识形态色彩，即去除苏联政治体制和共产主义意识形态的影响，过渡到西方三权分立的民主社会。同时，苏联后期的政治改革还同苏联各地区民族自决的运动捆绑在一起，混杂着历史、民族与宗教等诸多矛盾，最终将苏联推到解体的境地。中亚国家的政治转型正是起步于此。如前所述，中亚国家转型包括建国与建制的双重进程，因此其政治转型进程中的“去苏联化”色彩，既是对苏联行政管理体制的结构性脱离，也是对苏联意识形态、思维模式、权力结构和社会结构的变革过程，同时又是对苏联时期政治遗产和传统政治思维的扬弃过程。

首先，从建国的进程来看，中亚国家的独立是一个脱离苏联“母体”的过程。中亚国家虽然在法律地位上脱离了苏联，但由于地理条件和自然资源的限制，中亚国家在国家化进程中难逃与大国博弈的宿命。历史上，中亚民族自主的国家化进程曾多次被战乱和帝国扩张所打断。在以阿姆河和锡尔河流域为中心的中亚河中地区，中亚民族虽然曾建立过一些政权，如塔希尔王朝、萨法尔王朝、萨曼王朝以及近代的希瓦汗国和布哈拉艾米尔政权，但都没有形成现代意义上的国家形态。18 世纪，沙皇俄国征服中亚地区，并对中亚民族实施军事化管理。十月革命后，中亚地区并入苏联，建立了苏维埃政权。需要指出的是，历史上，促使中亚社会形态发展与变迁的推动力基本上都不是内生性的，而是在强大外力的参与下通过非自然方式完成的。苏联解体使中亚主体民族第一次获得了自主建国的可能性，也使中亚五国的政治体制和国家形态发生质的变化，各主体民族获得了自主建国的历史契机，同时这也对其提出了艰难的国家化任务。

中亚国家的独立进程是一个从无到有的国家化进程，历史的发展轨迹预示了这个进程不会一帆风顺。哈萨克斯坦和乌兹别克斯坦等地区大国试图挣脱世界大国的束缚，希冀通过中亚国家独立后的区域一体化合作优势，获得独立发展的空间。但在其时，中亚国家的独立和发展进程势必受制于地理位置和自然条件等因素，使之或依附于大国获得发展所需的资源，或在大国的地缘政治博弈中求得生机。目前，中亚五国在政治、经济、军事等方面仍对俄罗斯存在不同程度的依赖关系。作为苏联的继承国，俄罗斯对中亚国家有着特殊的影响力。因此，从这个意义上讲，中亚国家要想实现真正的独立尚有待时日。

其次，在政治体制建构方面，中亚国家“去苏联化”的意图并不明显。这是因为在政治改革与独立初期，中亚五国对于政治体制改革本身持有被动心态。戈尔巴乔夫的政治改革是从意识形态和社会价值观的转变开始的。苏联后期推行“民主化”“公开性”“政治多元化”的社会政治改革，导致社会主义价值体系迅速坍塌，否定社会主义发展方向、否定苏维埃体制和政府权威之风盛行。这场改革瓦解了共产党领导的苏维埃政治体制，造成了社会意识形态和价值观的断裂。政治多元化也引发了派别对立和政治斗争，增加了社会摩擦成本。与俄罗斯政治转型起步阶段不同的是，中亚各共和国领导人对这场政治改革缺乏必要的心理准备，中亚社会内部也没有强烈的政治改革愿望，因而没有出现俄罗斯独立与转型初期党派斗争的局面。中亚五国是最不愿意切断与莫斯科关联的，因为它们在经济与军事上严重依赖联盟。对苏联领导人的改革指令，中亚各共和国领导人和政治集团均表现出相对盲从的心理和被动接受的心态。苏联解体前夕，中亚民众非但没有对苏维埃联盟体制表现出强烈的排斥心理，相反还流露出希望保留苏联的群体意识。因此，独立之初，在中亚国家领导人提出的各种政治体制模式与制度建设规划中，都带有苏联旧体制的特征，有些国家的政治体制直到 20 世纪末还保留着一些苏维埃体制的痕迹。对苏联体制的认同与留恋影响了中亚国家政治转型的发展方向，使其“去苏联化”的进程相对迟缓。即便如此，就政治体制转型本身而论，在从苏维埃体制向总统制（吉尔吉斯斯坦此后改行了议会制）的转型过程中，中亚国家的权力结构已发生了实质性的变革，宪政体制的“去苏联化”已不可逆转。

“去苏联化”的实质是“去苏维埃化”，即消除苏联政治体制的痕迹及其对政治发展的影响。尽管中亚国家在独立之初的新宪法中都取消了苏维埃体制，明确宣布在立法、司法、执法三权分立的基础上构建本国政体，但在现实的政治行为中，中亚各国的领导层在执政理念上依旧保留着苏联时期的思维模式。领导人居于政权的核心地位，实行自上而下委任的官僚体制。主观意愿上，领导人在自身没有健康问题或政变的情况下不会主动放弃权力，而是希望沿袭苏联时期领导人长期执政的模式，实现长期执政，或寻找可靠接班人延续自己对政权的影响力。自独立至今，中亚国家尚无一国按照宪法规定的年限进行过正常的权力轮换。与此同时，尽管吉尔吉斯斯坦和土库曼斯坦已经实现了首任领导人的更替，但两国均是通过非正常的方式实现权力易手和精英替代的，前者是因“3·24”事件而发生了政治突变，后者是因前任总统尼亚佐夫突然离世而完成了首次领导人更替。其他中亚三国的总统在任时间都已逾20年。尽管这些总统在国内享有无人撼动的政治威望，但在政治发展的现阶段他们也不得不面临因生理年龄过高而导致的“老人政治”问题，即“首任总统危机”问题。这里所说的首任总统是指由苏维埃体制向三权分立体制转型时期的国家首任领导人。有些领导人也许不是首任总统，但以其执政理念、执政方式与权力替换模式而论，仍可被称为苏联时期或者过渡时期的领导人，其代表人物是哈萨克斯坦总统纳扎尔巴耶夫和乌兹别克斯坦总统卡里莫夫。他们均已年逾七旬，且执政时间超过20年。在未来的政权更替期到来之际，两国都将出现“首任总统危机”。威权主义“始于权威，也终于权威”。随着首任总统退出历史舞台，其威望和政治影响力也将终结或消减，有可能因此带来国家执政方式、政治制度和体制的变革。新一代政治精英所倚重的政治基础和资本都将发生变化，利益分配的格局也会被打破，造成社会资源与利益的重新分配，因而可能出现新的改革动力。同时，吉尔吉斯斯坦在由总统制向议会制转变过程中出现的长期的政治动荡，又使中亚国家看到了威权退去后的危险。因此，近年来，中亚国家都在试图通过政治制度的微调，延续总统的威望，维护总统未来接班人以及总统家族的中心地位，确保政权的平稳交接。哈萨克斯坦和乌兹别克斯坦两国相继通过修宪缩短未来总统的任期、扩大议会权力、提升政党在议会中的作用，甚至有实行所谓总统－议会制的提法。

第二节　影响中亚国家政治稳定的因素

政治稳定表示的是政治系统在运行中所呈现的秩序性和持续性。所谓秩序性，是指系统内部各要素排列秩序的合理性，意味着政治体系相对而言不存在暴力、武力、高压政治和分裂。持续性指的是系统功能的发挥不受阻碍，保持正常运转，意味着政治体系的关键成分相对来说不会发生变化、政治发展不发生中断、社会中不存在希望政治体系根本改变的重要社会力量和政治运动。[①]政治体系在变革中不存在全局性的政治动荡和政治骚乱。此外，政治稳定不仅表现为政治系统可以维持持续的统治秩序，而且还能适应政治的变化。

对于发展中国家或转型国家而言，政治体系的权威性以及对于社会政治变化的适应性与持续性是考察各国政治体系稳定程度的标准，政治权力结构的制度化程度有限、政治系统分化不足、转型进程中政治经济发展自身存在的多重不确定性以及其给社会政治体系带来的不稳定等，会不时地困扰这些国家的政治稳定基础。

一　转型国家政治不稳定的根源

政治稳定在很大程度上取决于政治体制和政治制度对于社会政治经济发展的适应性。然而，对于发展中国家而言，政治转型和国家建设进程需要不断适应变动中的社会经济发展进程和各种条件的变化，因而使得国家政权和政府承担更多的政治风险。转型国家在由旧有体制向现代民主体制转型的进程中，普遍存在政治体制制度化程度较低、政治体系结构功能的分化不足或政治权威性缺乏等现象，这些往往会导致政治系统的不稳定，甚至是政治危机。

（一）政治体系结构的不稳定

政治体制和政治制度的不稳定往往导致政治的不稳定。发展中国家和转型国家由于社会经济条件有限、现代化民主政治基础相对薄弱，其政治体制往往处于对社会政治环境变动的适应过程中。如果统治者能够对新的政治要求做出相应回应，并保持政治体系的平衡，那么政治稳定就可以得到维持。如果统治者不能适应变化的条件和要求，不平衡和不稳定就会得到发展，假如这种状况持续太久，革命性变迁就会发生。比较政治学派的代表人物加布里埃尔·阿尔蒙德采用结构－功能主义的方法研究政治稳定和政治发展，认为政治不稳定产生于“政治体系的能力和社会要求之间的脱节”。中亚五国在独立之初均选择了总统威权政体。三权处于失衡状态，总统依靠其个人威望以及转型时期国家

① 〔美〕格林斯坦、波尔斯比：《政治学手册精选》（下），商务印书馆，1996，第155页。

建设的需求构筑起了相对稳定的权力结构体系。政治权力体系的平衡取决于威权领导人。威权领袖“始于威权，也终于威权”，威权主义总统制的优势也是其劣势，既是体制刚性也是其脆弱性的表现。威权体制下缺乏政治多元性与权力间的相互制衡机制，同时也不鼓励精英竞争，其结果将是在政权交接时因威权的缺失而出现政治真空问题。

同时，其政治系统对于政治参与和政治行为的功能性分化不足，也会成为政治体系不稳定的根源。政治体系的功能分化不足，其同化新生的社会政治势力的能力尚弱，无法容纳部分公民的政治参与和将其参与行动纳入既有的制度化轨道。由于各国民主政治基础相对薄弱，没有形成一种公民表达政治意志的游戏规则及其认同，其直接的后果往往是各种社会势力和利益集团直接从事政治活动，并赤裸裸地互相对立，用自己特有的手段参与政治，故而可能会出现富人贿赂、学生游行、工人罢工、暴民暴动乃至军人政变等社会政治动荡状况。[①] 吉尔吉斯斯坦2005年和2010年出现的两次政权危机就是这类政治参与激变为政治动荡的明证。最终，吉尔吉斯斯坦也因总统制无力承受政治分权的压力而改行了议会制。

政治稳定的实质是政治体系对于社会环境发展变化的适应程度。在一个变革的社会中，政治系统必须尽可能地表现出包容性，尽可能地扩大其统治基础和范围。[②] 亨廷顿的政治稳定理论认为，制度化社会反映了一个政治体系的稳定程度。如果政治制度足以容纳公民的参与要求，并将其参与行动纳入既有的制度化轨道，那么，政治秩序将会保持一种稳定状态，相反，如果既有的政治安排不能将政治参与的要求和行动纳入制度轨道，政治的不稳定就会出现。[③] 戴维·伊斯顿指出，政治稳定在于政治系统有能力承受外部环境对系统的压力，“当一个权威性的分配价值的系统受到极其沉重的压力，以至于再也不能承受时，该系统就会崩溃”[④]。这也是中亚国家近年来积极推进宪政制度的改革与修订，以寻求稳定的政权更替模式的缘故。进入21世纪后，特别是在吉

① 燕继荣主编《发展政治学》，北京大学出版社，2010，第193页。

② 燕继荣主编《发展政治学》，北京大学出版社，2010，第235页。

③ 燕继荣主编《发展政治学》，北京大学出版社，2010，第234页。

④ 〔美〕戴维·伊斯顿：《政治生活的系统分析》，华夏出版社，1986，第39页。

尔吉斯斯坦经历了两度政权更替以及2010～2011年西亚北非国家出现政治动荡之后，哈萨克斯坦和乌兹别克斯坦采取措施，力图通过扩大议会和政党的政治参与水平和空间，来疏解新生政治势力给威权总统权力体系带来的政治压力。

（二）政治转型给传统社会带来的不稳定

由传统向现代转变的现代化过程往往是一个相对不稳定的时期。亨廷顿就曾指出，现代性产生稳定，但现代化却会引起不稳定。① 这些不稳定往往导致国内的政治动荡或革命。现代化的经济生产方式、利益分配方式、政治分权制衡的民主化观念等作为现代化进程的标志性事物打破了传统文化在认识和观念上的障碍，并提高了新的渴望和需求水准。然而，过渡性社会满足这些新渴望的能力的增加比这些渴望本身的增加要缓慢得多。结果便在渴望和指望之间，需要的形成和需要的满足之间，或者说在渴望程度和生活水平之间造成了差距。这些差距就造成了深度的颓丧和不满。这种颓丧和不满就成为政治不稳定的根源。②

转型时期出现的社会不稳定主要表现为以下几点。首先，政权合法性的认同。在现代民主社会，当权者的合法性取决于他们在竞争性的选举中获胜，取决于他们在制定法律时对宪法程序的遵守。在转型社会中，由于传统的政治文化和宗教习惯的影响，领导人主要依靠其特有的领袖魅力来行使权威。如果合法性下降，即使可以用强制手段来迫使民众服从，政府的作为也会受到妨碍。如果人们对政权的合法性产生怀疑或意见分歧，往往会导致内战或者革命。③ 其次，“国家认同意识”发生危机。国家认同意识是指对政治共同体的支持。在新兴国家这是从一些种族的、政治的和地理的准国家单位中产生的。这些准国家单位之间没有共同的政治联系，其成员在各方面获得的信息极少，或者只

① 〔美〕塞缪尔·P. 亨廷顿：《变革社会中的政治秩序》，李盛平等译，华夏出版社，1988，第41页。

② 〔美〕塞缪尔·P. 亨廷顿：《变革社会中的政治秩序》，李盛平等译，华夏出版社，1988，第54页。参阅燕继荣主编《发展政治学》，北京大学出版社，2010，第238页。

③ 〔美〕加布里埃尔·阿尔蒙德、G. 宾厄姆·小鲍威尔等：《比较政治学：体系、过程和决策》，上海译文出版社，1985，第36～37页。

知道效忠于地方单位。在任何一个国家，当政党对传统的准国家单位的小众与对国家的效忠发生冲突时，政治共同体的问题就可能成为首要问题。[①] 国家认同意识危机往往导致分裂主义运动的上升。在中亚国家中，由于宗教和部族政治的传统影响，新独立国家的部分地区对于国家认同的意识薄弱，致使国家层面的认同与准国家单位层面的认同发生冲突，这也是吉尔吉斯斯坦两度出现政变的政治文化因素。在乌兹别克斯坦和塔吉克斯坦部分受伊斯兰教影响较大的地区，其地区成员对于地方单位的效忠观念也会高于对中央政府的认同。再次，各社会集团之间的疏远和敌视很可能造成政治冲突。政治信任问题影响公民为实现政治目标而同他人通力合作的意愿，也影响领导人同其他集团结成联盟的意愿。另外，政治体系对世俗化造成的政治参与的迅速扩大反应迟钝，引发政治冲突。最后，政府公共政策存在失误，常常会导致社会公共秩序的破坏和混乱。如果人们认为权威性的分配过程不公平，那么他们对法律的服从意愿就有可能减弱，一个强烈感到社会中存在非正义、种族歧视的人，或者感到前途无望的人，很可能铤而走险，或者卷入集体性破坏公共秩序的活动中。[②]

二　威权体制下的“老人政治”问题

在中亚的总统制国家中，总统是整个政治权力结构运行的核心，他集多重角色于一身，既是政治规则的制定者与执行者，也是权力争斗的参与者与仲裁者。与总统权力相比，政府、议会及司法机关的权力或被弱化，或处于从属地位。在这种情况下，中亚国家的政治体制也逐渐从法律条文上的“三权分立”转变为事实上的“一元化”总统治理，这种治理模式可以被称为“强人政治”。应该说，威权主义与中亚民族的历史和政治文化传统彼此契合。中亚各民族因受到伊斯兰文化的影响，观念中具有顺从权威的文化传统，又由于长期处于沙俄专制统治和苏联一党集权的苏维埃体制之下，因而在其民族文化心理上对于“强人”总统存在惯性认同。

中亚国家的总统威权体制对总统的执政能力要求较高，总统需要拥有调动

① 燕继荣主编《发展政治学》，北京大学出版社，2010，第 242 页。

② 〔美〕加布里埃尔·阿尔蒙德、G. 宾厄姆·小鲍威尔等：《比较政治学：体系、过程和决策》，上海译文出版社，1985，第 418 ~ 454 页。

和整合社会政治资源、协调精英集团内部各种关系的能力以及引导社会向稳定有序方向发展等能力，才能保证整个政治机器的正常运转。同时，这种执政模式对于以总统为核心的政治体制框架的稳定性与持续性也有相对较高的要求。因为一旦总统制政体出现变形或权力核心发生位移，总统的权威地位也将难以为继，二者因此形成了相互依附关系。“强人”总统与失衡的总统制权力体系的结合构成了中亚国家政治体制的主要特征，它提供的重要公共产品是政治秩序，这对正处于国家政权构建过程中的中亚国家尤为重要。因此，“强人政治”阶段也势必成为中亚各国转型时期不可避免的发展阶段。

然而，这种体制与执政模式产生的一个副产品是“公共权力私有化、家族化，特权横行、贪腐肆虐，最终的结果是民众怨声载道”[①]。在政治动荡与社会危机的条件下，“强人”总统与威权体制显示出了整合社会资源的结构性优势，然而，这种优势也恰恰反映了其刚性体制中脆弱性的一面，即一旦总统权威被削弱或者消失，这种模式的有效性便会随之降低。威权主义国家政治合法性的一个致命弱点在于，它将合法性基础建立在短期的可变的而且是唯一的（经济发展）因素上。亨廷顿在《第三波——20 世纪后期民主化浪潮》中指出：威权政权几乎完全建立在其政绩基础上。政府绩效的合法性作用，取决于民众对政府政策的评估。民众的评估标准并不相同……变化中公众期望和不确定的政府绩效评价标准，使得政权的合法性无法持久和固化。[②] 一旦威权领袖的权力基础被削弱，很多在“强人政治”时期被掩盖起来的社会矛盾、弊端便会在“后强人时代”暴露出来，成为社会动荡的源头。如果人们对政权的合法性产生怀疑或意见分歧，往往会导致政治动荡或革命。

除吉尔吉斯斯坦和土库曼斯坦外，中亚其他三国的领导人均已连任两届或两届以上，执政时间超过 20 年。独立 20 多年后，中亚各国的民众逐渐通过选举与全民公决等民主实践产生了现代政治观念，政党政治的发展也促进了社会政治多元化的发展，同时也为大批新生代政治精英与各种利益集团的出现创造了条件。在政策较为宽松的中亚国家，如哈萨克斯坦和吉尔吉斯斯坦，公民内

① 孙兴杰：《为什么强人政治终将走向末路》，《青年参考》2011 年 11 月 2 日。

② 燕继荣主编《发展政治学》，北京大学出版社，2010，第 182 页。

生型的民主要求正在上升，它需要政权做出及时的回应，并通过体制改革扩大公民的政治参与度。社会利益群体的分化及其分权的要求同一元制权力运行方式之间的矛盾日益突出，其结果是在政权更替时期，一些中亚国家的现政权受到来自西方的政治压力和国内反对派和新生代政治精英的挑战，总统长期执政的合法性也遭到质疑。因此，这些国家希望通过政治制度的微调和人事安排，营造出有利于保持现任总统威望和影响力的法律环境与执政精英阶层，确保政权的平稳交接。为巩固其执政的合法性，这些国家对总统和议会的宪法权限进行了重新调整，哈萨克斯坦和乌兹别克斯坦已相继通过修宪来削弱总统的部分实权，缩短未来总统的任期，相对地扩大了议会的权力，放宽政党参政的政策，提高议会和政党在国家政治生活中的地位，为总统权力的平稳交接提供法律依据。

多数中亚国家在未来的政权更替期内都将面临“首任总统危机”问题。各国精英内部围绕首任总统卸任后，即“后领袖时代”权力归属问题展开的斗争已经拉开帷幕。在一些国家，精英内部之间的斗争表现为日趋紧张的中央与地方关系，在另一些国家则表现为执政精英内部的竞争。前者以哈萨克斯坦为代表，后者以乌兹别克斯坦最为突出。精英政治，特别是执政精英内部的矛盾与斗争逐渐成为困扰中亚国家政权稳定的潜在威胁。

由于文化、社会政治经济发展状况的影响，威权体制将在中亚地区长期存在，其与民主的巩固存在矛盾性，但威权体制所提供的秩序与稳定等公共产品是政治转型时期中亚国家的政治与经济发展所需要的。具有苏联政治惯性思维的中亚各国领导人都力图谋求在新体制内的长期执政，为了达到此目的，中亚国家的现任总统大多在选举前通过修改宪法或全民公决的方式，为其连任或长期执政奠定法律基础。中亚多数国家的宪法赋予总统立法动议权与司法权，从而为他们控制整个制宪过程、进行有利于巩固自身权力的宪法修订创造了条件。从这种意义上讲，西方的民主制宪原则在中亚国家的政治实践中，陷入一种怪象，即民主原则非但没有成为制约总统权力的法律依据，反而成为各国总统按个人意愿延长任期的合法工具。随着总统执政任期的延长，其政治威望与政治地位愈加无人能及。在此过程中，总统权力的长期性被巩固下来，而民主原则遭到了破坏。然而，威权领袖“始于威权，也终于威权”，威权主义总统制的优势同时也是其劣势，由于威权体制下缺乏政治多元性与权力间的相互制衡机制，同时也不鼓励精英竞争，其结果将是在政权交接时因威权的缺失而出现政治真空问题。随着威权总统行将淡出政坛，中亚多数国家都将面临首任总统危机即“老人政治”的危机。

三　国家认同问题

在整个政治发展进程中，中亚民族的部族政治文化结合苏联政治文化以及官僚体系，构成了中亚民族的政治文化传统，它们自然也成为中亚各国政体选择和权力模式构建过程中必然的影响因素。① 在中亚各国构建独立国家的进程中，部族政治文化始终被中亚国家的领导人所重视，并成为其巩固权力基础的重要手段。部族政治文化中的“家国同构”观念、臣属观念与群体意识都是中亚各民族普遍认同的政治文化传统，也是民众对国家最原始的观念，其衍生出来的等级观念、领袖崇拜与世袭传统为巩固和延续总统权力提供了良好的社会基础。历史上，中亚各民族在突厥化过程中，形成了以血缘和地域为标志的部族关系。同时，因居住环境、语言文化、宗教传统、生产方式、经济发展水平的不同，形成了部族文化间的彼此差异。在苏联进行民族划界之前，中亚五国从未有过稳定的国家边界和统一的民族认同。因此，部族属性往往就成为中亚各民族自我识别的重要标志之一。部族政治文化可以被解释为一种民族文化、民族心理、文化传统、非正式的社会结构与权力体系等。对于部族政治文化的界定在学术文献中尚无定论。中国学者李保平指出，同一部落或部族的人们怀有强烈的集团意识，强调对本部落本部族的忠诚和认同。这种部落政治文化被称作部族主义，它是传统政治文化的核心内容，它倾向于排斥其他部族，将对国家的忠诚和认同置于次要地位。②

按照生活方式，中亚五国的主体民族大体可以分为两类，即以游牧生活为主要生产生活方式的哈萨克族、吉尔吉斯族、土库曼族和以农耕生活为主的乌兹别克族和塔吉克族。前者往往十分明确其部族属性，而后者则以所属地域定

---

① С. Каспэ, Постсоветские нации в саду расходящихся тропок, Россия в глобальной политике, http://www.centrasia.ru/newsA.php?st=1261983720.

② 李保平：《传统文化对黑非洲政治发展的制约》，《西亚非洲》1994年第6期。

位自我的身份认同。部族属性是长期生活在本地区游牧民族身份认同的唯一标志，因此与农耕民族相比，部族认同对于游牧民族的意义更大些。与此同时，在民族观念和民族心理上，中亚民族在对整个民族认同的同时，还带有对本部落的认同。① 在部族成员的心里，整个部族和族群的利益依旧高于一切，并由此衍生出具有强烈同乡情结的部族政治文化。

与其他中亚国家相比，部落文化和部族政治在吉尔吉斯族人的个体生活与国家构建中具有更为重大的意义，象征部落的帐篷甚至成为独立后吉尔吉斯斯坦的重要标志，被画在独立国家的国旗上。部落对于吉尔吉斯人来讲就是国家，这里蕴含着吉尔吉斯人的社会观念、传统道德规范、精神与文化价值观、民族习惯、风俗传统和理想。② 部族关系作为一种亚民族关系或次级民族关系，在吉尔吉斯斯坦呈现出鲜明的地域性和家族性特征。爱国主义在吉尔吉斯人的传统观念中多半是与“自己的”部族和地域联系在一起的。③ 传统的政治冲突也因此以地区性的部族冲突的形式表现出来。在吉尔吉斯斯坦，部族认同时常高于对民族和国家的认同，部族成员往往以本部族的利益为中心，致使国家和社会因各地部族之争而陷入动荡。曾经两次参加总统竞选的女政治家乌梅塔利耶娃指出，很多吉尔吉斯人千方百计地成为精英部族成员，因为这不仅能够提升其社会地位，而且还能为其经商和从政开辟道路。④ 鉴于此，这种以部族政治为基础的社会关系势必在政治斗争中形成某种效忠机制，即社会下层不仅不会挑战同部族的上层精英，而且会在同其他部族争夺利益和领导权的斗争中给予本部族精英最大的支持。因此，祖国党议员珍别科夫认为：“族属关

---

① Shokhrat Kadyrov：The ethnology of political management：yesterday，today & tomorrow，A special Report for the Conference The Turkmenistan：not on Orange revolution but Regional? Oslo，http：//www. igpi. ru/bibl/other_ articl/1119947605. html.

② Имарали Кушматов，Кыргызам нельзя войти в будущее，не оглядываясь на прошлое，http：//www. centrasia. ru/newsA. php? st = 1322801520.

③ Андрей Грозин，Элиты Туркменистана и центральноазиатские кланы：общее，особенное и трудности модернизации，http：//www. perspektivy. info/oykumena/krug/elity_ turkmenistana_ i_ centralnoaziatskije_ klany_ obshheje_ osobennoje_ i_ trudnosti_ modernizacii_ 2010 - 12 - 21. htm.

④ 维多利亚·潘菲洛娃：《吉尔吉斯斯坦大选前部族矛盾加剧》，http：//www. cetin. net. cn/cetin2/servlet/cetin/action/HtmlDocumentAction；jsessionid = B6CED9590CB 9594C1872D4FDCB81936B? baseid = 1&docno = 463607。

系、民族主义和部族制在吉尔吉斯斯坦正变得越来越重要。”家族成员间的依存关系维系着精英与群众之间的联系和部族内部相对的团结，为政治精英提供了稳定的民众支持，吉尔吉斯斯坦历任总统无一不是得到了本部族成员的有力支持才上台的。可以说，部族上、下阶层之间存在支持与庇护的关系，其核心是维系地方的共同性，保证上层精英对地方权力的垄断。但在国家的政治转型和制度现代化进程中，这种部族政治也导致国家认同的削弱甚至缺失。

中亚地区的部族政治文化表现出以下两个基本特征。

第一，中亚的部族政治文化具有鲜明的排他性。部族政治文化是一种亚民族的族群文化，强调人种的纯粹性、部族的独特性以及部族利益的重要性，常常会使民众在民族国家的构建中迷失方向。如今在塔吉克斯坦，居住在山区的帕米尔人、卡拉特金人和达尔瓦斯人等族群被认为是纯粹的塔吉克人，相比之下，北方的苦盏人和南方的库利亚布人则因混有突厥血统而被认为是非纯粹的塔吉克人。[①] 在乌兹别克斯坦，费尔干纳人完全不认为塔什干人是乌兹别克人。在土库曼斯坦也存在类似的人种纯粹性问题。每个亚民族族群都认为自己比其他族群纯粹，而过分强调族群特殊性的这种观念本身就带有强烈的排他性，势必影响或阻碍民族内部和部族之间的联合。事实上，在独立的中亚国家，所有民族都是多部族混杂的，无论哪个部族都无法宣称自己为现代民族的土著民或本土民。[②] 部族间的政治文化在强化差异性的同时，也强化了部族彼此间的封闭性与排他性，造成中亚国家内部地区性的割据状态和严重的分离情绪，使民族内部不断分化。

与此同时，部族政治中强调的是狭隘的群体利益与地区利益，弱化了整体的民族利益，在强调地区与部族认同的同时，也削弱了国家与民族的整体认同，最终造成民族与社会的分化以及中央与地方的分离。在政治现代化的进程中，民族国家的形成存在不同的发展阶段，即从氏族、部落到部族、民族乃至

---

① 吴家多：《塔吉克人与塔吉克斯坦内战》，《民族论坛》1998 年第 5 期。

② Shokhrat Kadyrov ：The ethnology of political management：yesterday，today & tomorrow，A special Report for the Conference The Turkmenistan：not on Orange revolution but Regional? Oslo，http：//www. igpi. ru/bibl/other_ articl/1119947605. html.

国家等不同层面的认同阶段或发展时期。[①] 由于一些民族的部族或民族的认同高于对国家的认同，因而形成地方分离主义倾向和对新独立国家合法性认同的缺失。部族文化中的同乡情结还衍生出官员间的庇护关系，诱发了国家政权中裙带关系并导致腐败问题的滋生，这在很大程度上破坏了国家政府体系的运行规则，成为中亚国家转型时期政治动荡的根源。部族政治文化所衍生的这些副产品都不利于国家政权体制的稳步运行。

第二，部族政治文化突出“家国同构”观念，以效忠机制来维系部族内部及上下级关系。部族政治是一种非正式的权力结构，部族政治有其内在的政治行为逻辑，即部族下层必须服从上层，不得挑战上层精英的权威，这样才能获取更多利益份额。这种行为逻辑是由古代部族首领与下属间的庇护与效忠关系演变而来。部族和部落曾经是部族成员寻求庇护与获取自身利益的场所，因为牲畜、牧场、水井等一切与牧民息息相关的物品都要依靠部落及部落首领的供给和维护。无论对于家庭、氏族还是部落，首领都是关键因素。[②] 部族首领有权最大限度地利用本部族的资源来巩固其在权力结构中的统治地位。[③] 在转型过程中，这种逻辑关系在处理精英与民众关系、中央与地方关系，甚至是族际关系中都发挥着重要的纽带作用。此外，血缘和家族在部族政治文化中占有举足轻重的地位，它不仅是部族文化传承的载体，也是维系整个部族体系的纽带。伴随着独立进程，中亚各国也大多建立了以总统为中心的家族势力，他们不但掌握着国家的经济命脉，而且试图进入政界延续其家族统治。

在政治转型的现阶段，中亚各国在利用部族文化为政权服务的过程中，因领导人治国理念的不同，其发展也出现了两种不同的结果。有些中亚国家领导人能扬长避短，充分挖掘和发挥部族文化中的积极作用，进而促进了国家政权的稳定与社会的发展。而另一些中亚国家的领导人，或因长期陷入部族之间的矛盾与冲突中而最终丧失了政权；或为部族政治所累，在任期间国内不断爆发

---

① Смирнов В. Религия + деньги: кто поднял восстание в Андижане? (Интервью с Вячеславом Смирновым, директором НИИ политиеской социологии) // Русский журнал, 25 мае 2005 г. (Беседовал Владимир Голышев).

② 〔美〕加文·汉布里：《中亚史纲要》，吴玉贵译，商务印书馆，1994，第 16 页。

③ Владимир Ханин, Кыргызстан: этнический плюрализм и политические конфликты, 7 апреля, 2010, http: //www. peoples-rights. info/2010/04/kyrgyzstan-etnicheskij-plyuralizm-i-politicheskie-konflikty.

政治与社会危机。吉尔吉斯斯坦为克服部族政治文化给政治发展造成的负面阻力，改行议会制，力图通过政治分权的制度化改造，解决部族对立的局面。但事实上，对于所有中亚国家来说，要克服部族政治的弊端，实现政治现代化和精英现代化，构建西方化的民族国家仍任重而道远。

四　中亚各国存在的各社会集团之间的冲突与矛盾

中亚国家总统制权力结构的稳定很大程度上取决于国家领导人个人的执政能力和执政基础的合法与稳定，总统的核心地位不容动摇。在中亚国家中，除吉尔吉斯斯坦和土库曼斯坦外，其他三国总统在位的时间都已超过20年，作为哈萨克斯坦和乌兹别克斯坦的首任总统，纳扎尔巴耶夫和卡里莫夫总统的执政时间甚至更长。国家最高领导人长期执政的现象承袭于苏联时期的政治传统，它保证了国家和社会的长期稳定，但同时也暴露出这种执政模式潜在的不稳定性。伴随着这些领导人生理年龄的增长，其影响力也将随着其政治生涯的终结而被淡化和消减，而新一代政治精英所倚重的政治基础与社会资本势必发生变化和重组，利益分配格局被打破之际，也是出现政治震荡之时。

在政治体制转型的过程中，社会政治与经济资源也随之进入新体制下的再分配进程。在所有的社会资本中，政治资本是所有资本的核心，也是从苏联体制中转型而来的执政精英所依托的执政基础。由于体制的变换并没有打破原有体制下执政精英的权力重心，使得原体制下的国家领导人实现了在新旧体制间的权力位移，并将从旧体制中继承而来的政权资本转化为在国家社会政治经济资源中的优势。中亚各国的政治体制和权力结构体制发生变化的同时，各国的经济私有化程度也在日益深入，经济资本的地位开始上升，在中亚各国逐渐出现了一批拥有雄厚经济实力的企业家和金融家，他们为了维护其在新的经济条件下所取得的财富和特权，开始努力进入政界，或通过选举成为议会议员，进入立法机关，或成为政府官员，或在政府中寻找自己的代理人，以谋得更多的政治利益，为其经济资本的扩大提供有效的政治保障。相对于从苏联体制中转型而来的执政精英，这些以经济资本为依托的新生代政治力量，无论从年龄、政治立场，还是从对于政权的利益诉求上都不同于前者，后者更希望通过改造现行的政治制度和权力结构体制来获取更多的政治权力空间。

以哈萨克斯坦为例。伴随着国民经济的持续增长，其地区间发展不平衡的问题也日益凸显，并成为政权稳定的羁绊。由于资源禀赋不同，哈萨克斯坦地区经济发展出现严重的不均衡。西部地区的精英依靠石油收入迅速积累起雄厚的经济资本，通过政治寻租，将其逐渐转化为挑战以总统为核心的中央政权的政治资本。地方精英在中央政府内部寻找代言人，并逐渐形成操控权力机关甚至总统的影子势力。同时，哈萨克斯坦部族精英间所拥有的政治资源与经济资源不相匹配。在哈萨克斯坦三大部族中，大玉兹掌握着国家政治，而西部的小玉兹更多掌握着国家的石油命脉，为国家预算的贡献率较高，二者在石油经济利益分配、税收以及部族政治等领域存在诸多矛盾与对立，因此在国家管理层面上呈现出政治资源分配的失衡状态。2011 年年底，在西部城市爆发的“扎瑙津事件”及以后的几起地区性政治骚乱都是这种矛盾对立的反映，暴露出哈萨克斯坦地方精英与中央政权之间在石油经济利益、税收分配以及部族政治等诸多领域的矛盾与问题。为避免矛盾持续升级而危及总统的权力基础，哈萨克斯坦政府致力于消除地区经济发展差异，加强对地方财政与经济的监管，尤其是加强对西部油气产业的管理与监督工作，保证国民经济的持续发展。2013 年，哈萨克斯坦政府专门设立了地区发展部，将经济与财政规划部、经济发展与贸易部的部分职能转由该部执行，意在加强地方与中央的政治与经济联系。与此同时，政府还对各部委的相关机构进行了结构调整，在地区发展部设立建筑与住房、企业发展、土地资源管理等专门委员会，并在工业与新技术部设立核能委员会，在劳动与社会保障部设立移民委员会，在环境保护部设立渔业委员会和林业与狩猎业委员会，以促使各部门采取更为灵活的政策与措施，吸引和推动在非石油产区和非石油领域的投资。①

随着中亚各国社会政治、经济转型的深化，新旧政治精英在政治和经济资源分配方面的不对称性日益显露，对经济发展和政治改革等问题的看法也因各自立场和利益的差异出现分歧，政治精英阶层出现了明显的分化。由于缺乏政权资本的依托，新生代政治精英逐渐走向政权的对立面，向长期执掌并倚重于

① Главные политические события 2013 года в Казахстане，3 января 2014，http：//www. zakon. kz/4594588-glavnye-politicheskie-sobytija-2013. html.

政权资本的旧式精英发起挑战。作为政权的反对派，新生代政治精英打出了“精英替代”的旗号，主张通过改革，改造现有的政治体制，完善分权原则，实现真正意义上的政权轮替。新生代精英在哈萨克斯坦表现得最为典型。1993～1996 年，哈萨克斯坦加快了私有化进程，石油、天然气、金属等资源型大企业以及具有战略意义的工业部门成为私有化对象，[①] 社会上出现了一批以经济资本为依托，拥有金融资本和商业资本的商业精英和银行家，这些人后来逐渐发展为新生代精英的代表。随着其经济资本的不断积累和扩大，其政治野心也逐渐膨胀。1994～2001 年，新生代精英开始进入哈萨克斯坦政界，哈萨克斯坦政权内部出现了以新生代政治精英为代表的改革派，他们积极推进国家的经济改革，但因对政权在政治与经济改革方面设限不满而与政权出现矛盾和分歧，最终形成政治对峙。为削弱不断上升的新生代改革派势力，纳扎尔巴耶夫总统在 1998～2001 年采取了强硬手段，更换了政府内多位主张改革的内阁成员和政府高官，将改革派人士剔除出政府，导致大批新生代政治精英加入反对派阵营，成为哈萨克斯坦反对派的主要力量。前总理卡热格尔金、前副总理乌·让多索夫以及很多反对党领导人，都是从纳扎尔巴耶夫政权内部出走的新生代政治改革派。

应该说，新旧政治精英更替问题是包括哈萨克斯坦在内的所有中亚国家领导人在进入新的政权更替期时不得不面临的现实问题。2003～2006 年，以新生代改革派为主体的反对派政治精英十分活跃，他们希望通过选举，取代那些长期执政的、保守的旧式政治精英，以获得更多的发展空间。根据精英政治理论，在格鲁吉亚和乌克兰等一些前苏联加盟共和国发生的“颜色革命”以及政治动荡都可以被看作转型时期新旧政治精英之间的政治交锋。这种较量在一定程度上也可以被视为政治资本与处于上升状态中的经济资本的较量，新生代政治精英在这场较量过程中显示出了较强的经济资本优势。有鉴于此，一些中亚国家的政权将遏制经济资本的上升视为打压新生代政治精英的有效手段。哈萨克斯坦风险分析中心领导人多·萨特巴耶夫就认为，哈萨克斯坦政府建立的萨穆鲁克－卡兹纳国家资产基金公司，将采矿、能源等大公司控制在一个集团

---

① Т. Умбеталиева, Экономическая элита Казахстана на современном этапе, Кто есть с кем, 23.11.2002, http: //www.centrasia.ru/newsA.php? st = 1038002640.

的手中，其目的就是削弱本国新生代政治精英的经济基础，从而扼杀其觊觎总统权力的政治野心。[①] 21 世纪的第二个 10 年，纳扎尔巴耶夫进入了新的总统任期，为了消除日益强大的金融工业集团的政治寻租现象和官商结盟给总统权力的稳固带来的危机隐患，2012 年，哈萨克斯坦政府开始对部分大型企业实行国有化。首先被国有化的企业是总统长女达·纳扎尔巴耶娃所持有的最大媒体集团“哈巴尔”，总统办公厅派人进入该集团的领导层。俄罗斯媒体认为，政府的这一行为并不是针对总统女儿展开的，而是希望借此解决在冶金、银行、保险、化工和其他领域的垄断问题，并在政治上剥离一些利益集团对政权的影响作用。在行政管理方面，哈萨克斯坦希望通过政治改革，探寻新型的地方行政管理模式。2013 年，哈萨克斯坦计划实施一系列具体措施，划分中央和地方的权责，强化地方执政机关的职能，通过地方自治机构选举扩大公民解决地方问题的参与度，给予居民决定地方问题的自决权。从 2013 年开始，哈萨克斯坦通过村议会进行村长选举。哈萨克斯坦总统纳扎尔巴耶夫在 2012 年总统国情咨文中指出，哈萨克斯坦将放权于地方，把由中央掌握的部分资源下放到地方，以缓解中央与地方精英的竞争压力。[②]

事实上，无论是新生代政治精英还是由苏联政治体制转型而来的旧式精英，都是现行政治体制的产物和既得利益者，其经济基础与社会资源均来自苏联后期的政治改革与私有化运动，并同现行体制有着割舍不断的利益关系。因此，新旧政治精英都对现行政治体制存在依附心理，这也决定了他们会是现行体制的维护者。政权内部旧式政治精英的执政理念大多趋于保守，他们希望通过建立有利于政策连续性的制度化规则，包括限制政治竞争，来维护其合法收益。[③] 多数新生代政治精英也不愿意彻底打破现有的经济基础与制度环境，因为他们也是现行政治体制的受益者，在经济稳定的情况下，他们会考虑本利益集团的经济收益和政治民主化的成本，因而不会贸然采取颠覆政权的行动，而

---

① Уровень конфликтогенного потенциала внутри политической элиты Казахстана, http: // www. risk. kz/pages. php? id = 1&id_ m = 104.

② Послание Президента Республики Казахстан - Лидера нации Нурсултана Назарбаева народу Казахстана Стратегия «Казахстан – 2050»: новый политический курс состоявшегося государства, 14 декабря 2012 г., http: //strategy2050. kz/ru/multilanguage.

③ 张伦：《民主化的陷阱——关于民主化的几点思考》，《现代中国研究》1999 年第 4 期。

是希望执政精英能够采取措施导向民主化，或在反对派的压力下释放政治资源和政治空间，改革政治制度，以适应其参政的需要。鉴于其自身的局限性，中亚国家的新旧政治精英能够给予政治转型的内在推动力均相对有限。同时，中亚国家的领导人将经济稳定与政治稳定放到头等重要位置。由于石油收入的诱惑以及石油产业的导向发展，中亚石油富国的领导人会有选择地将财富分配给特定的政治与社会集团，借以换取政治稳定，这也会使新生代政治精英政治民主化的愿望逐步萎缩。①

此外，对于以血缘和家族为基础的中亚国家来说，家庭与家族具有十分重要的意义，它不仅是维系整个部落体系的纽带，也是部族文化传承的载体。而以总统家族为代表的中亚各国权贵阶层，不仅掌握着国家的经济命脉，而且还积极进入政界，或通过选举进入议会，或成为政府要员，延续其家族的统治。

权力与资本的结合构成了权贵阶层的基础，其核心内容是权力，即利用手中的权力“因权而资”“因权而贵”。苏联时期“在册干部”制度遗留下来的官僚体系和特权阶层，在国家获得独立后继续掌握权力，并进一步演变为操控国家权力与资本的官僚与寡头阶层。②

在新旧体制转换的过程中，中亚国家传统的特权阶层不仅保持了在旧体制下的既得利益，而且利用其与政权之间的特殊关系，或在政权中身居要职，或在政府中选择自己的代言人，或将手中的政治资本与特权及时地转化为其他形式的资本，成为新体制下的权贵阶层，在国家的政治和经济生活中继续占据主导和核心的地位。③ 在中亚总统制权力体系下，国家的权力相对集中。中亚国家总统的家族成员及其周围亲信大多“因权而资”，通过其特殊身份与特权掌握了国民经济中的优势资源产业和经济增长部门，进而控制了国家的经济命脉。在中亚国家的权贵阶层中，以总统家族的势力最为显赫。

以家族势力为中心形成的权贵阶层掌握着国家政治经济的控制权，已经成为中亚一些国家政治转型的特色之一。在这些国家中，家族势力成为巩固总统权力的精英基础，政权通过此途径建立起对自身效忠的群体，总统的政治资源

---

① 杨鸿玺：《美国中亚战略 20 年——螺旋式演进》，社会科学文献出版社，2012，第 219 页。

② 杨雷：《论哈萨克斯坦三玉兹的关系》，《俄罗斯中亚东欧研究》2011 年第 1 期。

③ 许涛：《中亚区域合作与上海合作组织》，《现代国际关系》2005 年第 11 期。

为家族势力的壮大提供了必要的政治庇护，以确保其利益的长期性。与此同时，这种权力资本与经济资本结合的方式也对中亚国家总统制政体的发展带来诸多负面因素。为了维护权贵阶层经济资本的优势地位，总统需要通过谋求连任或推举自己的接班人来保持其政治影响力，这势必引起民众的不满和对总统权力合法性的质疑，为政权反对派发起反政府运动提供借口。正因如此，尽管目前一些中亚国家领导人试图通过家族关系实现其总统权力的传承，但出于种种考虑，至今还没有哪位领导人敢于迈出这一步。

第三节　政治体制改革及其发展趋势

从政治制度转型的角度看，中亚五国均已实现由苏维埃体制向西方式宪政体制的转变，依照三权分立的原则构建了本国的权力结构体系。除吉尔吉斯斯坦改行议会制外，中亚多数国家维持着以总统制为核心的权力结构体系。制度的运行与机制的发展取决于社会认同与非制度因素对新成立国家的适应性。由于受到社会政治经济发展水平、地缘政治以及传统政治文化等因素的限制，中亚五国虽然确立了制度框架，但社会对西方式政治制度与民主原则还需要有较长的适应过程。除吉尔吉斯斯坦外，中亚其他国家均未实现宪政程序下的政权轮换，从而没有真正完成民主的转型和政治制度的巩固。从这个意义上讲，中亚国家的政治转型尚未结束，各国还在积极探索符合本国历史、文化、政治、经济发展水平的民主模式与路径，以确保政权平稳过渡。

如前所述，政治稳定不仅表现为政治系统可以维持持续的统治秩序，而且还能适应政治的变化。政治稳定可以划分为强力控制型和动态平衡性两种形态。在一些国家，政府以强大的武力和强力机构来控制社会。实现政治合法性的问题是一个复杂的概念，实现政治秩序稳定持久的手段和途径也一定是多样化的。中亚国家独立和政治转型的 20 多年间，普遍接受了西方的民主化标准，实行政教分离，按世俗国家原则建立政治体制，实行多党议会制和公民选举，在形式上已经基本建成现代政治体制的框架。在体制运行过程中，中亚各国普遍出现了领导人个人意志至上、权力结构中威权主义浓厚、制度设置和体制改革过程中随意性较强等现象。

进入21世纪后，西方国家加大了在中亚地区推进民主化改造的力度。威权总统制也同样受到来自西方的民主压力，总统需要遵循选举等宪政原则，通过正常的选举与权力轮换来获得其执政的合法性，而其合法性越来越受到来自宪政原则的制约。同时，伴随着选举、全民公决等民主实践的逐步推进，民主共和观念在中亚地区的民众中有所发育。因此，中亚各国领导人改变了转型初期单纯通过修宪延长总统任期的方式，开始通过对体制的运行机制进行更多的制度性安排，如引入政党机制、扩大议会权力、提升议会作用等来巩固总统的政治影响力。民主的巩固体现为政治的制度化与民主机制的有效运行。吉尔吉斯斯坦的两次政权非正常更替使中亚的总统制国家看到了民主化改革给本国总统威权体制造成的冲击，也意识到威权政治自身的危机。哈萨克斯坦、乌兹别克斯坦等国均已步入“老人政治”时期，为使未来的政权更替更加制度化，更具有可操作性和可预测性，中亚各国开始重新划分总统与议会的权力并协调双方关系，为政权的平稳移交提供制度性安排。

在现阶段，中亚多数国家对政权体制进行了制度化安排和结构性调整，以实现未来政权的平稳过渡。哈萨克斯坦和乌兹别克斯坦等中亚国家都在通过修宪压缩未来总统的权力，并相应扩大和提升议会与政党在国家政治生活中的作用，同时通过改革政党制度，吸纳更多的政党进入议会参与国家政权的管理。2007年，哈萨克斯坦首先通过修宪，将总统任期由7年缩短为5年，同时规定连任不超过两届。2011年12月，乌兹别克斯坦新修订的宪法也做了相同的修改。总统任期改为5年制，一方面是为了深化政治改革，将本国总统制与世界接轨，淡化国际社会对总统长期执政的指责；另一方面，缩短总统任期也是对未来总统继任者的一项限制性规定，防止“后领袖”时代总统长期执政的现象再次出现。此外，哈萨克斯坦和乌兹别克斯坦两国新修订的宪法将政府的组阁权由总统转交至议会下院的多数派政党。其中，哈萨克斯坦还将议会下院的席位数增加了1/3，即由原来的77席增至107席，同时规定议会可以以简单多数（而非以前的2/3多数）罢免政府。[①] 表面上看，两国的修宪弱化了总

① Конституция Республики Казахстан (2007), 21 мая 2007 года, http://www.constcouncil.kz/rus/norpb/constrk.

统的权力，提高了立法机关同执行机关的依存关系，也加强了议会对政府的监督与制衡作用。但此项制度设计主要着眼于未来政权的稳定，既对未来总统的权力做出限制，又可确保执行机关与立法机关之间的均势，但并不会对现任总统的政治权威构成影响。2007 年，哈萨克斯坦新修订的宪法还取消了对总统政党属性的限制和对首任总统任期的限制，前者使总统领导政权党成为可能，后者则说明在身体健康允许的情况下，纳扎尔巴耶夫总统可以无限期地参选下届总统，同时还可以在政权党拥有政府组阁权的情况下，领导议会或政府，为避免未来总统大权旁落提供双重保险。除吉尔吉斯斯坦外，中亚多数国家均维持着总统制的政权组织形式，现阶段的政治改革大多仅仅是对总统与议会权限与关系的调整，并未触及总统制的核心，其权力重心也没有发生位移。可以说，中亚国家的这些政治改革只是对宪政体制进行局部的改进与完善，意在纾解朝野政治势力之间的矛盾与对抗，扩大反对派力量的政治空间，避免总统制权力结构体系因过于倚重总统个人威望而出现失衡状态，以保障未来政权的平稳过渡。吉尔吉斯斯坦在 2010 年通过政体改革实行议会制，它不但为本国解决精英矛盾提供了一个平稳的制度平台，而且也为中亚其他国家的体制建设与权力交接提供了可资借鉴的经验。

政治稳定的实质是政治体系对于社会环境发展变化的适应程度。在一个变革的社会中，政治系统必须尽可能地表现出包容性，尽可能地扩大其统治基础和范围。因此，“只要统治者能够对新的政治要求做出回应，并保持这种体系的平衡，那么，政治稳定就可以得到维持”①。无论是中亚的总统制国家还是吉尔吉斯斯坦这样的议会制国家，都要通过制度创新和政策创新，建立广泛的政治合法性基础，实现合法统治。而合法统治的实现离不开执政的制度化和程序的合理化，形成合理公正的法律并保证公正执法，是保证统治权威的坚强基础。广泛的社会共识是一个稳定的政治体系和政治秩序的文化基础。如果统治者和被统治者、不同族群、不同阶层和不同政治力量之间就政治正义、社会平等、个人利益、政治程序等最根本的政治价值和政治观念形成基本一致的看法，社会就具有了高度的凝聚力和稳定性。

① 燕继荣主编《发展政治学》，北京大学出版社，2010，第 241 页。

第三章 经济发展与中亚安全

中亚五国，即哈萨克斯坦、乌兹别克斯坦、土库曼斯坦、吉尔吉斯斯坦和塔吉克斯坦，地理位置在东经46°45′28.13″～87°21′47.81″，北纬35°5′2.24″～52°33′30.49″。东西长约3000千米，南北宽约2400千米，五国总面积约为400万平方千米，人口约6000万，而其中面积的一半属于哈萨克斯坦，人口一半在乌兹别克斯坦。人口密度较大的地区是阿姆河和锡尔河流域，特别是锡尔河的费尔干纳盆地。

从地缘政治看，因地处内陆，中亚国家被大国包围，西部隔里海与阿塞拜疆相望，北部是俄罗斯，东部是中国，南部是阿富汗和伊朗，东南部隔着瓦罕走廊（中阿交界）与南亚的巴基斯坦毗邻。自独立以来，中亚国家的战略地位随着国际环境的变化而出现了四次提升，时间段分别为：1990年代初苏联解体（弱化对俄罗斯的依赖，防止俄罗斯利用独联体恢复苏联），1990年代中期里海油气开发热潮（争夺战略资源），2001年“9·11”事件之后（成为反恐和俄美竞争的前沿），2005年中亚“颜色革命”（成为美西方遏制俄、中的前沿）。经过这四次提升，中亚已经成为世界关注的重点地区之一。虽然该地区至今仍不具备左右国际关系和国际格局的战略地位，或者说，尽管俄、美、中、欧盟、印度、伊朗、土耳其等大国在此竞争激烈，但都限制在一定程度内，各大国之间尚不会因为中亚事务而交恶。但在当今国际社会，也很难找到第二个像中亚这样的地区，大国（尤其是俄、美、中三国）的利益和政策在这一地区如此集中和相互碰撞，这也是世界之所以关注中亚地区的原因之所在。

在经济方面，中亚国家的特点可以归纳为三点。

第一，都是内陆国，远离当今世界的经济中心。地理因素决定了中亚国家只有发展区域内部和外部的一体化，处理好同周边国家的关系，才能打通走向世界的通道，更好地与世界接轨，融入国际社会。

第二，以原材料和初加工产品为主。中亚地区自然资源非常丰富，尤其是矿产资源品种多，储量大。各国经济都以农业和原材料工业为主，加工工业和高技术产业相对落后。在当今国际大分工和国际贸易结构中，只能靠多出口资源和劳动密集型产品来换取更多的发展资金，发展技术和资本密集型产业尚需很长时间。由于自有资金不足，中亚国家需要借助大量的外部资金改造和兴建现有的设备设施，特别是基础设施。

第三，投资环境质量逐年改善，但与发达国家相比仍有较大差距。从世界银行的年度世界发展报告、世界经济论坛的世界竞争力报告、美国传统基金会的经济自由度报告、欧洲复兴开发银行的转轨报告以及穆迪机构和标准普尔公布的债务评级等量化指标体系和世界排名中可以清楚地看出，中亚各国在投资环境、经济竞争力、经济自由度、政府和企业信用以及市场经济成熟程度等方面均排在世界中下游水平。另外，基础设施落后是拖累中亚国家国际竞争力和营商环境的最主要因素。

2008 年国际金融危机后，中亚国家均采取刺激性经济政策，纷纷推出明确的国家发展战略，扩大基础设施和固定资产投入，积极吸引外资，努力增加就业。在大投入和国际原材料价格总体上涨（中亚国家的主要出口商品）的支撑下，中亚国家经济很快便走出危机，并进入快速发展轨道。不过从 2014 年开始，中亚国家经济重新面临严峻考验，出现增速放缓、货币贬值、物价上涨等难题。尽管受前期大规模固定资产投资和基础设施建设的惯性影响，在一定程度上延缓了经济下滑的速度，甚至在局部地区仍保持繁荣，但未来增长压力将会加大的难题不容忽视，中亚国家也普遍调低未来国家预算和宏观经济指标，努力维护经济稳定。

第一节　独立后的经济发展历程

总体上，独立后中亚国家的市场经济发展历程可以分为三个阶段，表现在经济形势上，分别是中亚国家克服经济危机、恢复发展和再上新台阶的三个时期。第一阶段从独立开始至1995年，是应对经济衰退和经济危机阶段。这个时期，中亚国家开始打破旧制度，从苏联时期的计划经济向市场经济转变，并初步建立了市场经济体系。第二阶段从1996年至2000年，是经济复苏和巩固体制改革成果阶段。这个时期，中亚国家启动大企业私有化改革，市场经济体制得到进一步的巩固与发展。第三阶段从2001年至今，是经济快速发展、大力调整经济结构和积极开展区域合作的阶段。这个时期，中亚国家积极参与国际合作，其市场经济体制与国际接轨的程度越来越高。

一　第一个阶段（1991～1995年）

尽管谋求独立是许多人为之奋斗的目标和夙愿，但独立在转瞬之间实现，又使中亚国家的领导人多少感到措手不及。虽然苏联时期的很多国家机构、管理制度和机制得以保留下来，这对维护国家稳定有利，但同时也给中亚国家转型带来困难。为建立独立且完整的市场经济体系，中亚国家在独立初期主要做了三件事情：一是建立健全经济管理机构；二是建立相关的制度和法律体系；三是发行本国货币。

中亚的国家政权，在苏联时期严格地说只能算作地方政府。独立后，要建立并完善作为主权国家所必需的国家机构、国家制度和国家象征，培养相关人才，充实国家主权的内涵，完成从执行到决策的职能转变，保证国家经济活动正常运转。例如，过去的加盟共和国银行就全苏而言只是“地方银行”，没有发行货币的职能。独立后，它们变成了“中央银行”，需要行使发行本国货币和开展国际金融合作等职能。再如，苏联时期的外交权和外贸权归属联盟中央，各加盟共和国基本上没有从事这方面工作的机构，即使有，机构也非常小，人数也很少，其职能无非是办理莫斯科交办的外事任务，无权直接从事国际活动。独立后，建立外交部、外贸部、海关等机构是必不可少的工作。

独立伊始，中亚各国的经济都陷入了危机。占世界面积1/6的苏联的解体并不是一件简单的事情，延续了整整70年的经济往来中断了，社会秩序松懈了，人们的责任心少了，投机钻营、不劳而获、一夜暴富的人多了，犯罪现象滋生蔓延，商品价格疯狂暴涨。许多人瞬间处于困境之中，不要说购买高档产品，连起码的日用品也无力购置。据独联体跨国统计委员会统计，1992～1994年是中亚各国经济最困难的时期。多数国家经济下降幅度达20%以上，通货膨胀率达到4位数，人民生活非常困难。[①] 这不是危言耸听，而是独立初期中亚各国经济和社会的真实写照。

为遏制经济形势恶化和巩固国家经济独立，中亚各国都积极深化经济改革，包括对外大力吸引外资，对内开展以国有资产私有化为基本内容的所有制改革，以放开价格为标志的价格体制改革，以组建商业银行为特点的财政金融体制改革，以允许多种所有制成分企业参加外贸活动的外贸体制改革和以组建个体农户等新型农业生产组织为标志的农业体制改革等。从各国采取的改革措施中可以看出，面对独立初期的经济困难，中亚国家都把建立社会市场经济体制作为体制改革的方向，希望通过市场经济手段而不是沿用苏联时期的计划经济手段来应对危机。

立法是各国面临的重大课题。尽管各共和国在独立前已经有了不少法律，但多数已不适应变化了的新形势，特别是各国走上了新的发展道路，政治体制和经济体制都发生了重大变化，需要从实际出发对原有法律进行修改，或者制定各种新的法律以规范和解决各方面问题。为此，各国先后通过了一系列法律法规，如哈萨克斯坦发布了《关于价格自由化的总统令》《关于加速物质生产部门资产非国有化和私有化工作措施的总统令》等；吉尔吉斯斯坦发布了《非国有化、私有化和企业主活动法总则》；塔吉克斯坦发布了《农民经营法》等。在所有立法活动中，最为重要也是最迫切的任务便是制定规范国家根本制度的新宪法，[②] 以国家

① 独联体跨国统计委员会编：《1994年独联体经济简明手册》，莫斯科1995年俄文版，第68页。

② 在中亚国家中，土库曼斯坦于1992年5月18日通过了独立后第一部宪法，距该国独立仅半年多时间，是最早通过新宪法的国家；接着，乌兹别克斯坦于1992年12月8日、哈萨克斯坦于1993年1月28日、吉尔吉斯斯坦于1993年5月5日通过了新宪法；由于发生内战，塔吉克斯坦的新宪法直到1994年11月6日才得以问世。

根本大法的形式肯定市场经济基本原则。比如吉尔吉斯斯坦宪法第4条规定："国家保证所有制形式的多样化并平等保护各种所有制形式……土地、矿藏、水资源、动植物及其他自然资源属国家所有。"

独立初期，中亚国家仍沿用苏联时期的官方货币卢布。尽管这样做会使本国的经济命脉在一定程度上操控在俄罗斯手中，但考虑到自身尚不具备发行本国货币的条件，因此中亚国家希望能继续留在卢布区。然而，俄罗斯却因担心背负沉重包袱而不同意。1993年7月，俄罗斯在未与同处卢布区内的中亚国家协商的情况下，断然发行了自己的新货币，给中亚等国经济造成巨大冲击。中亚国家意识到，必须退出卢布区并发行本国货币，否则就谈不上真正的经济独立，也不可能按照自己的意愿安排本国的经济发展。于是，1993～1995年，中亚国家相继完成了本国货币的发行任务：吉尔吉斯斯坦于1993年5月3日发行本国货币"索姆"，土库曼斯坦于同年11月1日发行本国货币"马纳特"，哈萨克斯坦于11月15日发行本国货币"坚戈"，乌兹别克斯坦于1994年6月14日发行本国货币"苏姆"，塔吉克斯坦于1995年5月10日发行本国货币"塔吉克卢布"①。尽管当时各国对本国货币的汇率定得较高，不大符合各国经济实际。例如土库曼斯坦将马纳特与美元的汇率定为0.5∶1，可到1996年年末就变成了5000∶1，但无论如何，发行本国货币让中亚各国朝经济独立的方向迈出了决定性的一步。

二　第二阶段（1996～2000年）

除塔吉克斯坦由于内战经济出现衰退外，其他中亚国家的经济状况都随着政局的稳定而普遍好转。各国都把工作重点转移到经济领域，确定适合本国国情的经济发展模式和发展战略。总体上讲，在经历了独立初期的经济阵痛之后，中亚国家基本上都认识到：经济自由化和社会稳定同等重要，社会市场经济是比较适合中亚国家国情的经济模式。中亚国家中，土库曼斯坦和乌兹别克斯坦两国从独立之初就选择了渐进式的改革和发展道路。乌兹别克斯坦总统卡里莫夫认为，该国的最终目标是"建立一个具有稳定的面向社会的市场经济，

① 塔吉克斯坦从2000年10月30日起发行"索莫尼"，以取代"塔吉克卢布"。

开放的对外政策，坚强有力的民主法制的国家和公民社会”[①]。他提出推进改革的五项原则作为国家政治、经济和社会改革的基础，即“经济优先、国家调控、法律至上、社会保障、循序渐进”。土库曼斯坦总统尼亚佐夫说：“如果要谈正在形成的国家经济模式的主要内容，那么它是指建立在强有力的国家宏观经济调控下的、发达的、以社会为导向的混合型市场经济。最终目标是在本世纪末达到具有丰富资源保证的发达国家的水平。”[②] 渐进式改革使乌土两国的经济体制中保留了大量的计划经济色彩。在独立初期，其经济衰退程度很低，社会阵痛较小，但随着经济形势的好转，计划体制中固有的顽疾也在一定程度上限制了两国经济的发展。与此同时，哈萨克斯坦、吉尔吉斯斯坦和塔吉克斯坦三国从独立之初就追随俄罗斯实行“休克疗法”，希望在短时间内克服旧制度的缺陷，建立全新的、有活力的新制度。“休克疗法”打乱了原有的经济联系，使三国经济在独立初期遭到严重破坏。面对经济危机，同时随着总统权力的加强，各国也逐渐放弃了完全自由化的经济改革路线，开始重视国家在经济运行中的调控作用，并开始实行稳定的财政政策以及社会保障制度。

为使经济稳定运行、改善经济结构和实现经济自决，中亚国家相继制定了本国的经济或工业发展战略。1996 年，吉尔吉斯斯坦出台《国民经济 10 年发展战略规划》，根据本国实际情况提出 6 大任务，包括加强农业、食品和加工工业，支持私营企业和中小企业，推进能源建设，重视解决社会问题等。由于缺少资源，吉尔吉斯斯坦不可能像哈、土那样选择资源密集出口型发展战略。从吉政府的主张来看，该国采用的是以农业为基础和发展过境贸易的发展战略，其特点是大力发展农牧业，保证本国人民的衣食问题，同时依靠国家为对外经济活动创造的良好环境，发展过境贸易和引进外资来发展经济。1997 年，哈萨克斯坦总统纳扎尔巴耶夫在其国情咨文《哈萨克斯坦－2030》中宣布，该国 2030 年前的发展战略包括 7 个长期发展的优先目标：国家安全；内部政治稳定和社会团结；市场经济下的经济增长；公民的健康、教育和福利；能源；基础设施建设。为此，哈政府确立了优先发展的经济部门，即以石油天然

① 〔乌〕伊·卡里莫夫：《乌兹别克斯坦沿着深化经济改革的道路前进》，国际文化出版公司，1996，第 8 页。

② 〔土〕萨·尼亚佐夫：《永久中立　世代安宁》，东方出版社，1996，第 146 页。

气为主的能源工业、有色金属和黑色金属冶炼及基础设施建设。该战略的目标是要将哈国变成“中亚雪豹”，成为“发展中国家的榜样”①。1998 年，内战结束不久的塔吉克斯坦在国际货币基金组织的参与指导下制定了 1998～2001 年的经济发展战略，主要任务是提高宏观经济稳定、医治战争创伤和克服经济危机。1998 年，乌兹别克斯坦制定《提高国家出口潜力纲要》，确立“进口替代为主、资源出口为辅”的发展战略，把解决粮食和能源自给置于首位，目的是在尽量利用本国资源和生产潜力的基础上，改善经济结构和提高出口规模，加强工业制成品，特别是原材料深加工产品的出口。② 土库曼斯坦希望通过发展石油和天然气工业，逐步把土库曼斯坦从原料供应国变为成品生产国，将土库曼斯坦推向世界石油天然气生产大国的行列，以此来振兴国家经济并巩固国家独立。

三　第三阶段（2001 年至今）

得益于国内经济好转以及国际市场原材料价格普遍上涨，中亚国家经济普遍进入稳步增长新阶段，尤其是哈萨克斯坦和土库曼斯坦这两个能源资源丰富的国家。与此同时，中亚国家都是内陆国，交通不便、国内市场狭小、管理和技术落后、经济结构单一、投资不足等因素并未彻底消除，严重制约了经济的发展。为此，中亚国家的应对措施主要有以下几点。

第一，加强区域合作，包括中亚国家间以及同周边大国的合作，以此来扩大市场，吸收外部资金和技术，与国际接轨，达到加速发展的目的。另外，制度性的区域合作还能增强成员国间的政治互信，推动安全合作，使中亚国家的独立与安全更加巩固。早在独立初期，中亚国家就致力于使本国经济与世界经济接轨，加入世界经济一体化，为此，它们加入了一些区域合作组织，但由于当时各国经济困难，且大国对它们不够重视，区域合作发展缓慢。进入 21 世纪后，随着该地区经济形势好转以及战略地位的上升，中亚国家开始更加注意

① 〔哈〕纳扎尔巴耶夫：《哈萨克斯坦－2030》，中国地质工程公司赞助出版，1999，第 19～54 页。

② 〔乌〕伊·卡里莫夫：《临近 21 世纪的乌兹别克斯坦：安全的威胁、进步的条件和保障》，国际文化出版公司，1997，第 107～251 页；赵常庆主编《十年巨变：中亚和外高加索卷》，东方出版社，2003，第 189～190 页。

开拓国际市场，区域一体化进程明显加快，并实现了向北与俄罗斯、向东与中国、向南与美国开展合作的新格局。不过，由于中亚地区在亚欧大陆具有重要的战略地位，历来是大国必争之地，所以，中亚国家在开展区域合作时，面临着选择大国集团以及发展模式的难题。2005 年吉尔吉斯斯坦发生的“颜色革命”，其中就有美、俄争夺的背景。2015 年 1 月 1 日，俄罗斯、白俄罗斯、哈萨克斯坦、亚美尼亚四国宣布启动“欧亚经济联盟”，当年 5 月又吸收吉尔吉斯斯坦加入，俄罗斯主导中亚地区的一体化的趋势逐渐加强。

第二，加大投资。中亚国家进入 21 世纪后，尤其是从 2008 年国际金融危机至今，投资拉动经济增长现象十分明显。政府始终不断加大固定资产投资，大力吸引外资，改善基础设施，改造和新建工业设施。一方面，投资增加了社会有效需求，带动相关产业发展；另一方面，伴随基础设施改善和企业设备更新，国内资源得到更有效配置，生产效率亦不断提升。另外，投资强化了加工制造业，减弱了对原材料出口的依赖，增强了其抵御外部风险的能力。比如乌兹别克斯坦仅在 2014 年便向经济体投入 146 亿美元（同比增加 10.9%），其中外资 30 亿美元、私营资本 43 亿美元。更关键的是，近 70% 的投资投入生产领域，其中，近 30% 的投资用于机械制造。哈萨克斯坦 2014 年提出“光明大道”计划，预计 2015 ~2017 年总投资 180 亿美元，希望通过刺激性经济政策，拉动内需，缓解就业压力。

第三，调动中小企业活力。各国不断发布关于简化审批程序、修改个体户登记注册程序、提高个体经济自由、增加贷款、完善获得经营场地的办法、改革质量管理体系认证措施、简化接入电网程序等一系列措施，逐步消除影响中小企业和个体经营者发展的障碍，开发和释放经济潜能。乌兹别克斯坦中小企业和个体户产值占 GDP 的比重 2014 年为 56%（2000 年为 31%），占工业产值的 31%（2000 年为 13%），共吸引 76.5% 的适龄劳动人口就业（2000 年为 50%）。

第二节 中亚国家的市场经济体制改革

中亚国家建立市场经济的历程是一次“体制转轨”，而不仅仅是经济“体制改革”。二者的区别在于：改革是调整与完善现有制度，转轨则是改变制度基础；改革只是与单一的经济变革相联系，转轨则与经济和政治的变革相联系，与政治体制和政局的变化息息相关。

在苏联近70年的经济发展中，作为其加盟共和国的中亚五国经济也获得很大发展，工农业都形成了自己的优势产业。根据世界银行推算，到1990年，中亚五个加盟共和国的人均国内生产总值分别为：哈萨克1850美元，土库曼1204美元，乌兹别克1148美元，吉尔吉斯1119美元，塔吉克984美元，[①] 与发展中国家土耳其（1200美元）和伊朗（1262美元）相差不多。但直到苏联解体时，中亚五个加盟共和国仍属苏联经济落后地区，经济基础仍很薄弱。苏联解体前提出的向市场经济过渡以及对国有资产实行非国有化和私有化等改革方向和改革措施，为新独立的中亚国家的经济体制改革奠定了基础。中亚国家独立后的经济体制改革也是在这个基础上进行的。

独立后，中亚国家便选择市场经济的发展道路。所谓市场经济，是指通过市场手段对社会中的各种经济元素进行合理配置，目的是优化经济结构和提高经济效益。哈萨克斯坦总统纳扎尔巴耶夫说：经过多次不成功的试验后，哈国选择了一条为世界实践所检验过的正确道路，这就是市场经济。除市场外，迄今未找到其他发展经济的捷径。没有市场经济，就没有哈国真正意义上的独立。[②] 乌兹别克斯坦总统卡里莫夫指出：乌兹别克斯坦选择的道路是“建立面向社会的市场经济”，它建立在全面参考外国经验以及乌国人民的生活条件、传统习俗及生活方式基础之上。这条道路既借鉴了那些经过艰难探索而站稳脚跟的国家的宝贵经验，又结合了乌兹别克斯坦本身的特点和人民的精神。它能最大限度地符合乌兹别克斯坦全体居民的利益，能保证乌国的民族传统和文化得到发展。[③]

欧盟在判断某国是否属于市场经济国家时有5个标准：其一，企业按照市场供求关系来决定价格、成本和投入（包括原材料、技术和劳动力成本、产品

---

① 赵常庆主编《中亚五国概论》，经济日报出版社，1999，第100页。

② 〔哈〕努·纳扎尔巴耶夫：《探索之路》，新疆人民出版社，1995，第169、209页；《哈萨克斯坦－2030》，1999，第12页。

③ 〔乌兹别克斯坦〕伊·卡里莫夫：《乌兹别克斯坦沿着深化经济改革的道路前进》，国际文化出版公司，1996，第10页。

销售和投资等)，其决策没有明显地受到国家干预，主要生产要素的成本反映了市场价值；其二，企业要有一套明晰的基础会计账本，该账本是按照国际通行会计准则进行独立审计并有通用性；其三，企业的生产成本和财务状况没有受过去的非市场经济体制的显著影响，特别是在资产折旧、购销账本、易货贸易、偿债冲抵付款等方面；其四，企业应公平地享受《破产法》和《财产权法》的保护，以保证其在经营中法律资格地位的确定性和稳定性；其五，货币汇率由市场决定。

从1994年开始，欧洲复兴开发银行（EBRD）每年都按照一套量化指标对中东欧国家的改革进程给予评价，并发表年度转轨报告。该评价体系包括大企业私有化、小企业私有化、企业内部的公司治理和结构改革、价格自由化、贸易和外汇体制、反垄断政策、银行改革与利率市场化、证券市场与非银行金融机构以及基础设施改善等14项指标。每项指标都根据一定的标准从高到低分为4、3、2、1四个等级。将上述14项指标的分值相加，某一被评价国家的总分等于或者超过42分，并且各项指标中每一项指标的分值均不低于3分的话，那么该国家的经济转型就被视为基本完成。按照这一评价体系，吉尔吉斯斯坦和哈萨克斯坦的经济转型已接近尾声，塔吉克斯坦和乌兹别克斯坦尚要继续努力，土库曼斯坦离转型完成还遥遥无期。由此可见，尽管从独立至今经过20多年的发展，中亚国家已经基本建立了市场经济体系，但离西方成熟的市场经济体制还有相当大的差距。设1991年各项指标均为1的话，则从历年转轨报告中可以看出，中亚国家在私有化和价格自由化方面走得很快，但在公司治理和金融体系方面却相对滞后，另外，基础设施落后状况仍然严峻。基础设施落后使中亚国家的市场机制建设缺乏物质基础，很多改革措施无法深入进行，这是中亚国家面临的共同难题。

一　私有化改革

中亚国家的所有制改革，主要是对国有资产实行非国有化和私有化（包括住宅私有化）。中亚国家普遍认为，国有资产的非国有化和私有化是建立市场经济的必由之路，是经济改革的核心内容。各国在独立之初就相继通过《非国有化和私有化法》，规定了私有化的方式、目标和具体过程。与实行全面私有化的东欧国家不同的是，中亚国家是部分资产（如住宅、小企业和部分中型企业等）转为私人所有，而某些关系国计民生或特种行业的大中型企业则改为国有企业，只转移经营权或部分产权。另外，中亚国家还规定土地、矿藏、水源、森林、动植物资源和其他自然资源，以及文化历史古迹等归国家所有，不实行私有化。

私有化改革分为两部分，即非国有化（разгосударствление）和私有化（приватизация）。"非国有化"是将属于国家的资产转变成股份制或其他形式，使该资产不再归属国家所有，或者将国家资产出租，不再由国家经营。"私有化"是指作为所有权人的国家将其资产经法定程序卖给个人、法人或外国人。[①] 非国有化与私有化的区别在于：私有化强调将资产所有权从国家转归私人或私营企业；而非国有化强调将国家资产转变为非国家所有或者非国家经营的财产，即国家对该财产不再享有所有权或经营权。除完全卖给私人外，其形式还包括将国家资产出租等，另外，非国有化还包含转换经营管理体制的内容，比如对全民所有制企业进行公司化改造等，这通常也是私有化的前提。

各国政府将国家资产分成两大部分，一是可以私有化的资产；二是不可以私有化的资产，具体资产清单由政府确定。比如哈萨克斯坦规定：可以私有化的对象主要有国有企业或其部分资产，公用事业，住宅等不动产，国营农场及农产品加工企业；归属国家所有的股票、股份或者国家认可具有股票性质的有价证券，法律允许的其他资产。与此同时，不可以私有化的对象，除国家机关和机构外，主要是生产及销售下列商品的企业：武器和军事设施、爆炸物、有毒物、麻醉品、药物制剂、烟草和酒，以及其他属于国家垄断或禁止的产品。另外，土地、水资源、动植物资源、地下资源等自然资源和历史文化古迹等属于国家财产，除法律允许并经过一定程序外，不能私有化。乌兹别克斯坦《非国有化和私有化法》第 4 条"非国有化和私有化的对象"中的第 2 款规定不得成为非国有化和私有化对象的国有资产标的物共有 18 种，如土地（法律有专门规定的除外）；地下资源、内水、领空、境内的植物和动物、文化遗

① Комитет государственного имущества и приватизации МФ РК, 《Основные особенности и результаты этапов реформирования собственности》, http: //www. kgip. kz/aspectOOR. aspx.

产，以及涉及药物、有毒有害物资、武器装备等产品生产的企业，一些涉及提供社会保障服务的单位、国家公路和战备公路等。该条第 3 款规定“经总统批准才能成为非国有化和私有化对象的国有资产标的物”共有 31 种，其中包括资本金超过 10 亿苏姆（2005 年 1 月 1 日）的企业，开采和加工贵金属、稀有金属和宝石的企业，能源开采和运输企业，出版企业，传媒企业，邮政企业，城市公交运输企业，学校，医院，音乐厅和电影院等。实践中，随着经济的发展，非国有化和私有化的对象范围也在不断调整，对很多行业和企业的限制或者取消了，或者放宽了。

根据资产转化方式，非国有化和私有化的形式主要有：无偿转让、以优惠价格转让、出售股份或股权、租赁、委托或承包经营、招标、拍卖、定向转让、“库邦”证券等。根据企业类型，非国有化和私有化的形式可以分为：其一，“小私有化”（Малая приватизация）；其二，“大私有化”（Большая приватизация，1993 年后改成 массовая приватизация，也有人译成“群众性私有化”）；其三，“个案私有化”（индивидуальный проект）；其四，行业私有化（секторная программа）。在私有化期间，各国将企业按规模分为大、中、小三类。小型企业是指职工人数少于 200 人的企业，中型企业是指职工人数 201～5000 人的企业，大型企业是指职工人数超过 5000 人的企业，比如采掘业和自然垄断企业等。通常针对小型企业实施“小私有化”方案，对中型企业实施“大私有化”方案，对大型企业实施“个案私有化”方案。这三种方式的主要区别在于：“小私有化”侧重“彻底”，希望将小企业完全转归私人；“大私有化”侧重“公平”，尽可能将企业资产在民众中平均分配；“个案私有化”侧重“资产重组”，着重建立一个合理的股权结构和治理结构。除此之外，私有化还有一种“行业私有化”，即针对整个行业制定相应的私有化办法，如能源、油气、交通、通信、冶金、农工、教科文卫体等行业。

二　土地改革

在进行企业私有化的同时，为更好地解决和发展“三农”问题（农村、农业和农民），部分中亚国家还针对土地进行了私有化改革。土地改革的最初动因是独立后农业经济始终低迷，农民生活水平低下，而国家却没有足够的资金和实力，像从前苏联那样给予大量补贴，于是开始对农工企业、国营农场和集体农庄进行私有化改革。伴随此进程，有关企业、农场和农庄的土地所有权问题也相应显现。由于土地属于国家而非私有，经营者对未来信心不足，对附属于土地之上的企业和农场等投资积极性不高。另外，为谋得利润，土地的经营使用者对土地缺乏科学合理的利用和开发，不合理或非法使用土地的情况屡禁不止。解决这些问题最好的办法就是实行土地私有制，借助私有化明确土地所有权归属，刺激土地主人对自己土地的关注（比如保值、增值、开发和利用等），进而通畅生产要素流转，提高土地利用效率，增加资本投入，提升国家整体经济水平。

以哈萨克斯坦为例。改革前，哈土地全部属于国家所有，公民和法人只有使用权，在经济活动中涉及的转让租赁对象是土地使用权，而不是所有权。考虑到现实国情，哈萨克斯坦土地私有化改革大体经历三个阶段。[①]

第一阶段是1991～1993年，标志是1991年6月28日制定的《土地改革法》，该法明确规定土地为国家所有，但农民有经营和使用权。主要办法是将原先归属于国营农场和集体农庄的土地依照一定程序，按约定份额分给每个农民。这种做法主要是配合农工企业、国营农场和集体农庄的私有化，在将企业财产转为私人所有的同时，将企业所在土地的使用和收益权相应分配，目的是让农民既拥有土地使用权，又拥有企业财产权，能够在自愿和自由选择的基础上，以重新联合的方式组建新的企业、合作社等各种形式的经济联合体，使经济要素得到合理组合，从而改善农村生产关系，提高经济效益。

第二阶段是1994～2002年，这是从土地国有制向私有制转化的过渡阶段。这个阶段主要做了两件事：一是1995年8月之前，在保留国家对土地绝对所有权的同时，将土地使用权纳入民事对象，允许并规范土地流转；二是1995

---

① Закон Казахской ССР от 28.06.1991 года «О земельной реформе в Республике Казахстан» (ред. от 26.06.1992); Указ Президента Республики Казахстан от 24 января 1994 г. N 1516 «О некоторых вопросах регулирования земельных отношений»; Указ Президента Республики Казахстан от 5 апреля 1994 г. N 1639 «О дальнейшем совершенствовании земельных отношений»; Указ Президента Республики Казахстан, имеющий силу Закона, от 22 декабря 1995 г. N 2717 «О земле»; Закон Республики Казахстан от 24 января 2001 года N 153 «О земле»; «Земельный кодекс Республики Казахстан» № 442 – II от 20 июня 2003 года.

年8月30日全民公决通过的新版《宪法》中规定："土地及其地下资源、水资源、植物、动物及其他自然资源属于国家所有。土地可根据法律规定的原则、条件和范围成为私有财产。"这是哈萨克斯坦历史上第一次规定土地既为国家所有，又可以在一定条件下为私人所有，为后来实现土地私有化奠定了宪法基础。在此基础上，1995年12月22日颁布的第2717号总统令《关于土地》和2001年1月24日颁布的《土地法》将宪法赋予的土地私有权利进一步细化和具体化，规定"用于从事个人副业、栽种果木、建造别墅、建造生产和非生产性用房（包括住宅、工程项目及其配套措施等），以及为上述经济活动和建筑物服务的土地可以依法定程序，转让给公民或非国家法人所有"，即允许这些土地私有。与此同时，"国防用地、森林资源和水资源等农用地，特殊保护区，特殊用途的土地（如生态、科研、历史文化、休闲、医疗保健等），居民区的公共用地等，不得私有"。

第三阶段是2003年至今，主要标志是2003年6月20日颁布的《土地法典》，将哈萨克斯坦的土地分为国有和私有两部分，其使用权有三种方式：长期使用、临时使用（租赁）、私有。其中国家单位可长期使用国有土地；外国的自然人和法人可以租用哈国土地（临时使用），原属国有的农用地可依法转归哈国自然人或非国有法人私有。

经过土地改革，当前中亚国家的土地制度分别有几种。

土库曼斯坦《土地法》规定：土地所有权分为国有和私有两种。私有土地只能是土公民所有，并用于宅基地、农村自用的个人副业或从事农业生产，不得买卖、赠予、交换和抵押。农村用于建设住房和个人副业的宅基地面积根据地块条件从0.12公顷到0.16公顷不等。城镇用于住房的宅基地面积根据地块而不同，最多不得超过0.1公顷。另外，如果公民利用自身技术和资产在长期租用的土地上保证农作物连续高产10年，该被租用地块可根据总统决定划归该公民私有，但该农用地面积最多不得超过3公顷。土地可以出租。其中租赁给农业生产联合体和其他农业企业从事农业生产的土地不得超过200公顷，租期需要10年及以上；土地租赁给外国的自然人、法人和国际组织须获得总统批准，这些土地可以用于从事建筑，充当临时的商贸市场、仓库和停车场等非农活动。①

吉尔吉斯斯坦《土地法典》规定：土地属于国家、地方、私人或其他形式所有；土地所有者行使自己的权利及维护权利的范围和程序由法律确定；禁止将土地卖给外国、外国的公民和法人、无国籍人、吉境内的外商合资企业，以及有一方是外国人或无国籍人的夫妇；国家有权因战略和公用设施建设而征收私有的农用地，但须按市场价格支付土地费用或从储备土地中划拨等值地块。该法典第 5 条“外国人的土地区块权利”规定：除法律有专门规定外，禁止向外国人提供和转让农用土地私有权；允许向外国人和外国法人提供居住点（城市、村庄、农村居民点）土地，供其在一定期限内利用（临时利用），或者根据吉尔吉斯斯坦抵押法规定，在住宅抵押贷款期间转让住宅所有权；吉政府可向外国人提供除居住点以外的土地区块，包括农用地，供其在一定期限内利用（临时利用）。2001 年 1 月 11 日生效的《农用土地管理法》规定：允许在农用地上常住不少于 2 年的吉尔吉斯斯坦公民拥有农用地所有权，有权将自己的农用地出售、抵押、租赁、作为遗产继承，公民可以拥有农用地的最大规模是当地人均农用地面积的 20 倍，但不得超过 50 公顷；凡年满 18 周岁、在农村常住不少于 2 年、具有农业生产经验的吉尔吉斯斯坦公民有权购买农用地；国家保留牧场和 34.06 万公顷农用地所有权（作为储备土地）。②

塔吉克斯坦《土地法典》规定：塔境内所有土地均属于国家资产，任何人不得向国家索取先人的土地，所有土地均纳入统一的国家土地储备体系；变更土地用途须由政府根据法律规定按程序进行；若将耕地、林地、草场和牧场转为农业用地的非农类型，将耕地和林地转为草场和牧场，以及将水浇地转为旱地须由中央政府批准；将草场、牧场和其他土地转为耕地和林地（无论面积大小），将耕地转为林地，以及将林地转为耕地须由地方政府批准；土地利用期限分为永久使用、终生使用、定期使用和租用四种方式。其中永久使用是

① Кодекс Туркменистанаот 025 октября 2004 г. 1. 52№ 24321. 79 – II «О0. 62 земле».

② «Земельный Кодекс Кыргызской Республики», от 2 июня 1999 года N 45 （Введен в действие Законом КР от 2 июня 1999 года N 46）. Закон Кыргызской Республики от 11 января 2001 года №4 «Об управлении землями сельскохозяйственного назначения», Принят Законодательным собранием Жогорку Кенеша Кыргызской Республики 18 декабря 2000 года.

国家提供给公民和法人的生产生活用地，可无限期使用。终生使用是国家提供给公民或集体组织的、用于从事农业和手工业生产的土地，以及提供给公民的宅旁地块。终生使用的土地在权利人去世后须重新登记。公民的宅旁地块转让给法人后，该地块转为永久使用。定期使用是自然人和法人在一定期限内使用地块的权利，分为短期（3 年以内）和长期（3 年及以上，20 年以下）。土地原始使用人可根据约定，出租自己的地块，租期不得超过 20 年，且不得变更土地使用性质。外国的自然人和法人可使用塔吉克斯坦土地，期限不得超过 50 年。特别保护区的土地不得提供给外国的自然人和法人。

乌兹别克斯坦《土地法典》规定：乌土地属国家所有，是全体国民的共有财富。土地利用有永久使用、经常使用、临时使用和租用 4 种方式。其中永久使用的土地可依法定程序继承；经常使用的土地不能继承，但在公民和企业（包括合资企业和外资企业）存续期间可无限期使用；临时使用分为短期（3 年以下）和长期（3 年及以上，10 年以下）两种，期限届满后可依法定程序续延；租用土地需要出具出租人和承租人签订的合同，租赁条件和期限由合同约定，但不得转租，农业用地的租赁期不得少于 30 年，最多可达 50 年。

三 财政与金融体系改革

独立初期，中亚国家尚无本国货币，当俄罗斯在 1992 年 1 月放开物价时，中亚各国经济受到严重冲击。为最大限度地减小这种冲击力，中亚各国紧随其后，于 1992 年 1 月相继放开物价。但为避免社会出现巨大震动，在放开物价时，中亚国家都采取了一定措施，对某些重要商品特别是居民生活必需品规定了最高限价，或在某种程度上继续保留价格补贴。在价格自由化的起始阶段，哈、吉、塔放开的幅度较大，占商品种类的 80% ~90%，乌、土两国较为谨慎，仅占 70% 左右。后随着改革的深入和私有化的加快，到 1994 年年底 1995 年年初，哈、吉、塔三国几乎所有商品（包括基本食品）的价格都已放开，全部由市场供求调节，至此基本完成了价格体制改革。乌、土两国至今为止仍然有少量基本食品价格由国家调节，国家通过社会保障系统对其价格实行补贴。

在金融体制方面，中亚国家的改革措施主要有三。一是央行脱离政府。苏联解体后，新独立国家的政治架构通常是总统掌握行政权，政府主管经济和社会事务，侧重管理地方和产业发展，维护宏观经济稳定。央行主管金融货币，侧重管理利率和汇率、遏制通胀、稳定货币和外汇。与苏联时期不同的是，政府和央行互不隶属，央行完全独立于政府之外，不受政府约束，但二者都须向总统汇报工作，属于行政权力体系的一部分。这样做的好处是防止政府滥用货币工具，同时可以更好、更灵活地使用政府的干预手段和央行的调控手段。二是建立中央银行和商业银行两级体制，央行主管货币政策，但不直接从事金融业务，具体从事金融业务的是商业银行、证券公司、保险企业、非金融机构等。如按所有制金融机构则可分为国有、合作、合资和外国独资四种。中亚各国都建立了有价证券市场，向国内外发行国家和企业债券，扩大融资渠道。三是大部分中亚国家采取浮动汇率制，允许货币自由兑换。

税收是财政收入最主要的来源。独立后，中亚各国都实行分税制，税收分为中央税和地方税两大类。哈萨克斯坦的中央税一般包括增值税、消费税、关税、资源税、社会保险税；地方税一般包括土地税、财产税、运输工具税等。乌兹别克斯坦的 18 种税和规费中，有 12 种属于中央征收，即法人利润税，个人所得税，增值税，消费税，地下资源使用税，水资源利用税，社会基金，交通基金，海关税费，手续费，统一税务费，统一土地税，其余 6 种属于地方征收，即财产税，土地税，福利和发展公用基础设施税，个人交通工具使用汽油、柴油和天然气税，从事个别商品零售和提供个别项目服务的许可费，个体工商户从事个别活动的固定税。为提高企业积极性、降低企业负担和刺激经济增长，近几年，中亚国家相继参照国际通行税收条例而修改税法，规范税种，简化手续，降低税率并增加优惠政策，取得了很好的效果。比如哈萨克斯坦于 2002 年实行新税法，规定增值税税率由 20% 降至 16%，2003 年降为 15%，2009 年降到 12%。

在对外贸易方面，除土库曼斯坦外，其他中亚国家的对外贸易基本放开，所有自然人和法人均可从事对外贸易活动。除核材料、核技术、核设备、特种设备、专门非核材料、贵重金属和宝石，武器、弹药、军事技术、麻醉剂和精神病治疗药物、艺术品和古董，以及其他具有重要艺术、科学、文化和历史价值的作品，危及国家安全的物品等关涉国家安全的商品、战略物资和经营领域由国家管控专营外，其他领域均可自由经营，政府主要以“关税措施为主，非关税措施为辅”来管理对外贸易。除武器、弹药、毒品等商品外，大部分商品进出口基本不需要配额和许可证。土库曼斯坦对本国产品出口实行计划配额管理，由国家统一经营，并经国家商品交易所竞卖。大部分商品的进口关税为2%，出口关税为5%。

第三节　中亚国家的经济结构调整

独立后初期，中亚国家的经济普遍衰退，从1995年开始才逐渐稳定下来，之后又遭遇1998年俄罗斯金融危机、2008年国际金融危机和2014年国际油价大跌等，国家发展战略被迫搁浅。经历两次经济衰退影响后，中亚国家越发认识到稳定经济、发展非资源工业和创新经济，摆脱单一结构，实现经济“多元化”和“均衡化”的重要性，迫切希望发展工业和服务业，将农业国变为工业国，同时改变过分依赖原材料工业的现状，大力发展非资源领域经济，提高产品的技术和资本含量。通过促进经济多元化和提高竞争力来实现经济的稳定均衡和可持续发展。

一　产业结构和地区结构

苏联时期，中亚各加盟共和国严格按照联盟中央规定的方向发展，经济布局也由联盟中央决定，共和国没有经济发展的自主权。按照全苏的“劳动分工”，中亚各共和国都有自己的重点产业，这些产业在苏联解体后便成为中亚各国的优势产业。可以说，中亚国家独立初期便具有各自的优势产业。如哈萨克斯坦1990年石油产量为2580万吨，人均占有量为1.5吨；煤炭产量为1.31亿吨，人均占有量为7.7吨；粮食产量2848.8万吨，人均占有量为1.67吨[①]。有色金属如铜、铅、锌产量均占全苏的1/3左右，铬矿石产量占全苏的98.2%。同年，乌兹别克斯坦的棉花产量为505万吨以上，1980年的棉花产

① 独联体跨国统计委员会：《独联体国家经济统计年鉴》，莫斯科1993年俄文版，第22～155页。

量达到623.7万吨，占全苏棉花总产量的2/3[①]；黄金产量70吨左右，占全苏总产量的1/3。乌兹别克斯坦棉花加工能力很差，只能加工本国棉花产量的7%，其余93%要运往苏联其他共和国加工。土库曼斯坦的优势产业是天然气和棉花，1990年天然气产量为878亿立方米，石油产量为570万吨。该国1990年人口仅为370万，人均天然气和石油的占有量分别为2.37万立方米和1.5吨。

优势产业基础好固然是中亚国家独立后经济恢复与发展以及经济改革的有利条件，但这些优势部门越发展，其经济结构就越畸形，经济改造的任务也就越艰巨。这是中亚五国经济的共同特点。当时，苏联从军备竞赛的需要出发，对该地区重工业的发展较为重视，尤其重视对矿产资源的开发，其产品多为初级产品；而对相关的加工部门，以及轻工业和食品工业等则重视不够，致使中亚国家的采掘业和个别重工业生产相对发达，而轻工业和食品工业严重滞后。苏联解体前，由于产品供求在全苏联范围内通过调拨来平衡，中亚国家经济的单一性和对外依赖性弊端并不明显，但独立后这些问题便立即凸显出来。虽经艰苦努力，至今仍无太大改观，各国经济仍然以农业或原材料为主。哈萨克斯坦依赖石油出口（占出口总额的3/4，占财政收入的1/3），土库曼斯坦基本全部依赖天然气出口，乌兹别克斯坦依赖天然气和棉花出口（占出口收入的4/5），吉尔吉斯斯坦和塔吉克斯坦主要依靠进口关税（约占财政收入的一半）和在俄打工人员（每年汇回的收入约占GDP的一半）。可以说，国际大宗商品价格和市场需求对中亚国家经济影响极大。

截至2015年年初，中亚国家中，除哈萨克斯坦外，其他国家基本仍是农业国，农业人口占全国总人口的半数以上，农业产值约占GDP的1/5左右。哈萨克斯坦的能源产业占其工业总产值的2/5，若加上冶金行业，则原材料的生产和加工大约占该国工业总产值的2/3（详见表3-1）。从统计数字上看，服务业在中亚国家的经济结构中占有重要地位，普遍超过GDP 1/3的比重，其中吉尔吉斯斯坦最高，约占GDP的一半，但这并不能说明该地区的服务业

① 独联体跨国统计委员会：《独联体国家经济统计年鉴》，莫斯科1993年俄文版，第22~23、259~261、265~375页。

很发达。在各国 GDP 总量都不大的情况下，服务业只能是相对值较高，但绝对值却很低。不过从另外一个角度看，如果中亚国家能够执行更为开放的政策，打破区域贸易壁垒的话，该地区的服务也将会得到更大发展。

表 3－1　中亚国家的产业结构（占 GDP 比重）

单位：%

国家/年份		1996	2000	2005	2010	2011	2012
哈萨克斯坦	农业	12.7	8.6	6.6	4.7	5.4	4.5
	工业	26.7	40.1	39.2	41.9	40.3	39.2
	服务业	60.6	51.3	54.2	53.4	54.3	56.3
乌兹别克斯坦	农业	26.2	34.4	28.1	19.8	19.1	18.9
	工业	30.5	23.1	28.8	33.4	32.6	32.4
	服务业	43.3	42.5	43.1	46.8	48.3	48.7
吉尔吉斯斯坦	农业	49.4	36.6	31.3	19.9	19.7	19.5
	工业	18.3	31.3	22.0	26.9	27.9	25.1
	服务业	32.2	32.1	46.7	53.1	52.4	55.5
塔吉克斯坦	农业	38.8	27.3	23.8	21.8	27.0	26.4
	工业	30.4	38.4	30.7	27.9	22.4	25.8
	服务业	30.8	34.3	45.6	50.3	50.6	47.8
土库曼斯坦	农业	13.1	22.9	18.8			
	工业	70.5	41.8	37.6			
	服务业	16.4	35.2	43.6			

资料来源：ADB，Key Indicators for Asia and the Pacific 2014，http：//www. adb. org/tg/node/43030。

为调整产业结构，中亚国家首先对产业进行定位。哈萨克斯坦在 2010 年 3 月颁布的《2010～2014 年加强工业创新发展国家纲要》中，对国内 16 个主要产业的现状、任务目标和发展途径做出描述和规划，并将其分为四大类：一是传统产业，包括油气开采、石化、矿冶、化学、核铀 5 个方面；二是满足国内市场需求的产业，包括机械制造、制药、建筑建材 3 个方面；三是有出口潜力的产业，包括农业、轻工业、旅游业 3 个方面；四是未来产业，包括信息业、宇航业、生物工程、可再生能源、核能5个方面。这四大类是一个有机的整体，工业创新和发展非资源领域并非另起炉灶，而是以哈传统产业为中心，逐渐发展相关产业，以此获得全面发展。哈经济稳定和发展的基础目前仍是原材料采掘业，发展不能抛弃这个基本。与此同时，哈将产业布局分为“地区产业中心”和“两个增长极”。哈经济目前以原材料生产为主，产业布局也主要以原材料产地为基础，根据各地自身特点和优势，发展自己的优势产业，并以此为中心，形成产业集群，比如在阿特劳发展石化产业，在卡拉干达发展钢铁产业，在巴甫洛达尔发展铝产业，在科斯塔奈发展农机制造业，在乌斯季卡缅斯克发展运输工具制造业等。另外，哈政府计划将阿拉木图和阿斯塔纳打造成南北两个经济增长极。这两个城市基础设施完备，人才储备完整，配套设施相对齐全，对外联系方便，周边城镇密布，除自身具备经济增长潜力外，还可带动周边地区发展。

二　地区结构

苏联解体给中亚国家带来的消极后果之一是中亚国家间的差距逐渐拉大。按生活水平和收入计算的话，中亚国家中哈萨克斯坦的生活水平最高，其后依次是土、乌、吉、塔。经过独立后20多年的发展，中亚国家间尽管存在诸多共性，但彼此间的发展差距越来越大，可以说共性越来越少。总体上，中亚国家的经济规模不大。据统计，2013年，中亚五国的GDP总计近3330亿美元，相当于中国9万亿美元GDP（人均6767美元）的3.7%。其中哈萨克斯坦GDP为2203亿美元（人均12843美元），乌兹别克斯坦516亿美元（人均1892美元），土库曼斯坦411亿美元（人均7853美元），塔吉克斯坦85.1亿美元（人均1037美元），吉尔吉斯斯坦72.2亿美元（人均1264美元）。

2013年，中亚五国对外贸易总额1685亿美元（出口1062亿美元，进口623亿美元），相当于中国进出口总额的4%（出口4.8%，进口3.2%）。其中，哈萨克斯坦外贸总额1071亿美元（出口766亿美元，进口305亿美元），乌兹别克斯坦外贸总额288.9亿美元（出口150.9亿美元，进口138亿美元），吉尔吉斯斯坦外贸总额80.9亿美元（出口20.2亿美元，进口60.7亿美元，出口额最大的商品为非货币黄金，7.37亿美元，约占总出口额的36.5%），塔吉克斯坦外贸总额 52.85 亿美元（出口 11.63 亿美元，进口 41.21 亿美元），土库曼斯坦外贸总额 191 亿美元（出口 113 亿美元，进口 78 亿美元）。

与此同时，在各中亚国家内部，各地区和各行业间的差距也在逐渐加大。国内差距大容易形成“二元结构”，不仅会降低行政效率，而且会增加民众不满，从而影响社会稳定和发展。2005 年 3 月 24 日吉尔吉斯斯坦发生“颜色革命”，其中一个重要因素就是该国南部地区长期落后于北部，民众积怨已久，利用议会选举事由爆发。根据哈萨克斯坦国家统计局资料显示，2013 年，哈全国平均月工资为 55787 坚戈（约 367 美元），其中首都阿斯塔纳人均月工资为 684 美元（为全国平均水平近 1 倍）、阿拉木图为 645 美元、位于原油产区的曼格斯套州和阿特劳州最高分别为 583 美元和 760 美元，相比之下，农业为主的地区如阿克莫拉州为 309 美元、北哈萨克斯坦州为 306 美元、阿拉木图州为 291 美元、江布尔州为 242 美元、南哈萨克斯坦州为 232 美元。① 再如，吉尔吉斯斯坦和塔吉克斯坦的行业工资水平差别极大。2013 年，塔全国职工月均工资 908 索莫尼（约合 75.6 美元），私营企业平均 195 美元。收入最高的是金融业，行业月均工资约为 277 美元，其次是信息通信业——221 美元，建筑业——188 美元，工业——124美元，政府机构——111 美元，收入最低的是农业——21.5 美元、林业——36 美元、渔业——38 美元。② 2013 年，吉全国职工月均工资 11341 索姆（约 241 美元），其中收入较高的是金融业——496 美元、交通运输业——374 美元、加工业——356 美元、采掘业——336 美元、房地产业——263 美元，收入较低的是科教文卫行业——181 美元、服务业——180美元、农业——123 美元。为缩小地区和行业差别，使全国各地均衡发展，中亚国家采取多种措施，但始终收效甚微，行业和地区收入格局变化不大（见表 3－2）。③

---

① Комитет по статистике, Номинальный денежный доход по регионам, http://stat. gov. kz/faces/wcnav_ externalId/homeNumbersLivingStandart? _ afrLoop = 6514980598363437#% 40% 3F_ afrLoop% 3D6514980598363437% 26_ adf. ctrl-state% 3D1brxr4ewl4_ 71.

② Агентство по статистике при Президенте Республики Таджикистан, База данных, реальный сектор, Заработная плата, 2000－2013, http://www. stat. tj/ru/database/real-sector/.

③ Разделы статистики, Уровень жизни населения, основные показатели, Среднемесячная номинальная заработная плата работников предприятий и организаций по видам экономической деятельности, http://stat. kg/index. php? option = com_ content&task = view&id = 40&Itemid = 101.

表 3－2　2014 年中亚五国经济统计

	哈萨克斯坦	吉尔吉斯斯坦	塔吉克斯坦	土库曼斯坦	乌兹别克斯坦
面积（万平方千米）	272.49	19.85	14.31	49.12	44.74
人口（年初，万人）	1716.08	577.66	816.11	508.40	3049.28
2013 年 GDP 及增长率（亿美元,%）	2319（6.0）	72（10.5）	85.13（7.4）	411.42（10.2）	568（8.0）
2014 年 GDP 及增长率（亿美元,%）	2122（4.3）	74（3.6）	94.53（6.7）	453.79（10.3）	627（8.1）
2013 年人均 GDP（美元）	13162	1320	1037	7853	1878
2014 年人均 GDP（美元）	12277	1327	1217		
同比通胀率（%）（2013/2014 年）	5.8/6.7	4/10.5	3.7/7.4	4.02/4.42	6.8/6.1
工业总产值（亿美元）	999	31	11.11		325
农业总产值（亿美元）	157	36	18.03		160
固定资产投资及其增幅（亿美元,%）	355（3.9）	20（21.6）	21.13（76.7）	193（6.1）	146（9.6）
进出口总值（亿美元）	1194	66	57.46	2013 年 349	2013 年 289
出口（亿美元）	782	15	10.78	188	151
进口（亿美元）	412	51	46.68	161	138
月均职工工资（美元）	668	245	179	404	500
年均兑美元汇率（2013 年汇率）	179.19（152）	53.65（48.44）	4.93（4.76）	2.85（2.85）	2310（2094）

资料来源：根据独联体统计委员会和各国国家统计机构官网资料整理。

三　国家经济发展战略

中亚各国均将发展经济和改善民生置于首要发展任务，各国的发展战略规划具有诸多共性，具备共同的梦想目标。哈萨克斯坦正在落实《2050 年前战略》，吉尔吉斯斯坦贯彻《2013～2017 年国家可持续发展战略》，塔吉克斯坦执行《2015 年前国家发展战略》和拉赫蒙总统 2013 年履新就职仪式上的讲话精神，土库曼斯坦推进《2011～2030 年社会经济发展国家纲要》，乌兹别克斯坦出台《2015～2019 年近期和长期发展纲要》，卡里莫夫总统多次宣布乌要在 2030 年前进入发达国家行列。这些战略的共同之处在于：均将经济建设作为国家发展的重中之重，努力实现国家富强和人民幸福；均致力于调整经济结构，发展社会生产，努力改善民生，维护社会稳定，加强区域国际合作等；在具体措施方面均重视基础设施建设、促进就业和吸引外资。这些战略和措施提高了经济抗风险能力，繁荣了民众生活，让中亚国家受益匪浅。

（一）哈萨克斯坦

2012 年 12 月 14 日，哈总统纳扎尔巴耶夫在年度国情咨文中提出《2050 年前战略》，认为 2030 年前战略的主要目标均已实现，国家的新任务是执行《2050 年前战略》，总目标是确保哈在 2050 年前进入世界前 30 强国家行列，标志是“成为经合组织成员”，具体硬指标是：其一，每年固定资产投资占 GDP 比重提高到 30%（目前为 18%）；其二，每年创新经济投入占 GDP 比重不低于 3%；其三，单位能耗在现有基础上降低 50%；其四，中小企业产值占 GDP 比重不低于 50%（目前只有 20%）；其五，人均劳动生产率提高到 12.6 万美元（现为 2.45 万美元）；其六，人均 GDP 产值提高到 6 万美元（现为 1.3 万美元）；其七，城市居民占总人口的比重提高到 70%（现为 55%）；其八，人均寿命超过 80 岁。

哈总统纳扎尔巴耶夫认为，哈在 21 世纪将面临十项重大挑战：一是历史变革进程加快；二是地区发展不平衡；三是粮食危机；四是水资源短缺；五是能源安全；六是自然资源趋向枯竭；七是第三次工业革命；八是国内社会不稳定因素增加；九是文明价值观危机；十是世界不稳定因素威胁。这些风险需要正视和解决。哈认为，未来 15 ~ 17 年（即 2030 年前）是哈“机遇窗口期”，主要得益于良好的外部国际环境、全球资源需求总体保持增长态势、第三次工业革命越发成熟这三大因素。与此同时，哈面临的战略挑战有：全球市场经济和国际政治环境存在诸多不确定因素，各国都制定本国战略发展规划，未来国际竞争将越发激烈，不进则退。

2014 年 1 月 17 日，哈萨克斯坦总统纳扎尔巴耶夫在议会发表年度国情咨文，围绕“战略机遇期”，重点阐述《2050 年前战略》的七大任务：一是全面经济进步，注重效益；二是大力发展中小企业；三是提高社会保障和个人责任；四是发展人力资源；五是巩固国家性和民主；六是巩固地区和全球安全；七是发展哈萨克斯坦爱国主义，发展民族宗教多样性。为完成上述任务，哈将制定若干“五年规划”，主要内容包括：一是加强创新工业发展，重点是能源加工、电力、激光技术、运输设备、医疗设备、稀有金属加工、宇航工业、基因工程等；二是加强农业经济，重点是提高土地市场效率，土地租赁要与技术和资金投入相结合，建立农产品加工企业，尤其是中小企业，在粮食出口大国基础上，争取成为肉、奶等畜牧产品出口大国，发展节水农业，争取 2030 年前 15% 的农业应用节水技术，调整农作物生产结构，增加蔬菜、饲料和畜牧等产品生产；三是在继续发展传统工业基础上，大力发展技术密集型产业，包括发展科技园区，增强科研队伍，争取国家经济结构在 2030 年前以加工业为主，2030 年后以技术密集型产业为主；四是发展基础设施，重点是建设地区中心城市，带动周边发展，增加炼厂产能和核能，发展过境潜力，打造横贯东西的交通大动脉，重点是双西公路、哈土（库曼斯坦）伊（朗）铁路和阿克套港；五是发展中小企业；六是发展社会领域，发展教育（尤其是职业教育）、医疗、社会保障、文化和就业等社会事业，提高民众素质和体质，丰富民众生活；七是提高行政效率，建设公平、法治和竞争的工作环境，加强反腐败和司法改革，提高公务员工资（2015 年 7 月 1 日后增加 15%，2016 年 7 月 1 日后再提高 15%）。

为刺激经济增长，未来中亚国家将继续保持刺激性经济政策，加大基础设施投资，发展制造业，延长原材料商品产业链和附加值。哈总统纳扎尔巴耶夫 2014 年 11 月 11 日发表题为《光明大道——通往未来之路》的年度国情咨文，宣布实施“光明大道”新经济计划，核心是加强基础设施建设（交通、工业、能源、公共事业、供水系统、住房、社会事业、农业、发展中小企业）。计划投资60万亿坚戈（其中国家财政投入占15%），分5年实施，吸收100多家外国企业参与。

（二）吉尔吉斯斯坦

吉尔吉斯斯坦曾制定若干国家发展战略文件，如2001年，阿卡耶夫总统颁布《2010年前国家综合发展战略》，2007年，巴基耶夫总统颁布《2007～2010年国家发展战略》，2011年9月8日，巴巴诺夫政府颁布《2012～2014年国家中期发展纲要》，2013年1月14日，通过《2013～2017年国家可持续发展战略》。尽管各战略的出台时间不同，但其内容格式、目标任务、实现手段和落实措施等大体相同，一脉相承。问题在于，受国内外局势变化影响，各战略的大部分内容都未能得到有效贯彻落实。

当前，正在落实执行的国家整体发展文件是2013年1月14日通过的《2013～2017年国家可持续发展战略》。该战略是吉现任总统阿坦巴耶夫在其总统任期内（2011～2017年）指导国家发展和政府工作的总计划和路线图，目标是加强国家建设，为未来发展打下坚实基础。主要通过两个途径：一是完善国家机制，发展民主、自由、法治、宪政、廉洁、高效的国家制度和管理，改革司法，加强护法，建立综合安全体系，巩固族际和谐和宗教宽容团结；二是发展经济社会，利用现有资源，创造有利于经济发展的国内外环境，重点是减轻税负，增加就业，减少失业，增加产品附加值，发展教育、医疗、文化体育、社会保障等。

《2013～2017年国家可持续发展战略》指出，发展经济是巩固国家独立和实现繁荣的根本途径，经济发展的基本原则是“立足国内”和“走符合国情的道路”。经济领域的任务主要包括四大方面：一是保证宏观经济稳定，尤其是金融、货币政策、国债管理和对外经济政策稳定，主要措施是维护物价稳定、减少外债和降低财政赤字，2013～2017年的宏观经济指标是GDP年均增长7%，通货膨胀水平不超过7%，财政赤字占GDP的比重不超过5%，国债占GDP的比重不超过40%；二是改善营商环境，尤其是税收政策、发展中小企业、国有资产管理，建立国家和私人间的“伙伴关系”；三是发展金融领域，尤其是巩固银行体制和支付结算政策，建立长期稳定的发展基金，发展小微金融信贷、保险、证券市场，发展非政府退休保险市场；四是确定五大重点行业领域，即农业、交通运输、能源、采掘业、旅游业。

（三）塔吉克斯坦

塔吉克斯坦独立后不久便陷入内战，直至1998年签署民族和解协议后才实现和平（残余武装分子2001年才被消灭），国家工作开始真正以经济建设为中心。为更好指导规划未来社会经济发展，塔政府陆续出台若干发展战略，从宏观到具体大体分为四大类：一是构想（концепция），偏重发现问题并提供解决办法和指导思想；二是战略（стратегия），是对构想的进一步落实规划；三是纲要（программа），偏重具体落实实施的步骤和方法；四是计划（план），指具体落实措施。各种发展战略的基本任务和宗旨原则基本相近。从整个国家看，战略任务是维护稳定和发展，不允许国家再次陷入内战或动荡，让民众过上稳定和富裕的生活，"为每一位居民提供体面的生活条件"。其经济领域的战略任务是改善国家管理，改善投资环境（吸引外资），改善基础设施，发展农业和工业，发展中小企业。其能源领域的根本任务是保障国家能源独立与安全。

为规范和指导未来发展，塔政府在国际社会帮助下，首先以减贫和扶贫为目标，尽快消除内战遗留问题，以便为国家经济社会恢复发展提供基本前提。减贫文件便是在世界银行指导下，规划本国经济发展和减贫工作的指导性文件，确定了四个基本方向：一是促进既快又公平的经济增长，发掘劳动力潜力和出口潜力；二是提供高效且公正的社会服务；三是对最贫困居民实行专门救济；四是提高国家安全水平。第一期减贫战略于2002年5月30日发布，部署2002～2006年工作，此后每三年制定一次具体落实措施，包括《2007～2009年减贫战略》和《2010～2012年减贫战略》。

《2015年前国家发展战略》（以下简称《战略》）是2007年4月3日发布的国家总体发展战略文件。该文件出台后，减贫战略便成为其落实措施的组成部分。《战略》共涉及三大板块：一是基础领域，主要是国家管理、投资环境、宏观经济政策、私营企业和中小企业发展、区域合作等；二是生产领域，主要是确保经济发展的物质条件，如粮食安全、基础设施、能源和工业；三是社会领域，主要是教育、卫生医疗、科技、饮用水安全、社会保障、性别平等、生态和环境保护等。

《战略》认为，塔面临的发展困境主要有：国家管理效率低下；中小私营企业和投资环境不理想；基础设施瓶颈，限制经济发展；人才缺乏；海外劳动力移民数量大，管理难度大；国家和经济竞争力差；国际合作效率低；国家政策在地方落实不到位；经济结构不合理，需要调整；法治落实不到位，公民社会发展和人的权利保障有待提高等。为此，《战略》主要规划三大部分：一是基础部分，主要涉及国家管理和国际合作，改善经济社会和投资环境；二是经济部分，主要目的是发展经济，提高经济竞争力和经济安全，发展农业、工业、能源和基础设施；三是社会部分，主要涉及提高社会服务和社会保障，改善民众生活，发展教育、医疗卫生、科技、饮用水和公共设施等。

《战略》的主要经济目标是根据 GDP 年均增幅 5%、7% 和 9% 三种情况，计划到 2015 年：GDP 总值从 2005 年的 72.01 亿索莫尼增长到 117.30 亿索莫尼（增速 5%）、141.66 亿索莫尼（增速 7%）或 166.61 亿索莫尼（增速 9%）；通胀率从 2005 年的 7.1% 降到 3% ~5%；财政收入从 2005 年的 13 亿索莫尼增长到 49.61 亿 ~70.46 亿索莫尼；国家外债占 GDP 的比重从 2005 年的 53.3% 降到 39% ~36.9%；贫困率（日均收入按购买力平价低于 2.15 美元）从 2003 年的 64% 降到 32%。

《战略》第 6 部分“确保经济增长的优先发展方向”中规定：为确保经济增长，塔吉克斯坦将调整优先发展方向，确保经济政策符合国家发展战略需求，努力减少行政干扰，努力实现经济多元化和现代化，确保粮食安全，提高出口潜力，保护消费者利益，维护生态环境，提高现有资源的利用效率，推动最有投资吸引力的重要项目建设，尤其是增加私人投资。优先发展三大经济领域：一是提高能源产量，弥补能源短缺并提高能源出口潜力；二是提高农业生产效率，解决国内粮食安全难题，包括提高棉花产量，发展农业个体经营，恢复灌溉体系；三是发展私人领域（尤其是中小企业）和吸引投资到基础设施、农业、能源、工业，尤其是能源项目，如罗贡水电站、桑格图津水电站 1 号和 2 号、新建小型和大型水电站、建设输变电网、利用可再生能源等。

2013年11月16日拉赫蒙总统在其新一届总统就职仪式上表示，未来塔发展目标是（2020年前，即其本届总统任期结束时）：一是贫困率2015年降至30%，2020年降至20%；二是与2012年相比，GDP总值增长80%，人均GDP总值增长1.5～2倍；三是财政收入（或支出）占GDP比重达到25%，其中社会领域支出占GDP比重达到12%～16%；四是本国农产品的市场占有率达到70%～80%；五是实现本国能源独立；六是发展交通，寻找和利用出海口。概括起来，2020年前最重要的经济任务就是减贫、农业独立、能源独立、交通便捷。

（四）乌兹别克斯坦

与很多国家不同的是，独立后，乌兹别克斯坦政府从未出台全面指导国家宏观经济社会发展的中长期战略。不过，这不等于乌没有国家发展规划，而是具有自己的特点，即开展“主题年”活动。独立后初期，1996年之前，乌主要任务是巩固独立基础、应对经济衰退、稳定国家政局。待国家政治经济形势稳定后，从1996年开始实行主题年活动，每年都有一个国家活动主题：1996年是“埃米尔·帖木儿年”，1997年是“人类利益年”，1998年是“家庭年”，1999年是“妇女年”，2000年是“健康一代年”，2001年是“母亲和儿童年”，2002年是“老一辈利益年”，2003年是“社区年”，2004年是“良善和美德年”，2005年是“健康年”，2006年是“慈善和医务工作者年”，2007年是“社会保障年”，2008年是“青年人年”，2009年是“农村发展和公用设施年”，2010年是“代际和谐发展年”，2011年是“中小企业年”，2012年是“家庭年”，2013年是“福利与繁荣年”，2014年是“健康儿童年”，2015年是“关注关心老人年”。主题年意味着国家在当年重视和发展该领域，大量出台相关具体措施，集中解决存在的问题。比如在2009年“农村发展和公用设施年”期间，乌政府就出台很多措施，如《关于消除官僚障碍和简化审批程序的补充措施》《关于消除官僚障碍和进一步提高个体经济自由的若干措施》等。

2010年12月15日，乌政府发布《2011～2015年工业领域优先发展方向纲要》（以下简称《纲要》），计划在工业领域投资475亿美元，在机械制造、汽车、化工、食品、轻纺、制药、能源、建材等主要工业领域建设519个大型项目，目标是在五年时间内，达到以下经济指标：工业总产值增加 60%；工业在 GDP 中的占比由 2010 年的 24% 提高到 2015 年的 28%；制成品占工业产值的比重由 2010 年的 50.6% 上升到 2015 年 61.2%；工业品出口占出口总值的比重从 2010 年的 51.1% 提高到 2015 年的 71.8%；能源工业产值的比重从 2010 年的 29% 下降到 2015 年 20.7%；有色金属产值比重从 11% 下降到 8.2%；机械制造产值比重从 16.7% 上升到 20.4%；轻工比重从 12.8% 上升到 11.8%；食品工业比重从 15.6% 上升到 17.2%。《纲要》规定：自文件生效之日起到 2016 年 1 月 1 日前，对于规划项目中乌本国不能生产的需要进口的设备、材料及组件，将免缴除海关手续费以外的一切海关税费。

2015 年 1 月 23 日，卡里莫夫总统在议会两院联席会议上发表国情咨文，详细阐述了 2020 年前的国家发展规划，提出要制定近期和长期国家发展纲要，通过经济结构改革、现代化和多元化，提高经济竞争能力；大力发展信息通信技术；维护宏观经济稳定；为中小企业发展和私营经济发展创造良好的经营发展条件；减少政府对经济的干预，提高行政服务效率；吸收利用国际先进经验发展集团管理；加强跨部门生产经营合作；改善基础设施；努力提高就业。为此，乌政府很快便出台若干文件，包括制定《2015～2019 年保障生产的结构改革、现代化和多元化国家纲要》（Программа мер по обеспечению структурных преобразований, модернизации и диверсификации производства на 2015 - 2019 годы），计划总投资 408.1 亿美元，用于 846 个新建或改造的大型投资项目，通过加强跨行业合作，重点发展高新技术企业和出口创汇企业，包括纺织成品和半成品、电力设备和电器、油气深加工产品、日化、建材、皮革、食品等。主要指标是：经过 5 年努力（到 2019 年年底），工业生产提高 50%，工业占 GDP 比重从 24% 提高到 27%；新增 5.2 万个就业岗位；生产高附加值的行业获得优先发展，包括机械制造、石化、食品、纺织等；新增 100 类商品（1000 多个工业品种）；2015～2019 年的 GDP 年平均增速不低于 8%。[1]

---

① указ Президента Ислама Каримова от 4 марта 2015 года «О Программе мер по обеспечению структурных преобразований, модернизации и диверсификации производства на 2015 - 2019 годы».

（五）土库曼斯坦

早在2000年，土库曼斯坦国民大会便通过了《2010年前土库曼斯坦经济社会改革战略》，2003年8月15日，土第14届国民大会又通过了《2020年以前土库曼斯坦政治、经济和文化发展战略》，提出国家发展的三大任务：第一，以经济高速发展、新生产工艺的应用、劳动生产率的提高为依托，保持经济的独立与安全，使土库曼斯坦达到发达国家水平；第二，保持人均生产总值持续增长；第三，保持高度的投资积极性，增加生产性项目建设。完成这三大首要任务的目标是把土库曼斯坦建成"一个社会经济发展指标达到世界高水平、居民生活保障达到高水准的快速发展的强国"，使土库曼斯坦人民的生活水平达到世界发达国家水平，保证人民生活幸福。

别尔德穆哈梅多夫2007年就任总统后，在经济社会领域总体上继承前任的发展战略，目标是带领土国民进入发达国家行列。同时，他结合新的国际环境和国内发展需求，对国家发展战略做出新的规划，并于2010年5月14日发布《2011～2030年社会经济发展国家战略》（以下简称《战略》），作为国家发展的最高指导文件，目标是实现产业结构多元化，改变国家经济对油气产业的依赖。此后，各部门、各地方均以此《战略》为指导，制定本部门和本地区的发展纲要。

《2011～2030年社会经济发展国家战略》计划分三个阶段落实。第一阶段为2011～2015年，主要任务是大力改革和调整经济结构，发展多元经济，加速技术工艺现代化，创造新的经济增值点，形成良好的投资气候，提高居民生活水平。重点发展化学、轻工业、粮食和建材等有潜力的行业，增加农产品产量，落实"北－南"和"东－西"两个交通走廊项目，发展教育、医疗卫生、文化、体育、住房等社会领域。第二阶段为2016～2020年，是巩固和发展阶段，主要目标是建立国家创新体系，进一步发展社会的经济潜力。具体措施是进一步深化经济结构改革，夯实市场经济基础，提升私营经济，发展实体经济领域的科技和创新，依照最先进标准建设交通和公用设施，让各地区和农村民众的生活质量获得根本改善。第三阶段为2021～2030年，这是全面实现战略目标的阶段，让土库曼斯坦成为高度发达且与世界深度一体化的国家，经济结构实现真正的多元化，居民收入和社会环境达到发达国家水平。《战略》确定重点发展的地方及相关产业是：元首市（巴特肯州）及周边地区，发展国际航空和水运（里海）枢纽、"阿瓦扎"国家级旅游特区；巴特肯州地区，发展石油开发、加工；列巴普州、马雷州，发展天然气开发利用和化工、建材产品；首都阿什哈巴德市及周边地区（阿哈尔州），发展建筑、建材、纺织及其他加工业；达绍古兹州，发展农业及农产品加工。《战略》确定油气、电力、化工、纺织、建筑建材、交通运输、通信、农业、医疗保健和制药、其他可实现进口替代或出口导向的加工制造业这十大行业为2030年前的重点发展领域。①

为落实《战略》第一阶段任务，土总统2012年2月25日签发《2012～2016年经济社会发展纲要》，旨在促进土国经济多元化，加快工业发展，向发达国家输出劳动力和智力，促进社会经济增长，改善人文生态环境，提高居民生活水平。此后，各地方和各行业陆续出台各自的具体落实规划和措施，这是土国历史上首次由总统授权，由各州根据自身情况制定本州的经济社会中期发展规划。

另外，土政府2007年12月颁布《2020年前改造农村、乡镇和居民点居民日常社会生活条件国家纲要》②，计划投资40亿美元，改善乡村和小城市居民的日常生活和居住条件，发展基础设施，促进农村、乡镇、小城市及其他地区的社会发展。这一纲要准备分2008～2010年、2011～2015年和2016～2020年三个阶段实施，重点是改善或新建医院、医疗中心、学校、托儿所、文化宫、体校和体育设施、水管网线、钻井、公路、天然气管线、电缆和电力设施、电信系统和住宅建设等。

---

① Профессор Института стратегического планирования и экономического развития Джахан Овлякулиева, «Три стратегических шага реформ», Электронная газета «《Туркменистан: золотой век» При информационной поддержке газеты «Нейтральный Туркменистан» и Государственной информационной службы Туркменистана (TDH), http://turkmenistan.gov.tm/?id=2967.

② «Национальной программы Президента Туркменистана попреобразованию социально-бытовых условий населения сел, поселков, городов этрапов и этрапских центров на период до 2020 года«.

第四节　经济发展对中亚安全的影响

经济转型是指一种经济运行状态转向另一种经济运行状态，是资源配置和经济发展方式的转变，包括发展模式、发展要素、发展路径等的转变。就经济转型的概念而言，经济转型是指一个国家或地区的经济结构和经济制度在一定时期内发生根本变化。按转型的状态，可分为体制转型和结构转型。体制转型指经济管理方式的转变，主要指从高度集中的计划经济向市场经济体制转型；结构转型是指经济增长方式的转变，包括产业结构、技术结构、市场结构、供求结构、企业组织结构和区域布局结构等。按转型的速度，可分为激进式转型和渐进式转型。激进式转型指在尽可能短的时间内进行尽可能多的改革；渐进式转型是通过部分和分阶段的改革，在尽可能不引起社会震荡的前提下循序渐进地实现改革的目标。

在很大程度上，经济转型也是利益重新分配的过程。转型过程中，中亚国家同样面临“改革、发展和稳定”三者的关系，即发展是目的，改革是动力，稳定是前提。发展是硬道理，增强国家综合实力靠发展，改善人民生活水平靠发展；改革是发展的动力和手段，发展必须依靠改革创新来推动；稳定既是发展的前提，也是改革的前提，没有稳定的环境，转型无法进行，反之，转型成功会有助于国家和社会的稳定。

实践证明，经济改革为中亚国家的政局和社会稳定提供了坚实保障。对比独立后前 10 年（尤其是 1995 年之前）和独立后第二个 10 年的中亚国家形势便可清楚地看出，经济发展是政治稳定的前提和基础，而经济衰退则是引起各国政治纷争的最主要缘由之一。中亚五国独立后初期，几乎全部遭遇经济衰退、政治动荡、社会矛盾加剧三重风险叠加的困难局面。私有化、土地改革、物价飞涨、工资下降和社保缺失等经济事务，均是各国政党斗争的主要议题。而经济治理效果不明显，也是各国解除总理职务最直接的因素之一。经过一段时间的阵痛之后，中亚国家的经济逐渐触底回升，转入增长快车道，民众的社会福利和保障不断得到改善，对执政者的信任和信心也随之增加，对社会的不满情绪降低，国家的工作重心也转移到经济建设上来了，整个国内政局逐渐稳定。国家发展进程由独立初期的“衰退—混乱—再衰退”的下降螺旋转为“增长—稳定—再增长”的上升螺旋。

中亚国家的改革成果也进一步验证了“先经济后政治”发展模式的正确性，这是符合国情的选择，即对于一个转型的发展中国家来说，若想保障改革顺利进行，首先需要发展经济，然后才是政治改革，要让民众先获得改革收益，改革才能赢得民众支持，如果这个步骤顺序颠倒，结果便是政治动荡和经济衰退。从这个角度来理解中亚国家的政治体制，可以看出其有自己的合理性和现实性。可以设想，在各种利益集团争吵不休的大环境下，如果没有一个强有力的执政者勇敢地做出政治决断，国家没有领导核心，必然会成为一盘散沙，根本谈不上发展。

第四章　影响中亚安全与稳定的社会因素

第一节　贫困与地区发展差距

一　中亚国家的贫困程度差异

中亚五国独立至今已经走过20多年的历程，应该说这20多年是中亚社会发生深刻变化的最重要时期。作为转型国家，各国都经历了从政治动乱到政治稳定、从经济滑坡到经济复苏、从社会秩序混乱到社会秩序基本有序发展的过程，各国无论是政治、经济和社会文化转型均迈入了稳定发展的新阶段。但是，也应该注意到，中亚各国虽然地理位置接近、历史起点大致相同、政治与经济模式基本相似，但是由于种种复杂的因素，各国已经发生了诸多不同的变化。就贫困问题而言，各国的状况同样发生了改变。首先表现为各国贫困人口的比例和规模已经有了很大差别。

从贫困人口比例上看，各国起点有差别，结果也不同。苏联时期中亚各加盟共和国的贫困率就存在较大差距。以1989年为例，按照当年贫困率从高到低的排序为：塔吉克斯坦（51%）、乌兹别克斯坦（44%）、土库曼斯坦（35%）、吉尔吉斯斯坦（33%）、哈萨克斯坦（16%）。从这一数据看，塔吉克斯坦在苏联时期即为中亚贫困率最高的加盟共和国，独立后贫困人口比例进一步扩大，处于贫困率“第一集团”位置；乌兹别克斯坦、土库曼斯坦和吉尔吉斯斯坦为“第二集团”，贫困率居中；哈萨克斯坦贫困人口比例最低，处于“第三集团”位置。20世纪90年代中期或2000年前后，中亚各国的贫困率先后达到高峰值，按各国贫困发生率的峰值排名为：塔吉克斯坦（78.5%）、乌兹别克斯坦（76.7%）、土库曼斯坦（63.5%）、吉尔吉斯斯坦（62.9%）和哈萨克斯坦（46.7%）。该数据表明，塔吉克斯坦和乌兹别克斯坦贫困率峰值最高，即两国贫困人口比例最高，是贫困率“第一集团”；土库曼斯坦和吉尔吉斯斯坦贫困率居中，处于“第二集团”位置；哈萨克斯坦贫困率仍然处于最低水平。

真正从本质上体现各国贫困率差距的时间出现在近年。20世纪初，随着中亚各国经济与社会生活走上正常化轨道，贫困现象逐步得到遏制，贫困率大幅下降。不过此时的贫困率在各国出现了较大差距，在有的国家贫困问题已经变得并不突出，如在哈萨克斯坦；而在有的国家则依然是显著的社会问题，如在塔吉克斯坦和在吉尔吉斯斯坦。如果按照各国贫困发生率排名，则塔吉克斯坦（41.4%）和吉尔吉斯斯坦（33%）处于“第一集团”位置（约占总人口的1/3）；乌兹别克斯坦（25.8%）和土库曼斯坦（24.8%）属“第二集团”（约占总人口的1/4）；哈萨克斯坦（3.4%）依然处于“第三集团”。[①]

贫困人口规模与人口基数和贫困率有关。就人口基数而言，乌兹别克斯坦是中亚人口第一大国，该国总人口超过2500万（2009年）[②]。取该国贫困率最高值（76.7%）计算，乌兹别克斯坦贫困人口最大规模时曾达到1900多万；取该国贫困率最低值（近年来的25.8%）计算，则尚有645万人处于贫困状态。

哈萨克斯坦是中亚第二人口大国，人口总数约为1577万（2009年）[③]。以该国贫困率最高值（46.7%）计算，其贫困规模曾达到736万人；取最近时期的贫困率（3.4%）计算，则目前哈国约有54万人生活贫困。

---

① 虽然这些数据的年份有所不同，但是大多为国际组织获取的最新数据，能够较为准确地反映目前中亚各国贫困发生率及其趋势，该排名与联合国《人类发展报告》中“人类发展指数”的排名完全一致。

② Государственный комитет Республики Узбекистан по статистике, Сведения о Республике Узбекистан, http://www.stat.uz/STAT/index.php?lng=2&article=4#uz22.

③ Агентство Республики Казахстан по статистике, Численность населения, http://www.stat.kz/digital/naselsenie/Pages/default.aspx.

塔吉克斯坦是中亚第三人口大国，总人口约为737万（2008年）[①]。以该国最高贫困率（78.5%）换算，有579万人曾经贫困；以最近时期贫困率（41.4%）换算，约有305万人处于贫困状态。

土库曼斯坦人口约675万（2006年）[②]。以该国最高贫困率（63.5%）计算，约有430万贫困人口；以贫困率较低时期数值的24.8%计算，则近期有167万贫困人口。[③]

吉尔吉斯斯坦是中亚人口最少的国家，截至2009年约有527万人[④]。以该国最高贫困率（62.9%）计算，曾有约331万人处于贫困状态；以最新贫困率（33%）计算，则有约174万人处于贫困状态。

基于上述统计和计算，可以对中亚各国近期贫困人口规模做出总体判断和排名，从贫困人口数量上看，乌兹别克斯坦的贫困规模最大（645万人），其他依次为塔吉克斯坦（305万人）、吉尔吉斯斯坦（174万人）、土库曼斯坦（167万人）和哈萨克斯坦（54万人）。

从理论上看，贫困率有利于解析一个国家或地区民众发生贫困的概率，对贫困率的变化也能够说明该国或该地区贫困人口比例变化的趋势和贫困问题的解决程度等，但是，也应该注意到贫困规模的变化，即贫困人口规模的大小直接影响一个国家或地区解决贫困问题的模式和难度，具有定量分析意义。

贫困程度可以从广义和狭义上区分，从广义即从国家层面上可以把贫困率和贫困规模纳入贫困程度的概念中；从狭义即从贫困人群层面则主要是测算该人群的贫困指数，以及反映这种指数的其他指标，如收入分配集中程度等。狭义的概念有助于对特定人群的贫困程度进行量化分析，也有利于对该国贫困程度进行测算，有利于对该国减少贫困的难易程度做出判断。

---

① Государственный комитет статистики РТ, Численность постоянного населения 1998 – 2008, http://www.stat.tj/russian_database/socio-demographic_sector/number_of_constant_population.xls.

② Межгосударственный статистический комитет СНГ, http://www.cisstat.com/rus.

③ 土库曼斯坦官方极少公布贫困人口数据，国际组织对该国的数据统计也极少，该数据为1998年数据，根据土近年来经济发展速度较快、人均收入有较大提高的趋势判断，土国最近贫困人口应该有较大减少。

④ Межгосударственный статистический комитет СНГ, http://www.cisstat.com/rus.

二　中亚国家贫困问题的特点

1. 中亚各国贫困人群的贫困程度已经发生分化

对于贫困程度的测量，社会学和经济学给出的计算方法不尽相同，十分多样。经济学者常常把贫困发生率和贫困人口统计的方法作为测定贫困程度的方法①，但这两种方法存在很大的缺陷：一是该测量方法没有考虑到穷人的收入低于贫困线的程度；二是它对于穷人之间的收入分配状况不敏感。② 社会学家又提出其他诸多分析工具，如贫困差距比率法（下文称贫困缺口率，又称相对贫困指数）、森指数测定法、洛伦茨曲线法等。根据洛伦茨曲线法推导出的基尼系数就是前文提到的国际上较为常用的指数。

贫困差距比率法对贫困率以及贫困规模不敏感，而是侧重于收入分布，它主要用来说明贫困人口的实际收入与贫困线之间的差距及贫困状况的变化程度。如果贫困人口的收入上升，与贫困线的差距就会缩小，贫困差距率就会下降。因此，贫困差距率上升，说明贫困程度增高；贫困差距降低，说明贫困程度减小；当贫困差距率值为 0 时，表明贫困基本消除。贫困缺口是指贫困人口经济收入与贫困线之间的差距。贫困缺口率计算公式为：

$$PI = g\triangle / \Pi$$

其中，PI 代表贫困缺口率；g△代表平均缺口；Π代表贫困线。

联合国统计司按照每日 1 美元（购买力平价）计算，得到中亚各国贫困缺口率分别为：

哈萨克斯坦——1993 年贫困缺口率为 0.5，1996 年为 0.9，2001 年为 0.5，2003 年为 0.5；

吉尔吉斯斯坦——1993 年贫困缺口率为 8.5，1998 年为 9.0，2002 年为 8.8，2004 年为 4.4；

塔吉克斯坦——1999 年为 13.7，2003 年为 10.3，2004 年为 5.1；

---

① 第一节实际上是用这种方法，它实际上只能从整体上反映国家层面的贫困概貌，不能对贫困人口的贫困程度、穷人与富人的收入分配差距等进行分析。

② 〔印度〕阿玛蒂亚·森：《贫困与饥荒》，王宇，王文玉译，商务印书馆，2001，第 18 页。

乌兹别克斯坦——1998 年为 13.5，2002 年为 12.4，2003 年为 15.0；

土库曼斯坦——1993 年为 25.8，1998 年为 7.0。①

从数据看，哈萨克斯坦贫困人口的贫困程度在中亚国家最为轻微，相比之下，乌兹别克斯坦、塔吉克斯坦、吉尔吉斯斯坦和土库曼斯坦贫困人口的贫困程度要高得多。

中亚各国基尼系数变化的共同特征是独立后均呈大幅上涨趋势，但是应该注意到各国增长的幅度不完全相同，这种变化体现出各国不平等程度即分配的集中程度加重。以最新的数据看，吉尔吉斯斯坦、乌兹别克斯坦是基尼系数最高的国家，按照国际标准，其收入分配已经达到“差距巨大”程度，其他国家如哈萨克斯坦、土库曼斯坦和塔吉克斯坦收入与分配也达到“差距较大”程度。差距越大，意味着穷人相对富人的生活差距越大，也意味着穷人的贫困程度越重。

按照对发展中国家通行的评价标准，日均收入低于 1 美元的人群被视为极端贫困，这类人群的收入难以满足起码的生存需要，这种统计样本可以表明极端贫困人口的规模和贫困程度。联合国统计司以该标准对中亚各国进行统计的数据表明，中亚各国极端贫困人口比率和程度已经发生很大分化，也表明了各国贫困程度的不同（见图 4－1）。

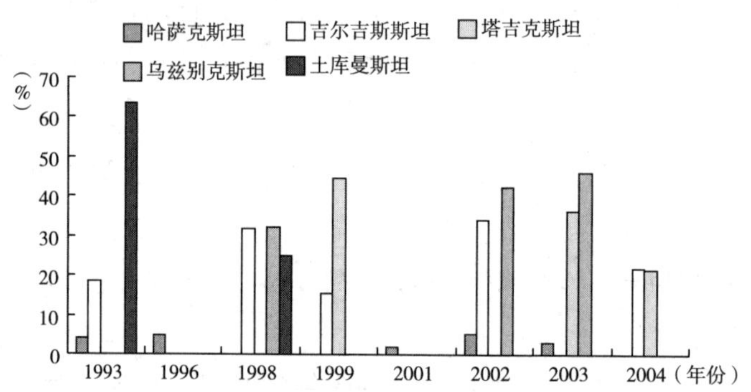

图 4－1　中亚各国日均收入（按购买力平价）低于 1 美元人口比例

数据来源：联合国统计司网站，http：//mdgs. un. org/unsd/mdg/Data. aspx。

① 联合国统计司网站，http：//mdgs. un. org/unsd/mdg/Data. aspx。

图 4-1 显示出各国不同时期极端贫困人口比率及其变化。可以看出，哈萨克斯坦极端贫困人口比例最低，最大比例基本维持在 5% 左右。土库曼斯坦独立早期的极端贫困人口比例最大，曾经超过 60% 的人口生活在极端贫困之中。乌兹别克斯坦的极端贫困人口比例长期保持在 30% 以上，2003 年达到了 46.3%，这意味着有接近一半的居民极度贫困，同时还表明该国 21 世纪以后极端贫困人口比例加大且呈上升趋势。吉尔吉斯斯坦极端贫困人口比例比较稳定，但是数值并不低，2002 年极端贫困比例达到 34%，到 2004 年仍然保持 21.8% 的比例，这意味着 1/5 以上的人口生活在极端贫困之中。塔吉克斯坦极端贫困人口比例也很高，1999 年高达 44.5% 的居民极度贫困，到 2004 年这一比例降低到 21.5%，仍然有超过 1/5 的居民生活极度贫困。[①]

2. 中亚各国减贫难度已经不同

减少贫困自始至终都是中亚各国政府优先考虑解决的问题之一，综观中亚国家独立以来各个时期政治、经济与社会变革的所有行为，“提高民众生活水平”基本都是作为各项变革的出发点和落脚点。近年来很多中亚国家制定了“减贫战略”，参与种种减贫国际合作，并取得了一定的成效。

减少贫困对发展中国家而言是一项十分复杂而艰巨的任务，对于中亚国家亦是如此。中亚国家历经 20 多年的政治、经济与社会变革，国家面貌已经发生了深刻变化，贫困问题作为社会问题的一个方面，它所牵涉的已经不仅仅是贫困本身，还事关政治、经济、文化等多方面因素，任何一个因素的变化都会对各国“减贫战略”的实施产生或积极或消极的影响。

就减贫难度而言，各国贫困问题的差异性具有决定作用。比如，哈萨克斯坦的减贫问题，因为其绝对贫困人口已经大为减少，一般性贫困也已经下降到较低程度，贫困人群的贫困程度总体较低，随着国家经济的发展，政府若能综合运用市场或非市场的办法对这部分人群给予政策倾斜，就能进一步解决贫困问题。从基尼系数等反映财富集中程度的指数变化趋势来看，哈萨克斯坦未来贫困问题的难题在于逐渐拉大的收入分配差距，在经济发展进程中，政府若不能制定出收入分配领域较为合理的公共政策，“相对贫困”将成为困扰哈萨克

① 联合国统计司网站，http：//mdgs. un. org/unsd/mdg/Data. aspx。

斯坦政治、经济与社会变革的重要问题。

吉尔吉斯斯坦的“绝对贫困”问题较为严重，占一定比例的民众仍然生活在极度贫困之中，而且近年来这一群体日益固定化，贫困人群由于“能力限制”，要想自己摆脱贫困极为困难。吉尔吉斯斯坦的绝对贫困程度与国家经济实力整体较弱有关，只有国家经济稳步快速增长，才能从根本上提高贫困人群的收入，最终减轻绝对贫困人群的贫困程度。同时，吉尔吉斯斯坦的相对贫困问题也十分突出，贫富差距扩大的趋势十分明显，这种差距既体现在城市与乡村之间，也体现在经济中心区域与边远区域之间，还体现在不同人群之间，因而这种贫困的解决会更加复杂。但是，相对而言，吉尔吉斯斯坦首先要解决的问题还是绝对贫困问题，对于一个经济发展整体落后的国家，解决绝大多数民众的基本生存和发展问题是最为重要的。

塔吉克斯坦是绝对贫困程度较高的中亚国家之一，与中亚其他国家有所不同的是，塔吉克斯坦极度贫困人口和一般性贫困人口均呈现很高比例，显示该国贫困程度处于较高水平，塔吉克斯坦减少贫困在很大程度上要依靠发展经济。数据显示，塔吉克斯坦的相对贫困指数在中亚各国中并不高，这是否意味着塔吉克斯坦在社会公正方面做得更好些呢？事实并非如此。可以从两个方面理解这一现象：一是在发展中国家，尤其是转型国家，相对贫困水平长期处于低水平看似社会公正，实际上意味着分配效率低下；二是对于经济整体落后国家，由于没有更多的社会资源可以参与分配，因而大家处于“共同的贫穷”①状态中。由此可以推断，塔吉克斯坦的减贫主要是解决绝对贫困。

各项数据均显示，无论是绝对贫困问题还是相对贫困问题，乌兹别克斯坦目前均是中亚各国中最严重的国家之一，其绝对贫困率长期处于较高水平，绝对贫困人口规模远远高于中亚其他国家。另外，乌兹别克斯坦的相对贫困问题在中亚各国也十分突出，其基尼系数曾经高达 0.454。从对两种性质的贫困状况分析中得出的结论是：乌兹别克斯坦不仅需要解决程度和规模均较大的绝对贫困问题，还需要注重收入分配领域的公正问题，也就是要注重解决相对贫困问题，乌兹别克斯坦作为中亚人口第一大国，要想解决这些复杂问题的确面临

① 〔美〕马丁·瑞沃林：《贫困的比较》，赵俊超译，北京大学出版社，2005，第 6～13 页。

较大的挑战。

土库曼斯坦的绝对贫困问题近年来获得较大改观，极端贫困人口比例大为降低，贫困人口主要分布在落后地区和农村。由于较为特殊的国情，该国存在较大的贫富差距，相对贫困程度较高（基尼系数曾高于0.4）。从两种贫困的发展趋势看，未来困扰土库曼斯坦的主要问题是相对贫困的扩大。

事实上，对解决贫困问题的难度进行分析是一项十分复杂的工作，远不是简单的数据对比可以完成。贫困问题的解决涉及政治、经济、社会文化乃至自然条件等因素，必须把该问题放在更加宏观的背景下去解读才可能获得更为完整和准确的认识。

三　中亚各国减少贫困的社会政策

苏联时期，中亚各加盟共和国执行的是苏联统一的社会政策，就其特征而言，有“三高三低”特征，即高就业、高补贴和高福利，低工资、低物价和低消费。事实上，如前文所述，这种在当时被学者普遍认为的“三高”实际水平并不高，比之西方发达国家只能算“低水平、高覆盖”。苏联社会政策的另外一个主要特征是在社会福利领域实行国家化、拉平化和剩余制度。所谓国家化是指国家统管一切与社会领域有关的事务，从社会阶层的划分、教科文卫事业，到就业、退休乃至丧葬等都由政府统一管理。拉平化是指联盟中央通过各种政策杠杆拉平各加盟共和国之间、各地区之间、各社会阶层之间的经济与社会福利差距，落后共和国和地区欠缺的经费、物资都通过国家一平二调政策加以解决。在这种具有平均主义色彩的社会政策下，即便中亚各加盟共和国经济与社会发展水平落后，但是民众所享有的社会保障水平大致与经济发达的加盟共和国相同。剩余制是指联盟中央在保证经济、国防建设等领域资金需求的前提下，将“剩余”的资金用于发展公共事业。因此，科教文卫等事业部门常常处于经费不足、捉襟见肘的境地，这些行业的从业人员的工资水平也大都较低。①

中亚国家独立后，苏联时期的社会政策已经显得不合时宜，这主要是因为

① 赵常庆主编《十年巨变——中亚和外高加索卷》，东方出版社，2003，第302～303页。

中亚国家面临社会全面转型，无论是经济基础还是上层建筑都发生了根本性的变化，原有的社会政策已经失去存在的基础。但是，任何改革都有一个起点，而且改革也必须在旧有基础上进行。受苏联意识形态的惯性思维影响，独立初年，中亚各国无论是各个社会阶层还是国家领导人对于社会事业的认识都还停留在依靠国家的层面上，任何市场化改革都举步维艰。一方面，由于社会政策直接事关民众切身利益，无论是劳动就业、社会保障还是社会救济等任何领域的改革如果出现失误，在当时的历史条件下都可能被各种政治势力用来号召民众对抗政府，即社会领域的改革常常成为政治斗争的工具，是一个极为敏感的问题，因此各国政治家对该领域的改革十分谨慎。但是，另一方面，正如前文所述，面临严峻的经济衰退形势，苏联时期国家统管一切的社会政策已经难以为继，能否在该领域实现突破也是国家转型能否成功的关键问题之一，改革势在必行。

社会政策在概念上一般指国家为实现一定时期的任务而制定的解决某些社会问题的行动准则，它的目标是促进社会文明程度的发展和社会各个系统之间及社会成员之间的协调发展。在社会政策中，社会保障通常被列为各国社会政策的主体内容，“由于一个国家的社会政策通常受其政治制度、经济制度、人口状况、文化传统、道德水准及开放程度等多种因素制约，由于社会制度与具体国情的差异，尽管各国均努力运用社会政策来促进社会发展，但是其具体的社会政策及其所要达到的具体目标却存在着较大出入”①。中亚各国在实现全面转型的20世纪90年代初期，在社会政策所遵循的原则和指导思想方面都进行了新调整，从各国实践看，这些调整既有不同之处，又有许多共同点。总体而言，中亚各国新的社会政策主要参考了西方国家经验，尤其是德国的经验，基本体现了社会市场经济体制的原则，它既不同于计划经济时代国家包管一切的政策，也不同于某些西方国家社会福利主要依靠市场调节的方法。从整体上看，独立以来中亚各国在社会政策改革方面呈现五个方面的特点。②

第一，在收入与分配领域克服过去的平均主义思想，实行多劳多得原则。

① 郑功成：《社会保障学——理念、制度、实践与思辨》，商务印书馆，2000，第192~193页。

② 赵常庆先生早年总结了其中四个特点，作为基本原则至今并未发生大的变化，最大的变化在于近年来各国社会政策市场化倾向较为显著，本书在相关章节中突出了这一点。

哈萨克斯坦总统纳扎尔巴耶夫认为，平均主义实际上总是与贫困相伴，他在各种场合严厉批评把平均主义当作社会公正的观点。[①] 他在其国情咨文中指出："旧体系（指苏联的社会政策体系）提供较为安全的最低限度的社会福利，但是我们绝不能忘记，这一制度正在崩溃，因为从经济的角度看，它被证明是没有竞争力的。"[②] 乌兹别克斯坦总统卡里莫夫则认为不能接受平均主义，他说，乌兹别克斯坦的社会政策要"保障居住在我国土地上的人们应有的和自由的生活和安康，创造一切条件使每个人都能实现他们的权利和潜能"[③]，他认为，乌兹别克斯坦必须"实施强有力的社会政策，国家的社会计划有责任为弱势阶层和人群提供援助"[④]。塔吉克斯坦总统拉赫蒙认为，塔吉克斯坦的社会政策要"顺应时代需要，向着公正的公民社会方向发展，所创造的现代社会政策体系要反映每一位低收入和需要帮助的人的利益"[⑤]。从各国社会政策在收入分配和社会保障的原则方面看，基本都取消了过去拉平化的收入分配原则，代之以按知识、能力、技能、贡献大小确定劳动者的收入，在社会保障领域主要向那些"弱势群体"倾斜（不是过去的全民享有）。

第二，强调社会政策的目标是实现社会公正。独立初期，关于社会公正问题各国领导人均做出大量论述，在阐述社会政策领域的改革思路时，各国领导人都强调了社会政策必须体现公正。乌兹别克斯坦总统卡里莫夫在谈到乌社会政策的目标与作用时指出，社会政策的"公开性和透明性将为那些需要的家庭提供物质和人道主义的帮助，而其（指社会政策）定向性——指那些需要

---

① 〔哈〕努·纳扎尔巴耶夫：《前进中的哈萨克斯坦》，哈依霞译，民族出版社，2000，第 92 ~ 94 页。

② Послание Президента Республики Казахстан Н. А. Назарбаева народу Казахстана. Октябрь 1997 г. http：//www. akorda. kz/www/www _ akorda _ kz. nsf/sections? OpenForm&id _ doc = D5EAE85692AF5490462572340019E610&lang = ru&L1 = L2&L2 = L2 - 22.

③ 〔乌〕伊·卡里莫夫：《临近 21 世纪的乌兹别克斯坦：安全的威胁、进步的条件与障碍》，王英杰等译，国际文化出版公司，1997，第 163 页。

④ Доклад Президента на совместном заседании Олий Мажлиса, Кабинета Министров, Аппарата Президента Республики Узбекистан, посвященном 16 - й годовщине Независимости Узбекистана. http：//press-service. uz/# ru/news/show/dokladi/prezident _ islom _ karimovning _ ozbekiston_ r/.

⑤ Выступление на церемонии инаугурации Президента Республики Таджикистан, 18 ноября 2006 года。http：//www. president. tj/rus/vistupleniy181106. htm.

帮助的居民则能以此摆脱转型期的种种困难”①。

第三，随着经济增长，逐步增加社会领域支出，社会政策以改善民生为宗旨。哈萨克斯坦总统纳扎尔巴耶夫在其总统国情咨文中指出，“逐年改善哈萨克斯坦公民的社会福利”② 是国民经济发展的主要目标，也是自己执政的主要任务。塔吉克斯坦总统拉赫蒙说：我们国家的所有社会政策都是为了“保障经济发展和提高塔吉克斯坦人民的生活水平”③。

第四，强调社会政策要与政治改革相协调，社会政策改革必须为维护政治稳定和社会团结服务。哈萨克斯坦总统纳扎尔巴耶夫早在1997年国情咨文中就阐述了国内政治稳定、社会团结与社会政策的关系，他指出：“必须消除族际差别，实现各民族享有同等权利……必须减少社会上有产者与穷人之间的差距，尤其关注农村的各种问题……必须坚定不移地解决过渡时期和未来出现的各种社会问题。”④

第五，在社会政策改革方向上部分确立市场调节原则，国家依然承担较大责任，同时，随着改革的深入这一政策近年来更加明确化。独立初期，中亚各国的社会领域改革都把市场化作为长期努力方向，但是在实际操作中考虑到民众的承受能力，社会领域的改革仍是以国家财政支持为主，市场的作用被限定在很小范围。但是随着国民经济的整体发展，有的国家如哈萨克斯坦在社会领域开始明显出现市场化倾向，无论是养老金制度改革，还是社会保险制度改革，哈政府已经较为成功地把社会领域的部分责任交由市场解决，其好处在于能够有效减轻政府的财政负担，让社会各经济体和个人共同承担社会责任和

---

① Доклад Президента на совместном заседании Олий Мажлиса, Кабинета Министров, Аппарата Президента Республики Узбекистан, посвященном 16 - й годовщине Независимости Узбекистана, http://press-service.uz/#ru/news/show/dokladi/prezident_islom_karimovning_ozbekiston_r/.

② Послание Президента Республики Казахстан Н. А. Назарбаева народу Казахстана, http://www.akorda.kz/www/www_akorda_kz.nsf/sections?OpenForm&id_doc=FB4E875506CC75A5062576BA006EFC79&lang=ru&L1=L2&L2=L2-22.

③ Послание Президента Республики Таджикистан, http://www.president.tj/rus/payomho 2007.htm.

④ Послание Президента Республики Казахстан Н. А. Назарбаева народу Казахстана, http://www.akorda.kz/www/www_akorda_kz.nsf/sections?OpenForm&id_doc=FB4E875506CC75A5062576BA006EFC79&lang=ru&L1=L2&L2=L2-22.

风险。

社会领域改革是一项十分复杂的工作，为保证这项事关全体民众利益的重大改革顺利进行，各国领导人从国家独立初期起就为改革制定了基本战略。

哈萨克斯坦总统纳扎尔巴耶夫对该国社会发展战略制定了七个方面的优先方向：第一，使民众生活水平达到或接近发达国家；第二，向退休人员、残疾人、多子女家庭、儿童和青年，以及其他需要社会保障的人群提供社会保护；第三，努力在哈萨克斯坦培养“中产阶层”，使中产阶层逐渐成为国家的支柱和保证社会稳定的积极力量；第四，培养青年人的市场意识，从而逐渐改变整个社会的价值观；第五，努力创造就业机会，使民众能够自由经营，为实现居民自由流动创造条件；第六，积极建立并完善各种社会保险制度，使社会保险成为社会保护的有益补充；第七，依靠国家拨款和其他优惠政策促进落后地区经济发展。从这七个优先方向的内容看，大多数政策都是为独立初期出现的弱势群体提供社会保障。纳扎尔巴耶夫总统设想，社会领域的改革要经过三个阶段来实现：第一个阶段出现社会分化，中产阶层大量涌现；第二个阶段新的社会结构逐步适应市场改革形势；第三个阶段社会机构之间实现相互整合，彼此开始合理互动。哈萨克斯坦在实行社会政策部分市场化、鼓励形成部分富裕阶层的同时，力争做到将社会在收入分配水平上的差距保持在较为合理的限度内①。

乌兹别克斯坦总统卡里莫夫认为该国社会发展战略应该包含六个方面的内容：第一，社会政策改革应为政治稳定、国内和平与民族和谐提供可靠保证；第二，社会政策必须体现社会公正，要对最需要的居民阶层如退休人员、残疾人、孤儿、多子女家庭、青年学生等提供社会保护机制；第三，强调社会保障的定向性（特定人群），使社会保障具有可行性；第四，加强公民自治机构如马哈拉委员会的作用，创造条件使社会支持贫困居民阶层的专门委员会的活动活跃起来；第五，建立和完善劳动力市场，实施积极就业政策，在劳动力富余地区优先发展中小企业，创造新的就业机会；第六，把发展与革新教育和文

① 赵常庆：《中亚五国社会变化与社会发展模式》，《东欧中亚研究》2001年第1期。

化、提高知识潜力和精神力量作为社会政策的重点。[①]

土库曼斯坦在《土库曼斯坦2020年政治、经济与文化发展战略》中明确规定了社会发展战略，即“为居民获得收入创造有利和公平的条件，增加居民收入来源使居民生活水平符合世界标准，这在很大程度上将有利于土库曼斯坦的市场改革、企业发展和投资环境改善……提高居民生活水平主要靠增加居民实际收入，加强劳动激励，使劳动工资成为工作人员及其家庭过体面生活的可靠来源”[②]。

塔吉克斯坦在社会政策方面规定了六个方面的战略：整体提高国家在社会保险和养老金领域的财政管理效率；扩大国家的社会保险覆盖范围；促进保险费不断增长；降低失业率；提高居民社会保护水平；提高工资、养老金和社会补贴的数额。[③]

第二节　就业与移民问题

一　中亚国家的就业问题

提高就业率是世界各国国民经济发展的基本目标之一，也是各国政府民生工程中最重要的指标。任何国家在发展经济、改善民生的社会政策中，都把提高就业率作为一项重要工作，中亚各国政府也不例外。

苏联时期由于人们在意识形态方面的认识局限，把失业当成资本主义生产方式的产物，因而实行保证劳动力人口普遍就业的政策，并没有把就业质量纳入政策体系。实际上，在苏联计划经济时代，很多劳动部门的就业岗位并不能使劳动者通过工作获得社会认可的正常收入，虽有工作岗位却并未充分发挥工作效率，这种现象实质属于“隐性失业”范畴，在苏联经济体制下，处于隐

---

① 同上。

② Национальная Программа «Стратегия экономического, политического и культурного развития Туркменистана на период до 2020 года», http://trm.gov.tm/countri/gos&prog.html.

③ Стратегия сокращения бедности Республики Таджикистан на 2007 – 2009 годы, Душанбе, с. 54.

性失业的工作者由于享有普遍实行的社会福利，所以他们的生活有一定的保障。中亚国家独立后，随着以利益为导向的市场化改革，很多过去处于隐性失业状态的工作岗位被“优化”掉，造成了这部分就业人员失业，其中一部分人同时失去了曾经享有的社会福利。

正是由于上述两种原因，造成20世纪90年代初中亚各国城市中出现了大量失业人口，对于市场转型初级阶段国家的城市工人而言，由于没有其他财产性收入来源，失业即意味着贫困和生存危机（见图4－2）。

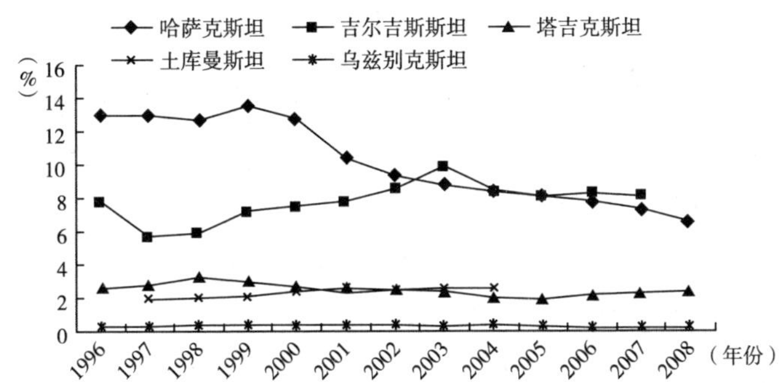

图4－2　中亚各国20世纪90年代中期以后历年失业率情况

数据来源：Labor Force and Employment, Asian Development Bank（ADB）, *Key Indicators for Asia and the Pacific* 2009. http：//www.adb.org/statistics。

需要说明的是，中亚各国对于失业的统计数据一般以在官方失业登记机构正式登记3个月以内未由就业机构推荐就业的人数为准，由于对失业登记和再就业程序有着十分复杂的规定，失业补贴只是象征性数目而且几乎得不到兑现，加之就业机构未必能推荐到合适的就业岗位，很多失业人员不愿意到失业登记机构登记，这就造成有的国家公布的失业率远远低于实际情况。如2004年土库曼斯坦官方公布的失业率为0.4%（这是一个极小的失业率，即便最发达国家也极难达到），而美国中央情报局对该国当年失业率的估计值则高达60%[①]，两者相差悬殊。

① 美国中央情报局，https：//www.cia.gov/library/publications/the-world-factbook/geos/tx.html。

中亚各国独立后资金缺乏，对工业企业投资严重不足，企业缺乏创新能力和高新技术，企业核心竞争力普遍较弱，导致经营效益低，低工资就业是中亚大多数国家普遍存在的现象。

众所周知，无论是对经济结构的改造还是产业升级都需要大量的资金投入。但是中亚国家独立后，资金一直相当紧张，投资急剧下降成为独立初期各国经济结构调整和产业升级的最大瓶颈。到 1999 年，哈萨克斯坦固定资产投资额仅相当于 1991 年固定资产投资额的 18%。形势较好的乌兹别克斯坦 1999 年的投资额也只相当于 1991 年固定资产投资额的 77%。[①] 有限的资金在分配上经常顾此失彼。资金投入不足给当时急需进行技术改造的企业造成了极大困难，那些有一定市场需求的企业只能依靠老旧设备维持生产，即便是国民经济重点生产领域，如石油天然气工业、化学工业、矿山开采等企业，同样由于投资不足而难以进行技术改造和扩大生产规模。缺乏技术改造的企业只能维持低水平生产，经营效益普遍较低，压缩劳动力成本自然成为企业的选项之一，由此，低工资就业现象在独立初期的中亚各国十分普遍。

1993 年，哈萨克斯坦就业人口中有 4.2% 的人日均收入低于 1 美元，1996 年有 5% 的就业人口日均收入低于 1 美元，2002 年这一比例上升到 5.2%，从 2003 年起这一比例开始下降，但是仍有 3.1% 的就业人口日均收入低于 1 美元。相比而言，哈萨克斯坦还是低工资就业情况最轻的中亚国家。

吉尔吉斯斯坦的就业工资大大低于哈萨克斯坦。1993 年有 18.6% 的就业人口日均收入低于 1 美元，1998 年这一比例上升到 31.8%，2002 年继续上升到 34%，此后有所下降，到 2004 年这一比例下降到 21.8%。

塔吉克斯坦内战结束后的 1999 年，有 44.5% 的就业人口日均收入低于 1 美元，随着国家政治、经济秩序的逐步恢复以及企业经营状况的改善，进入 21 世纪后这一情况发生了一定改变，到 2004 年，就业人口日均收入低于 1 美元的比例下降到 21.5%。

乌兹别克斯坦的低工资就业人口比例长期处于较高水平。1998 年有

① Статистический комитет содружества независимых государств, Статистический сборник1999, Москва, 2000, с. 27.

32.1%的就业人口日均收入低于1美元，2002年这一比例增长到42.3%，2003年达到46.3%，这意味着有接近一半的就业人员每天收入不超过1美元。

土库曼斯坦独立初期这一比例更高，1993年有63.5%的就业人口日均收入低于1美元，此后这一情况得到较大改善，到1998年该比例降为24.8%。[①]

从以上数据可以看出，除哈萨克斯坦历年就业人口中日均收入低于1美元的人口比例为个位数外，中亚其他国家这一比例均为两位数。这表明，即便这部分就业者获得了就业岗位，但是从就业岗位获得的劳动收入并不能满足生活需求，还达不到极端贫困线的最低要求[②]。从根源上看，企业缺乏核心竞争力导致低水平、粗放式经营和管理，产品附加值低，企业生产效益下降，最终使劳动工资水平低下。

二　中亚国家的移民问题

移民问题在中亚国家是一项十分突出的社会问题。它直接关系到各国人力资源的配置以及政治、经济稳定的大局。主要表现为人力资源外流和无序管理的问题。

在所有资源中，人力资源是最宝贵资源，发展经济学的研究表明，发展中国家除了资金、技术等经济发展必要的硬性指标，最为重要的是对人力资本的积累。中亚各国在人力资本积累方面的最大优势是苏联时期建立起的优良教育体系在独立后仍然能够发挥较大潜力，为各国经济建设提供优质人才。但是独立后大量移民现象在很大程度上抵消了这种优势，导致中亚一些国家的人力资源大量外流，从长远看不利于优质人力资源的形成。

中亚各国大致经历了两次移民潮。第一次为独立初期，主要由于政治原因，很多非主体民族回归主体民族国家，如哈萨克斯坦的俄罗斯族回归俄罗斯、乌兹别克斯坦的哈萨克族回归哈萨克斯坦等。同时，各国内部移民现象也十分突出，主要表现为农村人口向城市迁移、落后地区人口向发达地区迁移。第二次移民潮主要从20世纪90年代中期开始，随着俄罗斯、哈萨克斯坦等国

---

① 以上数据全部来自联合国统计司网站，http：//mdgs. un. org/unsd/mdg/Data. aspx。

② 以上数据为按照购买力平价计算获得，具有可比性。国际组织通常把日均消费低于1美元作为发展中国家的极端贫困线标准。

经济形势好转，劳动力缺口问题突出，而塔、吉等国由于国内经济形势严峻，就业岗位严重不足，就业工资低等原因，形成了“劳动移民”潮，大量劳动移民涌向俄、哈等独联体国家，也包括欧洲其他地区。

除土库曼斯坦和乌兹别克斯坦的移民率为个位数外（分别为5.4%、8.5%），中亚其他三国移民率均超过两位数（哈萨克斯坦为19.4%、吉尔吉斯斯坦为10.5%、塔吉克斯坦为11.4%），所有国家的移民率都大大高于世界平均水平（3%），表明中亚地区移民活动十分活跃。①

一方面，跨国“劳动移民”的增加为一些经济困难的国家解决了就业压力剧增的问题，劳动移民通过跨国打工为国家赚取了大量外汇，缓解了劳动移民的家庭贫困程度。据联合国统计司公布的数据，2007年，吉尔吉斯斯坦劳动移民汇款额达7.15亿美元，全国人均汇款收入134美元；塔吉克斯坦劳动移民汇款达16.91亿美元，全国人均汇款达251美元。②

另一方面，就跨国移民对移出国经济的消极影响而言，移民潮大大降低了各国未来的经济发展潜力，在移民队伍中有大量具有高水平劳动技能的工人，也有专业技术人员和知识分子，他们都受过良好的教育和训练。如塔吉克斯坦向外移民队伍中超过一半的人接受过高等教育或者中等技术专业教育。据吉尔吉斯斯坦学者估计，仅仅是具有中高级教育水平的专业人员的出走就给国家带来超过16.41亿索姆的损失，这还不包括从小学、中学、大学直到硕士、博士的培养费用。③ 有数据表明，在苏联解体的头6年中，哈萨克斯坦的俄罗斯人减少了130万，德意志人减少了70万，乌克兰人减少了20万，鞑靼人减少了6万，白俄罗斯人减少了3万。到1998年1月1日，俄罗斯人的数量减少到492万，所占比重下降到31%。实际上，这部分人中很大一部分都是接受过良好教育、具备高素质的劳动人才。

从短期看，尽管劳动移民外出打工有利于提高移民的生活水平，使他们有机会摆脱贫困，也缓解了国内就业压力，有利于社会稳定；但是从长远看，劳

---

① UNDP：2009 Report country factsheets（alphabetically），http：//hdr.undp.org/en/countries/alphabetical/.

② 同上。

③ 吴宏伟：《中亚人口问题研究》，中央民族大学出版社，2004，第261页。

动力资源的大量流失不利于教育资源的优化配置和资源积累，这无疑将给各国经济转型带来智力和劳动力支持方面的损失。

三 中亚国家就业与移民问题给稳定带来的挑战

对于处于转型期的中亚国家而言，政治转型能否稳定进行，经济转轨的成功与否具有至关重要的作用。而经济转轨中能否顺利完成从计划经济向市场经济过渡又是关键环节。计划到市场，使得劳动力也成为市场要素，处理好市场化条件下的充分就业无疑是对各国政府提出的巨大挑战。政府对于保障市场化进程中的秩序发挥着重要作用。

中亚各国政府在独立初期均把市场化作为经济转型的目标，并为此制订了详尽的计划，但是从实际效果看，基本都未按计划完成，反而造成严重的经济和社会后果，成为典型意义上的“政府失灵”，在就业领域反映出来的就是大量劳动力因此失去了劳动岗位。

以哈萨克斯坦私有化进程为例。1991 年 9 月，哈萨克斯坦政府制订了《1991 ~ 1992 年非国有化和私有化计划》，并开始实施第一阶段计划。按照规定，到 1992 年年底，商业企业应有 50% ~ 60% 实现私有化，非国有企业营业额要占到 40% ~ 50%，而实际完成私有化的企业只占 29.6%，营业额只占到 4.5%。日常服务行业要求 50% 的企业私有化，实际上只完成 25.8%。1993 年 3 月开始实施非国有化和私有化的第二阶段（1993 ~ 1995 年）计划。根据该计划，国家对不同规模的企业分别进行小私有化、大私有化（即“群众性私有化”）和“专列项目私有化”，并拟在三四年间分阶段实施“群众性私有化”，对大型企业没有规定完成的期限和指标。到 1995 年 8 月，根据小私有化计划拟定出售的项目为 13701 个，实际出售了 8127 个，占应出售额的近 60%。“群众性私有化”，即对 200 ~ 5000 人的中型企业的私有化，售出的项目仅占推出拍卖项目的 1/7 ~ 1/10。[①] 第二阶段工作较第一阶段工作更为艰难，两次私有化目标均远未完成。私有化虽然未按计划完成，但是私有化造成的经济后果却十分明显——对传统国有企业的私有化带来大量被迫失业的工人，造成失

① 赵常庆：《哈萨克斯坦所有制改造工作的方针政策和实践》，《东欧中亚研究》1996 年第1 期。

业率剧烈攀升，仅 1998 年在政府部门登记的失业率就高达 11% ~13%[①]。由此可见，这一轮私有化在造成失业现象方面负有不可推卸的责任，就业问题成为制造贫困和社会不平等的重要因素。

中亚各国均普遍存在类似问题，在有的国家，就业问题更加突出，例如在经济发展水平更低的吉尔吉斯斯坦和塔吉克斯坦，在改革进程中大量适龄劳动力在产权改革的进程中被从原有工作岗位辞退。社会上出现大量的失业人口，特别是许多青壮年劳动力也找不到工作，对社会管理和社会稳定造成了直接威胁。

大量劳动移民的存在对正常社会秩序造成了干扰和冲击。据统计，在塔吉克斯坦和吉尔吉斯斯坦，因为存在大量前往俄罗斯打工的青壮年劳动力，他们正常的家庭生活和婚姻生活受到直接影响，打工者长期在外工作，很容易导致家庭破裂。这两个国家的离婚率在独立后普遍较高，很大程度上与移民增多的现状有关。

中亚国家已经实现民主政治转轨，按照三权分立、多党制、直接选举、新闻自由等原则进行政治构建，民众的政治选择性远远高于苏联时期，对任何可能伤及自身利益的改革，都可找到适当的宣泄渠道，他们可以参加不同的党派、社会团体、宗教派别甚至恐怖组织。由于相当一部分人被社会边缘化，属于体制外的人群，他们也就成为社会管理难以企及的空白点。从塔吉克斯坦内战、2005 年和 2010 年吉尔吉斯斯坦爆发的大规模街头抗议以及 2005 年乌兹别克斯坦发生的“安集延事件”等事件的参与者成分来看，尽管幕后组织者是精英阶层，有的人甚至处于体制内，但是绝大多数直接参与者都是来自社会底层，特别是无业者。

2014 年 12 月，哈萨克斯坦总统纳扎尔巴耶夫在其国情咨文中反复强调了就业问题特别是年轻人就业对和谐与稳定的重要性。他说：“什么是稳定与和谐？是家庭的幸福、社会的安定、人民安居乐业，是父母亲的欢笑、健康和孩子们幸福的笑容，是一份稳定的工作，是对未来充满信心。和谐与稳定，需要

① 杨进：《贫困与国家转型——基于中亚五国的实证研究》，社科文献出版社，2012，第 71 ~ 72 页。

健康稳定的就业环境来巩固。我总是说，年轻人是国家未来的支柱，国家为年轻人开启了所有的门路，创造了所有的条件。”①

特别值得关注的是，中亚各国的跨国移民问题已经在一定程度上成为阻碍中亚国家拓展外交空间的重要因素，并间接对国家稳定造成冲击。

中亚大多数国家在独立后经济发展不顺畅，较低的经济发展水平形成了就业困难和低工资就业现状，而因为历史的联系和语言文化的便利，中亚国家的一些年轻人大量涌入相对容易找到工作和高工资的俄罗斯、哈萨克斯坦等国寻求机会。这部分人成为所谓的“劳动移民”。他们并不具备双重国籍，工作所得以汇款形式寄回国内养家糊口。据不完全统计，吉尔吉斯斯坦和塔吉克斯坦各有 100 万左右的劳动移民在俄罗斯等国打工，每年汇到国内的外汇收入也占到这两个国家外汇收入的很大份额。劳动移民的收入已经成为很多家庭唯一的生活来源，两国对劳动移民寄回的外汇收入也有极大的依赖性。

塔吉克斯坦和吉尔吉斯斯坦经常因为劳动移民问题与俄罗斯产生外交纠纷。事实上，劳动移民问题也是俄罗斯对中亚这些国家进行外交博弈的筹码之一。俄罗斯主导中亚国家一体化，劳动移民问题是劳动力市场一体化的重要议题，也是中亚国家加入一体化得失的重要考量因素。

同时，在当前国际和地区安全形势不断变化和调整、国际恐怖主义和跨国有组织犯罪等问题严重威胁中亚地区安全的形势下，大量跨国的劳动移民很容易成为双方政府都管理困难的盲区。有研究表明，一些参加宗教极端组织或者赴境外参加恐怖组织包括 IS 的中亚国家成员，曾经是劳动移民，他们在本国或移民国家的行踪和生活状况基本不受监控，很容易被极端势力利用。

第三节　腐败与反腐败

一　中亚国家的腐败问题

腐败作为一种社会历史现象，存在于历史上各种阶级社会和各种不同社会

① 纳扎尔巴耶夫总统：《光明大道——通往未来之路》，http：//rus. ecnu. edu. cn/iv4874. htm。

制度的国家之中。在转型国家中，腐败表现为：“具有经济人特征的代理人凭借委托人授予的权力，用非法的手段满足个人的私欲，即利用公权谋取私利。这既是一种政治行为和法律行为，也是一种经济行为。”① 吉尔吉斯斯坦在其《国家打击腐败战略》中指出腐败滋生的因素为：“低水准的生活、公务员的工资低、薄弱的政府机构、失业、民间社会机构薄弱、执法机关权力过大等。”② 由此可见，中亚国家腐败现象的根源不仅仅在于历史文化传统和现行政治体制，还在于经济状况，在于普遍的低收入。

从中亚各国腐败现象发生的领域来看，主要集中在下列方面：一是属于政府管理的领域，腐败现象主要发生在立法、执法、登记、财政、金融、税收、外贸、交通、能源、资源等领域，从事这些领域管理活动的部门往往拥有政策制定权、法规调控权、审核批准权、调拨供给权、检查监管权等实际权力，一些公职人员利用这些权力非法获取个人好处；二是属于国家垄断性企业管理的领域，中亚国家的私有化进程迄今并未完成，市场发育不成熟，一些重要生产部门仍然由国家掌握，近年来有的国家还加强了对关键资源的控制，这为高层管理人员带来了权力寻租机会；三是属于公共事业管理的领域，主要是指科学、教育、文化、卫生、艺术等各类公共事业管理部门，这些部门往往拥有较大经济活动空间，非法经济活动也时常发生。

中亚各国处于政治与经济转型时期，各项法律法规尚在探索、制定和完善之中，种种制度漏洞、对权力部门监管不力等因素造成了公权力运行在制度性约束方面存在极大缺陷，在社会资源重新分配的格局下，社会阶层发生显著分化，贫富差距的扩大诱使部分国家公职人员利用手中公权力获取个人利益，以便得到比普通民众更加体面和优越的生活条件。

近年来，中亚各国的腐败问题有进一步加重的趋势，腐败不仅影响社会公正、降低政府威信，也损害各国的国际形象。中亚各国领导人在种种场合对腐败问题严厉指责，各国政府相继出台了《反腐败法》《国家反腐败计划》等法律法规，采取种种措施打击腐败。有的国家认为低工资是导致公务人员腐败的

---

① 贺卫：《寻租经济学》，中国发展出版社，1999，第231页。

② 吉尔吉斯斯坦国家预防腐败局网站，http://www.stopcorruption.kg/index.php?option=com_content&task=view&id=92&lang=ru。

原因之一，明确提出了为公务员“提薪养廉”的机制，等等。尽管如此，腐败问题依然得不到有效遏制。据非政府组织“透明国际”公布的2008年全球180个国家清廉指数排名，哈萨克斯坦仅排名第145位，得分为2.2分；塔吉克斯坦排名第151位，得分为2分；乌兹别克斯坦、土库曼斯坦和吉尔吉斯斯坦并列第166位，得分为1.8分①。2009年5月29日，吉尔吉斯斯坦预防腐败局反腐败事务委员会秘书长努里芭·穆坎诺娃向媒体透露，该部门的一项民意调查显示，35.71%的人认为吉尔吉斯斯坦的腐败将更加严重，只有28.89%的人认为腐败现象将有所下降②。

2012年“透明国际”发布“腐败感知指数”，其中，乌兹别克斯坦和土库曼斯坦在182个国家和地区中并列第170位（2011年，乌兹别克斯坦和土库曼斯坦并列第177位）。排在乌兹别克斯坦后面的是缅甸（第172位）、苏丹（第173位）、阿富汗（第174位）、索马里（第174位）和朝鲜（第174位）。哈萨克斯坦在这一指数的排行榜上排在第133位，明显差于2011年的排名（第120位）。与哈萨克斯坦排名并列的还有俄罗斯、伊朗、洪都拉斯、圭亚那和科摩罗群岛。排在它们后面的是阿塞拜疆、肯尼亚、尼泊尔、尼日利亚和巴基斯坦。吉尔吉斯斯坦排在第154位，名次较2011年（第164位）有所上升。塔吉克斯坦排在第157位（2011年为第152位）。③ 由此可见，中亚各国腐败问题有增无减，治理腐败之路依然漫长。

二　中亚国家的反腐败政策与措施

哈萨克斯坦总统纳扎尔巴耶夫在其国情咨文中多次呼吁：“必须坚决地、彻底地与犯罪、腐败、诈骗以及破坏法治现象做斗争。”“根据我的建议而重新成立的公平竞争局的专门任务就是保证我国的经济效率和竞争力……该局应该有广泛的权力打击市场主体利用垄断地位进行价格串通、不正当竞争和舞弊

① 10分为满分，表示高度清廉，0分则表示极度腐败。见透明国际网站，http://www.transparency.org/policy_ research/surveys_ indices/cpi/2008。

② 吉尔吉斯斯坦国家预防腐败局网站，http://www.stopcorruption.kg/index.php? option=com_content&task=view&id=92&lang=ru。

③ 所有中亚国家均进入最腐败国家榜单，http://hasakesitan.com/news/html/? 3796.html。

行为，以此加强哈萨克斯坦在世界上的商业地位……需要一部新的竞争法，以此推动我国企业的竞争力。”① 塔吉克斯坦总统拉赫蒙在其国情咨文中指出：“要真正吸引大量外国投资，政府和议会必须采取与国家规范相一致的措施来保护投资者利益。”②

中亚各国领导人的担忧有充分理由，在市场转型过程中留下的种种制度性疏漏，不仅给掌握资源分配大权的官员提供了腐败和权力寻租的机会，而且一些市场主体也在市场中不遵守相关法律，破坏市场公平竞争环境。据美国传统基金会公布的数据显示，中亚各国的经济自由度世界排名均十分靠后：哈萨克斯坦排名世界第 76 位，其中“商务自由度”得分为 56.5 分，“投资自由度”为 30 分，“财产保护权”为 30 分；吉尔吉斯斯坦排名世界第 70 位，其中“商务自由度”为 60.4 分，“投资自由度”为 50 分，“财产保护权”为 30 分；塔吉克斯坦排名世界第 114 位，其中“商务自由度”为 43.4 分，“投资自由度”为 30 分，“财产保护权”为 30 分；乌兹别克斯坦排名世界第 130 位，其中“商务自由度”为 67.8 分，“投资自由度”为 30 分，“财产保护权”为 30 分；土库曼斯坦排名世界第 152 位，其中“商务自由度”为 30 分，“投资自由度”为 10 分，“财产保护权”为 10 分。土库曼斯坦在独联体国家中排名最后。对照波罗的海国家爱沙尼亚，该国 2008 年经济自由度排名世界第 12 位，其中“商务自由度”得分为 84.5 分，“投资自由度”为 90 分，“财产保护权”为 90 分③。“经济自由度”基本可以反映一个国家的投资和商务环境，由以上数据不难看出，中亚国家的商务与投资环境并不理想，这是阻碍很多外国投资者进入中亚国家投资的最大障碍。

为了打击腐败，提高政府公信力和形象，并改善国际投资环境，中亚各国

---

① Послание Президента Республики Казахстан Н. А. Назарбаева народу Казахстана: Рост благосостояния граждан Казахстана — главная цель государственной политики, Февраль 2008г, http://www.akorda.kz/www/www_akorda_kz.nsf/sections?OpenForm&id_doc=0793D9432423DDE5062573EC0048005B&lang=ru&L1=L2&L2=L2-22.

② Послание Президента Республики Таджикистан Эмомали Рахмона Маджлиси Оли Республики Таджикистан, 15 апреля 2009 года, http://www.president.tj/rus/novostee_150409.html.

③ 美国传统基金会网站，http://www.heritage.org/research/features/index/downloads/2008pastscores.xls。

政府高度重视对腐败现象的治理和打击。

首先是各国先后出台了相关反腐败法律。1998 年，哈萨克斯坦出台《反腐败法》，要求政府每 5 年制订一次系统的国家反腐计划。目前，哈萨克斯坦正在实施《2011 ~2015 年国家反腐计划》。该计划主要措施包括增加政府决策及政府采购活动的透明度，鼓励民众参与反腐，建立监督政府预算支出的社会监督机制等，要求各层级部门必须贯彻落实。

其次是成立专门的反腐败机构。例如，哈萨克斯坦政府成立了一系列反腐败机构，监督公务人员，打击腐败行为。其中包括直属总统纳扎尔巴耶夫的打击腐败和国家公务员职业道德国家委员会和打击经济犯罪和腐败署，以及隶属政府各部门的常设纪律委员会。哈萨克斯坦政府还在打击经济犯罪和腐败署设立热线电话，鼓励民众举报腐败行为，并且建立公众对政府部门腐败程度年度评价机制，及时向社会公布评价结果，保障政府外部监督渠道畅通。

最后，利用各种平台、组织或者机制进行反腐，使反腐败领域不留空白。例如在哈萨克斯坦，在国家立法和行政框架之外，执政党——祖国之光人民民主党设立了独立于党派的反腐社会委员会，成员来自各政党、社会团体、非政府组织及媒体。该委员会一旦获知反腐线索，立即将此移交司法机关依法办理。对于揭露腐败的记者，该党还会颁发“最佳反腐文字记者”“最佳反腐电视记者”“最佳反腐摄影记者”等奖项。

近年来，哈萨克斯坦反腐败工作取得突破，包括环境部部长、国防部副部长、统计署署长、国防部装备总局局长、防空部队副总司令等一批位高权重的官员因涉贪腐而落马。观察人士认为，腐败这一“老大难”问题在哈萨克斯坦能够得到一定程度的遏制，很大原因在于该国建立起了多管齐下的反腐长效机制。

又如吉尔吉斯斯坦，该国历届政府都高度重视防止腐败并严厉打击腐败，对不断产生的新腐败现象毫不留情。吉尔吉斯斯坦不仅出台了《反腐败法》，而且有系统地成立了反腐败机构。2010 年该国政权发生更迭后，又开始了新一轮的反腐败斗争。

新政权确定了其国内政策的优先方向，其中之一就是“彻底铲除商业活动和管理部门中的腐败现象”。时任吉尔吉斯斯坦临时总统奥通巴耶娃在 2010

年 9 月 27 日发布了有关在国家机关范围内采用测谎仪对人员进行测试的重要措施总统令。总统令的主要目的是:“完善国家的干部政策，其中包括将具有抵御腐败能力的现代干部吸引和录用到管理部门的工作岗位上来，杜绝和防止诱发行政机关和管理部门腐败现象发生的诱因和条件。”总统令列出了应接受测谎仪测试的国家公职岗位清单。这种办法计划首先应用于金融监察和税务部门的干部录用工作中。测谎仪还将被应用于政治职位的调整、国家公务员的考核和公务调查之中。

吉尔吉斯斯坦新政权以“侵占国家资金罪”对前政府高官提起了 100 多件刑事诉讼。巴基耶夫政权的一些前高官成为这些刑事案件的主角，其中包括前总理丘季诺夫、前能源部部长达维多夫、前吉尔吉斯斯坦天然气股份公司总经理艾吉克耶夫以及被推翻的前总统巴基耶夫的儿子马克西姆·巴基耶夫的同伙。上述腐败案的所有被告如今基本上都在国外，因此有 39 名前政府官员受到了通缉。中亚其他国家也有类似做法。

三 腐败问题对社会稳定的影响

首先，腐败问题影响了政府形象，是反对派攻击的矛头。独立后的 20 世纪 90 年代初，中亚各国无一幸免陷入了严重经济危机，生产下降、商品短缺、通货膨胀、拖欠工资和补贴、失业人口剧增等现象与日俱增。一方面，大批民众迅即陷入贫困甚至是极度贫困状态；另一方面，一些政府部门的掌权者却利用手中的权力大发其财，其手段往往非法，依靠行贿受贿或者监守自盗的办法。腐败现象严重败坏了政府形象，也推动了各种反对派势力的壮大。由于社会不公正，一些居民开始支持强调保护普通劳动者利益的政党和组织。一个显著的例子就是各国“左派”力量的上升。如 1991 年“8·19”事件后很快被停止活动的吉尔吉斯斯坦共产党在 1992 年重获登记后，其在新的党纲上主张保障劳动者的生存权利，在社会主义原则基础上建立民主法治国家，实现社会公正、人道主义、自由和平等，建立社会市场经济，强调国家、集体经济成分的主导地位，主张各民族一律平等并消除贫困等，很快获得社会认可，一年内便发展到近万名党员。在塔吉克斯坦，经过反复更名后的塔吉克斯坦共产党最终仍然保持了该名称，而且受到民众广泛支持，仅 1995 年一年就吸收了 1500

名新党员。①

这些“左翼”政党之所以在独立初期能迅速恢复组织并有所发展，除多党制的政治构架因素外，也与这些政党提出的反腐败、建立社会公正，保护弱势群体的主张有关。普通人群在改革中失去经济利益和政治地位，不满于腐败分子等既得利益者，他们必然要在中亚“民主体制”内寻求政治解决的途径。

中亚各国腐败问题产生的历史和现实因素十分复杂，腐败类型也极其多样，各国政府打击腐败的难度极大，不是单靠某种法律、经济手段或者收入分配方式就能够解决，这为反对派势力营造了一个良好的生存空间。反对派力量不仅可以攻击现政权的腐败现象，而且可以乘机收买人心，扩大社会基础，一旦时机成熟，就能对现政权发起有力攻击。

其次，腐败影响了正常社会秩序，法治秩序，败坏了社会风气。中亚国家独立时间短，百废待兴，必须构建良好的社会秩序，使社会运行在法治体制之下，才能保证国家转型的成功。然而，在改革进程中出现的新的权力集中，以及市场化失范带来的恶果使一些政府部门公职人员公然利用手中的权力作为利益交换，严重破坏了法治秩序，也破坏了正常的社会秩序，并且向社会蔓延，败坏了社会风气。

贪污腐化、权钱交易等腐败行为造成的社会种种不公，挥霍了大量社会财富。在中亚国家有很多政府审批项目，不通过“关系”或者不进行权钱交易，就很难拿到项目，而进行权钱交易之后一些不法商人很可能会在工程建设中偷工减料，或对工人克扣工资等。可以观察到在一些重大安全事故，或者被人为阻止的项目背后往往都有腐败的影子，民众对此深恶痛绝，这成为社会矛盾激化、群体事件不断发生的重要诱因。

最后，腐败阻碍了改革，阻碍了经济发展，影响了境外投资效率。由于中亚国家在转型进程中形成了政府适当集权的模式，国家公职人员掌握着相当大的权力，实际上一些改革政策能否出台，措施能否得到执行，取决于权力精英。在社会腐败盛行的情形下，作为掌权者难免在制定规则时倾向于保护本阶层利益，这对简政放权以及市场化十分不利。一些欲投资中亚国家的境外企业

① 孙壮志：《中亚五国贫困化问题初探》，《东欧中亚研究》1995 年第 1 期。

考虑到按照国际惯例难以在此生存而望而却步，或干脆退出中亚市场，影响了中亚国家吸收外部资金的能力。

哈萨克斯坦总统纳扎尔巴耶夫在各种公开场合严厉谴责并呼吁严惩腐败分子，他说："国家一些公务人员安排好自己的位置，利用职务之便中饱私囊……个别官员不尊敬普通人的意愿，滥用职权，应审查对受贿和盗用公款的投诉，对这类官员要严惩不贷。"① 2009年10月20日，原吉尔吉斯斯坦总统巴基耶夫在国家机构改革会议中承认："腐败已经成为经济增长与发展的最严重障碍，它是一切改革的威胁……与腐败做斗争并预防腐败是国家干部政策的基石。"② 塔吉克斯坦总统拉赫蒙在2009年国情咨文中强调指出："最重要的事情在于如何能够消除人为障碍和腐败。"③ 从中亚各国领导人的表述中可见，腐败不仅妨碍了社会公正，败坏了社会风气，而且阻碍了政治、经济改革的正常进行。

第四节　民族问题与社会稳定

一　中亚国家的民族状况与问题

中亚地区自古以来就生活着众多民族，俄国和苏联时期执行过不同的民族政策。独立以后各国执行了新的民族政策，尽管中亚各国政府在民族政策上做了大量工作，各种民族问题依然存在。民族问题是影响该地区发展与稳定的重要因素。

中亚哈萨克斯坦、乌兹别克斯坦、吉尔吉斯斯坦、土库曼斯坦和塔吉克斯坦境内民族的分布主要有以下几个特点。

---

① 哈萨克斯坦驻华大使馆：《2008年哈萨克斯坦总统纳扎尔巴耶夫演讲选编》，第3页。

② 吉尔吉斯斯坦总统办公厅网站，Выступление Президента Кыргызской Республики Курманбека Бакиева на Республиканском совещании по вопросам реформы государственного управления, http://www.president.kg/ru/press/statements/4506/。

③ 塔吉克斯坦总统网站，Послание Президента Республики Таджикистан Эмомали Рахмона Маджлиси Оли Республики Таджикистан (15 апреля 2009 года), http://www.president.tj/rus/novostee_150409.html。

1. 民族种类多，构成复杂

中亚五国都是多民族国家。根据各国官方统计的数据，哈萨克斯坦的民族多达 130 个，乌兹别克斯坦有 129 个民族，其他国家也大多在 100 个到数十个民族之间。由于历史原因，在中亚各国除哈萨克、乌兹别克、吉尔吉斯、土库曼和塔吉克这 5 个主体民族之外，俄罗斯人在中亚各国人口中至今占有相当比例。中亚国家独立后，俄罗斯族出现向俄罗斯的回归潮，但是总体上俄罗斯仍是中亚各国的主要少数民族之一。

2. 历史上尖锐的民族矛盾影响至今

在沙俄和苏联统治时期，中亚地区民族问题一直是事关国家和地区稳定的重要因素，许多民族矛盾在当时已经形成。从历史来看，该地区的民族冲突和民族反抗斗争事件从来没有间断过。在当今中亚各国学者看来，从 18 世纪至 19 世纪的一百多年间，沙俄是通过不断的武力侵略、蚕食和杀戮才征服整个中亚地区，并使得中亚地区成为本地民族的“监狱”。为了摆脱政治压迫、经济掠夺和文化奴役，中亚各民族不断发动起义或者反抗运动，抵抗沙俄殖民统治，争取民族解放。

苏联时期，特别是在二战爆发前夕，当局在全国实行强制性移民，实行民族惩罚政策。二战之后又实行了有计划的大规模移民，苏联的民族关系趋于复杂化。各少数民族对于苏联长期存在的大俄罗斯主义，以及企图在最短时间内抹去原住民的民族特征和民族间差别、强行推广俄语、随意更改行政边界、人为加速民族融合等做法十分不满，各地或多或少都爆发过具有民族反抗性质的活动。戈尔巴乔夫改革时期，在社会思潮多元化的情形下，中亚地区的政治热潮与民族主义情绪不断升高，哈萨克斯坦、乌兹别克斯坦、塔吉克斯坦等加盟共和国的民族抗议事件不断发生。20 世纪 80 年代中期到 90 年代初期，这三个加盟共和国先后发生过严重的民族冲突并导致流血事件。1990 年，吉尔吉斯共和国奥什州的吉尔吉斯人和乌兹别克人之间因争占建房用地发生暴力冲突，造成 200 多人死伤。

3. 中亚国家独立后，新的民族问题层出不穷

这些问题主要包括：变成非主体民族的俄罗斯人与当地民族之间的矛盾；各民族之间因为经济纠纷产生的矛盾，如争夺水资源、土地等；跨国民族生活

在中亚各国引发的族际矛盾；各国新宪法或者在实际政治、经济和社会生活中产生新的事实上的不平等引起的矛盾，等等。苏联解体前夕的1990年，中亚五国约有俄罗斯人970万。在整个苏联时期，俄罗斯族在各个加盟共和国的政府部门占据重要地位，一些重要岗位往往由俄罗斯人担任。苏联解体后，随着中亚各国获得主权独立，本地民族明显占据优势，而俄罗斯族的民族地位明显下降，这就是被学者称为的“外来民族”与“本地民族”的角色转换。[①] 正是在这种角色转换之下，俄罗斯族人与当地民族之间的矛盾与冲突日渐增多。例如，在国籍和俄语地位问题上，俄罗斯人与中亚国家主体民族发生过激烈冲突。中亚的很多俄罗斯人要求保留俄罗斯国籍或获准双重国籍，要求俄语与当地主体民族语言处于平等地位，要求保护他们的合法利益。1992年4月，在哈萨克斯坦成立了俄罗斯人村社和全国性斯拉夫人组织“拉特”。1993年12月，“拉特”向在阿什哈巴德召开的独联体国家首脑会议发出呼吁，要求与会国签订关于双重国籍协议。同年12月，在哈萨克斯坦北部巴甫洛达尔市，俄罗斯人与哈萨克人发生流血冲突。此外，哈萨克斯坦北部地区的俄罗斯人还提出要求，主张成立民族自治实体，或在该国实行联邦制，或将北部地区归还俄罗斯（因为历史上哈北部地区属于俄罗斯）。1999年11月，东哈萨克斯坦州的俄罗斯人提出建立“俄罗斯家园”自治共和国，以期将该州并入俄罗斯。在中亚其他四国中，俄罗斯人也为获准双重国籍、恢复俄语地位及争取其他权益进行着斗争。[②]

这些事件充分表明中亚国家在独立进程中民族关系面临更加复杂的局面。

二　中亚各国为解决民族问题做出的努力

中亚各国独立以来民族问题的复杂化，使得各国领导人意识到，民族关系问题解决成功与否直接影响国家发展战略的实现，并且事关社会稳定大局。因此，独立以来，各国政府均十分重视协调民族关系，把民族和解与民族和睦作为基本治国方略来抓。

---

① 吴宏伟：《中亚人口问题研究》，中央民族大学出版社，2004，第284～285页。

② 陈联璧：《中亚五国的民族关系问题》，《世界民族》2001年第2期。

第一，中亚各国政府高度重视民族关系构建，始终把维护民族团结作为国家建设的目标之一。在哈萨克斯坦，纳扎尔巴耶夫总统利用各种机会和场合强调民族和睦的重要意义。纳扎尔巴耶夫在其著作或者讲话中提到，保证社会稳定与民族和睦是自己作为总统的主要任务。他在其著作《站在21世纪的门槛上》中说，在最近10年间，他积极、认真地研究苏联民族问题，使他对民族问题有了更清醒的认识。他认为，尖锐复杂的民族问题是导致苏联解体的原因之一。因此，他强调指出："我们必须放弃彻底地、不可逆转地解决民族问题的打算。……我们的战略应该是实施防止矛盾转化为流血冲突的政策，而不是企图消除客观存在的矛盾。"自1991年年底以来，哈萨克斯坦一直把保持"民族和睦"、保持"政治稳定"和搞好"经济改革"并列为该国三大中心任务。1997年还被定为哈萨克斯坦"民族和谐年"。乌兹别克斯坦总统卡里莫夫认为，民族和谐是国内安定和谐的重要条件。因此他一再强调，社会安定，国内各民族和睦高于一切。以阿卡耶夫总统为首的吉尔吉斯斯坦领导人认为："国内各族人民的团结是国家生存和摆脱危机的首要条件……如果没有公民和谐与民族和睦，就不能解决任何问题。"1995年12月，阿卡耶夫在总结吉独立以来的成绩时再次指出，吉各族人民团结一致，和睦相处，没有这一点，吉作为一个主权国家是不可能存在的。目前，该国提出的一个口号是："吉尔吉斯斯坦人民是一个密不可分的整体。"土库曼斯坦总统尼亚佐夫指出，尽管在国家建设中有很多事情都重要，但国家还是把争取社会稳定、保持大小民族和谐视为最重要的方面。他认为："只有靠公民和谐与民族和睦才能实现土库曼斯坦的建国思想。"塔吉克斯坦总统拉赫蒙自执政以来一直不遗余力地为国家稳定、民族和解而四处奔忙。

第二，根据各国实际情况，适时修正过时的民族理论，确保主体民族地位，为实现民族国家认同服务。以哈萨克斯坦为例。苏联时期，哈、俄两族在哈萨克斯坦所占的人口比例基本接近。独立初期，该国俄、哈两族矛盾很快尖锐化，在哈北部俄罗斯族居住相对集中的几个州，一些俄罗斯人不满自身地位的变化，存在较为明显的分立主义情绪。为了遏制并改变这一现状，哈萨克斯坦政府在独立之后通过最新立法，修正了显然已经不符合该国实际的传统民族理论，出台了以维护民族团结、强化主体民族地位为宗旨的新的民族理论，以指导本国的民族工作。过去，哈萨克斯坦境内的俄罗斯人根据苏联时期的“民族自决权”论，曾要求在俄族人集聚区实行民族自治，甚至要求独立。哈政府对“民族自决权”理论予以了坚决抵制。1992年10月，纳扎尔巴耶夫在第47届联合国大会上说：“今天常常遇到把少数民族的权利与民族自决权直到建立独立国家的权利混为一谈，如果坚持这一立场，世界上就会出现数千个小国家。”他认为国际社会应看到少数民族的权利和明确这些权利的标准，“否则将会在民族自决权的掩盖下怀疑任何多民族国家的完整性和统一，分裂主义将永无止境”①。哈政府认同苏联时期受到批评的“民族文化自治”理论，允许各民族在符合国家整体利益的前提下建立自己的文化中心，发展本民族的文化和传统，保持民族特点等。在国体方面，哈萨克斯坦领导人吸取苏联的历史教训，抵制并坚决拒绝了境内一些民族要求实行联邦制的政治主张，明确宣布建立单一制国家。直到今天，哈萨克斯坦依然在不断制定和完善相关民族政策法律，旨在加强国家统一、维护民族团结，并确立哈族在国家生活中的主体地位，这些法律文件涉及文化、教育、语言等方方面面。

第三，提高民族政策在国家政治生活中的地位，成立各种民族管理机构，完善相关机制。在哈萨克斯坦，由总统纳扎尔巴耶夫倡议，该国每两年召开一次民族团结和睦大会，持续不断讨论该国最新的民族关系状况，努力解决新问题。1992年12月14日，哈萨克斯坦各民族大会在阿拉木图召开。根据纳扎尔巴耶夫的倡议，12月15日成立了“哈萨克斯坦各民族和睦与团结大会”。该机构由共和国各地区不同行业、民族、教会的代表组成，下设民族和谐委员会、宗教协作委员会等部门。该机构作为直属总统的咨询机构，直接为总统有关解决民族关系问题的决策服务。1995年7月，哈萨克斯坦又成立了国家民族政策委员会（1997年3月，国家精简机构时将其并入哈萨克斯坦教育与文化部），直接负责制定和实施哈国的民族政策。该委员会还研究国外的，其中包括中国的有关民族工作的法规和经验。在哈萨克斯坦还设立专门国家奖，以表彰为促进民族和睦做出贡献的个人和集体。此外，哈总统身边还配有一名专门负责族际关系问题的顾问。吉尔吉斯斯坦总统阿卡耶夫自任职以来，一直坚

① 赵常庆：《哈萨克斯坦的民族问题与民族政策》，《中亚研究》1997年第4期。

持维护稳定与民族和睦的方针。在他的领导下，吉国内设立 40 多个民族文化中心以及其他一些维护民族权益的民族协会。在该国采取重大举措时，总统注意与这些组织团体的代表进行协商。此外，还建立了吉尔吉斯斯坦公民和谐与民族和睦委员会以及隶属于总统的共和国社会政治协商委员会，旨在全面、及时地考虑各社会民族集团、各阶层居民的利益，协助总统解决复杂的民族问题。在乌兹别克斯坦独立前夕，该国就已着手建立新的社会组织——民族文化中心。目前，这种组织在共和国境内已经有 80 多个，它们正在该国多民族社会生活中起着积极作用。

第四，把民族理论贯穿于立法，依法管理和解决民族问题。中亚国家独立后先后颁布了新宪法。其中关于民族问题的条款有以下规定，如公民在法律面前一律平等，任何人都不能因为出身、性别、种族、民族、宗教、政治和宗教信仰等情况而受到歧视以及权利和自由受到侵害。尽管各国宪法均把主体民族语言定为国语，但是都强调要保障和尊重所有居住在本国境内的民族的语言、风俗习惯和传统。有的国家给予说俄语居民很多的利益照顾，有的国家还制定了旨在加强民族团结的专门法律。如吉尔吉斯斯坦制定了少数民族法。1996 年 11 月，哈萨克斯坦通过了“语言政策构想”。构想强调，国家鼓励公民在学好国语的基础上掌握两种或两种以上的民族语言。在土库曼斯坦，根据总统倡议，制订了“语言发展计划”，一方面强调了土库曼语的主体地位，另一方面也注意到对其他民族语言自由发展的保障。乌兹别克斯坦总统卡里莫夫提出制定和推行民族和睦政策三原则，即国家的民族政策应当首先保护人权，不允许损害少数民族的权利；民族政策的战略方针是用建设性的方法解决民族矛盾；发展国家经济应符合居住在本国境内各族人民的利益。

第五，对极端民族主义势力给予坚决打击，遏制分离主义思想蔓延。哈萨克斯坦总统纳扎尔巴耶夫认为，政治稳定与族际关系和谐是建立民主和法治国家的重要条件，为了哈萨克斯坦的发展和繁荣，为保障全体公民的幸福和自由，必须关心民族团结。哈萨克斯坦将坚定不移地实行民族和谐政策，坚决打击极端民族主义，不允许挑起民族仇视情绪，将依法惩治煽动极端民族主义的人。①

① 陈联壁：《中亚五国的民族关系问题》，《世界民族》2001 年第 2 期。

卡里莫夫总统在谈及面向21世纪乌兹别克斯坦的国家安全与进步保障问题时说：极端民族主义对国家安全、民族安全、中亚地区安全和全球安全已构成威胁，必须坚决反对极端民族主义，为此，要使国家利益和各民族公民利益相协调，采取一切必要措施，防止民族矛盾转化为对抗矛盾，国家要实行体现各民族利益的政策，促进各民族和睦相处，建立和谐的民族关系。吉尔吉斯斯坦宪法规定："破坏各族人民共同和平生活的行为、鼓吹和煽动民族间仇视情绪都是违反宪法的。"土库曼斯坦把任何损害民族利益的行为看成重大的刑事犯罪，煽动民族不和被认为是反对社会的最严重罪行之一。国家将对那些玩弄部族感情和民族主义的人依法严惩不贷。[①] 打击极端民族主义、遏制民族分立主义的势头是中亚各国政府十分重视并长期坚持的基本政策。

第六，中亚各国政府历来重视协调和加强与邻国合作，努力消除导致族际关系紧张的外部因素。如塔吉克斯坦独立初期爆发内战之后，哈萨克斯坦、乌兹别克斯坦、吉尔吉斯斯坦、塔吉克斯坦和俄罗斯的领导人多次会晤，商讨塔吉克斯坦民族和解事宜，采取防范措施并组建了维和部队，帮助塔吉克斯坦尽快完成民族和解进程。乌兹别克斯坦总统卡里莫夫认为，任何民族的团结，其中包括乌兹别克族的团结，都表明他们同居住在其他主权国家包括中亚各主权国家的兄弟民族具有紧密的相互关系。乌兹别克斯坦还提出了"突厥斯坦——我们的共同家园"的口号，希望以此推动中亚地区各族人民相互关系的正常化进程。

为缓和俄罗斯人与当地民族的矛盾，土库曼斯坦、塔吉克斯坦政府都认可本国的俄罗斯族可以拥有双重国籍。哈萨克斯坦虽未明确规定境内俄罗斯族拥有双重国籍，但1995年年初，哈、俄两国签署《哈俄关于哈常住俄罗斯的公民和俄常住哈的公民的法律地位条约》《哈俄关于简化申请到对方常住手续的协议》等文件，解决了俄、哈两族向对方移民的国籍问题，即居住在俄境内的哈萨克人和居住在哈境内的俄罗斯人可自由向对方国家迁徙，并应顺利得到对方的国籍。吉尔吉斯斯坦政府在其境内俄罗斯人的双重国籍问题上也做出让步。此外，根据吉俄友好合作互助条约中的有关条款，由俄罗斯资助的比什凯

① 陈联璧：《中亚五国的民族关系问题》，《世界民族》2001年第2期。

克斯拉夫大学招收斯拉夫民族学生，以解决讲俄语居民子女入学难的问题。中亚国家的这些措施，比较有效地缓和了俄罗斯族与中亚各国主体民族之间的矛盾。

三　中亚国家当前面临的民族问题挑战

第一，独立后新主体民族与非主体民族之间由于各种问题在本国内部形成的新矛盾。独立前，中亚各国的五大民族很难真正被称为主体民族，这些民族在历史上曾经受到沙俄压迫。在苏联时期，其民族地位已经得到提高，经济、文化有长足发展，但在大俄罗斯主义影响下，这些民族在精神上仍受压制。中亚国家独立后，这些民族转变成国家真正的主体民族，政治、经济和社会地位得到极大提高。以此为背景，民族主义作为国家认同的重要杠杆，被不自觉地运用到了国家重构的进程中，随着主体民族的民族主义意识不断被强化，主体民族与其他民族，特别是与俄罗斯民族的关系受到冲击。各国新宪法都把本国主体民族的语言定为国语，主体民族的文化复兴运动在各国方兴未艾，去俄语化、“去俄罗斯化”的各种措施也纷纷出台。连政府部门公职人员的任命都明显倾向于使用主体民族人士。例如，各国宪法均明确规定，只有熟练掌握国语（即主体民族语言）的公民才有资格成为总统候选人。中亚各国现任总统均来自主体民族。1995 年，吉尔吉斯斯坦新议会前两轮选出的 78 名议员中，吉族议员占近 90%（而吉族在全国总人口中只占 52.4%），俄罗斯族议员只占 6%（当时俄族占全国总人口的 20.9%）。据媒体报道，哈萨克斯坦国家机关、议会、法院、检察院、国家安全部门、海关、税务部门、银行机构以及科学、医疗、文化、地方自治机构关键岗位的负责人约 80% 以上由哈族人士担任，远远高于哈族在国内所占的人口比例。

应该说，中亚各国主体民族表现出的民族主义情绪上升，有其历史背景和国家建构的实际需要，但是如何把握度的问题，成为影响主体民族与其他民族关系的重要因素，若把握不好这个度，极易引起新的民族矛盾，当前，中亚国家已经存在这种问题。哈萨克斯坦在 20 世纪 90 年代中期做出迁都决定，在某种程度上就是考虑到把政治中心北移到接近俄罗斯族集中居住的北部，以消解当地俄罗斯族的离心主义倾向。

第二，由于种种原因，中亚各国或多或少存在地区经济发展水平失衡的问题，由此引发了民族和部族矛盾。例如，独立初期，哈萨克斯坦的20个州和直辖市中，俄罗斯族在北、东、中部的7州1市（原首都阿拉木图）占多数（近年来已经占少数）。据1992年官方统计，在阿拉木图市，俄罗斯人占68%，在东哈萨克斯坦州占64.8%，北哈萨克斯坦州占61.8%，而在南部几个州，哈萨克人占多数。在俄罗斯人居住相对集中的地区，一些民族主义分子向当局公开提出实行联邦制的政治诉求，甚至提出将北部某些州划归俄罗斯的要求。哈萨克斯坦当局坚决抵制了哈境内的民族分立主义倾向，并采取了相应措施。在吉尔吉斯斯坦，历史上北部地区经济（斯拉夫族居民相对集中）一直比南部地区经济（吉尔吉斯族和乌兹别克族居民较为集中）发达。独立后，南北地区之间的经济差距呈进一步拉大态势，南部地区的就业压力更大，贫困人口更多，南北方之间的对立情绪更趋明显，而且在南部地区的吉尔吉斯族和乌兹别克族也经常为了争夺资源而发生流血冲突。在塔吉克斯坦，同样存在南北差距问题。该国南部哈特隆州和东南部的戈尔诺－巴达赫尚自治州一直是是该国经济落后地区，主要居民为塔吉克族，而北方的列宁纳巴德州在历史上经济基础最好，工农业生产相对发达，居民生活较为富裕，该国的乌兹别克族主要集中在这个州。苏联时期，塔吉克的领导人主要由北方产生。独立初期的内战中，南方地区成为反对派根据地，而北方地区则全力支持共和国政府。土库曼斯坦也存在类似的民族或者部族矛盾。

第三，中亚各国主体民族之间的关系存在矛盾。中亚国家主体民族之间的关系一定程度上反映了中亚国家之间的关系。在苏联解体的进程中，随着中亚国家独立，主体民族的民族意识显著增强，随着民族传统文化复兴，以及主体民族对于重建独立国家的实际需要，各主体民族开始把本民族的命运与国家前途密切联系起来。同时，各主体民族在强调发展各自国家的同时，与其他国家之间的差异也越来越明显，主体民族之间的差异性也随着国家实力的改变而变得越来越大。这不仅在心理上改变了主体民族之间的关系，而且对中亚各国之间的关系产生了直接影响。[①] 这种矛盾在相邻的有跨界民族的国家之间尤其

① 张新平：《地缘政治视野下的中亚民族关系》，民族出版社，2006，第73～75页。

明显。2010 年 6 月 11 日凌晨，居住在吉尔吉斯斯坦南部城市奥什的吉尔吉斯族与乌兹别克族居民之间爆发武装冲突。此后一周，大屠杀、抢劫与焚烧住房的事件接连不断。骚乱很快蔓延至奥什州和相邻的贾拉拉巴德州的一些地区，之后，政府在这些地区实行宵禁。根据官方数据，吉国南部冲突期间的遇难者人数超过 290 人。据一些国际组织称，从吉尔吉斯斯坦逃至乌兹别克斯坦境内的难民约有 11 万人。[①] 近年来吉尔吉斯斯坦与乌兹别克斯坦之间出现的一些外交纠纷，时常与跨界民族之间的就业、自然资源之争等问题密切相关，如何完成跨界民族之间的国家认同问题，是困扰中亚各国政权的一大难题。

第四，独立以来，泛突厥主义的兴起，对中亚国家的国家认同与政治稳定造成了消极影响。中亚国家独立后，在境外泛突厥势力的影响和推动下，泛突厥主义思潮有所表现。其一，各种具有泛突厥主义性质的组织开始恢复活动。独立初期，哈萨克斯坦的“解放党”以及阿拉木图的“全苏突厥文化中心”，乌兹别克斯坦的“乌兹别克民主党”以及“统一人民阵线”和“团结会”等积极展开活动，这些组织被认为具有泛突厥主义色彩。哈萨克斯坦民族主义组织“阿拉什”声称要恢复突厥和伊斯兰传统，把泛突厥思想、伊斯兰教和民主相结合，主张建立一个从土耳其到俄罗斯符拉迪沃斯托克（海参崴）的“大土耳其斯坦”，成立“独立的突厥国家联邦”。其二，泛突厥主义的宣传刊物增多，广泛宣传泛突厥主义思想。20 世纪 90 年代初，《阿拉木图报》曾刊文公开号召“成立包括苏联和中国所有操突厥语民族在内的突厥斯坦，或伊斯兰共和国”。乌兹别克斯坦的“团结会”曾要求建立突厥语民族联盟或中亚穆斯林联盟。“全苏突厥文化中心”则声称该中心的任务是“从精神和文化上振兴原苏联地区的突厥人”。其三，中亚国家领导人出于加强民族认同和调整国际关系的目的，对泛突厥主义并不反对，甚至有所支持。独立初期，哈萨克斯坦为了重新安排与周边国家关系，其领导人曾表态不排除组建“突厥联盟”的可能性。[②]

---

① 《哈萨克斯坦总统称吉国民族冲突影响整个中亚安全》，http：//world. huanqiu. com/roll/2010 - 06/891329. html。

② 丁宏：《中亚五国民族文化综论》，民族出版社，2003，第 176 ~ 178 页。

第五节　宗教问题与社会稳定

一　苏联治下的中亚地区宗教状况

中亚各族人民的宗教信仰历史悠久，演变也十分复杂。但是苏联时期的宗教政策对独立后中亚国家的宗教形势变化产生了直接和重要的影响。因此，在讨论中亚宗教问题缘起时，至少应从苏联时期的中亚宗教状况谈起。

十月革命后，苏联党和政府根据国家性质的变化立即着手制定并执行一系列不同于沙皇俄国时期的新的宗教政策。1917 年 11 月 15 日，由列宁和斯大林联合签署的《俄国各族人民权利宣言》指出："废除任何民族的和民族宗教的一切特权和限制。"1917 年 12 月 3 日，人民委员会颁布的《告俄罗斯和东方全体穆斯林劳动人民书》宣布，苏俄境内穆斯林的信仰和习惯是"自由的和不可侵犯的"，穆斯林人民可以"自由地、无阻碍地"安排自己的民族生活。1918 年 1 月 23 日，人民委员会颁布《关于教会同国家分离和学校同教会分离》的法令规定："每个公民都有权信奉或不信奉任何宗教。"规定要保障举行宗教仪式的自由，但以不破坏社会秩序和不侵犯苏维埃共和国公民的权利为限。1918 年 7 月 10 日通过的俄罗斯苏维埃联邦社会主义共和国第一部宪法重申，为保障劳动者享有真正的信仰自由，实行教会与国家分离，学校与教会分离，并承认全体公民都有进行宗教宣传与反宗教宣传的自由。1919 年 3 月俄共（布）八大决议强调："对任何借口传教而进行反革命宣传的企图都应加以制止。"决议指出，苏维埃俄国承认一切公民都有信教的充分自由，"绝不允许对这种权利加以任何限制甚至在宗教问题上有丝毫强制行为。侵犯信仰自由和阻碍一切信教公民做礼拜，应当受到严厉处分"。

20 世纪 20 年代，中亚广大穆斯林居民在享受宗教信仰自由、接受无神论教育和提高政治思想觉悟的同时，坚决打击敌视和反抗苏维埃政权的一切宗教势力。总体来看，苏维埃政权建立后的头十几年，苏联的宗教工作取得了一定成绩，对于巩固苏维埃政权、维护人民宗教信仰自由发挥了积极作用。

但是，苏联党和政府并没有很好地理解和执行既定的宗教政策，随着意识形态领域的斗争加剧，当局对作为不同世界观的宗教进行了打压，甚至视其为阶级斗争和敌我矛盾，因此在宗教政策上逐渐偏离了正确轨道。20世纪20年代末，随着肃反的进行，在宗教领域也开始掀起残酷斗争。一方面，国家镇压了反对苏维埃政权的部分宗教势力，另一方面也对伊斯兰教实行压制政策，努力削弱伊斯兰影响。例如，关闭了大量清真寺和一些宗教设施，对神职人员和普通教徒进行迫害，对穆斯林群众的正常宗教活动进行限制。从1928年到1933年，全苏共关闭了清真寺1万座、穆斯林小学1.4万所、伊斯兰教神学院500所。1930年，所有寺院的不动产全部被没收。在肃反过程中，还对穆斯林神职人员和宗教界知识分子加以不同形式的迫害。

二战期间，苏联面临德国法西斯的疯狂进攻，广大穆斯林群众以高涨的爱国热情参与到这场伟大的卫国战争中。为了动员广大穆斯林群众支援战争，参与战争，苏联政府对宗教政策进行了新调整，对宗教活动进行了松绑，重新开放了一部分宗教活动场所，中亚地区的清真寺数目在此期间有大量增加。

二战后，特别是赫鲁晓夫执政期间，政府又加强了对宗教工作的控制和管理，并采取了各种方式全面加强无神论宣传。当时的政策主要有：第一，责成包括中亚共和国在内的各加盟共和国党中央、苏共各边疆区和州委会加强对“反宗教残余斗争”的管理，大张旗鼓地开展无神论宣传教育，特别强调要对所谓某些囿于宗教信仰和偏见的最落后的居民做宣传工作；第二，动员各界力量，运用各种手段，进行无神论教育，号召专家学者、大中学校教员、医生、作家、新闻工作者以及人文科学、农业和医学院校学生都参加无神论宣讲工作，同时利用电影、电视、广播、书刊以及博物馆、天文台等舆论工具宣传科学知识，破除宗教迷信；第三，加紧培养进行无神论教育的干部和工作人员，各高校都把《科学无神论基础》列为必修课，苏共中央高级党校、中央团校，也都开设这一课程；第四，设立无神论科研机构，苏共中央决定，在苏共中央社会科学院建立科学无神论研究所，负责研究、探讨有关无神论教育的迫切问题；第五，督促检查国家关于宗教法律的执行情况，宗教法律执行检查委员会在劳动者代表苏维埃的区（市）执委会领导下积极开展工作；第六，惩处违反宗教法律的分子及其活动。1959年5月，乌、土、吉、塔等中亚共和国分别通过的刑法典规定：以鼓动居民群众搞宗教迷信并以获得某种物质利益为目的而进行宗教欺骗活动者，将被判处3年以下的徒刑；为了清真寺、教会和其他宗教团体和宗教组织，或某些宗教神职人员的利益而强迫募捐以及强迫举行宗教仪式者，将被判处1年以下的徒刑，或者6个月以下的劳动改造，或者200卢布以下的罚款。此外，1959～1964年，苏联关闭了城乡大部分清真寺，致使全苏清真寺数目由1500座左右急剧下降到300～400座。

勃列日涅夫执政时期，随着对民族与宗教理论的调整，苏联政府对宗教团体和宗教活动的限制开始放松。在此背景下，20世纪60年代中期至80年代初，中亚地区宗教势力的活动趋于活跃。主要表现有：一是清真寺数量、宗教信徒人数均有所增加，据报道，1976年中亚有143座清真寺，可供2700万名穆斯林使用，到1979年，该地区有200座大清真寺和为数不详的小清真寺；二是青少年信教人数日益增多，勃列日涅夫时期，苏联政治空气凝固，经济停滞，青少年对政治的关心程度下降，一些人开始追求和沉湎于物质享受，精神空虚，一些人开始接受宗教思想，参加宗教活动；三是共青团员和共产党员中放弃共产主义信仰转而信教者增多，在中亚地区信奉伊斯兰教的情况更为普遍。

戈尔巴乔夫执政期间，中亚地区的宗教势力和宗教活动呈迅速发展之势。其主要表现是：其一，各地开始大量修复和新建宗教场所，哈萨克斯坦1990年开放87座清真寺，1991年增至150座，中亚地区伊斯兰教大学也由1985年的1所增至1991年的9所，加上其他经学院，传授伊斯兰教的学院一共增至25所；其二，宗教团体数目明显增多，据苏联宗教事务委员会公布的数字，1985年全苏只有2个伊斯兰宗教团体登记，而到1989年9月已有202个伊斯兰宗教团体登记；其三，恢复宗教礼仪活动，塔吉克斯坦1988年恢复了葬礼中的80种仪式，1990年10月1日苏联通过的《关于信仰自由和宗教组织法》，宣布开斋节、宰牲节和那吾鲁孜节为公休日，中亚穆斯林去沙特阿拉伯麦加朝圣的人数显著增多，从1989年的25名增至1991年的4000多名；其四，翻译出版大量宗教书籍，在报纸上刊载《古兰经》语录；其五，吸引青少年参加宗教活动；其六，组建宗教政党，继1990年6月在俄罗斯阿斯特拉罕市成立全苏伊斯兰复兴党之后，在中亚地区也出现了该党的基层组织，其中塔吉克斯坦伊斯兰复兴党有众多成员，已成为该共和国一支重要的政治力量，与此同时，还出现了大量秘密祈祷场所，有的神职人员不仅煽动宗教情绪，还公然号召进行“圣战”，以推翻当时苏联的国家制度。这种情况曾引起苏联领导人的严重不安。1986 年 11 月 25 日，戈尔巴乔夫在塔什干发表讲话，要求中亚各共和国开展“一场富有成效的、不妥协的反对宗教复兴的斗争，发动群众性的无神论宣传”①。

从内部因素说，中亚伊斯兰教的复兴是该地区穆斯林对苏联宗教工作方面严重错误反弹的结果。前已述及，十月革命胜利初期，苏联宗教工作曾取得过一定成绩。但从 20 世纪 20 年代末期起，苏联党和政府对宗教组织和宗教活动采取简单粗暴的压制手段，特别是 20 世纪 30 年代肃反扩大化，更伤害了一些神职人员和普通教徒。卫国战争后，特别是赫鲁晓夫时期继续采取限制和压制的宗教政策。这一切曾引起一些穆斯林的不满和反抗。戈尔巴乔夫推行新思维，提倡“民主化”“公开性”，致使国内政治势力空前活跃，各种思潮泛滥，出现了数以万计包括宗教政党在内的非官方组织，形成多元化局面。1990 年 10 月 1 日苏联最高苏维埃通过了《关于信仰自由和宗教组织法》，从法律上取消了对宗教的种种限制，使各种宗教活动公开化、合法化，为伊斯兰教复兴提供了良好条件的和难得的机遇。

从外部因素来说，自 20 世纪 70 年代以来世界范围内伊斯兰运动的兴起，特别是 1979 年伊朗伊斯兰革命的爆发和胜利，霍梅尼原教旨主义的传播，对与伊朗接壤的中亚国家的伊斯兰氛围的加重起到推波助澜的作用。1989 年，乌兹别克斯坦穆斯林高呼“霍梅尼万岁！”的宗教口号走向街头，就是一个例证。1979 年 12 月 27 日，苏联 10 多万军队侵入其邻国阿富汗，受到阿富汗穆斯林游击队的顽强抵抗。他们在伊斯兰“圣战”的旗帜下，与苏军展开了长达 10 余年的战争，这对中亚伊斯兰教的复兴也起到促进作用。苏联学者认为，对阿富汗“圣战”者越来越多的同情感以及对入侵阿富汗的苏军进行伊斯兰“圣战”的思想在中亚穆斯林地区传播得越来越广泛，“成为穆斯林地区，而首先是中亚伊斯兰教复兴的最重要的促进因素之一”。此外，其他伊斯兰国家对中亚穆斯林的支持、帮助无疑也促进了该地区伊斯兰教的复兴。据报道，

---

① 丁宏：《中亚五国民族文化综论》，民族出版社，2003，第 176 ~ 178 页。

1989 年沙特阿拉伯一次免费向中亚赠送 100 万册《古兰经》。沙特阿拉伯还对来自中亚的朝觐者全部免费提供食宿，并免费接收中亚的大批留学生。

二　中亚五国独立后的伊斯兰教与宗教政策

1991 年 12 月，中亚五国先后宣布独立，该地区的宗教组织和宗教活动有了更大发展。信教人数、宗教团体和清真寺数目猛增。苏联解体时，中亚五国有清真寺 160 座，到 1993 年已增至 5000 座。其中，塔吉克斯坦新增清真寺数量最多，也反映出该国伊斯兰教复兴速度之迅猛。该国清真寺由 1989 年的 70 座猛增到 1992 年的 2870 座。在哈萨克斯坦，苏联时期唯一保留的清真寺被修葺一新，还新建了 10 多座新的清真寺。目前，哈萨克斯坦境内的清真寺已由独立前的数 10 座增至数千座。该国目前已经有上千个宗教团体和组织。吉尔吉斯斯坦的情况也类似。苏联时期，吉尔吉斯共和国仅有清真寺 20 座左右，独立后的数年间，清真寺已经发展到接近 2000 座。由于教徒增加，以及清真寺数量迅速上涨，伊斯兰教神职人员显得十分紧缺。据吉尔吉斯斯坦媒体披露，独立初期，仅吉尔吉斯斯坦南部的奥什州就开办了 1000 多座清真寺。每座清真寺都需要 2～3 名神职人员；各类学校以及各种社会组织和团体也都需要懂得宗教的职员。在奥什国立大学，神学专业受到学生们的青睐而成为热门专业，往往由数个考生竞争一个录取名额。在这种情况下，奥什州和贾拉拉巴德州先后开办了好几所私立中等神学校，在奥什、阿拉万等城市也都建立了伊斯兰宗教学校。① 在塔吉克斯坦，伊斯兰复兴党直接干预社会生活，曾一度成为在该国具有颇大影响，甚至能左右国家形势的一支重要政治力量。

首先，苏联解体、苏共解散导致中亚各国在短期内形成意识形态真空，人们一时难以找到可以替代的其他价值观，于是传统的和现成的伊斯兰价值观便很便利地成为替代品。20 世纪 90 年代初，中亚国家的一些知识分子认为，东方的马列主义不可以信仰了，西方的意识形态也不适合中亚国家，只有本民族传统的伊斯兰教可以信仰。于是，这些人由从前信仰共产主义转而信仰伊斯兰教。

---

① 吴宏伟：《中亚地区宗教的复兴与发展》，《东欧中亚研究》2000 年第 1 期。

其次，由于苏联解体，各加盟共和国之间的传统经济联系遭到破坏，中亚各国很快陷入“转型期经济危机”中，居民生活水平明显下降。与此同时，独立头几年社会出现政治斗争热潮与混乱，各种犯罪充斥社会，族际矛盾激化，腐败现象层出不穷，有的国家还出现了政治动荡甚至战争。看不到前景的民众陷入思想混乱，于是一些民众开始把精神寄托转向宗教；还有一些失业者消极、悲观，选择走进清真寺。

最后，中亚国家领导层从构建民族认同、文化认同的目的出发，同时为了巩固政权，在一定程度上支持了伊斯兰教的复兴。尽管中亚国家独立后普遍建立了世俗化国家政权，宪法明文禁止宗教干预政治，但是，随着伊斯兰运动在全球范围内的复兴，中亚伊斯兰教复兴进程加快，伊斯兰教对社会政治生活的影响也在日益加强。塞缪尔·亨廷顿写道：“在前共产主义国家，宗教的普遍存在和现实意义是不言而喻的。宗教复兴席卷了从阿尔巴尼亚到越南的许多国家，填补了意识形态崩溃后留下的空隙。”“与东正教在斯拉夫共和国复兴的同时，一场伊斯兰复兴运动席卷了中亚。1989 年，中亚有 160 座清真寺和一所伊斯兰神学院，到 1993 年有大约 1 万座清真寺和 10 所神学院。尽管这场复兴涉及一些原教旨主义的政治运动，并得到来自沙特阿拉伯、伊朗和巴基斯坦的外界鼓励，但它基本上是一场基础极其广泛的、主流的文化运动。”①

中亚伊斯兰强势复兴与中亚各国政治精英的刻意引导相关联。的确，独立初期，中亚各国刚刚放弃旧有意识形态，新的意识形态尚未得到确立和巩固，因而，拥有广泛民众基础的伊斯兰教极为方便地被中亚各国民族所认同。独立不久，刚刚放弃无神论的中亚各国领导人便纷纷前往伊斯兰圣地麦加朝觐，充分表明了当时中亚地区伊斯兰教复兴不仅具有深厚的社会基础，而且政治家的推动也起到了很重要的作用。关于伊斯兰教复兴的作用，土库曼斯坦已故总统尼亚佐夫写道：“我们的祖先皈依伊斯兰教之后，更加深化了效忠一个可汗、一个国王的传统。听从族长的意见，把他们公正的国王和可汗看成真主在人间的代理人。”“土库曼人民把伊斯兰教提高到新时代的水平。”② 不言而喻，伊

① 〔美〕塞缪尔·亨廷顿：《文明的冲突与世界秩序的重建》，新华出版社，2010，第 77 页。

② 〔土〕撒帕尔穆拉特·土库曼巴什（萨帕尔穆拉特·阿塔耶维奇·尼亚佐夫）：《鲁赫纳玛》第 2 部，土库曼斯坦国家出版局，2006，第 218 ~ 219 页。

斯兰传统文化中某些与权力分配有关的价值观完全契合了当下世俗政权精英集团的政治需要。

乌兹别克斯坦总统卡里莫夫也在其著作中批驳宗教的消极作用，强调国家一方面应该反对宗教狂热，遏制宗教原教旨主义，另一方面认可宗教能增强人们的信念，净化信教者心灵，给予他们经受生活考验、解决和克服困难的力量，而这有时是保存全人类精神财富的唯一形式。因此，卡里莫夫指出：应该尊重教徒的宗教感情，承认宗教信仰是公民本身的事情，保障信教和不信教公民权利平等，不允许迫害他们；必须寻求同各宗教团体对话的道路，以便把它们的潜力用于宗教复兴和确立全人类道德价值的事业，但不允许把宗教用作破坏性的目的。中亚国家都很重视那吾鲁孜节、开斋节、古尔邦节等伊斯兰宗教节日。每逢这些节日，国家领导人一般都要发表讲话，以示祝贺。这些言论、主张和做法无疑迎合了广大穆斯林的心理，博得他们的好感和支持。这也在一定程度上促使伊斯兰教的活跃与复兴。

从外界因素来看，中亚地区伊斯兰教强势复兴，与地区外伊斯兰教思想积极渗透有密切关系。众所周知，中亚国家地缘战略位置十分重要，拥有丰富的自然资源，特别是石油、天然气和有色金属等矿物资源。中亚国家独立后，不仅全球大国，而且地区大国纷至沓来，对中亚展开利益角逐。作为邻国，伊朗、土耳其、巴基斯坦和阿富汗等伊斯兰国家均对中亚国家施加影响，西亚北非的其他伊斯兰国家如沙特阿拉伯、科威特和埃及也争相走进中亚地区。中亚国家独立之初，伊朗就密集派出政府要员访问中亚，向它们提供经援，并开放边界，联通航空、公路和铁路，同时还拨出巨款帮助中亚各国发展伊斯兰教育，援建清真寺，鼓励这些国家的人员到伊朗学习、深造。塔吉克斯坦在民族、宗教和语言方面与伊朗接近，所以伊朗对它更情有独钟。伊朗 1992 年 1 月第一个在塔首都杜尚别设立大使馆。它决定每年出资捐助 370 名塔吉克斯坦穆斯林学生到国外学习伊斯兰教知识，帮助塔吉克斯坦建造清真寺、经学院，并免费运送赴麦加朝觐的塔吉克斯坦穆斯林[①]。作为地区大国的土耳其在与中亚各国积极开展经贸合作的同时，也热心为这些国家的伊斯兰复兴运动提供支

① 丁宏：《中亚五国民族文化综论》，民族出版社，2003，第 184～185 页。

持。土耳其特地从国内派出古迹维修队帮助施工，耗资1700万美元，为哈萨克斯坦修复了位于哈境内突厥斯坦的雅萨维陵墓和清真寺。埃及也加入了支援中亚国家伊斯兰教复兴的行动，1993年，埃及宗教部部长访问哈萨克斯坦时，双方商定埃及出资1000万美元为哈建立伊斯兰文化中心，包括伊斯兰大学以及可容纳2000人的清真寺、图书馆、宾馆、会议厅和宿舍。

中亚国家从维护、巩固独立地位和恢复、发展经济利益出发，也主动向伊斯兰世界靠拢。1992～1995年，吉、土、塔、哈先后加入了伊斯兰会议组织；1992年2月，中亚五国加入了伊朗、土耳其和巴基斯坦三国发起成立的中亚西亚经济合作组织。同时，中亚各国同伊朗、土耳其、巴基斯坦和沙特阿拉伯等伊斯兰国家积极发展双边关系。值得一提的是，1992～1994年，土、乌、哈三国总统分别应邀访问了沙特阿拉伯，并专程赴麦加朝觐，到麦地那拜谒伊斯兰教创始者穆罕默德的陵墓。应该说，中亚国家和伊斯兰世界的主动接近，大大加快了伊斯兰教思想向中亚地区的输入，为该地区伊斯兰教复兴起到推波助澜的作用。

从另外一个角度看，也不可高估中亚国家伊斯兰教复兴的程度及其影响，对此必须客观评价。

第一，伊斯兰教复兴运动对中亚五国的影响并不相同，有些国家伊斯兰教气氛相对比较淡薄。这既与伊斯兰教传入各国的时间有关，也与各民族的生活习俗有关。众所周知，伊斯兰教是从阿姆河和锡尔河之间的河中地区逐渐传入整个中亚地区的。因此，地处中亚南部的塔吉克斯坦、乌兹别克斯坦的居民受伊斯兰教的影响较早也较大。由南向北，伊斯兰教的影响越来越弱。伊斯兰教传入中亚大国哈萨克斯坦要比传入塔吉克斯坦晚一个世纪。而且，塔吉克人和乌兹别克人多为定居，从事农业生产；而哈萨克人、吉尔吉斯人、土库曼人则多从事牧业。因此，哈萨克斯坦、吉尔吉斯斯坦等国的伊斯兰教气氛并不浓厚。很多自称为“现代穆斯林”的哈萨克斯坦青年人既未读过《古兰经》，也未做过礼拜，对伊斯兰教的教规、教法知之甚少。哈萨克斯坦北部几个州是俄罗斯人相对集中的地区，当地东正教的影响大于伊斯兰教。而吉尔吉斯斯坦的居民则认为自己“从来就不是虔诚的伊斯兰教徒”。而且由于地区不同，吉尔吉斯斯坦居民的伊斯兰教信仰程度也不一样。费尔干纳盆地和阿赖山区的吉尔吉斯族人受伊斯兰教的影响程度深一些，而楚河、伊塞克湖和塔拉斯州的吉尔吉斯族人的伊斯兰化程度就较低。

第二，中亚各国在苏联时期受世俗化的影响很深，加之独立后实行政教分离制度，削弱了中亚国家伊斯兰教复兴的势头。在苏联统治的70年间，中亚各共和国居民在政教分离的宗教总体政策和无神论教育影响下，宗教观念已普遍淡化。中亚各国独立后颁布的新宪法明文规定，国家保证信仰自由，公民不分种族、民族和宗教信仰，都享有平等的权利和自由。宪法同时还规定了世俗国家原则，即宗教与政权相分离，教会不得行使国家职能，不得干预国家事务的原则。有的国家还明确规定不得建立宗教性质的政党，宗教组织不得追求政治目的和任务，等等。应该指出，中亚国家独立后的宗教复兴，是对历史上长期受宗教压制的自然反弹，是民族复兴的组成部分。目前，这种宗教复兴尚未超出中亚各国政府可驾驭和可控制的范围。各国领导人都从维护本国政治稳定的目标出发，对宗教原教旨主义持否定、抵制、打击的态度。中亚各国的年轻人对现代化进程和现代生活方式更有好感，对保守落后的原教旨主义普遍持反感立场，不能接受宗教原教旨主义的清规戒律。这些情况也遏制了伊斯兰教特别是宗教原教旨主义的渗透与传播。

第三，周边伊斯兰世界对中亚国家施加的宗教影响十分有限。伊斯兰国家多属第三世界，经济实力相对落后，不可能给中亚国家提供更多的经济援助，在发展模式和生活理念方面也对中亚国家缺乏吸引力。而且，伊斯兰国家之间也存在种种矛盾，它们在中亚地区相互竞争，抵消了其对中亚的文化影响，其中包括宗教影响。此外，参与中亚地区利益博弈的西方国家以及俄罗斯等独联体国家也从自身利益出发，抵制当地和外来宗教势力在中亚地区的渗透，严密防范中亚国家宗教原教旨主义的传播。大国向中亚国家施加的影响对伊斯兰教在中亚地区的进一步发展无疑发挥了屏障作用。

三　泛伊斯兰主义的崛起及其对稳定的影响

泛伊斯兰主义最早出现于19世纪中期的西亚，其创始人是出生于伊朗、曾任阿富汗大臣的哲马路丁·阿富汗尼（1839～1897年）。他最早提出泛伊斯兰主义并传播其思想。他主张全世界的穆斯林联合起来组建一个统一实体，以实现伊斯兰世界的复兴，使伊斯兰世界成为能够与西方势力特别是与基督教国家相抗衡的力量。最早接受并鼓吹泛伊斯兰主义的政治人物是奥斯曼帝国苏丹阿布杜勒·哈米德二世（1842～1918 年）。奥斯曼帝国曾经是一个横跨欧、亚、非的军事强国，16 世纪达到高峰。但自 18 世纪起，奥斯曼面临内忧外患，国力渐渐衰退并趋于解体。在此背景下，哈米德二世接受了阿富汗尼的泛伊斯兰主义，开始鼓吹所有信仰伊斯兰教的民族联合成一个由奥斯曼帝国苏丹统一领导和管理的国家，以抵制各地纷纷崛起的民族主义，以此加强王权，阻止帝国分崩离析。他指望以泛伊斯兰主义为纽带联合全世界穆斯林对抗西方势力。

在这一历史时期，泛伊斯兰主义思潮在世界许多地方兴起。其中，在沙俄统治下的中亚地区，泛伊斯兰主义思潮也得到传播并逐渐活跃。生活在俄国的穆斯林在彼得堡和喀山两个城市创办了宣扬泛伊斯兰主义的刊物，布哈拉的艾米尔亲自领导当地的泛伊斯兰运动；奥斯曼帝国还以办报、布道、朝觐、组织宣讲团等方式对该思想进行广泛宣传，号召全世界穆斯林民众对西方特别是欧洲进行“圣战”。奥斯曼帝国苏丹还曾派遣代理人到中亚一些地区招募穆斯林进行培训，以培养“圣战”骨干。

原教旨主义是指按伊斯兰最初教旨变革现实社会的一种复古的神权思潮，以及随之而来的反对世俗化、反对西方化、推行社会全面伊斯兰化的运动。当代原教旨主义者认为，一切有悖于伊斯兰原则的制度和政权，都是对真主的玷污和对《古兰经》的亵渎，必须抛弃现代法规，主张依照伊斯兰教法和宗教领袖的解释制定国家政策、法律、宗教规范和社会准则。原教旨主义者称，真主已授权一切虔诚的穆斯林在需要时使用暴力向伊斯兰教的叛徒和异教徒发动“圣战”，甚至夺取国家政权，建立政教合一的国家制度。

伊斯兰教传入中亚地区已有 1000 多年的历史，中亚居民绝大部分是伊斯兰教徒，伊斯兰教的思想、传统、习俗和礼仪已溶入中亚居民的社会、文化生活之中。中亚国家独立后，随着国际和地区格局的变化，泛伊斯兰主义，尤其是宗教原教旨主义思潮在该地区逐步活跃。各国教徒数量大大增加，教派五花八门，这为该地区泛伊斯兰主义，特别是原教旨主义的滋长和蔓延提供了土壤。

早在1990年6月，在俄罗斯阿斯特拉罕市就由穆斯林成立了具有宗教原教旨主义性质的政党——伊斯兰复兴党。该党在中亚五国都建立了基层分支机构。其中，塔吉克斯坦伊斯兰复兴党在成立初期有成员7万人，日后逐渐成为该国一支重要的政治力量。据该党主席穆罕默德·沙里夫·希马托夫称，该党的宗旨是：捍卫伊斯兰教，复兴穆斯林的宗教意识，维护穆斯林的权利；推翻社会主义制度，确立神权的统治地位，使伊斯兰教成为国教，按照伊斯兰教规和法律生活。

苏联时期，由于塔吉克共和国宪法禁止建立宗教性质的政党，所以该党当时尚处于半地下状态，从事秘密宗教活动。随着塔吉克斯坦政治形势的变化，伊斯兰复兴党的势力逐渐扩大和加强。1991年“8·19”事件后，伊斯兰复兴党锋芒毕露，它联合塔吉克斯坦民主党、复兴党、人民运动作为反对派与政权进行斗争，迫使政权在一个多月时间内3次更换政府最高领导人。面对以伊斯兰复兴党为骨干的反对派的压力，当时的塔吉克斯坦总统纳比耶夫步步退让，随后该国爆发内战。以拉赫蒙为首的塔政府和反对派曾进行多次谈判，都以失败而告终。双方的重要分歧在于，以拉赫蒙总统为首的政府当局主张，塔吉克斯坦应成为民主、法治的世俗国家，实行政教分离，把非伊斯兰化作为基本国策，而伊斯兰复兴党则要求在塔吉克斯坦建立政教合一的伊斯兰国家。直到1997年5月，经过多方调解和艰苦谈判，各方才达成民族和解协议。当时，在中亚地区具有浓厚泛伊斯兰主义和宗教原教旨主义色彩的政党组织还有乌兹别克斯坦的“统一”人民运动、吉尔吉斯斯坦的“吉尔吉斯运动”和哈萨克斯坦的“九月党”等。

随着中亚国家独立，瓦哈比派运动也在该地区逐渐兴起。瓦哈比派是伊斯兰教的一个教派，创始人是穆罕默德·本·阿布杜勒·瓦哈布（1703～1792年）。它属于逊尼派的一个分支，是主张原教旨主义的派别之一。该教派18世纪兴起于阿拉伯半岛的纳季德地区，19世纪初从印度传入中亚地区。瓦哈比派运动具有明确的政治目标，即联合全世界穆斯林，与敌对意识形态做斗争，最终建立政教合一的哈里发国家，这些国家加入以伊朗或以沙特阿拉伯为首的同盟。该运动的支持者遍及中亚、北高加索、阿塞拜疆、鞑靼斯坦和巴什科尔托斯坦等地。中亚地区的瓦哈比派主要在中亚宗教氛围浓厚的乌兹别克斯坦活动，对吉尔吉斯斯坦南部奥什地区和贾拉拉巴德地区的乌兹别克族居民也有影响。乌兹别克斯坦瓦哈比派的领导人之一阿卜杜·阿赫德指出，他们与乌兹别克斯坦伊斯兰运动的主张不完全一样，乌兹别克斯坦伊斯兰复兴运动有参与政权的要求，而瓦哈比派并不想参政，他们想要的是革命。

瓦哈比派穆斯林在中亚的人数虽然不多，但是引人关注。他们从沙特阿拉伯等国得到大量资助，因而能够在纳曼干和安集延等地建造宗教学校等设施。早在 1991 年，乌兹别克斯坦的瓦哈比派同伊斯兰复兴运动及其他组织一起在纳曼干举行游行示威活动，提出穆斯林自治要求。该教派还成立了“伊斯兰军”非法组织。他们声称，将不惜一切代价达到目的。1992 年，瓦哈比教派及其“伊斯兰军”遭到乌兹别克斯坦政府的严厉打击。但是该教派的残余势力并没有被彻底消灭，他们试图东山再起与政府进行对抗。

乌兹别克斯坦总统卡里莫夫指出，瓦哈比教派的平民主义表现为别有用心地鼓吹公正，要求严格遵守伊斯兰教的伦理道德标准，声言反对奢侈、贪污，以煽起人们的不满情绪和制造动乱。他指出：“在不久之前和现今，这些口号在中亚某些地方得到扩散和支持。”因此，他警告国民“要识破瓦哈比教派这些思想的欺骗性”。1997 年年底，瓦哈比派在纳曼干州先后制造三起骇人听闻的凶杀案件，其中包括杀死一名当地警察少校。面对瓦哈比派的疯狂行为，乌兹别克斯坦当局采取坚决措施，以彻底铲除这股宗教极端势力。

据乌兹别克斯坦媒体报道，2005 年 5 月间发生的“安集延事件”中有包括“伊扎布特”（“伊斯兰解放党”）在内的恐怖组织参与策划。乌总统卡里莫夫在“安集延事件”发生后的新闻发布会上直接指出：“今天我们已经知道策划这次事件之后在州政府大楼开会的所有头目的名字。他们一伙儿是属于‘伊斯兰解放党’的一个在安集延被称作‘阿克拉米亚’分支的成员。”①

据俄罗斯学者统计，在中亚长期活跃着的主要恐怖主义组织有 10 多个，包括“乌兹别克斯坦伊斯兰运动”（主要在哈、吉、塔、乌活动）、“伊斯兰解

① 〔乌兹别克斯坦〕伊·卡里莫夫：《乌兹别克斯坦人民从来不依赖任何人》，时事出版社，2006，第 52 页。

放党”（主要在哈、吉、塔、乌活动）、“穆斯林兄弟会”（主要在哈、吉、塔活动）、“伊斯兰发展中心”（在吉奥什州活动）、“土库曼斯坦解放组织”、“东突厥斯坦民族解放阵线”和“东突厥斯坦运动”（主要在中国新疆及中亚各地活动）等①。自中亚各国独立以来，这些组织制造了数十起重大恐怖活动，严重威胁着各国政治稳定和民众生命财产安全。“9·11”事件后，国际社会在世界范围内对恐怖主义进行了严厉打击，其中包括在中亚地区展开国际反恐合作，但是，恐怖势力赖以生存的土壤尤在，恐怖主义势力几乎未受影响，随着阿富汗局势的恶化，中亚地区的反恐斗争形势将更加严峻。

在复杂多变的中亚地缘政治格局中，各国普遍存在的宗教极端主义思潮对本国和本地区的安全与稳定造成了巨大的冲击和压力。主要有以下几种影响。

第一，极端思想极易引发民众思想混乱。信仰伊斯兰教民众的数量不断增长，这些人按伊斯兰教义着装、规范言行举止和建立世界观，与现行的社会传统相悖，导致潜在社会冲突不断增多，且在文化背景多元的大城市这一趋向表现得更为明显。

第二，宗教极端主义的泛滥有可能降低政府公信力，使政局更加脆弱。吉尔吉斯斯坦和塔吉克斯坦政府经常因打击宗教极端势力的能力不足而受到民众指责。如吉南部乌兹别克族与吉尔吉斯族的矛盾至今未得到有效化解，吉民族主义情绪还在向北方地区蔓延，存在社会冲突隐患。

第三，造成社会紧张，破坏社会稳定，阻碍经济发展。安全形势的恶化，迫使中亚国家不得不将更多的资源投入反恐，这不仅会降低政府对经济建设的关注度，还会减少经济投入份额，从而延缓经济改革进程。在某些国家，国内安全局势的不稳定，直接影响到国外投资者的信心，使国际经济合作难以获得新突破。

第四，宗教极端主义的存在和蔓延有可能挑起邻国之间的纷争与矛盾，引发地区冲突。虽然中亚国家在打击地区宗教极端势力方面形成了一定的合作机制，但由于“乌伊运”“伊斯兰圣战联盟”等宗教极端势力经常利用各国可能

① Россия Антитеррор, Национальный портал противодействия терроризму: Терроризм в Центральной Азии, http://antiterror.ru/expabroad/80863962.

存在的边境管控漏洞来回流窜，制造事端，增加了中亚国家之间的猜忌，一定程度上降低和削弱了中亚国家间的政治互信和合作基础。

第五，宗教极端势力的存在给外部势力介入和渗透提供了机会。中亚各国独立后，由于其重要的地缘战略地位，各大外部势力均欲博弈中亚获得利益，中亚地区宗教极端势力的存在，给某些国家提供了参与反恐、反毒品斗争的口实，使它们很容易获得向中亚政权施压的借口。目前，美国、俄罗斯、欧盟国家都纷纷以各种形式介入中亚事务，以争夺对中亚地区的主导权。

中亚各国领导人从维护本国、本地区安全和稳定的形势出发，都表示反对泛伊斯兰主义和原教旨主义，并对此加以抵制。哈萨克斯坦总统纳扎尔巴耶夫指出："宗教原教旨主义使得人人都感到担心，包括我本人在内。"乌兹别克斯坦、塔吉克斯坦、土库曼斯坦和吉尔吉斯斯坦四国领导人也都表示，要排除原教旨主义，尽一切努力遏制这一潮流，警惕和防止宗教原教旨主义渗入境内、染指内政。

第五章　世界形势与中亚地区安全

第一节　对世界形势的几个判断

苏联解体和冷战结束以来，国际形势和世界格局发生了深刻变化。虽然和平与发展仍然是当今世界发展的主流，但世界并没有因为冷战结束而变得更加和平与安宁。世界进入经济大萧条、政治大动荡、体系大变革、格局大调整的新阶段。美国成为世界唯一超级大国，利用政治、经济和军事实力继续主导世界发展进程，并对任何可能会对其霸主地位形成威胁的其他国家围追堵截，千方百计加以遏制。在后苏联空间内，新独立国家继续探索和寻找适合本国国情的发展道路。而为争取中亚新独立国家加入自己的阵营，俄美两国你攻我守，不断变换角色。新的国际政治经济秩序正在形成之中，出现了一系列新特点和新趋势。特别是近年来发生了一系列对世界政治经济产生重要而深刻影响的重大事件，从北约轰炸南联盟到俄格冲突，从“颜色革命”到“阿拉伯之春”，从乌克兰克里米亚半岛并入俄罗斯版图到西方制裁俄罗斯，从“伊斯兰国”恐怖组织形成气候到美俄争相参与叙利亚内战。围绕这些事件进行着激烈的大国博弈，各种势力都在参与一场不知谁能赢得最终胜利的游戏，几乎每一个国家都或主动或被动地参与其中。各国为维护本国根本利益，纷纷调整自己的发展战略和对外政策，力图在日益激烈的国际竞争中处于主动地位。在这种形势下，中亚国家面临很多发展机遇，也面临多重挑战。

一 冷战格局瓦解，新的地缘政治格局正在形成之中

（一）西方主导和控制世界的欲望更加强烈

苏联时期，美苏两个超级大国各自带领一帮小伙伴，形成两大阵营。一方是以苏联为首的华沙条约组织，一方是以美国为首的北大西洋公约组织。双方力量均等，都想致对方于死地，但又无法战胜对手，世界处于冷平衡状态。这种冷战状况一直持续到 1989 年华约组织解散和 1991 年苏联解体。15 个新独立国家出现了。随着冷战结束，欧洲乃至世界地缘战略格局出现重大分化和调整。

虽然苏联已经解体，华约组织已经不复存在，但是美国及西方国家显然并没有从冷战思维中解脱出来，企图凭借“胜利者”的余威，消除异己，打造西方主导的世界新秩序。为美国及西方国家服务的两大集团——军事集团北约和政治经济集团欧盟充当了西方征服世界的工具。苏联解体以后，欧盟和北约不断东扩，将东欧国家和后苏联空间内新独立国家逐步纳入自己的势力范围，并逐渐向俄罗斯边界挺进。北约也从过去仅限于欧洲安全与防卫的军事组织成为维护西方利益、听从美国指挥、军事活动范围超越欧洲、在其他地区开展军事行动的军事工具。

冷战结束以后，原属于华约集团的中东欧国家纷纷将加入欧盟作为自己对外政策的首要目标，以期获得欧盟的经济支持和巨大市场。1997 年 12 月欧盟卢森堡理事会会议启动东扩进程，开始与一些国家举行入盟谈判。2004 年 5 月 1 日，拉脱维亚、立陶宛、捷克、匈牙利、爱沙尼亚、波兰、塞浦路斯、马耳他、斯洛文尼亚、斯洛伐克 10 国正式加入欧盟。2007 年 1 月，罗马尼亚和保加利亚加入。经过 6 次扩员，欧盟成为有 27 个成员国参加、人口超过 4.8 亿、国民生产总值达 12 万亿美元的当今世界实力最强、一体化程度最高的政治经济联盟。

北约的扩大也经历了类似的过程。北约东扩的计划是 1994 年 1 月在布鲁塞尔举行的北约首脑会议上提出来的，目的是填补苏联解体后在中东欧形成的安全真空，将过去的华沙条约组织成员国以及因苏联解体而独立的位于欧洲部分的独联体国家纳入北约的框架之下，从而建立覆盖整个欧洲的安全保障

体系。

1991年12月，在北约的倡导下，北约国家、原华约国家、独联体以及波罗的海三国组成了北大西洋合作委员会。1994年年初，北约通过了与中东欧国家和俄罗斯建立和平伙伴关系的方案。1997年5月，北约国家与伙伴国家成立了包括44个成员的欧洲北大西洋伙伴关系委员会。1997年7月，北约决定接纳波兰、匈牙利和捷克三国为北约成员国，1999年3月，三国正式成为北约成员，北约完成了在冷战后的第一次扩员。4月，北约决定继续吸收中东欧国家。2009年4月1日，阿尔巴尼亚和克罗地亚正式成为北约成员国。至此，北约共有28个成员国，成为世界上规模最大、军事实力最强的军事集团。在北约不断东扩的背景下，北约的军事行动已经不再局限于欧洲，而是不断向其他地区扩展，在阿富汗战争、伊拉克战争、利比亚战争等一系列局部战争中，北约国家出人、出力、出钱、出武器。北约日益成为实现美国全球战略的一个重要抓手。

苏联解体，世界上两个超级大国的格局变成了一超独大的局面，美国成为唯一的超级大国。在美国带领下，西方世界简直就成为世界警察，到处干涉，向世界所有地区输出自己的价值观，对“民主缺乏”地区进行民主改造。西方国家把触角伸向独联体每一个角落，与俄罗斯在独联体地区展开激烈争夺，将一个个新独立国家拉入自己阵营，挤压俄罗斯战略空间，防止俄罗斯东山再起。美国通过制造热点地区问题来部署和维持自己在重要地区的军力部署，通过不断将俄罗斯妖魔化和渲染“中国威胁论”，把俄罗斯和中国周边邻国拉到自己一边，削弱俄罗斯实力，遏制中国发展，以继续维持自己在世界的领导地位。

（二）美国“重返亚太”是地区安全形势恶化的重要原因

曾几何时，也就在几年以前，东亚地区还是一片和平发展和经济繁荣景象。中韩关系不断升温，中日关系也不断改善，中日韩三国自贸区谈判开始启动，朝鲜半岛上的韩朝两国也出现和解趋势。然而，近年来这种和平景象已经很难见到，其中最主要的影响因素就是美国战略重心东移。

苏联解体，冷战结束，西方在美国带领下发动对南联盟的空袭，迫使南联盟解体，消除了来自巴尔干半岛的安全威胁。同时，因为苏联解体，俄罗斯经济军事实力大为削弱，无力向西方国家提出挑战，而且当时的俄罗斯也在向西方靠拢，试图成为欧洲的组成部分。在美国看来威胁欧洲安全的主要因素已经消除。在阿富汗和伊拉克，尽管打击恐怖主义目标远没有实现，但美国认为美军继续在两国驻军已不符合美国利益，已经成为包袱，因此下定决心从伊拉克和阿富汗两个战争泥潭撤军。从欧洲、伊拉克和阿富汗撤出的庞大军事力量向何处部署？美国需要重新设定一个战略目标和对手以维持其强大的军事力量和庞大的军费开支，于是便出现了美国全球战略调整。“战略重心东移”及后来的“亚太再平衡战略”是美国全球战略调整的重要组成部分。美国日益把中国作为未来能够对美国世界霸权构成威胁和挑战的强有力竞争对手，认为中国的快速发展和经济军事实力的增强已经使亚太地区出现力量不平衡，从而对美国在亚太地区的利益形成威胁与挑战。中国在 1978 年实行改革开放以后经济快速发展，国力日渐增强，对周边国家的影响也逐渐增强。这被美国看在眼里，急在心上。特别是中国维护自己主权和领土完整的行为都被美国看作挑战国际秩序的举动，也成为美国围堵和遏制中国的借口。于是，美国不断在中国周边，尤其是西太平洋地区加强军事基地建设和军事力量部署，将最先进的武器装备部署在这一地区，打造围堵中国的多层次岛链。美国不断强化与日本、韩国、澳大利亚等国的军事同盟关系，企图在相关国家部署区域反导系统。美国不断加强在中国近海空中侦察力度和频率，对中国安全带来极大威胁。美国还与韩国在韩朝边界举行大规模军事演习，刺激朝鲜，恶化韩朝关系。同时，支持日本解禁集体自卫权，修改和平宪法，涉入中日钓鱼岛纷争，使原来已经得到大为改善的中日韩三国关系变得更加复杂。美国还高调介入南海争端，为菲律宾等国背后撑腰。美国就是要通过渲染“中国威胁论”来吓唬中国周边国家以达到自己的战略目标。美国的目的很明确，就是联合日本、韩国、菲律宾和澳大利亚等国建立起牢固的军事同盟，向西遏制中国和俄罗斯的发展势头，为未来与中、俄可能的军事冲突做准备，向东在太平洋第一和第二岛链建立起牢固的防线，保护美国自身绝对安全。这一发展态势越来越明显。

美国提出“亚太再平衡战略”是因为它认为亚太不平衡了，但实际上正是美国的所作所为破坏了亚太地区原本和平与稳定的环境，破坏了已经形成的有利于地区和平的政治环境。这才是亚太地区国际关系趋于复杂、环境不断恶化的真正原因。

（三）新兴国家经济艰难，但未来发展不可阻挡

在世界格局发生重大变化和调整的过程中，虽然以美国为首的西方国家一直保持绝对优势的实力，并希望继续维持对世界的领导地位，但新兴国家实力不断上升，日益成为地区稳定和经济发展的重要力量。近年来影响世界发展进程的重大变化之一是以中国、俄罗斯、印度、巴西、南非为代表的新兴国家的崛起，成为世界经济发展的主要推动力量，这几个国家组成了“金砖国家”合作机制。在这一框架下，每年都要召开一次金砖国家元首峰会。同时，还于2014年7月15日成立了金砖国家开发银行（简称金砖银行），并于2015年7月21日开业。金砖银行启动资金为1000亿美元，总部设立在中国上海。目前，金砖国家对世界经济的贡献率已经超过50%。除“金砖国家”合作机制以外，另一个站在世界舞台中央的应该算是G20集团。该组织是八国集团（G8）的财长于1999年9月25日在华盛顿宣布成立，包括G8集团以及12个重要经济体组成，成员包括中国、美国、英国、法国、德国、意大利、日本、加拿大、印度、巴西、俄罗斯、南非、澳大利亚、墨西哥、韩国、土耳其、印度尼西亚、沙特阿拉伯、阿根廷、欧盟。20国集团成员涵盖面广，代表性强，其人口占世界总人口的2/3，GDP占全球经济总量的90%，贸易占世界的80%。G20集团已经成为世界经济合作的主要论坛，成为既包括美、英、法、日、意等发达国家，也包括中国、俄罗斯、南非、印度、巴西、印度尼西亚等新兴市场国家的合作机制。

2014年以来，世界经济形势发生剧烈变化，全球经济一直处于深度调整之中。主要发达国家经济恢复乏力，市场消费不足，国际能源和大宗商品价格暴跌，美国退出量化宽松政策，美元大幅升值，而以中国、俄罗斯、巴西、南非等为代表的新兴国家，特别是对能源和矿产资源出口依赖度较高的国家在经济发展方面遇到了一定困难，表现为本币大幅贬值，进出口贸易大幅下降，出口不振，外国资本撤离，政府财政收入锐减，赤字较大。从目前情况看，这种状况还会延续一段时间。

受世界经济形势的影响，中国面临较大的经济下行压力。2015年10月19日，中国国家统计局公布前三个季度经济数据，前三季度国内生产总值同比增长 6.9%。这是自 2009 年 6 月以来 GDP 增速首次跌破 7%。不过，虽然中国 GDP 增长不到 7%，但仍略好于专家们的预期。从产业贡献率看，第三产业对 GDP 贡献率上升到 58.9%，而第二产业对 GDP 贡献率则下降到 36.7%。这说明中国产业结构已经发生较大变化，结构更加合理。在进出口方面，2015 年上半年中国进出口总值同比下降 6.9%。但从趋势看，第二季度进出口情况要好于第一季度，下半年预测应该趋于好转。总体看，虽然进出口压力较大，但也出现一些积极变化，如贸易伙伴更加多元化，外贸内生动力进一步增强，出口产品结构不断优化，贸易价格条件明显改善，等等。这些积极变化为中国今后经济再次稳定增长奠定了基础。

在新兴经济体中，印度近一两年经济表现比较出色。2013～2014 财年印度国内生产总值同比增长仅为 4.7%，2014～2015 财年则增长 7.3%。而据印度媒体《商业标准报》报道，经合组织发布的《经济展望报告》中对印度 2015～2016 财年经济增长速度的预测是 7.2%。[①] 其增长速度已经超过中国。在对外贸易方面，印度主要问题是受卢布贬值和世界经济不景气等因素影响对外贸易增长缓慢，出口受阻，贸易逆差较大，2012～2013 财年贸易逆差为 -1903.36 亿美元，2013～2014 财年为 -1374.58 亿美元。[②]

2014 年以来，受国际原油价格暴跌和西方制裁影响，俄罗斯面临 2008 年以来最严重的的困难。西方制裁导致俄罗斯难以进入资本市场，投资匮乏，卢布大幅贬值，企业融资困难，资本加速外逃。2014 年 GDP 同比仅仅增长 0.6%，外贸同比下降 6.93%，通胀率达 11.4%。[③] 石油和天然气价格大幅下降使严重依赖能源出口的俄罗斯财政收入大幅减少。资本外逃速度加快，仅 2014 年第一季度就达 506 亿美元。[④] 这些都是影响俄罗斯经济发展的重要因素。有数据表明，2015 年俄罗斯经济陷入较严重的衰退。俄罗斯统计局公布的数据显示，2015 年上半年 GDP 同比下降 3.4%。欧盟预测 2015 年全年俄罗

---

① 《经合组织：印度本财年经济增速将达 7.2%》，中国驻印度大使馆经济商务参赞处网站，2015 年 11 月 10 日。

② 《印度国家概况》，中华人民共和国外交部网站，http：//www.fmprc.gov.cn/web/。

③ 《俄罗斯国家概况》，中华人民共和国外交部网站，http：//www.fmprc.gov.cn/web/。

④ 谢亚宏：《西方对俄制裁“形式大于内容”：各国同心不同力》，人民网，2014 年 4 月 30 日。

斯 GDP 下降 3.7%，而经合组织预测 2015 年俄罗斯 GDP 会下滑 4%。俄经济发展部将 2015 年俄 GDP 增速预期由此前的负增长 2.8% 降至负增长 3.3%，将 2016 年 GDP 增速预期由此前的 2% 降至 1%。[①]

巴西经济 2014 年 GDP 同比增加只有 0.1%，2015 年经济状况也不乐观，全年 GDP 增速为 -1.49%。[②] 主要表现为货币贬值，财政预算赤字大幅增加，通胀压力持续加大。巴西政府预计 2015 年本国经济将出现负增长。[③] 评级机构标普将巴西主权信用评级降至“垃圾”级，造成投资者恐慌。为挽救巴西经济，政府出台一系列措施，包括 2015 年 9 月中旬出台总额为 170 亿美元的紧缩措施。此外，巴西还将对政府部门和其他一些政府机构进行裁减。

南非经济也受到世界经济下滑影响，内忧外患。主要表现为经济总体低迷，增长乏力，本币持续贬值，资本外逃严重，失业率居高不下，工人罢工浪潮不断，采矿和交通等支柱产业遭受巨大打击。2014 年国内生产总值增长率只有 1.5%。2015 年第二季度 GDP 比第一季度下降 1.3%。[④] 国际评级机构纷纷降低南非长期主权信用评级。

目前新兴市场国家，除印度表现较为出色和中国经济增速有小幅下降外，其他经济体现状和未来趋势都不容乐观。虽然困难很多，但总体讲，从人口、资源、市场、经济活力等诸多经济元素考量，新兴市场国家未来都具有很大的发展潜力，眼前暂时的困难改变不了新兴经济体国家经济发展总体向上的趋势。“金砖国家”机制以及新兴国家在 G20 机制中占重要位置，在世界经济方面的话语权逐步提高，新兴国家在世界银行和国际货币基金组织等重要金融机构的地位和所占份额也在逐年扩大。过去，世界经济发展一般都是以西方发达国家经济状况为指标，而现在新兴经济体地位不断提高，成为影响和推动世界经济向前发展的发动机。

---

① 《俄经济发展部下调 2015 年俄 GDP 增速预期》，中华人民共和国驻俄罗斯联邦大使馆经济商务参赞处网站，2015 年 8 月 26 日。

② 《巴西国家概况》，中华人民共和国外交部网站，http：//www.fmprc.gov.cn/web/。

③ 《巴西政府预测 2015 年经济将进入负增长》，中华人民共和国驻巴西大使馆经济商务参赞处，2015 年 7 月 16 日。

④ 《第二季度南非 GDP 环比缩水 1.3%》，中华人民共和国驻南非共和国大使馆经济商务参赞处网站，2015 年 8 月 27 日。

（四）俄罗斯恢复大国地位道路漫长

1. 俄罗斯发展战略

苏联解体和俄罗斯独立初期，与其他新独立的独联体国家一样，俄罗斯也经历了经济低迷、民众生活水平大幅下降的时期。1999 年 12 月 31 日，俄罗斯总统叶利钦宣布辞职，普京根据俄罗斯宪法出任代总统。2000 年 3 月 26 日，俄罗斯举行第三届总统选举，普京顺利当选。2004 年 3 月 14 日，普京在新一轮总统选举中再次连任，任期至 2008 年 5 月 7 日。普京 8 年执政期间，正赶上国际原油价格不断攀升，依靠丰富的石油天然气资源，俄罗斯经济快速发展，经济实力和军事实力不断增强。同时，2001 年在美国发生了“9·11”恐怖袭击事件，美国组成国际联盟在阿富汗打响了推翻塔利班政权的战争。为支持美国发动的阿富汗反恐战争，中亚一些国家向美军和北约开放了自己的领空，提供了军事基地。美军也趁此进入中亚地区。通过 8 年努力，俄罗斯的国际地位有了较大提高，普京也因此受到多数俄罗斯人的支持与拥护。在这一时期，俄罗斯开始改变自己的对外政策，将中亚视为独联体地区的核心区和自己恢复大国地位的重要地缘战略依托。

2008 年 5 月 7 日，梅德韦杰夫接替普京担任俄罗斯总统。而普京则转换角色，出任俄罗斯联邦政府总理。2008 年美国次贷危机引发世界性金融危机，俄罗斯也深受影响。2011 年 9 月 24 日，担任总理职务的普京正式宣布竞选下届总统。在宣布竞选总统到 2012 年 3 月 4 日总统选举日之前的这段时间，普京连续发表了 7 篇文章阐述其执政理念和执政纲领。在 2012 年 1 月 16 日发表在《消息报》的文章中指出：“俄罗斯未来数年的任务是消除所有妨碍国家向前发展道路上的障碍。在俄罗斯建立的政治体系、社会保证和公民保护机构、经济模式要能够构成统一的、有活力的、持续发展的并同时是牢固稳定和健康的国家机构。”① 除了发展俄罗斯经济，建设强大国家以外，恢复俄罗斯的国际地位和影响力也是普京发展战略目标之一。普京接受哈萨克斯坦总统纳扎尔巴耶夫成立欧亚联盟的建议，借助独联体集体安全条约组织和欧亚经济共同

① 顾志红：《俄罗斯与上海合作组织》，《上海合作组织发展报告（2012）》，社会科学文献出版社，2012。

体，强力推动后苏联空间的政治和经济一体化，以实现打造欧亚联盟的目标。

在军事一体化和地区安全方面俄罗斯主要依靠独联体集体安全条约组织。2002 年 5 月 14 日，独联体集体安全条约理事会会议通过决议，决定将“独联体集体安全条约”改为“独联体集体安全条约组织”。这是覆盖中亚多数国家的区域性军事同盟，成员包括俄罗斯、白俄罗斯、亚美尼亚、哈萨克斯坦、塔吉克斯坦和吉尔吉斯斯坦。2003 年 4 月，决定成立集体安全条约组织联合司令部和集体快速反应部队，2004 年 1 月，联合司令部开始运作，2009 年成员国元首峰会一致同意组建集体快速反应部队。2009 年 7 月决定在俄罗斯建立信息安全技术中心。

在经济方面俄罗斯全力推动欧亚经济联盟建设。2010 年 7 月 5 日，俄罗斯、白俄罗斯和哈萨克斯坦三国领导人签署关税联盟启动协议，在欧亚经济共同体范围内成立关税联盟区。2012 年 1 月 1 日，在关税联盟基础上建成俄白哈统一经济空间。2014 年 5 月 29 日，三国领导人签署《欧亚经济联盟条约》，2015 年 1 月 1 日欧亚经济联盟正式成立，1 月 2 日亚美尼亚加入，8 月 12 日吉尔吉斯斯坦成为其正式成员。

俄罗斯大力推动后苏联空间一体化有自己的战略目标，即希望依托欧亚经济联盟和独联体集体安全条约组织，把俄罗斯建设成为世界政治和经济格局中重要的一极。正因为如此，俄罗斯还计划在欧亚经济联盟基础上进一步向前发展，最终建立政治经济高度一体化的超国家联合体——欧亚联盟。但这一计划能否实现还很难说，政治一体化设想首先遭到联盟内部成员反对。哈萨克斯坦赞同经济一体化，但反对损害国家主权的政治一体化。在签订相关协议时，反对在协议中加入有损哈萨克斯坦主权的条款。俄罗斯欧亚一体化战略还引起美国和西方国家的高度警惕。2012 年 12 月，时任美国国务卿希拉里警告称，俄罗斯在后苏联空间推行经济一体化是“再苏联化”，美国将予以阻止。①

2. 美俄较量长期化趋势明显

1991 年独立以后，已经“民主化”的俄罗斯上上下下对西方世界充满了期待，希望加入西方阵营，得到西方国家大规模经济援助，从此开始美好新生

① 《普京否认存重造苏联野心》，《环球时报》2012 年 12 月 12 日。

活。俄罗斯政府还听从西方专家的建议，对俄罗斯经济实行“休克疗法”，全面放开物价，实行私有化，将国家财产平均分配给每一个公民，结果导致国家经济陷入崩溃边缘。1992 年，俄罗斯 GDP 减少了几乎一半，物价高涨，大批企业落入特权阶层和暴发户手中，企业效益每况愈下。“休克疗法”全面失败。尽管俄罗斯真心想全方位地融入西方，但让俄罗斯人意想不到的是西方国家并没有全盘接受俄罗斯的意愿，原先承诺的各种援助都是竹篮打水一场空。不但如此，欧盟和北约对脱离苏联控制的中东欧国家和苏联解体后新独立的独联体国家施以诱导，开启欧盟和北约双东扩进程，压缩俄罗斯的战略空间，使俄罗斯处于内外交困的不利地位。

1999 年 3 月，以美国为首的北约对南斯拉夫联盟共和国发动大规模空袭。最终导致南斯拉夫联盟共和国解体，原来由六个共和国组成的南斯拉夫联邦共和国最后分化成七个独立国家（其中科索沃只有部分国家承认）。在这一过程中，俄罗斯始终对南联盟给予坚定支持，但由于南联盟与俄罗斯距离遥远，俄罗斯经济和军事实力有限，心有余而力不足，眼睁睁地看着南斯拉夫在北约的狂轰滥炸中倒下。这是苏联解体以后俄罗斯与美国及北约的第一次交锋。

2000 年 3 月 27 日，普京接替叶利钦当选俄罗斯第二任总统。普京执政以后对内加强联邦政府的权力，打击金融寡头，整顿经济秩序，加强军事实力。对外，努力改善国际环境，维护本国利益，扩展外交空间，首先在独联体空间内与美国为首的西方国家展开了激烈的较量。

2003 年 11 月在格鲁吉亚发生了反对时任总统谢瓦尔德纳泽及政府的一系列示威活动，最终萨卡什维利领导的反对党获得胜利。在 2004 年 3 月 28 日举行的格鲁吉亚议会选举中，萨卡什维利领导的政党获得全部议席。格鲁吉亚反对派通过示威游行迫使总统下台的举动鼓舞了其他独联体国家反对派，成为通过“街头革命”夺取政权的第一例。

“颜色革命”第二幕出现在 2004 年 10 ~ 11 月乌克兰总统选举期间。10 月 31 日，乌克兰总统选举时没有任何候选人达到法定的超过 50% 的多数票，因此在 11 月 21 日，两位得票最多的候选人维克多·尤先科和维克托·亚努科维奇再次进入第二轮选举。根据官方宣布的选举结果，亚努科维奇获得胜利。但是尤先科及其支持者不接受选举结果，在全国发起一系列由反对派组织的抗议、静坐和罢工。在巨大压力下乌克兰最高法院宣布选举结果无效，决定在12月26日重新举行投票，结果尤先科获胜。

“颜色革命”第三幕发生在吉尔吉斯斯坦。2005年议会选举后，吉南部首先发生骚乱，之后骚乱蔓延到北部和首都比什凯克。在巨大压力下，总统阿卡耶夫出走莫斯科，并宣布辞去总统职务。对于如何看待吉尔吉斯斯坦发生的领导人更迭事件学者有不同观点，虽然谈到“颜色革命”一定会谈到吉尔吉斯斯坦的政权更迭，但中国学者很难将其与格鲁吉亚和乌克兰发生的“颜色革命”等同起来。主要是吉尔吉斯斯坦后来上台的领导人并不是亲西方的人士，而是更加亲近俄罗斯，这点与格鲁吉亚和乌克兰的“颜色革命”有本质的区别。另外，与格鲁吉亚、乌克兰“颜色革命”中俄罗斯只能被动接受亲西方政权上台的苦果不同，在吉发生的政权更迭中，俄罗斯也起了很重要作用。

“颜色革命”第四幕发生在乌兹别克斯坦。2005年5月12日，位于乌兹别克斯坦东部的安集延市发生武装骚乱事件。13日，政府果断采取措施平息了骚乱。以美国为首的西方国家依然采取惯用做法，指责乌兹别克斯坦护法人员向平民开枪，对武装分子制造骚乱的行为表示支持，要求对事件展开国际调查。乌兹别克斯坦政府对西方的指责进行坚决回击，同时与俄罗斯结成军事同盟。发生在独联体空间内、看似不可阻挡的“颜色革命”风潮刮到乌兹别克斯坦便戛然而止。

格鲁吉亚“颜色革命”以后，亲西方的萨卡什维利政府一直与亲俄罗斯的阿布哈兹和南奥塞梯政府的分离倾向进行斗争。2008年8月8日，即在中国北京举办第24届夏季奥运会开幕式当天，格鲁吉亚与俄罗斯为争夺对南奥塞梯的控制权爆发战争。表面看，这是格鲁吉亚与俄罗斯为南奥塞梯而发生战争，实际上，其背后是美国与俄罗斯在独联体空间内的又一次激烈争夺。

从一次次独联体空间攻防战中我们可以看到，俄罗斯一次次退让换来的是西方世界的步步紧逼，以美国为首的西方不断挤压俄罗斯在独联体范围内的战略空间，冲击俄罗斯战略底线。于是，俄罗斯开始强力反击。中国社会科学院俄罗斯东欧中亚研究所吴宏伟研究员在《俄美新较量——俄罗斯与格鲁吉亚的冲突》一书前言中指出，格俄冲突这一事件的发生并不是孤立的，而是和美国及西方国家不顾俄罗斯和塞尔维亚的坚决反对，粗暴干涉别国内政，支持科索沃独立有关。作者特别提出一个问题，即俄格冲突之后，俄美之间的矛盾和利益冲突会再次在什么时候、什么地点集中爆发，这确实是应该继续关注和思考的问题。①

在吴宏伟研究员提出这个问题 4 年之后，俄美之间的根本性矛盾和战略利益冲突在乌克兰再次爆发。2010 年，乌克兰举行新一届总统大选，亚努科维奇获胜。新总统上台后调整乌克兰对外政策，由全面亲西方改为与欧美和俄罗斯保持均衡关系。2010 年 7 月，乌通过《对内对外政策原则法》，从法律上确定了不结盟政策。乌克兰在继续与欧洲保持密切关系的同时也努力改善与俄罗斯的关系。在对欧方面，乌克兰坚定推进与欧盟一体化进程，继续与欧盟进行联系国协定谈判，加快建立乌克兰—欧盟自由贸易区，同时还与欧盟商谈互免签证制度。在对俄方面，乌克兰重视与俄罗斯关系，也希望改善前总统与俄交恶对俄乌关系造成的损害。乌克兰对俄罗斯承诺不会加入北约，还与俄签署了《俄罗斯黑海舰队驻塞瓦斯托波尔延期协议》和《俄罗斯天然气工业股份公司与乌克兰国家石油天然气公司 2009～2019 年购销合同的补充协议》。为吸引乌克兰远离欧盟并加入俄白哈关税同盟，俄罗斯在供应乌克兰天然气价格上给予了很大优惠。面对欧盟和俄罗斯的拉拢，乌克兰左右为难。2013 年 11 月 21 日，乌克兰总统亚努科维奇突然宣布暂停与欧盟签署联系国协定，拉开了乌克兰危机的序幕。签署联系国协定意味着乌克兰将脱离俄罗斯主导的欧亚一体化进程，全面参加欧洲一体化，这是俄罗斯绝对无法接受的。为使乌克兰不与欧盟签署联系国协定，俄罗斯向乌施加巨大政治压力，使用了不少贸易制裁手段，同时承诺提供大量援助。亚努科维奇宣布暂停与欧盟签署联系国协定后，反对派随即在乌首都基辅独立广场组织大规模抗议活动。在西方暗中支持下，抗议活动逐步升级，演变成流血冲突。最终亚努科维奇逃离基辅，反对派掌权。这只是乌克兰危机发生后俄罗斯与西方较量的第一个回合。

反对派执掌乌克兰政权后，立即宣布取消俄语在一些地区的官方语言地位，损害了这些地区俄罗斯人的利益。包括克里米亚半岛在内的一些地区宣布脱离乌克兰，要求加入俄罗斯联邦。2014 年 3 月 16 日，克里米亚共和国举行

① 吴宏伟主编《俄美新较量——俄罗斯与格鲁吉亚的冲突》，长春出版社，2009，第 3 页。

公民投票，初步统计结果表明，超过95%的克里米亚人赞成克里米亚加入俄罗斯。西方国家表示不承认克里米亚公投结果。2014年3月18日，俄罗斯总统普京与克里米亚和塞瓦斯托波尔代表签署条约，克里米亚和塞瓦斯托波尔以联邦主体身份加入俄罗斯。西方国家随即纷纷宣布对俄罗斯实施制裁，俄美关系陷入冷战结束以后的低谷。这是乌克兰危机发生以后俄美较量的第二回合。

在克里米亚并入俄罗斯之后，乌克兰危机向第三阶段发展。俄罗斯族居民占一定比例的乌克兰东部一些地区，如顿涅斯克、卢甘斯克和哈尔科夫等州也出现脱乌入俄的呼声。当地居民成立武装组织与乌克兰政府武装对抗。在西方国家支持下，乌克兰政府多次派兵进行围剿，但没有取得任何成效，反而损失惨重。与此同时，乌克兰政府加快融入欧盟进程。2014年6月27日，欧盟与乌克兰、格鲁吉亚、摩尔多瓦三国领导人在比利时首都布鲁塞尔签署了联系国协定。此前一天，即6月26日，俄罗斯外交部发表声明表示，俄方认为欧盟与乌克兰、摩尔多瓦、格鲁吉亚签署联系国协定将使俄罗斯与邻国合作破裂，经贸关系倒退，给俄经济带来损失。① 据联合国人权事务高级专员公布的检测报告称，根据保守统计，从2014年4月到2015年5月，乌克兰东部冲突地区至少有6417人被杀，有1.59万人受伤。② 虽然在国际社会调停下，冲突各方多次达成停火协议，但都没有得到很好遵守，乌东部地区武装冲突呈现长期化趋势。由于认定是俄罗斯吞并克里米亚和支持乌克兰东部民兵武装，以美国为首的西方国家对俄罗斯实施严厉制裁措施，俄罗斯也不断出台反制措施，在乌克兰问题上，俄美双方的较量似乎还看不到尽头。

此外，俄美在中亚的较量还表现在吉尔吉斯斯坦玛纳斯国际机场美军基地的去留问题上。“9·11”事件发生以后，为了打击“基地”组织，美国在一些国家支持下，打响了阿富汗战争，推翻了包庇“基地”组织的塔利班政权。中亚国家以不同方式对美国的反恐战争给予支持，吉尔吉斯斯坦和乌兹别克斯坦向美军提供军事基地，有的国家向美国和北约开放了领空。大量援助物资通过中亚源源不断运往阿富汗，对阿富汗反恐战争提供了有力支持。中亚国家与

① 沈晨：《欧盟与乌克兰等三国签署联系国协定》，中国新闻网，2014年6月27日。

② 《联合国报告称乌克兰东部冲突已致6400多人被杀》，中新社联合国6月1日电（记者阮煜琳）。

美国和西方国家关系进入了蜜月期。然而，中亚国家对西方在阿富汗反恐战争上的支持并没有换来西方对其政治体制的支持与理解，当 2005 年“颜色革命”的风潮涌入中亚一些国家的时候，美国及其西方盟友立刻加入到推翻现政权的行列之中。不但吉总统被迫下台，前往俄罗斯避难，就连一向稳定的乌兹别克斯坦的安集延地区也发生了骚乱。乌兹别克斯坦使用武力迅速平息了骚乱。乌兹别克斯坦政府使用武力是否恰当先且不论，但如果骚乱蔓延到其他地方，今天的中亚很有可能就如同现在的中东，对这一点学者们是有高度认同的。美国等西方国家政治家对乌兹别克斯坦政府施加了巨大的压力，还要求对“安集延事件”开展国际调查。在看清西方国家真实面目之后，多数中亚国家调整了自己对外政策的基点，与俄罗斯在军事与安全领域建立了更加密切的关系。乌兹别克斯坦与俄罗斯建立了军事同盟，将美军赶出乌兹别克斯坦军事基地。吉尔吉斯斯坦在美国租用玛纳斯空军基地的期限到期后也没有再与美国续签协议。

进入 2015 年下半年，俄罗斯与美国较量的战场再次扩展到中东地区。在美国主导的国际联盟长时间打击“伊斯兰国”（IS）没有任何成效的情况下，以及叙利亚、伊拉克等地难民潮席卷欧洲的背景下，俄罗斯高调发动对叙利亚境内恐怖组织的空中和海上打击，占据了天时地利，并取得一定成效。这在一定程度上撼动了美国对中东局势的主导权，引起美国不满。现在在叙利亚和伊拉克已经形成两个针对“伊斯兰国”的国际联盟，一个是美国领导的国际联盟，另一个是正在形成中的俄罗斯主导的有伊朗、叙利亚和伊拉克参与的新联盟。这四国已经签署协议，共享关于打击 IS 的情报，总部设立在伊拉克。① 美国一方面宣布打击 IS，另一方面仍然把推翻对地区局势没有任何威胁的阿萨德政权作为首要目标。人们一直在问，美国到底要在中东实现什么样的目标呢？虽然在复杂的中东局势面前说俄罗斯将会比美国表现得更为出色还为时尚早，但俄罗斯将成为中东地区一个令美国不断烦恼的重要角色，这是毋庸置疑的。眼前的这一幕只是俄美在中东“掰手腕”的开始。

① 《中东国家再次站队，埃及伊朗欢迎俄军出兵叙利亚》，《环球时报》2015 年 10 月 8 日。

3. 独联体国家面临发展道路和发展方向的选择

苏联解体后的最初几年，“独联体的存在就是为了独联体国家能够文明离婚”等说法一直存在。这一时期是独联体国家在发展方向上的第一次选择。一些国家选择了向西看，毫不犹豫地选择加入欧盟和北约；另一些国家参与了与俄罗斯的一体化进程，加入了俄罗斯主导的欧亚经济共同体和独联体集体安全条约组织；个别国家选择了永久中立并得到联合国认可；还有少数国家目标并不明确，走一步看一步。多数国家从本国利益出发，采取了平衡外交策略，在俄美关系正常时期倒也平安无事。有一段时间人们普遍感觉独联体国家发展方向的问题似乎已经得到解决，很少有学者谈论这一话题。直到“颜色革命”在独联体国家相继爆发，美俄关系严重恶化后，才把这一问题重新带入这一地区，人们认识到发展方向的选择问题在独联体国家仍然存在。发展道路选择包括国家体制的选择，是总统制还是议会制，是总统－议会制还是议会－总统制，是采取计划经济还是市场经济。发展方向是选择参与美欧一体化，还是俄罗斯主导的欧亚一体化。这些仍然是包括中亚国家在内的不少独联体国家需要解决的难题。

近年来，在坚持总统制的同时，中亚各国都在逐步加强政党、议会、公民社会以及新闻监督的作用。同时，中亚国家对总统制、议会制、总统－议会制以及议会－总统制的探讨一直在持续，有的国家已经在进行这方面的转变。

吉尔吉斯斯坦在这个问题上成为第一个吃螃蟹的国家。两次非正常政权更迭、尖锐的南北矛盾和难以调和的部落政治使吉尔吉斯斯坦精英开始讨论实行了20年的总统制是否符合吉的基本国情，显然多数人的答案是否定的。于是在发生第二次政权非正常更迭后，于2010年6月27日举行了全民公决，通过了新宪法。新宪法的核心是国家政体由总统制直接过渡到议会制，大幅消减总统权力，扩大议会权力。2010年10月10日，吉举行新一届议会选举，5个政党进入议会，由多个政党联合组成新内阁。吉尔吉斯斯坦政体变化是在经历20年探索和失败后进行的一次新尝试，对其评价也是褒贬不一。虽然街头示威和抗议活动基本上消失，各派的斗争已经由马路转战到议会里，但议会无休止争论、政府工作效率低下、内阁频繁被解散等现象正在成为吉政局新特征。

关于由总统制向议会－总统制或总统－议会制改革的探索与实践也正在哈

萨克斯坦和乌兹别克斯坦悄然进行。实行 20 多年的总统制给这两个国家带来了长期的政治稳定和经济发展，总统纳扎尔巴耶夫和卡里莫夫也因此受到国内民众的普遍欢迎和拥护。现实情况是两位总统年事已高，接班人和政权能否平稳过渡成为两国民众和各国普遍关注的问题。如果没有一位德高望重的、得到民众广泛支持和拥护的领导人接班，国家和社会稳定就是一句空话。在这种状况下，国家政体由总统制改为议会制可能是一种比较好的选择。纳扎尔巴耶夫多次表示，希望通过稳定的制度化安排来实现政权的平稳过渡。2007 年 6 月，哈议会通过宪法修正案，确定政体由总统制向总统 - 议会制转变。乌兹别克斯坦近年来也在总统卡里莫夫的推动下多次修宪，主导政体逐步向总统 - 议会制转变。2011 年，乌兹别克斯坦议会通过修正案，政府组阁权由总统移交给议会，即总理由议会下院最大党团提名，总统审核后交议会两院投票通过。这些改变应该说是在为两位老总统之后保证国家体制稳定而进行的重要安排。

正如前面所述，苏联解体以后，西方国家与俄罗斯在独联体范围内的博弈一直没有停止，向俄看还是向西方看仍然是独联体一些国家面临的现实选择，而独联体国家普遍实行的总统制架构下的总统与议会选举为西方参与独联体空间争夺提供了条件。格鲁吉亚 2003 年“玫瑰革命”、乌克兰 2004 年“橙色革命”和 2014 年至今的乌克兰危机以及吉尔吉斯斯坦 2005 年和 2010 年两次非正常政权更迭，都是在总统或议会选举过程中由内部因素和外部因素叠加而发生的重大变故。在外部因素起重要作用的独联体国家，政权和领导人突然更迭意味着国家发展方向可能会发生重大变化和调整，这是俄罗斯和美欧国家都不愿意看到的，一定会在选举之前、之中和之后使用各种手段施加影响。结果是格鲁吉亚、乌克兰和吉尔吉斯斯坦都为此付出了巨大代价。

俄美关系紧张使中亚国家处于两难境地。中亚国家一方面希望与西方国家搞好关系，得到西方国家的承认，但又担心美国和西方国家对本国搞“民主改造”。同时，中亚国家认识到俄罗斯在中亚地区具有无与伦比的影响力，俄罗斯握有很多制约中亚国家的手段和工具，与俄罗斯关系的好坏常常会关系到国家和政权的生死存亡。当俄美关系处于蜜月期，中亚国家在俄美之间可以游刃有余，获取最大利益。但在俄美关系处于紧张对峙，并且这种状态一直持续的情况下，中亚国家很难继续搞平衡，不得不选边站队。在当前世界经济不景气和俄罗斯受西方严厉制裁的双重打击下，与俄罗斯经济已经高度一体化的部分中亚国家正经受着巨大压力和损失。

第二节　世界经济形势变化对中亚国家的影响

近年来世界经济发展的主要特点之一是经济发展跌宕起伏，危机不断。从美国次贷危机到世界性金融危机，从发达国家宽松货币政策到发展中国家货币大幅贬值，从发达国家市场消费萎靡不振到发展中国家出口下降，从能源和矿产品价格大幅下跌到发展中国家财政收入锐减，随着世界经济一体化程度加强，各种危机不断从发达国家向发展中国家蔓延，对发展中国家造成的负面影响和损害也在不断加深，几乎没有哪个国家可以幸免。有学者将最近的经济危机称作金融危机的第三次冲击波，显然，这次危机波及的范围更加广泛，影响更加深入，持续时间更加长久，造成的危害更加严重，已经远远超出2008年世界性金融危机所带来的冲击。

一　世界金融危机对中亚国家产生深远影响

在世界主要经济体中，欧洲经济一体化走在了前面。欧元诞生之初受到多数经济学家的吹捧，被认为代表了今后世界经济的发展方向。然而，在国际金融危机发生之后，欧洲先是出现主权债务危机，进而演化为欧元危机和欧洲一体化危机。到今天我们看到的是欧洲面临的难民危机和恐怖主义威胁以及英国通过全民公投脱离欧盟。这些都对世界政治经济一体化造成巨大影响。

曾几何时，加入欧元区成为一些国家的梦想。然而，欧洲债务危机使欧元前途受到严峻挑战，给看好欧元发展前景的观点泼了一瓢冷水。在2011年年初，笔者在国内就较早注意到欧元区可能会发生严重危机，笔者认为欧债危机是欧元区根本性矛盾进一步发展的必然结果。虽然希腊的两次债务危机因得到欧元区债务人和主要国家的大力救助而得到缓解，但导致危机出现的土壤没有被消除，这些因素还将长期存在下去。除希腊外，葡萄牙、西班牙、意大利等欧元区国家也面临和希腊一样的困境。使用共同货币却没有共同的财政政策以及欧元区内部各国经济发展不平衡是欧元危机难以解决的根本原因。除债务危机外，在欧盟经济完全一体化的情况下，欧盟成员国经济发展两极分化现象将会更加严重，德国依靠强大实体经济雄厚的技术、资金和人才优势会在欧盟内部获得更多的话语权，占据主导地位。其他国家不仅会成为德国企业工业品的消费市场，而且这些国家的企业还会因为缺少资金、技术和人才优势被逐步淘汰出局。笔者认为，未来欧盟将很有可能出现两种情况：一是欧元区解体，二是建立以德国为主导的由其他成员国出让更多主权的国家联盟。

在当今时代，每个国家的经济与世界经济的联系都越来越密切，区域经济一体化趋势越来越明显，因此当世界经济出现问题的时候，中亚国家不可能独善其身，必然受到不同程度的影响。在西亚北非动荡加剧、叙利亚困局难解、宗教极端思想和恐怖主义成为极大威胁的同时，世界经济也在深受各种不利因素的影响。现在很多经济危机被看作 2008 年美国次贷危机引起的世界性金融危机的延续。那次危机主要由美国次贷危机而起，迅速席卷全世界，成为影响世界经济正常发展的全球性金融危机。从此，世界经济始终未能摆脱下行压力，发达国家需求不振，包括新兴国家在内的发展中国家货币贬值，出口下降，经济发展都有不同程度减速。

在一轮又一轮的经济危机中，中亚国家始终无法置身事外，而且一次又一次地受到冲击。出口大幅下降，本币贬值，失业人数增加，房地产萧条，银行倒闭，这些状况在近年来持续不断，只不过在不同国家和不同时期里的表现程度有所不同罢了。

世界金融危机对中亚国家的影响是多方面的，涉及经济、社会和中亚国家之间的关系，其中对经济和社会领域的影响最大。在经济方面主要表现为：一是购买美国国债或其他国家的资产大幅度缩水；二是俄罗斯和哈萨克斯坦等国向西方国家借了很多债，金融危机发生以后外资撤离，很多项目被迫下马，大量银行对房地产行业的贷款成为坏账，资不抵债，面临破产；三是市场需求低迷，生产和出口疲软，财政收入大幅下降。其后果是国家实力大幅下降，抵御各种风险的能力大大降低，在这种情况下中亚国家不得不寻求更多的国际援助和国际合作，为俄罗斯深度介入中亚各国经济并花费较小代价就控制一些国家重要工业企业提供了条件。俄罗斯对中亚国家的经济控制越强，中亚国家从其他国家得到的经济援助也就越少，这也加重了中亚国家的经济困难。

二　国际能源产品价格暴跌和西方对俄罗斯制裁的影响

在人们印象中，中亚自然资源十分丰富，能源生产和销售在国际上占有重要地位。但中亚五国在这方面还是存在很大差异，哈萨克斯坦、土库曼斯坦和乌兹别克斯坦属于能源出口国，塔吉克斯坦和吉尔吉斯斯坦属于能源进口国。哈萨克斯坦石油和土库曼斯坦天然气在两国出口产品中占很大比重，乌兹别克斯坦每年也有一定量的天然气出口，但最主要出口产品还是棉花等农产品。乌兹别克斯坦、塔吉克斯坦和吉尔吉斯斯坦的黄金生产也达到一定规模。在石油、天然气、铁矿、煤炭等价格不断上涨的年代，这些产品大规模出口给相关国家带来滚滚财富，使得经济繁荣，人民生活水平不断提高。然而，近两年来中亚国家遭遇了罕见的一轮经济危机，主要原因是西方对俄严厉制裁使中亚国家受到牵连以及世界大宗产品价格全面下跌。

（一）国际能源和大宗商品价格暴跌

2014 年年中之前一段时间，虽然原油价格起起伏伏，但总体上一直处于高位。2013 年，布伦特原油价格基本保持在每桶 96.75 ~ 119.17 美元，美国原油价格保持在每桶 86.7 ~ 110.5 美元。2014 年年中，国际能源价格开始雪崩式下跌。布伦特原油从年初每桶 107.78 美元下跌至每桶 59.45 美元，美国原油从年初每桶 95.34 美元跌至每桶 54.73 美元。至 2015 年 10 月，北美原油价格多数时间都在每桶 50 美元以下。天然气价格同样下降幅度较大。此外，煤炭、铁矿，甚至黄金价格也长时间保持在低位。这给依靠能源和矿产资源出口的中亚国家经济造成严重冲击。

独立以后，哈萨克斯坦经济凭借丰富的石油资源得到快速增长，到 2014 年人均 GDP 已经达到 12183 美元，在独联体范围内仅次于俄罗斯的人均 12925 美元，[①] 高于中国的人均 GDP。形成了以能源生产和出口为主的产业结构。据哈萨

① 王海燕：《中亚国家经济形势分析》，《中亚国家发展报告（2015）》，社会科学文献出版社，2015。

克斯坦统计委员会数据，2014 年石油天然气行业增加值占 GDP 比重达 20.3%，矿物燃料出口占出口总量的 76.3%，石油收入占国家预算收入的近一半。[①]

2014 年，哈萨克斯坦主要工业品生产量有升有降，如矿山开采和原料加工工业下降 0.3%，石油开采量为 6792.7 万吨，同比下降 2.2%，凝析气开采量为 1291.8 万吨，同比增长 5%，天然气开采量为 429.22 亿立方米，同比增长 1.6%。煤炭开采量同比下降 4.8%。生产整体情况比较正常，遇到的主要问题是进出口额有较大变化。2014 年，哈萨克斯坦进出口额为 998.8 亿美元，同比下降 6.5%。其中，出口 729.8 亿美元，下降 4.5%；进口 269 亿美元，下降 11.5%。[②]

土库曼斯坦是世界重要天然气出口国。2014 年，土库曼斯坦开采天然气 760 多亿立方米，出口 450 多亿立方米。过去俄罗斯是土库曼斯坦天然气的最大买家，如今中国是土库曼斯坦天然气的最大进口国。石油价格下降导致天然气价格下跌，此外俄罗斯先是减少，后又停止购买土天然气，使土财政收入受到很大影响。

（二）西方国家对俄罗斯制裁拖累中亚国家

2013 年乌克兰危机爆发。2014 年 3 月 17 日俄罗斯总统普京签署总统令，承认克里米亚共和国为独立的主权国家；3 月 18 日，普京再次签署文件，批准关于克里米亚加入俄罗斯的国家间协议草案。之后，乌东部卢甘斯克和顿涅斯克两州也出现要求独立和并入俄罗斯的呼声，东部民间武装与乌克兰政府军发生严重武装冲突，国际社会多次调停也未有明显效果。西方无法接受乌克兰克里米亚半岛被俄收回，并认为乌克兰东部分离主义势力得到了俄罗斯暗中支持，为了让俄罗斯付出应有代价，美国、欧盟、日本、加拿大等西方国家联手对俄罗斯实施了大规模经济制裁。联合国大会也通过了关于克里米亚全民公决无效、要求保障乌克兰主权和领土完整的决议。

法国外长宣布暂时取消俄罗斯参加八国集团会议的权利，法还宣布取消向

---

① 阎彦、朱蕾：《哈萨克斯坦坚戈贬值背后：被逼无奈还是深谋远虑》，第一财经，2015 年 8 月 23 日。

② 王海燕：《中亚国家经济形势分析》，《中亚国家发展报告（2015）》，社会科学文献出版社，2015。

俄罗斯海军交付两艘“西北风”军舰的计划。美国先后宣布对20多名俄罗斯高官进行制裁，将俄军工部门下属实体和为俄高官提供物质支持的个人也纳入制裁名单，有1家银行和17家企业受到制裁。制裁内容包括冻结个人和企业在美国的资产，禁止受制裁人员入境，禁止其在美国境内或与美国公民进行经济交易。美国还宣布禁止向俄出口任何可能用于军工行业的高科技产品。欧盟宣布限制33名俄官员入境。英国宣布暂时停止与俄罗斯所有的军事合作，停止发放向俄罗斯出口军事装备的许可证。日本宣布停止放宽签发去俄罗斯签证的条件，停止日俄两国新投资协定等。①

面对西方一轮又一轮制裁，俄罗斯针锋相对地出台了一系列反制措施。2014年8月6日，俄总统普京签署法令，要求俄罗斯在1年内禁止或限制从制裁俄罗斯的国家进口农产品、原料和食品。8月7日，俄罗斯宣布，对来自美国、欧盟以及其他制裁俄罗斯的西方国家的大多数食品进口实施期限为1年的限制，但不包括儿童食品。②

俄罗斯与西方国家的制裁与反制裁，对双方的经济都造成一定影响。作为与俄罗斯经济关系密切的中亚国家，特别是作为欧亚经济联盟成员的哈萨克斯坦和吉尔吉斯斯坦也都不同程度受到牵连。

第一，由于俄罗斯经济不景气，中亚国家在俄罗斯的务工人员受到直接影响。大批务工人员失业，被迫返回中亚，造成中亚国家劳务收入锐减、就业压力加大、务工人员家庭生活困难。塔吉克斯坦2015年第一季度的侨民汇款与上年同期相比就减少了40%。③ 而且俄罗斯对欧亚经济联盟成员和非成员国家采取不同的劳务签证政策，使乌兹别克斯坦和塔吉克斯坦的务工人员遇到更多的困难。

第二，西方对俄罗斯制裁以及俄罗斯出台反制措施使与俄罗斯经济关系密切的中亚国家，特别是作为欧亚经济联盟成员的哈萨克斯坦和吉尔吉斯斯坦与西方贸易受到较大影响。欧亚经济联盟内部成员国之间的贸易也因俄罗斯的需求减少而出现大幅下降，对中亚成员国的制造业和出口商造成严重打击。

① 《西方加大对俄罗斯施压力度 多国宣布制裁措施》，中国新闻网，2014年3月18日。

② 《俄罗斯宣布反制欧美制裁措施禁止进口西方食品》，《北京青年报》2014年8月8日。

③ 《俄在中亚影响力将被中国取代》，新华网转引法新社7月5日报道，2015年7月7日。

第三，近年来多数中亚国家经济遇到很大困难，急需国际合作与国际援助，而原油价格下跌和西方制裁使俄罗斯经济实力受到极大消弱，使俄罗斯无力继续维持对中亚国家的资金投入，迫使中亚国家努力寻求与其他国家和国际组织合作。

第四，俄罗斯货币大幅贬值也间接带动中亚各国本币大幅下跌。2014 年 12 月俄罗斯卢布汇率突然出现雪崩式贬值，到 2015 年 1 月 14 日卢布对美元跌至 66.55 卢布兑换 1 美元。卢布暴跌使俄罗斯企业对外出口获得了优势，却使深陷困境的中亚国家企业雪上加霜。中亚国家货币也随之产生联动效应，先后不断贬值。8 月 20 日，哈萨克斯坦宣布取消汇率波动区间限制，该国货币坚戈对美元币值瞬间贬值 30%，由 197.28 坚戈兑换 1 美元下降到 256.98 坚戈兑换 1 美元。土库曼斯坦于 2015 年 1 月 1 日宣布本币马纳特对美元汇率从 2.85 兑换 1 美元下跌到 3.5 兑换 1 美元，贬值幅度达到 18.6%。[①] 2015 年 1 月 13 日，吉尔吉斯斯坦货币索姆下跌到 60 索姆兑换 1 美元。[②] 此外，乌兹别克斯坦货币苏姆和塔吉克斯坦货币索莫尼也都有相当幅度的贬值。

第五，俄罗斯对格鲁吉亚南奥塞梯和阿布哈兹独立的支持以及吞并乌克兰克里米亚的举动使中亚国家更加看重已经获得的独立和主权，在对外政策上可能会做一定幅度的调整。但对哈萨克斯坦和吉尔吉斯斯坦两国来说难度较大，因为两国已经与俄罗斯在欧亚经济联盟体系内签订了大量协议，建立了一套完整的机制。成员国与其他国家进行经济合作涉及机制和政策对接时要受到俄罗斯的限制和制约。

第三节　西亚北非动荡与中亚地区安全

一　西亚北非动荡长期化不可避免

2011 年以后，世界政治形势和地缘政治格局发生了深刻变化，发生了许

---

① 《土库曼斯坦宣布货币贬值近 20% 2009 年以来首次》，网易财经转自法新社报道，2015 年 1 月 2 日。

② 《吉尔吉斯斯坦货币持续贬值 分析称受俄拖累》，中国行业研究网，2015 年 1 月 14 日。

多对世界政治产生深刻影响的重大事件。这些事件具有突发性强、发展迅速、影响面广、发展趋势难以预料的特点。“9·11”事件以后，美国以反恐为名发动阿富汗战争，2003 年 3 月 20 日，美英又以伊拉克藏有大规模杀伤性武器为由发动伊拉克战争，推翻萨达姆政权。两次战争，打破了这一地区相对均衡的态势，为地区动荡埋下隐患。2010 年年底，世界形势再次发生巨大变化。在西亚北非发生了以推翻世俗政权为目标的“阿拉伯之春”。这场剧变突然爆发，范围极广，影响深远，长期化趋势非常明显。这场所谓的“革命”可以说经历了四个阶段。

第一阶段是以 2010 年 12 月 17 日突尼斯商贩穆罕穆德·布瓦吉吉自焚身亡引发全国性运动，并导致总统下台为开始，动荡迅速蔓延至整个地区，埃及、也门的总统也先后下台。在西方国家武装干预下，利比亚总统卡扎菲被从肉体上消灭。其他一些国家也出现程度不同的骚乱和动荡。以美国为首的西方国家自以为遇到了千载难逢的良机，认为可以借此推翻中东国家独裁统治，建立起西方模式的民主制度。为此，以美国为首的西方国家大力支持甚至直接参与一些国家的反政府运动，出钱出力，甚至向反对派提供武器和提供军事支持。

第二阶段发生的主要事件是，2012 年叙利亚内战爆发和 2013 年埃及军方宣布罢免担任总统仅 1 年的穆尔西。在叙利亚内战发生以后，西方国家、海湾国家及其邻国，甚至连恐怖势力都以不同方式卷入这场空前残酷的战争当中，目标就是推翻叙利亚总统巴沙尔·阿萨德。叙利亚内战从 2011 年年初开始，阿萨德政府虽然遭受巨大损失，却仍能依靠民众支持坚持到现在。2013 年 9 月 12 日，巴沙尔表示，愿意将叙政府拥有的化学武器交给国际监督，并愿意立即加入《禁止化学武器公约》。美国失去打击叙利亚的借口，叙危机出现转机，但由于美国等西方国家坚持巴沙尔必须下台，叙政府军与反对派势均力敌，叙内战出现胶着状态。而在埃及，2011 年 2 月 11 日，在反政府示威和不断冲突中总统穆巴拉克宣布辞职。在 2012 年 6 月 30 日总统大选中，穆斯林兄弟会推举穆尔西为候选人并战胜前总理艾哈迈德·沙菲克当选总统。但仅过 1 年，2013 年 7 月 3 日，埃及军方宣布罢免穆尔西总统职务并将其软禁。2014 年 11 月 29 日，穆巴拉克被宣布无罪释放。除总统更换之外，埃及“革命”

又回到原点。这似乎预示着这场轰轰烈烈的“阿拉伯之春”走到了终点。它给该地区带来的影响是深远的，后果是严重的。这一转折变化也表明“阿拉伯之春”第二阶段的结束和第三阶段的开始。

第三阶段是以“伊斯兰国”为代表的恐怖组织乘叙利亚内战和伊拉克政府软弱之机而迅速发展和壮大起来。“伊斯兰国”（IS）的崛起以及其极强的极端主义和反西方色彩大大超出了美国等西方国家的预料。在周边一些国家以及西方国家干预下，叙利亚局势逐步恶化，由最初的点状冲突发展到相当规模的全面内战。“伊斯兰国”组织在内战中逐步发展壮大，并逐步扩展到伊拉克境内，所到之处攻城略地，烧杀抢劫，屠杀平民，占领大片叙利亚和伊拉克领土，成为影响该地区和平的最大一股邪恶势力。叙利亚政府面临严峻环境，四面楚歌，无力迅速战胜形形色色的反对派武装力量。虽然在美国的带领下，几十个国家结成联盟开始对“伊斯兰国”组织进行清剿，但各国态度并不一致，一些国家出工不出力，甚至还暗中支持，恐怖组织活动空间依然很大。在这种情况下，对 IS 的打击很难取得有效成果。同时，叙利亚持续内战恶果逐步显现，大批叙利亚、伊拉克、阿富汗难民历经千辛万苦前往欧盟国家避难，让欧盟各国苦不堪言。本以为第三阶段将会这样僵持下去，没想到俄罗斯突然高调介入叙利亚冲突，从 2015 年 9 月 30 日开始出动军机对 IS 等恐怖组织发起猛烈空中打击。叙利亚局势出现剧烈变化。中东出现以美国为首的国际联盟和正在形成中的以俄罗斯为主导的有叙利亚、伊朗、伊拉克参与的新反恐联盟并存的局面，它们都把 IS 作为主要打击目标。美国的目标除打击 IS 以外，更主要的目标还是要推翻巴沙尔政权。俄罗斯目标除 IS 外，还要支持叙利亚政府，维护俄罗斯在中东的传统利益。俄罗斯强势出击，扭转了叙利亚政府军被动、不利的局面。未来叙利亚、伊拉克局势向何处发展，谁也说不清楚。这给美国出了一个天大的难题。中东局势也因此进入“阿拉伯之春”爆发后的第四阶段。

西亚北非出现的“阿拉伯之春”运动，起因看起来是一起简单的偶发事件，实际上有着深刻的历史背景和社会因素，再加上包括美、英、法等西方国家以及不同宗教派别和利益集团的外部因素干扰，延长了动荡的时间，增加了恢复正常秩序的难度。这场运动是“动荡”，是“变革”，还是“革命”，其性质难以界定，未来发展趋势也没有人能够完全把握。但显然各种政治和宗教力量甚至是恐怖势力都不甘心在这场“动荡”中落后，都希望能影响形势的发展进程。

可以说，西亚北非的发展态势已经远远超出那些最初热衷于“阿拉伯之春”运动并希望借此改造中东国家的西方政客的预料。人们开始普遍担忧中东“阿拉伯之春”给世界带来的后遗症。“伊斯兰国”恐怖组织对周边地区的外溢影响以及对其他地区的影响也日益严重，甚至对整个世界安全造成威胁。在这种状况下，第四阶段会延续到什么时候，任何人都无法做出判断。

二　西亚北非动荡对中亚安全影响巨大

（一）西亚北非成为中亚宗教极端思想的主要来源地

中亚是多种宗教并存的地区，有伊斯兰教、东正教、基督教、佛教等，其中伊斯兰教是信徒最多的宗教。苏联解体以后，伊斯兰教的影响力逐渐扩大，主要表现为：一是全社会伊斯兰教氛围日益浓厚；二是清真寺数量增多，伊斯兰文化在很多地区越来越占据主导地位；三是虔诚的信徒数量增多，从食品、服饰到生活习惯，越来越多的人用伊斯兰教教规和标准严格要求自己；四是伊斯兰教教职人员的威信和影响力得到很大提高，在穆斯林群众中的号召力越来越大；五是支持政教合一体制的人越来越多。浓厚的宗教气氛，为极端思想渗透以及打着宗教旗号从事恐怖活动的恐怖组织提供了土壤和条件。

中亚国家总体上对宗教持开放的态度，与伊斯兰国家的联系越来越密切，但随着前往中东地区从事宗教学习和宗教活动以及商业活动人员的大量增加，特别是互联网的普及以及中东一些国家对外输出本国宗教意识形态，来自中东地区的宗教极端思想在中亚的传播速度也在不断加快，传播范围不断扩大，极端势力和恐怖组织活动越来越猖獗，恐怖活动和恐怖案件大幅增加，就连过去较为平静的地区也接二连三发生恐怖袭击和暴力事件。目前中亚地区的恐怖主义表现为多种形式，包括带有政治目的的恐怖主义，主要表现为反对现政权、杀害国家安全机关公职人员；带有意识形态色彩的恐怖主义，主要表现为图谋在中亚各国建立哈里发政权。

受西亚北非地区乱局的影响和“伊斯兰国”等恐怖组织的召唤，中亚国家有不少被宗教极端思想洗脑的青年前往叙利亚和伊拉克参加“圣战”，甚至在“伊斯兰国”组织公布的视频中出现来自哈萨克斯坦的十几岁儿童杀害西方人质的血腥画面。这些人历经残酷的叙利亚战争，思想更加极端，手段更加残忍，经验更加丰富。他们随时都会潜回国内从事暴力恐怖袭击活动，是以后中亚地区安全与稳定的极大隐患。中亚各国政府和民众对此极为忧虑，这也反映出中亚反恐形势的严重性和国际合作的迫切性。

（二）外来宗教思想对本土伊斯兰教传统形成巨大冲击

近年来，包括宗教极端主义在内的各种思想、思潮的传播速度不断加快，很多信仰者将其视为正宗教义和绝对真理加以膜拜，影响面不断扩大，对本国传统宗教和传统文化形成强烈冲击，这是包括中亚国家在内的很多国家普遍面临的难题。长期以来，伊斯兰教传入一个地区以后都会与当地传统文化相结合，形成具有当地特色的伊斯兰传统文化，这是很多地区能够保持长期稳定与和平的最主要因素。但随着互联网迅猛发展，人员流动频率加快，来自中东的不同宗教思想和教派与传入地传统伊斯兰教发生碰撞。普通穆斯林群众难辨是非和真假，有越来越多的人特别是年轻人放弃自己前辈信仰传承了数百年的宗教传统和民族文化，全盘接受外来思想和教派学说。比如在哈萨克斯坦，外来的萨拉菲分子主要在西部、南部的大中城市活动，并吸收了一些知识分子和政治精英；在吉尔吉斯斯坦和塔吉克斯坦，萨拉菲主义有很多穆斯林拥护者；在塔吉克斯坦接受萨拉菲主义的教职人员正在大量增长。这些外来教派和宗教思想对当地传统伊斯兰教派形成巨大冲击。这种状况已经引起中亚国家政府的高度重视，也对此采取了很多措施。

（三）“阿拉伯之春”效应不能忽视

中亚国家与近年来“阿拉伯之春”发生国有不少相似之处，如多数人信仰伊斯兰教，领导人长期当政，腐败情况严重，存在部族和地区间矛盾等。也有很多不同之处，如国家治理能力不同，在民众中不存在势均力敌的宗教教派，极端和恐怖组织受到严厉压制，中东宗教势力对中亚国家内部影响有限，中国、俄罗斯、美国和多数西方国家都不希望中亚出现中东式的动荡，广大民众对现任领导人高度支持，等等。西方国家虽然长期以来不断批评中亚国家集权体制，但目前还没有主动在中亚策动“颜色革命”推翻现政权的强烈愿望。西亚北非发生“阿拉伯之春”后，很多人担心“阿拉伯之春”会在中亚复制，结果并没有出现这种情况。不过，中亚国家确实存在发生“阿富汗之春”的潜在因素，对此不能忽视。

现在，中亚国家有数以千计的极端分子正在叙利亚等地参加“圣战”，今后这些人有可能返回中亚国家制造事端。更难以应对的是来自中亚国家内部的威胁。近年来，在中亚国家有越来越多受极端思想影响的极端恐怖分子对国家安全和社会稳定构成越来越严重的威胁和挑战。他们思想偏激，对国家限制宗教极端思想的行为大为不满，随时都可能响应极端分子或恐怖组织的号召参与“圣战”。此外，中亚国家独立以后学习西方国家建立了三权分立和总统、议会选举制度，这为反对派推翻国家政权和领导人提供了机会。过去独联体国家发生的“颜色革命”，多发生在总统和议会选举期间。如果中亚国家反对派以后借总统或议会选举再次发动“街头革命”，很难说极端势力不会浑水摸鱼，同时，西方国家也不会放弃对中亚国家进行“民主改造”的机会。

第四节　阿富汗局势变化与中亚地区安全

一　阿富汗问题与中亚国家安全问题的关联性

阿富汗局势一直是中亚安全与稳定的重要影响因素之一。长期以来，阿富汗一直是大国博弈和争夺的场所。1979 年年底苏联入侵阿富汗。面对强大的苏军，阿富汗国内各派别纷纷拿起武器进行抵抗，苏军被迫进行了长达 10 年的阿富汗战争。苏联发动阿富汗战争受到世界多数国家的谴责，同时，美国等西方国家和中东地区一些国家对阿富汗抵抗苏军的武装力量给予大量军事和经济援助，使这些地方武装逐步发展壮大，塔利班就是其中主要的一支力量。1989 年 2 月 15 日苏联军队全部撤出阿富汗，阿富汗随后发生内战，1996 年塔利班在阿富汗异军突起，夺取了政权。2001 年“9·11”事件发生后，因塔利班与基地组织关系密切，庇护“9·11”恐怖袭击事件幕后策划人本·拉登，美国率领北约及多国组成的联军进入阿富汗，推翻了塔利班政权。为了维持阿富汗的稳定，以美国为首的西方国家向阿富汗派遣了十几万人的军队，到2014年年底，其主要作战部队从阿富汗撤出。

（一）阿富汗安全形势现状与趋势

1. 2014年美军撤军前与撤军后阿安全形势严重恶化

自从以美国为首的北约军事力量发动阿富汗战争，推翻塔利班统治以来，阿富汗安全形势一直没有得到好转，针对阿富汗政府、强力部门、北约驻军乃至平民的恐怖袭击事件不断发生。2014年美军撤军前和撤军以后，在阿富汗特别是在首都喀布尔发生的暴力恐怖事件大幅增加，阿富汗安全形势出现不断恶化的趋势。

2. 总统选举过程难言顺利

2004年1月4日，阿富汗制宪会议通过新宪法，规定阿富汗实行总统制，总统任期为5年，可连任一次。2004年10月9日，阿富汗举行首届总统选举，卡尔扎伊当选首任总统。在2009年8月20日第二届总统选举中，卡尔扎伊再次当选。因此，2014年4月5日阿富汗举行的新一届总统选举格外引人关注。为保证选举顺利举行，美国动员全部力量，特别是说服阿富汗各政治派别接受选举结果，避免阿再次陷入内战之中。

2014年4月5日阿富汗总统选举如期举行。据阿独立选举委员会统计，约700万选民参与投票，超过注册选民总数的50%。6月14日，举行第二轮投票，前外长阿卜杜拉和前财长加尼进入第二轮角逐。然而，第二轮投票后，两名候选人因对计票统计出现分歧，导致选举结果一直无法认定，新总统难产。为了平息争议，两位总统候选人最终签署一份分权协议。2014年9月21日，阿富汗独立选举委员会公布最终结果，前财长加尼当选阿富汗新一任总统，阿卜杜拉则担任“政府长官”。政府长官作为政府部长会议主席行使相关职权，而内阁由总统领导。总统和政府长官在安全、经济、独立机构以及国家安全委员会内具有同等话语权。一位是国家总统，另一位是行政长官，这种机制设置能否使国家管理更为顺畅还有待观察。

3. 美国阿富汗政策全面失败

从2001年10月7日美国发动阿富汗战争开始，到美国宣布2014年年底从阿富汗撤出主要战斗部队，这场战争持续了将近14年的时间，虽然美国声称取得了阿富汗战争胜利，但没人相信这场旷日持久的战争有胜利者。阿富汗战争没有在阿富汗建立起西方国家期望的民主制度的典范，阿富汗政府控制全国局势的能力基本丧失殆尽，军阀和地方势力不断壮大，塔利班大有卷土重来之势，国内安全形势日益恶化。从美国方面来说，尽管在2013年最终消灭了"9·11"恐怖袭击的主要策划者本·拉登，但阿富汗战争也让美国付出了众多年轻的生命和巨大的经济代价。

面对如此难以承受的代价，美国其实早有退出阿富汗这一大泥潭的打算，但一直没有能够说得出口的理由。2014年12月31日是联合国对以美国为首的北约驻阿富汗国际安全援助部队规定的结束期限，这是一个各方都能接受的理由。为了能够保护2014年以后美在阿富汗的军事战略利益，美阿双方在2012年开始就《双边安全协议》进行谈判，并初步达成协议。2014年5月27日，奥巴马总统宣布美国撤军时间表，2014年后美军在阿富汗的人员将减少至9800人，2015年再减半，到2016年年底，美军在阿富汗仅保留1000名军事人员，用来保护大使馆、培训阿士兵和支援反恐行动。① 但到2014年12月，美国撤军计划又有变动。12月6日，美国国防部部长哈格尔宣布，2014年以后美国计划在阿富汗驻留10800名美军官兵，② 较奥巴马宣布的计划增加了1000人。这显示出美国对阿富汗未来形势发展的前景不乐观。

尽管阿富汗局势出现恶化趋势，但美国毅然决然将绝大部分美军撤离阿富汗。10多年战争，阿富汗人民没有得到渴望的繁荣与稳定，得到的只是美国人丢下的一个烂摊子。这种状况说明，美国的阿富汗政策已经全面失败。

4. 民族和解之路虽艰难，但这是解决阿富汗问题的唯一出路

从苏军侵入阿富汗，到塔利班上台，再到美国发动阿富汗战争，阿富汗的内乱和外患一直没有平息。美国在阿富汗战争中投入的兵力最多时达到10多万人，但也没有搞定阿富汗局势。自苏联军队从阿富汗撤军以后，阿富汗就形成不同民族、不同部族组成的地方军阀割据的局面。虽然表面上都处于阿富汗

---

① 《奥巴马宣布结束最长战争，与数万美军一起"离任"》，中华网军事栏目，http://military.china.com。

② 温宪：《从撤军到增兵，美国何以出尔反尔（国际视点）》，人民日报－人民网，2014年12月10日。

国家之内，但地方军阀基本不受中央政权管辖。美国推翻塔利班政权后组建的阿富汗政府，其可以控制的地区基本仅限于首都喀布尔及周边地区。仅靠军事手段无法解决阿富汗问题，这是包括很多美国学者在内的多数学者形成的共识。大家都认为，考虑到阿富汗的历史与现实因素，虽然民族和解这条路对阿富汗来说极其艰难，但却是实现阿富汗和平的唯一出路。

（二）阿富汗形势与中亚安全息息相关

从美国宣布在2014年年底前从阿富汗撤出战斗部队之后，人们对阿富汗安全局势的前景就开始担忧，看法出现较大分歧，各种看法有：阿富汗局势可能会迅速恶化，塔利班有可能卷土重来；美军虽然会按计划撤出阿富汗，但美国不会完全放弃对阿政府的支持，会对阿提供军事和经济援助，阿富汗局势仍在可控范围内；虽然阿局势可能会在一定程度上有所恶化，但不会一下发生巨大逆转，正所谓形势好也好不到哪去，坏也坏不到哪去；等等。

从中亚国家领导人发言及谈话中可以看出，中亚国家对美军撤军之后阿富汗局势恶化并有可能对中亚安全造成较大影响一直都比较担心。在上海合作组织框架内学者的讨论中，阿富汗未来局势及其影响常常会是研究的重点内容。

阿富汗与中亚存在天然的联系，这种关系主要表现为以下几点。

一是阿富汗与中亚地区山水相连，很多地方与邻国以河为界，为恐怖组织来往于阿富汗和中亚国家提供了便利条件。阿富汗国土面积超过65万平方千米。中亚五国中有三国与阿富汗有共同的边界。阿富汗与塔吉克斯坦有约1200千米边界，与乌兹别克斯坦有约130千米边界，与土库曼斯坦有854千米边界。阿富汗与中亚有不少跨界河流，有的河流还是双方共同的界河。阿姆河的源流喷赤河发源于帕米尔高原，流经阿富汗北部，作为一段阿塔界河后流向乌兹别克斯坦，与克瓦赫什河汇合后成为阿姆河，最终流入咸海。

二是跨界民族存在。在地理上有广义中亚和狭义中亚之分。我们现在所说的中亚是指哈萨克斯坦、乌兹别克斯坦、塔吉克斯坦、吉尔吉斯斯坦和土库曼斯坦五个国家，而广义的中亚也包括了阿富汗。历史上中亚就是多民族地区，由于战争、迁徙、边界变动等因素，各民族在中亚地区形成你中有我、我中有你的格局。阿富汗与中亚国家，特别是与塔吉克斯坦、乌兹别克斯坦和土库曼斯坦三个相邻国家都有大量跨界民族居住。塔吉克族、乌兹别克族和土库曼族在阿富汗都属于人口较多的民族。阿富汗的乌兹别克族人有 150 万 ~270 万[①]。阿富汗的吉尔吉斯人主要分布在北部的大小帕米尔高原上，在昆都士、贾拉拉巴德、喀布尔市也有分布，总数达 4 万多人。阿富汗的塔吉克人大约有 110 万[②]，主要分布在与塔吉克斯坦相邻的阿北部地区。阿富汗的土库曼人大约有 47 万，约占阿全国人口的 2% 。主要分布在阿富汗北部与土库曼斯坦接壤的地区，聚居在安德胡伊和阿赫奇以北巴尔赫省（Balkh）和法里亚布省（Faryab）境内的阿姆河沿岸地带。大量跨国民族的存在加强了阿富汗与中亚邻国的相互关系，双方人员来往密切，相互影响。

三是阿富汗属于大中亚范围，经济上与中亚和南亚有密切联系。一些西方国家在制定与中亚相关的战略时常常把中亚和阿富汗联系在一起考虑。美国人提出的“大中亚计划”和“新丝绸之路计划”都是主张以阿富汗为中心，将中亚和南亚联系起来。一些项目也在筹划和论证之中，有的已经开始进入实施阶段，如“CASA－1000”项目和 TAPI 天然气管道项目。2014 年 2 月 20 日，吉尔吉斯斯坦、塔吉克斯坦、阿富汗和巴基斯坦四国在华盛顿签署实施“CASA－1000”项目政府间协议。该项目是建设连接四国的输变电线，将吉塔两国电力输往阿富汗和巴基斯坦。2014 年 12 月 11 日，土、阿、巴、印四国签署政府间框架协议，决定修建连接四国的天然气管道。这些项目一旦实施，将大幅提高阿富汗的战略地位，进一步加强中亚与南亚的经济联系。

四是阿富汗形势对周边容易造成扩散效应，中亚是防护比较脆弱的地区。中亚与阿富汗不但有漫长的边界线，而且有不少民族跨界而居。中亚国家经济和军事实力有限，无法建立有效的安全防线。阿富汗长期战乱，军阀割据，成为国际恐怖组织安营扎寨、传播极端思想和训练骨干的理想场所。一些针对中亚国家的恐怖组织在此设立训练营地，并以阿富汗为基地向中亚渗透。在

① При использовании афганской национальной оценки численности населения на 2010 год в размере приблизительно 25，7 млн жит. и минимальной из оценок доли узбеков в населении страны（6 %）их общая численность составит ок. 1，5 млн чел.

② Central Intelligence Agency.“Afghanistan”. *The World Factbook.* May 10，2010. Retrieved 2010－05－26.

2000年前后这种渗透达到高潮。近年来，随着阿富汗安全局势恶化，特别是北部靠近中亚国家边界地区恐怖分子活动频繁，以及部分恐怖组织宣布效忠“伊斯兰国”组织，对中亚国家造成的安全压力也越来越大。

五是阿富汗毒品对中亚国家造成长期危害。经过长期战乱，阿富汗经济基础遭到毁灭性破坏。越来越多的人靠种植和贩卖毒品为生，恐怖组织也将贩毒作为经费重要来源之一。这使阿富汗在很短时间内就成为世界毒品最主要的生产地和输出地。2001年阿富汗鸦片种植面积只有7606公顷，到2012年已经达到193000公顷，鸦片产量也从2001年的185吨达到2012年的3700吨。① 根据阿富汗反毒部与联合国毒品和犯罪问题办公室2014年11月12日联合发布的《2014年阿富汗毒品调查》显示，2014年阿富汗毒品种植面积比2013年增加了7%，从约21万公顷增加到22.4万公顷。预计2014年阿富汗鸦片产量将达到6400吨，比2013年的5500吨要增加17%。阿富汗毒品产量已经占全球毒品交易量的90%。中亚不仅仅是阿富汗毒品外输通道之一，而且也是毒品重要消费地，严重影响了当地民众的健康水平。吉尔吉斯斯坦正式记录在案的吸毒者有5000多人，而联合国的资料表明，吉吸毒人数已经有10万之多。② 中亚国家安全机关每年都要破获相当数量的贩毒案件，缴获大量走私毒品。

贩毒收益使贩毒集团的力量在一些国家发展壮大，不少军队和政府人员也参与其中。贩毒集团家族化趋势明显。毒品走私给中亚国家造成的更大危害是有相当数量的毒品被当地人消费，败坏了社会风气，造成艾滋病等疾病在中亚地区的快速传播，危害相当严重。

三 中亚国家应对阿富汗问题的主要措施

阿富汗局势发展对中亚安全与稳定造成严重影响。军事手段无法解决阿富汗问题，在这一点上中亚国家有巨大共识，并一直努力通过各种途径来减少甚

---

① 许涛：《上海合作组织参与解决阿富汗问题的策略与底线》，李世峰等主编《上海合作组织发展报告（2014）》，社会科学文献出版社，2014，第97页。

② 徐晓天：《上海合作组织的安全合作》，吴恩远、吴宏伟主编《上海合作组织发展报告（2010）》，社会科学文献出版社，2010，第59页。

至消除阿富汗问题对中亚地区的影响。现在看，中亚国家在应对阿富汗问题威胁方面主要采取了以下措施。

一是加强自身防卫能力建设，包括出台各种反恐法律文件，加强军事力量建设，提高边防和禁毒部门工作效率。

二是提出合作解决阿富汗问题建议。乌兹别克斯坦曾建议在联合国主持下，建立“6+3”联络小组。[①]

三是参与各种国际合作机制，通过国际合作解决阿富汗问题。中亚国家参与支持国际组织和国际合作机制关于解决阿富汗问题的倡议和行动，其中包括独联体集体安全条约组织和上海合作组织为解决阿富汗问题所做的努力以及“伊斯坦布尔进程”等。

四是开展与阿富汗经济合作，通过发展阿富汗经济来保持阿富汗社会稳定。乌兹别克斯坦向阿富汗提供了不少经济援助，向阿首都及周围地区提供电力，帮阿富汗建设了几十座桥梁、道路和其他设施，修建了从海拉通到马扎里沙里夫的铁路等。[②] 哈萨克斯坦每年都向阿富汗提供食品、燃料和药品，接受阿富汗人到哈学习和留学。[③]

五是借助周边国家对阿富汗各派力量施加影响，推动和平进程与民族和解。中亚一些国家，如塔吉克斯坦等认为，中国与阿富汗周边国家关系良好，和塔利班也没有发生过尖锐的矛盾与冲突，中国可以在阿富汗各方充当调解人的角色。

---

① 李垂发：《乌兹别克斯坦就阿富汗和吉尔吉斯斯坦问题阐明立场》，中国经济网，2010 年 12 月 2 日。

② 李垂发：《乌兹别克斯坦就阿富汗和吉尔吉斯斯坦问题阐明立场》，中国经济网，2010 年 12 月 2 日。

③ 《哈萨克斯坦将继续向阿富汗提供人道主义援助》，中国驻阿富汗经济商务参赞处网站，2015 年 9 月 17 日。

第六章　国际关系和国际合作对中亚安全与稳定的影响

第一节　中亚国家的对外政策：以合作促安全

中亚国家独立不久，就很快就意识到自己所处安全环境的复杂性，特别是阿富汗的动荡、塔吉克斯坦的内战，以及彼此之间在领土、边界等问题上的分歧与矛盾。中亚各国作为新独立的国家自身相当脆弱，又都缺乏经验，迫切需要尽快建立本国的政治、经济、社会和外交体制。在这种情况下，中亚各国都认识到要通过合作促进本国的安全，这成为它们对外政策的目标之一。关键的问题是：本国最大的安全威胁来自哪里？跟谁合作？如何合作？

一　中亚国家对于安全威胁的认识

中亚国家自身的情况各不一样，对于本国面临的安全威胁的认识自然也有差异，这反映在它们各自出台的有关国家安全的文件中。

哈萨克斯坦于 1993 年、1999 年分别出台《国家安全战略（1993 ~ 2005）》和《国家安全战略（1999 ~ 2005）》，1993 年、2000 年、2007 年、2011 年曾出台不同版本的《军事学说》。1998 年 6 月 26 日出台的《国家安全法》确定国家面临的主要安全威胁包括：破坏法律和宪法，弱化国防能力，外国实施的获取情报、恐怖和破坏活动，破坏国家机关活动，政治极端主义，社会政治形势恶化，建立违法军事武装，生态环境恶化，损害国家经济安全，人口状况恶化，教育状况恶化，维护国家利益方面的法律缺失。[①] 2007 年 3 月 21 日出台的《军事学说》首次指出，军事政治组织扩大、水资源缺乏都对国家安全构成威胁。[②] 根据 2011 年出台的《军事学说》，外部威胁包括：所在地区国家不稳定和军事挑衅，周边存在军事冲突策源地，外来干涉，军事政治组织和联盟影响的扩大，国际恐怖和激进组织的活动以及宗教极端主义，一些国家试图制造大规模杀伤性武器。内部威胁包括：极端、民族主义和分离主义运动，非法武装，非法扩散武器。[③] 由此看出，哈对于安全威胁的认识有了明显变化，视野从本国逐渐向周边地区扩展，安全威胁的内涵也由以国内为主细化为内外两类威胁。此外，哈国内对于北约东扩的看法比较模糊。一方面强调北约的影响扩大是对本国的威胁，另一方面又强调要与北约加强合作。

乌兹别克斯坦于 1992 年颁布《国防法》，1995 年颁布《武装力量学说》，1997 年出台《国家安全构想》。1999 年中亚地区的恐怖组织乌兹别克斯坦伊斯兰运动（简称“乌伊运”）在乌国内及边境地区制造了多起恐怖袭击事件后，乌的国防政策和军事战略发生了重大变化。2000 年以来，乌认为对国家军事安全构成首要威胁的是所谓的“新安全尺度”，即政治极端主义、恐怖主义、有组织跨国犯罪、非法武器交易、贩毒和非法移民等。[④] 2000 年乌兹别克斯坦出台《国防学说》，2001 年再次颁布《国防法》。乌官方经常强调，早在 1993 年，卡里莫夫总统就在第 48 届联合国大会上呼吁团结一致应对日益增长的全球恐怖主义和宗教极端主义威胁，但未能引起重视。乌兹别克斯坦总统卡里莫夫指出，对建设新的国家制度构成威胁的外部政治因素，首先是邻国阿富汗的军事政治冲突和塔吉克斯坦国家制度建立的病态过程。这些冲突和病态过程的进一步扩散，不可避免地要波及整个中亚地区，首先受害的便是乌兹别克

① ЗАКОН РЕСПУБЛИКИ КАЗАХСТАН，от 26 июня 1998 года №233 – I，О национальной безопасности Республики Казахстан（по состоянию на 11 декабря 2009 года），http：//base. spinform. ru/show_ doc. fwx？ rgn = 1228.

② Доктрина от 21. 03. 2007 N 299，“ВОЕННАЯ ДОКТРИНА РЕСПУБЛИКИ КАЗАХСТАН”，http：//www. pavlodar. com/zakon/？ dok = 03546&ogl = all&og = 1.

③ У Казахстана новая Военная доктрина（текст），00：26 15. 11. 2011，http：//www. centrasia. ru/newsA. php？ st = 1321302360.

④ 王凯：《乌兹别克斯坦的军事战略和军事力量》，《国际资料信息》2004 年第 3 期。

斯坦。与地区冲突威胁相联系的安全威胁还包括交通、难民、非法麻醉品交易、国际恐怖主义和武器走私、宗教原教旨主义的出现、大国沙文主义和侵略性的民族主义……[①]截至目前，乌对于自己所面临的安全威胁的看法没有发生重大变化。

吉尔吉斯斯坦于1991年12月出台《宗教自由和宗教组织法》，此后于1997年11月19日、2008年12月31日和2011年6月15日对这一法律进行大幅修改。2005年吉出台《反极端主义法》，2006年出台《反恐怖主义法》。2009年2月吉尔吉斯斯坦出台的《国家安全构想》指出，吉面临的外部威胁包括：国际恐怖主义和宗教极端主义的规模扩大；在吉能源燃料存在对外依赖的情况下，地区的水资源问题尖锐化；中亚跨国毒品走私活动；边界问题尚未解决。内部威胁包括：民众的教育和文化潜力恶化，人口形势紧张，对于内外移民管理不够；经济发展状况以及国家能源保障体系的脆弱性；毒品和犯罪；吉境内极端宗教势力和宗教信仰之间矛盾不断；腐败和影子经济；国家在创造和实施现代信息通信技术以及信息通信保障领域落后；生态问题以及对于自然和技术性紧急状况的预防和应对体系效率较低。

塔吉克斯坦于1993年出台《安全法》，1995年出台《紧急状态法》，1998年出台《国家机构安全法》，1999年出台《反恐怖主义法》，2003年出台《打击极端主义法》。2011年塔发布一系列法令加强对伊斯兰教的管理。例如，对于穆斯林的服饰和蓄须做出规定，加强对宗教人士的监督，对宗教教材内容做出限定，禁止18岁以下公民参加宗教组织和进入宗教场所，要求在国外接受宗教教育的青年回国。极端主义和恐怖主义是塔吉克斯坦面临的首要威胁。另外，贩毒、非法武装流窜作案、武器和人口走私等问题也威胁到塔国内安全。近年来，“乌伊运”、伊斯兰解放党以及其他一些宗教极端势力在塔境内积极散播宗教极端思想，发展组织成员，制造了多起恐怖事件。它们的目标是推翻现政权，建立哈里发国家。联合国毒品和犯罪问题办公室称，有20%～25%的阿富汗毒品经中亚运到俄罗斯和欧洲市场。塔与阿富汗相邻，是阿富汗毒品外运通道上的重要节点，这导致塔国内吸毒和贩毒的情况比较严重。塔国内反对派——伊斯

① 赵会荣：《大国博弈——乌兹别克斯坦外交战略设计》，光大出版社，2007，第60页。

兰复兴党是中亚唯一合法的伊斯兰政党，其以建立政教合一国家为目标。该党在塔南部地区的影响较大，并得到外部势力支持，对执政党构成挑战。

土库曼斯坦于2009年出台的《独立而中立的土库曼斯坦的军事学说》指出，国家安全的主要威胁来自：其他国家对土库曼斯坦的领土怀有野心；直接邻近土库曼斯坦边界的现有和潜在的局部战争和武装冲突发源地；一些国家使用核武器和其他大规模杀伤性武器的可能性，即大规模杀伤性武器在世界的扩散，一些国家、组织、地区集团试图研制大规模杀伤性武器运载工具和掌握最新军事生产技术，实施自己的军事和政治意图；由于国际裁军协议被破坏，其他国家在质量和数量上扩充军备，战略稳定有被破坏的可能性；试图干涉内政，破坏国内局势稳定；国际恐怖主义；土库曼斯坦周边军队集团扩大到破坏现有力量对比的程度；对土库曼斯坦国界的目标和设施的攻击，挑起边境冲突和武装挑衅；在其他国家境内训练武装部队和集团用于向土库曼斯坦境内投送；外国军队进入与土库曼斯坦接壤的国家（经土库曼斯坦同意的联合国或地区集体安全机构维和行动除外）。2013年，土总统别尔德穆哈梅多夫在国家安全理事会会议上指出，土面临着毒品和宗教极端主义威胁。

二　合作对象的选择与优先顺序

外交本身实际上就是在对外事务的轻重缓急和战略重要性方面列出优先顺序从而实现利益取舍的艺术。中亚国家独立时间相对较短，迫切希望尽快得到国际社会的承认。因此，独立后，它们积极主动地与各国建立外交关系，加入各种国际组织。它们强调推行多方位、平衡的外交政策。在外交中，它们看重大国、富国和邻国。不过，它们各自选择的优先合作对象存在一定差异。

哈萨克斯坦总统纳扎尔巴耶夫主张充分利用本国的地理枢纽地位，与大国和周边国家建立密切的合作关系，在国际舞台上占有一席之地。1991年12月，他在总统选举结束后宣布："哈萨克斯坦作为亚洲与欧洲之间、东方与西方文化之间桥梁的地理位置决定了它的命运。"① 哈自始至终推行平衡的多边

① М. Ш. Губайдуллина, Внешняя политика Казахстан, Ж. Вестник КазНУ, 2009, http://articlekz.com/article/7001.

外交政策，灵活务实，重视发展与邻国和大国的关系。在优先方向上，哈的政策不断根据形势变化而做出调整。最初它主要看重独联体地区，包括中亚地区，就地区外交提出过很多倡议，后来随着自身国力的不断增强以及外部形势的变化逐渐把视野投向世界，就世界发展提出了很多倡议，积极参与大国在热点问题上的协调，外交日趋自信。1992 年 5 月 16 日，哈萨克斯坦总统纳扎尔巴耶夫在《哈萨克斯坦真理报》上撰文指出："维护国家安全是外交实践的优先所在。"① 1992 年 10 月，纳扎尔巴耶夫总统在联合国大会上提出建立亚洲相互协作与信任措施会议机制。哈萨克斯坦曾于 1995 年、2001 年、2005 年和 2014 年先后出台《对外政策构想》。1995 年 2 月哈全国外事工作会议指出，哈外交工作要克服地区思维，要加强与世界大国的联系，并把同欧盟发展关系确定为战略方针。② 2005 年出台的《对外政策构想》指出，哈将与俄罗斯发展同盟和伙伴关系，与中国发展睦邻与合作关系，与美国建立战略关系。③ 哈萨克斯坦于 2014 年 1 月发布的《2014～2020 年对外政策构想》指出，哈外交优先方向依次为俄罗斯、中国、中亚国家、美国、欧洲国家和欧盟。④ 哈萨克斯坦的意图是，通过与大国和周边国家发展友好关系，营造一条安全带。哈政治家托卡耶夫指出："俄罗斯是哈萨克斯坦对外政策中绝对首要的方向。"⑤ 从实践来看，这一点至今未发生动摇。他还说："与周边国家，首先是与俄罗斯和中国在完全信任的原则基础上保持互利友好关系具有特殊的意义，因为这些国家是我们通向世界的大门。"⑥ 而在地区合作机制方面，哈外交政策的变化表现为从参与不同合作机制到逐渐明确以欧亚经济联盟为首要方向。2005 年以前，哈主张参与不同的一体化机制，包括欧亚经济共同体、上海合作组织，它还在 2005 年提出建立中亚国家联盟，后来它逐渐倾向把欧亚经济联盟作为

---

① 《哈萨克斯坦真理报》1992 年 5 月 16 日。

② 赵常庆：《政治继续稳定、经济出现转机的哈萨克斯坦》，载徐葵、黄曰昭主编《俄罗斯和东欧中亚国家年鉴》，中国社会科学院东欧中亚研究所编印，1995，第 85 页。

③ 〔哈〕卡·托卡耶夫：《光与影》，弓为东译，世界知识出版社，2010，第 78～79 页。

④ концепция внешней политики Республики Казахстан на 2014 – 2020 годы, http: //www.kazembchina. org/create/bike/home. jsp.

⑤ 〔哈〕卡·托卡耶夫：《中亚之鹰的外交战略》，新华出版社，2002，第 7 页。

⑥ 〔哈〕卡·托卡耶夫：《制胜》，2004，第 83 页。

首要方向。中亚邻国中，哈萨克斯坦与吉尔吉斯斯坦的关系较近。

与哈萨克斯坦不同，乌兹别克斯坦处于中亚地区的中心，不与俄中两国相邻。卡里莫夫总统认为，乌兹别克斯坦在地理、人口、历史文化等很多方面都有条件承担起维护中亚地区安全的使命。乌兹别克斯坦将本国定位为中亚地区的稳定轴心，[①] 致力于建立地区安全体系。独立初期，卡里莫夫总统倡导地区一体化，主张建立突厥斯坦。2000 年 1 月乌兹别克斯坦发布《对外政策构想》，确定三个外交优先方向：维护中亚地区的和平与稳定，保障安全，建立地区外交；解决阿富汗问题，发展反恐外交；与国际社会一体化，实施全球外交。[②] 2012 年 7 月乌兹别克斯坦发布《对外政策构想》。该文件指出，乌对外活动的主要目标是围绕本国创造安全、稳定和睦邻空间。与哈萨克斯坦不同，独立以来乌兹别克斯坦与俄美两国的关系并不稳定，呈现剧烈的摇摆状态。它总是根据短期利益最大化来选择合作伙伴。而且，乌兹别克斯坦主张："中亚问题应该在没有外部力量干涉的情况下由中亚国家自己解决。"乌认为联合国是在维护全球安全与稳定、解决迫切的国家间问题方面唯一的综合性组织。[③] 乌与邻国哈萨克斯坦、吉尔吉斯斯坦、塔吉克斯坦之间在边界、资源等问题上存在一些分歧。

吉尔吉斯斯坦也认为自己处于交通枢纽位置。1998 年 9 月 17 日发布的《丝绸之路学说》指出，吉尔吉斯斯坦的外交活动沿东西南北四个方向展开，东向与中国、韩国、日本、马来西亚等国发展关系，西向与中东、巴尔干、西欧和美国发展关系，北向与独联体国家发展关系，南向与伊朗、阿富汗、印度、巴基斯坦发展关系。1999 年出台的《对外政策构想》指出，吉外交的优先方向依次为大国（俄罗斯、中国和美国）、邻国、欧洲国家、亚太国家。2007 年出台的《对外政策构想》指出，当前任务是：完成与哈萨克斯坦、乌兹别克斯坦和塔吉克斯坦的划界工作；深化与快速发展的哈萨克斯坦的信任关

① Р. Сайфуллин: Будущее ЦентрАзии-проблемы безопасности, внешнего сотрудничества и партнерства. Взгляд из Узбекистана, 09: 39 16. 04. 2008, http: //www. centrasia. ru/newsA. php? st = 1208324340.

② 赵会荣：《大国博弈——乌兹别克斯坦外交战略设计》，光大出版社，2007，第 61 页。

③ В Узбекистане разработана концепция внешней политики, http: //www. aloqada. com/News/2012/07/31/v_ uzbekistane_ razrabotana_ koncepciya_ vneshney_ politiki.

系是发展和巩固吉在地区地位的重要条件；与俄罗斯、集体安全条约组织和上海合作组织合作；利用俄罗斯和美国在吉境内军事基地提供的独一无二的地缘战略机会；巩固和扩大与反恐联盟的合作；在欧亚空间的框架下开展一体化。[①]《2013～2017年可持续发展战略》指出，对外政策的基础是与邻国、大国和国际组织发展稳定、友好的关系。对外政策的优先方向是，深度重视与邻国哈萨克斯坦、中国、塔吉克斯坦和乌兹别克斯坦的关系，将与推动独联体框架下一体化进程的主要玩家——俄罗斯的战略合作提升到新的水平；保障在集体安全条约组织框架下可靠的集体安全体系。[②] 从吉以往外交实践来看，俄美两国对于吉外交影响较大，当前俄罗斯影响比较突出。

与其他中亚国家一样，塔吉克斯坦也宣称“推行多方位、平衡和务实的对外政策，与世界各国发展和巩固友好关系以及富有成效的合作”[③]。2013年3月，塔总统拉赫蒙指示外交部制定新的《对外政策构想》。他指出，新的《对外政策构想》将突出现实主义与平衡性，当前以及近期的国家利益是维护和巩固国家独立，保障国家安全，为持续发展经济和逐步提高人民生活水平创造良好条件；保障国家的能源独立，实现食品安全，使国家摆脱交通通信领域的封闭局面；维护本国境内外公民的人格、权利和自由；外交部应不仅仅吸引外国对塔投资和支持经贸关系发展，还要与其他部门一起创造能够长期发挥作用、适合本国及地区条件的国际经济发展趋势鉴定体系。[④] 在外交实践中，塔吉克斯坦看重与俄罗斯在安全领域的合作和与中国在经济领域的合作，其与伊朗、阿富汗的关系较近。

土库曼斯坦是中亚地区唯一获得中立地位的国家。1995年12月发布的《对外政策纲领》称，中立和对外开放是土外交的两个原则。外交的优先方向是：保持和革新同原苏联各加盟共和国的关系；加强与邻国的关系；同西方发

---

① http：//www.mfa.kg/acts/koncepciya-vneshnei-politiki-kr_ ru.html.

② http：//www.president.kg/ru/news/ukazy/1466_ tekst_ natsionalnoy_ strategii_ ustoychivogo_ razvitiya_ kyirgyizskoy_ respubliki_ na_ period_ 2013－2017_ godyi/.

③ http：//mfa.tj/ru/dostizheniya-vneshney-politiki-tajikistana/dostijeniya-vneshney-politiki.html.

④ Рахмон обозначил контуры будущей внешней политики Таджикистана，http：//rus.ozodi.org/content/article/24930187.html.

达国家建立和发展关系。[①] 土库曼斯坦总统别尔德穆哈梅多夫于 2012 年 12 月批准的《2013～2017 年外交政策构想》指出，外交政策优先方向依次为：联合国、独联体等国际组织；中亚各国；俄罗斯；中国；阿富汗、伊朗、巴基斯坦、印度、土耳其；乌克兰、白俄罗斯、摩尔多瓦、外高加索各国；美国、欧盟；阿拉伯世界。[②] 土库曼斯坦不参与地区一体化事务。在邻国中，土库曼斯坦与土耳其和伊朗的关系较近。

三　合作方式的选择

哈萨克斯坦自我定位为具有全球意义的国家。纳扎尔巴耶夫总统提出过很多具有全球意义的倡议。“由于地缘政治状况和经济潜力，哈萨克斯坦没有权利只是忙于地区问题……哈萨克斯坦的未来既在亚洲，也在欧洲，既在东方，也在西方。”[③] 正因为对于自身政治经济实力拥有自信，哈萨克斯坦在外交中表现得非常积极、主动和活跃，既重视双边外交，也重视多边外交，参与了很多国际合作机制。哈方倡议建立了亚洲相互协作与信任措施会议机制，担任过欧安组织、伊斯兰会议组织、上海合作组织和集体安全条约组织的轮值主席国。截至 2012 年 1 月 1 日，哈萨克斯坦与 139 个国家建立了正式外交关系，是 64 个国际组织的正式成员，在约 70 个国家和国际组织中驻有外交使团。[④] 基于俄罗斯在中亚地区的影响以及 7500 千米俄哈边界对于哈国家安全的意义，哈萨克斯坦在双边安全合作上侧重与俄罗斯的合作，哈加入了集体安全条约组织，哈俄双边军事、安全合作关系非常密切。在对外经济合作方面，哈与俄白两国一起建立关税同盟，向经济一体化方向迈进，但在让渡主权的问题上非常谨慎。哈对外合作的重心是：使本国成为交通枢纽，开拓多元的资源和能源市场，推动基础设施现代化，发展工业，在国际政治舞台上发挥重要作用。哈在对外合作方式上具有灵活多样性。例如，为了换取安全保障和投资可以放弃核

① 施玉宇编著《土库曼斯坦》，社会科学文献出版社，2005，第 192 页。

② http：//www.fmprc.gov.cn/mfa_ chn/gjhdq_ 603914/gj_ 603916/yz_ 603918/1206_ 604690/.

③ 〔哈〕卡·托卡耶夫：《中亚之鹰的外交战略》，新华出版社，2002，第 12 页。

④ Круглый стол «Концепция внешней политики Республики Казахстан на 2014 - 2020 годы и задачи ее реализации», http：//kisi.kz/site.html? id = 10463.

武器库；借助大国之力推动欧亚联盟、亚信会议的发展，借助第三方影响推动双边问题的解决；总统亲自开展外交活动，通过举办国际会议促成合作，在国际热点问题上积极斡旋。

乌兹别克斯坦偏好双边合作，对于多边合作非常谨慎。在合作方式上，乌方强调平等互利原则，不受制于对方。尽管乌兹别克斯坦参与了一些多边合作机制，但它参与的情况并不稳定，对于所参与的多边合作机制经常提出质疑、保留意见，甚至突然宣布中止参加。它在领土、边界、水资源等事关国家根本利益的问题上立场坚决，与邻国塔吉克斯坦和吉尔吉斯斯坦的关系动辄紧张。乌兹别克斯坦对于军事和安全合作尤其谨慎，它反对俄罗斯在其周边建立军事基地，强调不允许外国在本国境内建立任何军事设施。与此同时，它不拒绝与俄罗斯在经济领域开展合作，与美国和北约在安全领域开展合作。

吉尔吉斯斯坦的内政稳定性不高，独立后发生过两次政权非正常更迭，国内政治频繁洗牌，修宪、执政联盟和内阁重组的情况较多。内政和外交相互剧烈影响，所以外交的独立性相对较弱。在对外合作方面，吉尔吉斯斯坦偏好“抱粗腿”，与有实力、对政权支持力度最大的国家亲近，对外政策的稳定度和持续性相对弱一些，合作过程中立场反复的情况并不鲜见。对于当权者来说，政治支持、援助和投资是合作重心。

与吉尔吉斯斯坦类似，塔吉克斯坦也迫切需要援助和投资，但自内战结束后国内政局相对稳定，对外合作的持续性要好于吉尔吉斯斯坦。塔吉克斯坦在对外安全合作方面侧重依靠俄罗斯，在与俄打交道过程中讨价还价，争取最大利益。塔境内的201基地是俄军在海外的最大陆军基地，2012年秋双方签署协议将该基地的租期延长至2042年。2013年3月，塔方提出希望在本国议会批准该协议前俄方能够承诺增加对塔军事援助和投资兴建罗贡水电站，但遭到俄方拒绝。2013年4月中旬，俄方限制来自塔国的卧铺火车进入俄境内，这对塔国大量长期在俄务工人员的流动造成困难。最终，塔议会批准了与俄签署的军事合作协议，俄方也取消了对塔采取的一些限制措施，但建设罗贡水电站的问题至今没有解决。

土库曼斯坦把坚持“中立国”地位看作维护本国安全的“护身符”，其外交可以被称为天然气外交或者积极的中立外交。在对外经济合作方面，土积极争取多元化的天然气出口通道和市场。在对外安全合作领域，土既有保守的一面，也有大胆的一面。保守的一面表现在：为了不刺激伊朗，土在与以色列合作方面非常谨慎；土未参加独联体集体安全条约，与外军的合作也仅限于军事技术领域和军官培训；土不加入任何军事联盟，禁止在境内设立外国军事基地，禁止购买生产和扩散核武器和其他大规模杀伤性武器，不介入地区冲突。大胆的一面表现在：土与塔利班进行接触，与哈萨克斯坦、阿富汗就边界合作进行磋商；土签署了联合国框架下三个打击毒品走私的国际公约，多次承办与打击毒品走私有关的国际会议；土积极与美国和北约开展军事和安全合作。

第二节　俄罗斯的中亚政策与中亚地区安全

俄罗斯常被称作中亚地区的安全“卫士”，在维护中亚地区稳定与安全方面发挥着重要作用。主要原因是，俄罗斯把中亚看作自己的特殊利益区，尤其看重中亚地区安全利益。而且，俄罗斯拥有维护其利益相应的手段。

一　俄罗斯的中亚政策

对于俄罗斯来说，中亚涉及俄罗斯的四大利益：首先是战略利益，即俄罗斯在中亚要拥有占优势的控制力，依托中亚和独联体成为多极世界中独立且有影响力的一极；其次是安全利益，即防止来自中亚和阿富汗的安全威胁给本国带来负面影响；再次是经济利益，即控制中亚的资源和能源，获得中亚的市场；最后是人文利益，即促进俄罗斯文化在中亚的影响，维护中亚俄族居民和说俄语居民的利益。从俄罗斯的外交实践来看，战略利益具有持久性，安全利益是首要利益，具有迫切性，经济利益优先于人文利益，俄罗斯的中亚政策主要围绕这四大利益展开。

俄罗斯维护其在中亚地区利益的方式包括政治、经济、安全和人文四个方面，其中安全和经济杠杆最为有效。

安全方面，俄罗斯主要通过双边途径、集体安全条约组织和上合组织发挥作用。长期以来，俄罗斯对于南部安全非常担忧。俄罗斯与哈萨克斯坦有长达7500 千米的边界线。作为邻国，俄罗斯希望中亚地区保持稳定。俄罗斯与哈吉塔三国签订了《友好、合作与互助条约》《军事合作条约》等法律文件，哈吉塔还参加了集体安全条约组织，签署了《集体安全条约》。这些文件规定，在遇到外部威胁的情况下，缔约方要承担相互提供军事援助的义务。2009 年，集体安全条约组织建立了集体快速反应部队。俄罗斯在哈吉塔三国租赁了很多军事设施。在哈萨克斯坦，俄罗斯租赁了拜科努尔航天发射基地、巴尔喀什雷达站、卡普斯京亚尔靶场、萨雷沙甘靶场、恩姆巴靶场、巴尔喀什雷达站，还在科斯塔奈机场基础上建立了俄空军独立运输机团。2013 年 1 月哈俄签署协议，简化了两国军人相互进入对方领空的程序。在吉尔吉斯斯坦，俄罗斯租赁了坎特空军基地、“库萨雷”反潜武器试验基地、338 海军远程通信站、第 1 自动地震监测站和第 17 无线电地震实验室。在塔吉克斯坦，俄罗斯租借了 201 基地、艾尼空军基地和努列克独立光电探测站。俄罗斯还与中亚国家在军事技术、设备、人员培训、边境防控等领域开展密切的合作。2013 年俄媒体称，俄将向塔提供 2 亿美元军事援助。

在贸易、投资和援助方面，俄罗斯是中亚国家主要的贸易和投资伙伴，俄罗斯的投资面向中亚国家的关键经济领域，俄罗斯还向吉塔两国提供无偿援助。俄罗斯与哈萨克斯坦、白俄罗斯建立了欧亚经济联盟。2015 年吉尔吉斯斯坦加入其中。2013 年，俄向哈出口 174.6 亿美元，从哈进口 90.11 亿美元；向乌出口 28.04 亿美元，从乌进口 12.59 亿美元；向土出口 14.3 亿美元，从土进口 1.39 亿美元；向塔出口 7.24 亿美元，从塔进口 3800 万美元；向吉出口 20.3 亿美元，从吉进口 1.1 亿美元。[①] 俄哈贸易占哈外贸额的 20%。俄是哈最大进口来源国。俄吉贸易占吉外贸额 27.9%，吉主要从俄罗斯进口石油及其制品，向俄出口航空煤油、轧制玻璃和棉花等。俄罗斯对中亚的投资逐年增长。2000 年俄罗斯对中亚五国投资 760 万美元，2011 年这一指标增长到 26.73 亿美元。从国别上看，俄罗斯对于中亚各国的投资分配比例不稳定。2005 年俄罗斯对哈萨克斯坦的投资占对中亚国家投资的 95%。2011 年这一指

① 俄罗斯联邦国家统计署，http://www.gks.ru/wps/wcm/connect/rosstat_main/rosstat/ru/statistics/ftrade/#。

标下降到71.8%。2014年4月哈境内有3500家哈俄合资企业。[①] 哈俄共同成立了金额为1亿美元的新技术基金。[②] 俄罗斯在中亚的投资主要集中在哈乌土的能源开采、吉塔的水电开发和塔铝业领域。例如，俄方允诺投资30亿美元与吉合作建设卡姆巴拉金1号水电站和纳伦河上游梯级电站项目。2013年11月，俄罗斯向吉提供3000万美元无偿资金援助，以填补吉国家财政预算的缺口。

在能源和交通方面，俄罗斯主要从能源开发、能源运输和能源市场三个方面入手，即参与能源开发，控制管道运输，维护俄能源企业、能源设备及专利在中亚的市场份额。俄哈两国能源合作非常广泛。俄罗斯国家石油公司与哈国家油气集团共同勘探开发古尔曼加泽油田，合同期为2005～2060年。卢克石油公司负责开发卡拉恰干纳克油田、北布扎奇油田、卡拉库杜克油田、阿里别科莫拉油田、阿尔曼油田、热姆拜依油田、依马舍夫天然气田、赫瓦雷油田和中央油田。由卢克海外控股公司和哈国家油气集团下属的田吉兹石油公司开发图卜卡拉干油田。俄罗斯天然气公司负责开发乌兹别克斯坦乌斯秋尔特地区的6个天然气气田、咸海地区和吉萨尔地区的油气田，在坎德姆气田附近修建天然气化工厂，改造中亚—中心天然气管道和布哈拉—乌拉尔天然气管道。俄占据塔成品油市场约1/3的份额。俄公司还开发塔列干和萨尔卡左的天然气资源，兴建、运营和维护天然气管道和设施，组建天然气供应站和培训工作人员。2013年7月，俄吉两国政府签订了在吉运输、分配和销售天然气领域合作的政府间协定。协定规定，俄天然气工业公司以1美元收购吉天然气公司。俄方出资改善吉全国供气基础设施，保障吉国天然气供应。哈萨克斯坦石油主要通过哈俄管线出口。2010年，“田吉兹—新罗西斯克”输油管线共输油3492.3万吨。2009年，阿特劳至萨马拉输油管线输油1750.4万吨。2007～2010年，中亚来自俄罗斯的煤、原油、石油产品和电力总量估价达29亿～55

① 中国商务部驻哈萨克斯坦经商处，http：//kz.mofcom.gov.cn/article/ddgk/h/201404/20140400553206.shtml。

② 哈萨克斯坦外交部，http：//mfa.gov.kz/index.php/ru/vneshnyaya-politika/sotrudnichestvo-kazakhstana/sotrudnichestvo-so-stranami-sng/12-material-orys/428-sotrudnichestvo-respubliki-kazakhstan-s-rossijskoj-federatsiej。

亿美元，基本等同于中亚各国能源的进口总量。俄罗斯还通过中亚各国向西欧及乌克兰提供大量的能源产品。“俄罗斯对吉尔吉斯斯坦起到影响的最重要的驱动力是能源。”① 吉严重依赖从俄罗斯进口石油产品。俄罗斯若提高对吉石油产品的出口关税将给吉财政带来沉重负担。在交通领域，中亚国家没有出海口，非常重视对外交通联系。苏联时期的交通物流体系以莫斯科为中心向外围辐射，这为中亚国家与俄罗斯合作奠定了基础，因此中亚国家独立以后都与俄罗斯合作，形成南北向对外交通物流通道。

在移民方面，2009 年在俄罗斯就业的外来劳工中有 93% 的人来自独联体国家，其中超过一半的人来自中亚国家。来自乌兹别克斯坦的劳工占比 16.3%，来自哈萨克斯坦的劳工占比 14.8%，来自塔吉克斯坦的劳工占比 10.3%，来自吉尔吉斯斯坦的劳工占比 8.9%。对于中亚国家来说，侨汇收入对于保持社会稳定和促进经济发展非常重要。吉尔吉斯斯坦、乌兹别克斯坦和塔吉克斯坦都有上百万人在俄罗斯打工，侨汇收入占这三国国内生产总值的 10%～50%。

在政治方面，俄罗斯与中亚国家之间的政治合作比较密切。双方领导人相互比较熟悉，建立了很多双边和多边会晤机制，彼此之间会晤和举行谈判的频率比较高，有利于及时解决合作中遇到的问题。俄罗斯与中亚国家在共同抵御“颜色革命”方面密切合作。

在人文方面，由于历史原因，俄语和俄罗斯文化在中亚有着根深蒂固的影响，俄罗斯与中亚国家之间的人文交流非常密切，双方在语言、文化、生活习惯、思维方式等很多方面的融合度很高。在中亚生活着大量的俄罗斯人。俄罗斯媒体是中亚国家居民接收外部世界信息的重要渠道。俄罗斯在中亚国家设有高等教育机构，中亚国家大量的青年选择到俄罗斯留学或工作，双方之间的文化交流非常频繁。

二　俄罗斯的中亚政策对中亚地区安全的影响

俄罗斯在中亚地区安全领域发挥着重要作用。与此同时，也不能夸大俄罗

① http：//www.1think.com.cn/ViewArticle/Article_4ffa4a807c07bcf4b4ef9bfbd2a90c8b_20140620_17203.html.

斯的作用。俄罗斯在中亚安全领域的作用具有一定局限性，这一方面与俄罗斯的目标有关，俄罗斯对于与本国利益关系不大的安全事务缺乏行动的意愿；另一方面也与中亚地区安全形势的复杂性有关，有些中亚事务虽然与俄罗斯利益相关，但俄罗斯有心无力。

俄罗斯在中亚安全领域的积极影响主要表现在以下几个方面。

第一，俄罗斯在中亚的军事存在对于三股势力、贩毒和跨境犯罪集团具有威慑作用。来自阿富汗的毒品和三股势力等问题不仅威胁到中亚地区的稳定，也威胁到俄罗斯的稳定。因此，俄罗斯对于维护长约1400千米的塔阿边境的安全非常重视。俄军驻守塔阿边境对于防控毒品犯罪集团和非法武装越境起到重要作用。

第二，俄罗斯与中亚国家开展军事合作，有利于中亚国家提升国防水平，提升打击传统和非传统威胁的能力。哈吉塔作为集体安全条约组织成员国可以以优惠价格从俄罗斯购买武器装备。俄罗斯还为三国培训军官，提供军事援助，包括向哈赠送军舰，与吉建立联合生产军事物资的企业等。乌兹别克斯坦从俄罗斯采购现代化军事装备。土库曼斯坦虽然没有参加集体安全条约组织，但可以利用俄罗斯的经验和技术建设自己的海军，并请俄罗斯帮助培训技术人员。① 俄罗斯与中亚国家经常举行联合军事演习，提高参加国部队的作战能力。

第三，俄罗斯与中亚国家签署军事和安全合作协议，与中亚国家共同建立和参与独联体集体安全条约组织和上海合作组织，这为中亚地区的安全提供了机制保障。俄罗斯与中亚国家签署了军事技术合作、相互利用军事设施、保卫边界等在军事安全领域进行合作的协议。俄罗斯、哈萨克斯坦、吉尔吉斯斯坦和塔吉克斯坦都参加了独联体集体安全条约组织。该组织是以维护地区安全为使命的军事政治组织。四国在该组织框架下的军事安全合作已经非常深入，拥有联合军事司令部、集体快速反应部队和驻吉军事基地，多次举行联合军事演习。俄罗斯、哈萨克斯坦、吉尔吉斯斯坦、塔吉克斯坦和乌兹别克斯坦都是上

---

① http://www.1think.com.cn/ViewArticle/Article_4ffa4a807c07bcf4b4ef9bfbd2a90c8b_20140620_17203.html.

海合作组织的成员国。它们在该组织框架下在打击三股势力等非传统安全领域进行合作。

第四，俄罗斯作为在中亚地区有着传统影响的大国，在促进塔吉克斯坦民族和解、中亚国家政权交接等地区重大热点问题上发挥积极和重要的作用。俄罗斯认为，保持中亚政权稳定对俄罗斯有利。俄罗斯支持中亚国家抵御“颜色革命”。

第五，俄罗斯与中亚国家开展政治、经济和人文合作，吸收了来自乌吉塔三国大量的劳务移民，缓解了中亚国家的就业困难，给这些国家提供了大量的财政收入，促进了中亚地区的发展和稳定。俄罗斯向中亚国家提供援助，与中亚国家在经贸、投资、交通、能源等领域的合作，使中亚国家在维护国家和地区安全方面拥有一定的经济基础。中亚国家的教育发展缓慢，水平不高，对外交流也非常有限，俄罗斯与中亚国家在教育、科技、文化等人文领域的交流与合作，对于中亚国家避免教育、科技和文化水平的严重下滑起到积极作用。

然而，俄罗斯的一些政策和做法也存在对中亚地区稳定和安全不利之处。例如，在政治领域，俄罗斯把中亚看作自己的特殊利益区，不能够接受中亚国家忽视俄罗斯的想法自主选择外交方向，否则就对中亚国家采取牵制性措施。俄罗斯主张要采取一切手段维护境外俄罗斯民族和俄语居民的权利，在双重国籍、俄语地位、签证等问题上向中亚国家施压。在安全领域，俄罗斯致力于扩大在中亚的军事存在，遭到一些中亚国家的拒绝和排斥，导致相关国家之间关系紧张。俄罗斯租用中亚国家的军事设施，在租金、技术转让、环境保护等问题上时常与中亚国家发生矛盾。俄罗斯重视中亚国家与阿富汗之间的边界防守问题，但对于中亚国家之间的边界问题持模糊态度，在水资源问题上或者两头讨好，或者变来变去，使中亚国家都以为得到了俄方的支持，彼此之间的分歧和矛盾愈演愈烈，不利于问题的解决。在经济领域，俄罗斯站在维护本国利益的角度单方面采取一些经济措施，如发行卢布、压低过境俄罗斯的能源价格、单方面解除与中亚国家之间的经济合作关系等，使处于弱势地位的中亚国家在经济上蒙受严重损失。

第三节　欧盟的中亚政策与中亚地区安全

欧盟在中亚的影响不如俄罗斯、美国和中国，在中亚安全领域的影响也很有限，但具有长期性，主要表现在边界防控和反毒领域。此外，欧盟还通过政治、经济合作促进中亚地区稳定。欧盟没有成为维护中亚地区安全的主导力量，主要原因是中亚在欧盟外交政策中不占优先地位，对于维护中亚地区安全，欧盟缺乏足够的动力，以及足够的资源和工具。

一　欧盟的中亚政策

中亚是欧盟邻居的邻居，在欧盟的外交政策中处于相对边缘的地位，甚至不如西亚北非地区。欧盟把中亚看作独联体地区的一部分，排在俄罗斯、新东欧（乌克兰、白俄罗斯、摩尔多瓦）、外高加索之后。欧盟在中亚的利益目标主要包括：一是防止中亚的安全威胁外溢到欧洲；二是获得中亚的能源和资源；三是推动中亚国家进行政治经济改革，这与欧盟的地缘政治利益和经济利益有关。欧盟理事会 2007 年 6 月 22 日批准的《欧盟与中亚：新伙伴关系战略》把这三方面的利益目标表述为“安全和稳定、能源、良治”。

为了实现上述利益目标，欧盟设立了相应的机制和项目，与中亚国家在安全、能源和交通、政治和经济改革、经贸和投资、教育和环境等领域开展合作。

欧盟在中亚的安全利益主要包括：维护中亚稳定，帮助中亚国家应对恐怖主义等可能外延的安全威胁；支持阿富汗的军事行动；打击毒品走私、有组织犯罪和政治腐败，阻止中亚国家因脆弱向犯罪妥协。[①] 重点是边界防控和打击毒品走私。欧盟在中亚安全领域设立了中亚毒品行动计划（CADAP）、中亚边界管理计划（BOMCA）、反毒措施（NADIN），以及促进中亚海关有效管理的项目及现代化等项目。欧洲国家还资助在联合国反毒品犯罪机构下设立中亚地区打击非法贩运毒品、精神药物及其前体的信息协调中心，中亚国家均参加了

① 赵会荣：《欧盟的中亚政策》，《俄罗斯中亚东欧研究》2008 年第 6 期。

该机制。自2013年起，欧盟设立了欧盟代表与中亚国家副外长进行安全问题高级别对话机制。2015年，双方决定在塔什干开设预防危险化学品、生物制剂、放射性物质及核材料非法贸易的区域性“先进经验中心”。此外，欧盟依靠北约、欧安组织、联合国、欧盟成员国与中亚国家之间的双边安全合作机制来推动安全利益的实现。

2006年和2009年的俄乌天然气争端推动欧盟努力摆脱对于俄罗斯的能源依赖，欧盟把中亚能源和里海地区能源放在一起考虑。欧盟在中亚的能源利益在于：支持欧洲公司参与中亚能源开发以及把哈萨克斯坦石油和土库曼斯坦的天然气运到欧盟。目前，哈国内所产油气的10%归欧洲公司支配。哈出口的原油70%经过俄罗斯运到欧洲市场。[①] 从哈国进口的原油占欧盟原油进口总量的20%。[②] 在管道运输方面，欧盟设立了欧洲国际油气运输计划（INOGATE），包括纳布科天然气管道、跨亚得里亚海天然气管道、跨安纳托利亚天然气管道等。纳布科天然气管道计划将里海地区的天然气经土耳其、保加利亚、罗马尼亚和匈牙利先输送至奥地利，然后再输往欧盟其他国家。但纳布科天然气管道计划因路线长、气源不确定、投资成本高、外力阻挠等因素长期处于搁置状态。跨亚得里亚海天然气管道全长870千米，拟将里海地区天然气通过希腊、阿尔巴尼亚及亚得里亚海输送到意大利南部，进而输送到西欧。该管道主要气源来自阿塞拜疆“沙赫德尼兹”气田，起始输送能力为100亿立方米/年，且可增加至200亿立方米/年。跨安纳托利亚天然气管道计划将阿塞拜疆里海天然气经过格鲁吉亚连接土耳其输送到欧洲国家。该天然气管道建设预计耗资超过100亿美元，将于2018年年底完成。目前，欧盟仍在筹谋哈萨克斯坦—土库曼斯坦—阿塞拜疆—格鲁吉亚—土耳其天然气管道。其中，阿塞拜疆—格鲁吉亚—土耳其天然气管道已经得到落实。自2007年起，巴库—第比利斯—埃尔祖鲁姆管道已经向欧洲供气。由于里海沿岸五国在里海的法律地位问题上争执不下，俄罗斯和伊朗不同意欧盟关于里海能源开发和管道建设的计划，欧盟的能源计划进展缓慢。除了油气，哈萨克斯坦的铀对欧洲国家也

① http://thenews.kz/2015/04/30/1808591.html.

② 赵会荣：《关于“欧盟在中亚”的几个重要问题》，孙力、吴宏伟主编《中亚国家发展报告（2013）》，社会科学文献出版社，2013。

具有吸引力。哈法两国设立了开采铀矿的合资企业，年产量2000吨，能够满足法国核电站每年1/4的需求量。在交通领域，欧盟致力于推动从中国经过中亚到达欧洲的交通便利化，设立了欧洲—高加索—亚洲交通走廊计划，也称欧亚大陆桥计划（TPACECA），以及中国—哈萨克斯坦—乌兹别克斯坦—土库曼斯坦—伊朗—土耳其—巴尔干国家的跨亚洲铁路计划（TAЖM）。

欧盟认为，中亚国家的政治民主化和经济市场化是稳定的前提，有利于中亚国家摆脱俄罗斯的影响，也有利于欧盟与中亚国家之间发展经贸关系。欧盟承担推动中亚国家进行政治和经济改革任务的机制包括欧委会中亚代表处、欧洲对外关系委员会、中亚事务特别代表、欧洲议会、欧盟驻欧安组织常设委员会、欧盟成员国驻中亚使馆等。欧盟采取两手策略推动中亚国家进行政治改革。一方面，欧盟在向中亚国家提供经济援助时往往附加政治条件。欧盟经常派代表监督中亚国家选举，批评中亚国家选举不透明、违反人权。欧盟不仅支持欧洲的基金会和非政府组织在中亚开展活动，而且资助中亚国家的反对派、非政府组织和媒体，要求中亚国家政府释放政治犯，给予反对派更多的政治空间，以促进中亚国家政治的多元化，甚至推动“颜色革命”。另一方面，欧盟通过“欧洲民主人权计划”（EIDHR）和“欧盟法制行动计划”为中亚国家政府机制建设和改革提供资助，试图通过接触说服中亚国家走西欧式民主化和市场化道路。欧盟通过实施塔西斯计划推动中亚国家进行经济改革。塔西斯计划于2006年期满停止。自2007年起欧盟通过“就发展和经济合作问题进行合作的工具”（简称发展合作工具，DCECI）向中亚提供援助。2007～2013年欧盟为中亚提供7.5亿欧元的援助。欧盟还支持中亚国家加入世贸组织。目前，吉尔吉斯斯坦和塔吉克斯坦已经加入世贸组织。

欧盟是中亚国家主要的经贸伙伴。欧盟是哈萨克斯坦最大的贸易伙伴，占哈外贸总额55%。2013年欧盟与哈萨克斯坦的贸易额为534亿美元。哈萨克斯坦主要向欧盟出口矿物质（89%），从欧盟主要进口工业设备和交通工具（55%）。哈萨克斯坦在欧盟外贸额中仅占0.7%。2013年欧盟与土库曼斯坦贸易额为26亿美元，与乌兹别克斯坦贸易额为21.8亿美元，与塔吉克斯坦贸易额为3.68亿美元。2012年欧盟与吉尔吉斯斯坦贸易额为6.14亿美元。土、乌、塔、吉四国分别向欧盟出口棉花、棉花制品和金属，从欧盟进口工业设备、电器、交通工具、药品和医疗设备。除了哈萨克斯坦，中亚国家在与欧盟贸易中均处于逆差。①

欧盟对中亚的教育援助主要通过与周边国家开展现代化高等教育合作的计划（TEMPUS）项目实施，覆盖整个中亚五国。TEMPUS 致力于促进该地区国家民主化进程，帮助培训转型期所需的新一代研究人员和管理者，促使其进一步向国际社会开放，同时促进其转型期高等教育机制现代化改革。此外，欧盟还设立“欧洲培训基金”在中亚开展职业教育活动，并计划建设“信息丝绸之路”，促进中亚国家网络与欧洲的连接，对中亚大学开展远程教育。TEMPUS 在实施过程中有两个重要合作伙伴，即《博洛尼亚宣言》和伊拉斯谟（ErasmusMundus）对外合作窗口。② 欧盟的努力有助于中亚国家教育现代化，也有助于培养亲欧盟的精英。

二 欧盟的中亚政策对中亚地区安全的影响

欧盟在中亚地区安全领域发挥的作用有限。尽管欧盟认为中亚安全问题对欧洲安全构成间接威胁，但欧盟缺乏足够的动力和成套机制来维护中亚地区安全。欧盟在中亚安全领域的努力比较分散，主要专注于欧盟认为重要的几个点，包括边界防控、反毒、培训、捐助边检设备、支持民主化、减贫、促进中亚国家之间合作等。欧盟没有自己的军事工具，在安全领域主要依靠欧安组织和北约。欧安组织的主要目标是促进中亚国家的民主化，在安全领域主要是为中亚国家的军官提供培训机会。北约除了提供培训，还通过和平伙伴计划以及双边军事安全合作履行安全职能。欧盟向中亚国家推广一体化经验，致力于推动中亚国家之间的合作，解决中亚国家之间在水资源、边界问题上的分歧，但没有得到中亚国家的积极响应，效果不大。事实上，中亚安全问题相当复杂，涉及三股势力、毒品走私、跨境犯罪、贫困、腐败等，欧盟的努力虽然也有一定效果，但如杯水车薪，还不足以形成中亚安全的“防火墙”。

欧盟推动中亚国家政治经济改革的努力对于地区稳定与安全的影响犹如双

① http://thenews.kz/2015/04/30/1808591.html.

② 刘继业：《欧盟对中亚高等教育项目的援助》，《国际资料信息》2010 年第 3 期。

刃剑，起到正负两方面的作用。一方面，欧盟为中亚国家提供援助，推动中亚国家搞政治民主化，改善人权，发展公民社会，搞私有化和市场经济，促进中小企业发展，这对于中亚国家的政治经济发展起到促进作用，长远有利于这些国家的稳定发展。欧盟致力于提升中亚国家的教育、医疗、卫生等关乎民生的事业，取得了不错的成绩，口碑甚佳，使欧盟的软实力得到充分发挥。另一方面，欧盟强行推动民主化，资助反对派、非政府组织和媒体，帮助他们搞街头运动，甚至搞“颜色革命”，事实上破坏了国家的正常秩序，给极端主义、民族主义提供了喘息和活跃的机会，不利于中亚的安全。而且，欧盟在推动中亚国家政治经济改革方面经常因经济利益牺牲政治原则，因地缘政治利益牺牲安全利益，从而向外界释放矛盾的信号，这在很大程度上削弱了欧盟的努力。

欧盟推动中亚能源和交通多元化的努力效果有限，哈萨克斯坦和土库曼斯坦至今也没有实现绕开俄罗斯向欧洲市场出口能源的目标。欧盟也没有在促进中亚国家与欧洲之间的交通联系方面为中亚国家提供重要支持，中亚地区的交通物流体系仍支离破碎。因此，截至目前，欧盟的能源和交通计划对于促进中亚经济发展没有发挥重要推动作用。与中亚国家的大多数经贸合作伙伴一样，欧盟从中亚国家进口原材料，向中亚国家出口机器设备。欧盟对于中亚制造业的投资有限，与中亚国家的经贸活动没有能够满足中亚国家引进技术和资金、推动经济现代化的愿望，对于中亚国家的经济转型没有发挥重要和积极的作用。

目前，美国和北约已经从阿富汗撤出大量部队，仅留下少量军队向阿富汗安全部队提供训练和支援，中亚国家与阿富汗边境安全的压力增大。2014 年，中亚国家与阿富汗边境地区频繁发生非法武装聚集和企图越境的情况。如果欧盟不对现有的安全合作机制做出调整，比如增加预算支持、加强安全合作，一旦来自阿富汗的非法武装回流中亚，那么欧盟现有的边界防控计划和反毒计划将受到严重冲击，甚至功亏一篑。

第四节　中亚国家间关系的现状、问题及对地区安全的影响

尽管中亚地区五个独立国家之间的历史文化联系悠远绵长，但各国有各自的利益，难免会产生一些分歧。经过 20 多年的发展，它们之间的差异越来越

大，彼此关系或仍受困于边界、水资源、民族等问题踌躇不前，或得益于一体化项目等有所改善，这给地区安全带来很多变数。

一 中亚国家间关系的现状

独立以来，中亚国家之间的关系进展相对平稳，总体上朝着良性方向发展。尽管有些国家之间存在一些问题，偶尔发生边界冲突或者其他争端，但基本上能够被各国政府有效控制，没有升级为国家间的大规模冲突和战争。相对而言，哈萨克斯坦与其他中亚国家之间的关系比较顺利，乌兹别克斯坦则遇到一些困难。坚持中立的土库曼斯坦与其他中亚国家不远不近。相对贫困的吉尔吉斯斯坦和塔吉克斯坦与哈萨克斯坦关系稍近一些。

哈萨克斯坦是中亚地区面积和经济规模最大、人均 GDP 水平最高、外交最活跃的国家。乌兹别克斯坦是处于中亚中央、人口最多、经济和军事实力较强、伊斯兰文化遗产最丰富的国家，也是中亚唯一的双重内陆国。哈乌两国建立了战略伙伴关系，对于地区稳定起到重要促进作用。1992 年 11 月 23 日，塔乌两国建立外交关系。在政治领域，两国签署了 107 份文件，涵盖所有合作领域。其中，分量最重的文件是 1998 年 10 月 31 日签署的《哈萨克斯坦与乌兹别克斯坦永久和睦条约》以及 2013 年 6 月 14 日签署的《哈萨克斯坦与乌兹别克斯坦战略伙伴关系条约》。近年来，两国领导人互访比较频繁，对于两国政治关系发展起到直接推动作用。2010 年 3 月 16 ~ 17 日和 2013 年 6 月 13 ~ 14 日，哈总统纳扎尔巴耶夫两次对乌兹别克斯坦进行正式访问。2012 年，乌总统卡里莫夫对哈萨克斯坦进行了正式访问。据哈方统计，2013 年哈乌两国贸易额约 20.9 亿美元，其中出口 11.26 亿美元，进口 9.626 亿美元，比上年增长 5.5%。[①] 哈向乌主要出口石油和石油制品、面粉、粮食、黑色和有色金属、无机化学产品、食品。哈每年向乌出口高级面粉 100 万吨，石油制品 50 万吨。哈从乌进口天然气、棉纤维、化学品、塑料、化肥、蔬果等商品。乌国内有 178 家哈资本参与的企业，其中 35 家为哈独资企业，143 家为合资企业。

① 哈萨克斯坦外交部官网，http: //mfa. gov. kz/index. php/ru/vneshnyaya-politika/sotrudnichestvo-kazakhstana/sotrudnichestvo-so-stranami-sng/12-material-orys/429-sotrudnichestvo-respubliki-kazakhstan-s-respublikoj-uzbekistan。

哈开发银行、哈铁路公司、哈通讯社、哈航空公司在乌均设立了代表处。在人文交流方面，双方文艺团体经常进行互访。2012 年 11 月 30 日，双方在乌首都塔什干联合举办庆祝建交 20 周年的音乐会，乌副总理库舍尔巴耶夫参加了庆祝活动。2013 年 6 月哈总统纳扎尔巴耶夫访乌期间，乌举行哈诗人阿拜纪念碑的揭幕仪式，哈文化与信息部与乌文化与运动部共同签署了《2013 ~ 2015 年文化合作纲要》。

1992 年 10 月 5 日，哈萨克斯坦与土库曼斯坦建交。哈土两国是邻国，两国在能源和交通领域合作较多。截至 2013 年年底，两国共签署 52 个双边合作文件，其中最重要的是 1993 年 5 月 19 日签署的《哈萨克斯坦与土库曼斯坦和睦关系与合作条约》和 1997 年 2 月 27 日签署的《哈萨克斯坦与土库曼斯坦关于进一步发展合作的宣言》。2007 年 9 月 11 ~ 12 日，哈总统纳扎尔巴耶夫对土库曼斯坦进行正式访问。2008 年 7 月 6 日，土总统别尔德穆哈梅多夫赴哈参加了庆祝阿斯塔纳建都 10 周年活动。2009 年 12 月 13 ~ 14 日，哈总统纳扎尔巴耶夫对土进行工作访问。2013 年 5 月 10 ~ 11 日，土总统别尔德穆哈梅多夫对哈进行国事访问。此外，两国总统在拯救咸海国际基金会创始国元首峰会（2009 年 4 月 28 日）、欧安组织高峰会晤（2010 年 12 月 1 ~ 2 日）、哈俄阿土四国元首非正式会晤（2009 年 9 月 11 日）、独联体国家元首理事会例行会议（2012 年 12 月 5 日）等多边机制的平台上举行会晤。根据哈方统计，2013 年哈土贸易额为 3.93 亿美元，其中哈出口 1.754 亿美元，进口 2.176 亿美元，比上年增长 14%。哈土之间建立了政府间经济、科技和文化合作委员会。2009 年 12 月中国—中亚天然气管道开通后，双方在能源领域的合作进一步加强。双方在交通领域的合作进展迅速。2007 年 12 月 1 日，哈萨克斯、土库曼斯坦、伊朗三国政府共同签署了建设跨境铁路的协议。该铁路于 2014 年 12 月建成，始于哈萨克斯坦的乌津，经土库曼斯坦克兹尔卡亚、别列格特和埃特列克，最终抵达伊朗的果尔干，全长 934.5 千米。在文化领域，2009 年 4 月 29 日至 5 月 2 日，哈举办了土库曼斯坦文化日活动，同年 6 月 6 ~ 9 日，土举办了哈萨克斯坦文化日活动。

哈萨克斯坦与塔吉克斯坦于 1993 年 1 月 7 日建交。截至 2013 年年底，两国共签署超过 70 个政府间合作文件。2006 年 5 月 4 ~ 5 日和 2008 年 5 月 12 ~ 13

日，塔总统拉赫蒙对哈萨克斯坦进行正式访问。2007 年 9 月 12～13 日，哈总统纳扎尔巴耶夫对塔进行正式访问。此外，两国元首在欧安组织、独联体、上合组织、集体安全条约组织等多边机制的平台举行会晤。2013 年哈塔两国贸易额为 5.644 亿美元，其中哈向塔出口 4.925 亿美元，进口 7290 万美元，比上年下降 20.1%。哈塔政府间经济合作委员会的哈方负责人是哈环境与水资源部部长卡巴罗夫，塔方负责人是国家投资与国有资产管理委员会主席科西姆。塔境内有 40 余家双方合资企业。哈境内有 4 家塔企业。在文化领域，哈在塔设立了哈萨克文化中心。哈每年为塔提供 100 个公费在哈接受高等教育的名额。

1992 年 10 月 15 日，哈吉两国建交。两国签署了超过 150 个政府间合作文件，其中最重要的是 1997 年 4 月 8 日签署的《哈萨克斯坦与吉尔吉斯斯坦永久友好条约》和 2003 年 12 月 25 日签署的《哈萨克斯坦与吉尔吉斯斯坦联盟关系条约》。2012 年 5 月 10～11 日，吉总统阿坦巴耶夫对哈进行首次正式访问。2012 年 8 月 22 日，哈总统纳扎尔巴耶夫对吉进行国事访问，其间，双方最高政府间理事会举行第三次会议。2013 年 4 月 11 日，吉总统阿坦巴耶夫对哈进行工作访问。哈是吉主要的贸易伙伴。2013 年两国贸易额 10 亿美元，其中，哈向吉出口 6.72 亿美元，进口 3.33 亿美元。两国之间的文化合作比较活跃，双方经常合作举办展览、文艺晚会、研讨会等。2012 年 8 月，吉举办了哈萨克斯坦文化日活动。2013 年 9 月 21 日至 10 月 21 日，哈国内多地举行纪念吉著名作家艾特玛托夫诞辰 85 周年的吉尔吉斯斯坦文化日活动。

乌兹别克斯坦与吉尔吉斯斯坦、塔吉克斯坦的关系因为受到边界、水资源等问题的影响不够顺遂。乌兹别克斯坦与土库曼斯坦的关系曾经历过波折，近年来双边关系有明显改善。由于土库曼斯坦奉行中立政策，与其他中亚国家的关系不温不火。2014 年中国—中亚天然气管道 D 线方案（土库曼斯坦—乌兹别克斯坦—塔吉克斯坦—吉尔吉斯斯坦—中国）的启动对于管道沿线国家加强沟通与合作起到有力的推动作用。2014 年 10 月乌总统卡里莫夫访土。2013 年乌土双边贸易额达 3.54 亿美元。迄今为止，乌兹别克斯坦有 7 家土资企业，其中 1 家为全资，主要经营范围为生产建材、石油加工、贸易和服务业①。

① http：//tm. mofcom. gov. cn/article/jmxw/201410/20141000766818. shtml.

2014 年 11 月土领导人首次邀请吉国总统阿坦巴耶夫访土，双边关系进入新的发展阶段。两国领导人签署《土库曼斯坦与吉尔吉斯斯坦友好、相互理解与合作条约》等文件，并决定建立双边政府间合作委员会。2014 年 5 月，土总统别尔德穆哈梅多夫访塔，双方签署在交通、教育、文化、旅游等领域合作的文件。

二 中亚国家之间存在的问题

中亚国家之间存在很多问题，比较突出的是领土、边界和水资源争端，其次是民族关系、交通、环境、三股势力、移民、领导人关系等问题。

中亚国家的边界主要是苏联政府在 1924 年进行民族识别时划定的，当时中亚各民族对于划界结果就存在很多争议，之后中亚加盟共和国的边境地区时常发生冲突。中亚国家独立后，领土和边界问题由于自身的敏感性和复杂性跃升为中亚国家之间的主要问题。1999 ~ 2000 年，“乌伊运” 等宗教极端武装力量突破塔阿边界，经塔吉两国进入乌兹别克斯坦，制造了很多恐怖事件，这促使这些国家加强了对边界的防控，包括在边境地区布雷和增设哨卡，控制边境地区的人员流动。这样一来，边境地区的误伤、误射、各种争端明显增多。中亚国家中，哈乌土三国之间的边界谈判成效显著，绝大部分划界工作已经完成。2006 年，哈官方消息称，哈乌两国仅剩下咸海海底以及复活岛的边界尚未划定。[①] 乌吉塔三国之间的边界谈判则始终没有进展。三国在费尔干纳地区的边界犬牙交错，当地人口密集，资源有限。边界划定还涉及各种生产、生活资料的分配，各方都不愿意让步，协调解决的过程异常艰难。乌吉边界长 1378.44 千米。截至目前，乌吉两国还有 300 多千米、50 ~ 60 个地段未划界。乌塔之间约 1500 千米的边界中有 15% ~20% 的地段未划定。另外，三国在别国都有本国的飞地，境内也都存在别国的飞地。例如，乌兹别克斯坦在吉尔吉斯斯坦有索赫（Sokh）或索克斯（Sox）、卡拉恰（Qalacha）或乔卡拉（Chong-Kala）、贾盖尔（Dzhangail）和沙希马尔丹（Shaximardon, Shakhimardan）4 处飞地；吉尔吉斯斯坦在乌兹别克斯坦有巴拉克村（Barak）

---

① http: //www. zakon. kz/75957-mezhdu-kazakhstanom-i-uzbekistanom-net. html.

飞地；塔吉克斯坦在乌兹别克斯坦有萨尔瓦克（Sarvan）飞地。[①] 此外，乌塔两国对撒马尔罕和布哈拉的归属存在分歧。

同样棘手的还有水资源问题。中亚地区的水量很大，但分配不均。吉塔两国位于中亚跨境河流——锡尔河和阿姆河的上游，水利资源丰富，但由于缺乏资金，开发有限。两国都缺乏油气资源，能源严重依赖进口，因此，两国都把开发水电作为立国之策。然而，两国建设大型水电站的发展战略遭到了下游国家乌兹别克斯坦的强烈反对。乌方认为，建设大型水电站将截留水量，导致乌国无水可用，还可能引发灾难。乌方也不同意吉塔两国把水作为商品卖给乌。吉塔两国在天然气、交通、电力等方面依赖乌兹别克斯坦，因为水资源争端，两国与乌之间在很多问题上都合作不畅。比如，乌方指责吉塔两国拖欠天然气费用，经常断气，吉塔两国的生产、生活受到严重影响。塔方抱怨乌方扣留经过乌境的塔国车辆。乌方指责塔设在塔乌边境的铝厂给乌居民生活空间造成污染。另外，中亚国家都拥有主体民族，独立以后都采取维护本国主体民族优势地位的政策，指责别国政府忽视少数民族的权益。比如，2010 年吉境内的吉尔吉斯族与乌兹别克族发生流血冲突，乌政府认为吉政府在冲突中没有妥善维护乌族居民的利益。

三 对中亚地区安全的影响

影响中亚地区安全的因素很多，有内忧，包括政治、经济、宗教、社会问题等，也有外患，包括三股势力、非法武装、与阿富汗有关的毒品和跨境犯罪问题、大国地缘政治竞争等。中亚国家之间关系仅是众多影响因素之一。理论上讲，如果中亚国家之间关系越来越和睦，彼此利益联系日益密切，凝聚力不断增强，向着一体化的方向迈进，那么对于地区安全是最有利的。因为，在这种情况下，维护地区安全的成本较低，破坏地区安全的成本较高。任何国家在采取诸如使用军事手段解决问题等破坏地区安全的举动前都必须仔细衡量可能导致的利益得失。相反，如果国家之间关系不睦，合作有限或者不合作，肯定

① 赵会荣：《上合组织成员国之间关系及其影响》，李进峰、吴宏伟、李伟主编《上海合作组织发展报告（2014）》，社会科学文献出版社，2014。

对地区安全不利。依据这条线索，我们可以看到中亚国家间关系对于地区安全产生的影响，既有积极的一面，也有消极的一面。

第一，一些中亚国家之间政治和经济关系的加强，促使彼此之间利益联系更加紧密，有利于地区稳定与安全。近年来，受世界金融危机影响，中亚国家经济增速放缓，各国对于投资、互联互通、扩大出口产生更加迫切的需求。另外，中国—中亚天然气管道项目、哈土伊铁路项目等多边合作项目的启动都对中亚国家之间开展对话和合作产生推动作用。哈乌两国建立战略伙伴关系，并宣布计划大幅提升两国贸易额。乌土两国高层领导人加强沟通，签署大量合作文件。吉塔两国与土也加强了沟通与合作。在中亚国家之间经济利益相互依存程度不断提升的背景下，相关国家在发生分歧时采用军事手段解决问题的可能性就会相应下降，这无疑有利于地区安全。

第二，一些中亚国家之间在领土、边界、水资源等领域长期争执不下，一方面形成地区安全的“溃疡点”，促使各国对于国防安全和地区安全产生更多的担忧，进而可能增加国防支出，或者引入外部力量支持，导致地区安全局势复杂化。另一方面必然影响到各国的生产生活秩序，在经济困难、社会问题积重难返的情况下，任何争执或者冲突都可能外溢，引发更大规模的社会动荡，并有可能从国家内部蔓延到地区范围。

第三，中亚国家彼此之间的安全合作不足，导致地区以外力量和跨地区合作机制在地区安全领域的作用凸显。中亚国家自身或多或少都存在国防力量不足的问题，并且独立 20 多年来都对国防安全存有很大的担忧。因此，中亚国家独立初期就开始努力就加强地区安全合作进行对话。比如，哈萨克斯坦倡议召开亚信会议，乌兹别克斯坦倡议举行中亚安全与合作论坛，吉尔吉斯斯坦倡议举行伊塞克论坛等。哈吉乌三国还建立了国防部长委员会制度，就军事安全问题进行广泛磋商。2002 年，中亚五国签署《中亚无核区条约》。然而，中亚国家之间的安全合作仍处于较低的水平，各国仅就安全领域的一些问题达成共识。在这种情况下，地区以外力量和机制自然会介入其中，以满足中亚国家对于安全合作的需求。其中，以俄罗斯和独联体集体安全条约组织最为突出。俄罗斯与哈吉塔乌四国均签署了有关军事合作的条约。俄罗斯租借了哈吉塔三国的很多军事设施。俄罗斯与哈萨克斯坦建立了联合防空体系，在吉尔吉斯斯坦和塔吉克斯坦长期租借军事基地。哈吉塔三国都是集体安全条约组织的成员。俄罗斯与哈吉塔之间的军事技术合作相当密切，不仅提供军事技术援助，联合生产、改进、维修武器和军事装备，还组建联合企业，为三国培养军事人才。事实上，俄罗斯在中亚地区安全领域发挥着“卫士”作用。不仅如此，中亚国家之间的安全合作有限导致三股势力对中亚地区安全构成重要威胁，大国在中亚地区安全问题上协调和合作的作用显得更加重要。上合组织、亚信会议等机制在维护地区安全方面的作用也日益突出。

第四，一些国家之间关系不睦、彼此掣肘，降低了相关国家和地区对于外部投资者的吸引力，不利于多边经济合作项目的开展，不利于相关国家的经济发展，反过来又会影响这些国家对于地区安全的投入，形成恶性循环。

第五节 美国的中亚政策与中亚地区安全

中亚是美国全球战略的组成部分，但不是美国的战略重心，因此，美国对于中亚的关注在不同时段因不同事件表现也不一样。美国对于中亚安全的影响程度仅次于俄罗斯，具有两面性。

一 美国的中亚政策

美国在中亚的利益主要包括地缘政治利益、安全利益、经济利益（特别是能源）、政治利益（民主化）。美国在中亚的最大和最持久利益是地缘政治利益。使中亚脱离俄罗斯、中国、伊朗、阿富汗、巴基斯坦等周边国家的影响，特别是脱离俄罗斯的影响是美国在中亚的主要地缘政治目标。与此同时，美国也关注中亚地区的安全、能源和民主化。1997 年 7 月，美国副国务卿塔尔博特指出，美国在中亚和高加索地区的目标是，促进民主和创建市场经济、支持该地区国家对俄的独立倾向以及使该地区成为美国 21 世纪的战略能源基地。[①] 阿富汗战事打乱了美国的地缘政治部署，2001 年“9·11”事件后，为

① Washington Post, July 30, 1997.

阿富汗战事服务成为美国中亚政策的重心，与中亚国家的安全合作受到前所未有的重视。美国从阿富汗撤军后，美国的中亚利益次序必然发生调整，地缘政治利益和民主化利益将再次受到重视。

美国实现中亚利益诉求的方式以双边渠道为主，美国本身除了提出促进中亚与南亚经济一体化的“新丝绸之路计划”外没有创建任何多边机制。美国主要借助北约、欧安组织、国际金融组织等多边机制来促进其在中亚地区的利益。另外，美国支持建立反俄罗斯的古阿姆集团。美国对这些多边机制的借重是间或性和工具主义的，它很少表现出对某一多边机制的持久兴趣，更谈不上愿意受这些多边机制对其中亚政策的约束。至于中亚各国组建的地区合作机制，以及涵盖中亚国家的区域合作组织，美国始终没有表现出参与或发展制度性联系的愿望。[①]

在地缘政治方面，美国积极促进中亚与欧洲的融合。1999 年，美国制定《丝绸之路战略》，即以土耳其为中心，打造从中亚到欧洲的交通、能源和贸易大通道。2005 年，美国约翰·霍普金斯大学中亚—高加索研究所所长弗雷德里克·斯塔尔提出“大中亚计划”，美国政府以此为蓝本制定了“新丝绸之路计划”，即以阿富汗为中心促进中亚与南亚之间的交通、能源和经贸联系。尽管阿富汗形势混乱，以阿富汗为中心促进中亚五国与南亚的经济一体化相当困难，但美国对于中亚的地缘政治考虑优先于其他考虑。这反映出美国希望自己有一个有助于实现其在中亚地区利益并且可以与欧亚经济共同体、关税同盟、独联体集体安全条约组织、上海合作组织开展竞争的多边机制。[②] 美国对于上述俄罗斯参与的多边机制持排斥态度，拒绝与这些机制进行合作，目的是弱化俄罗斯以及这些机制的影响。

在安全领域，美国长期的担忧在于中亚与阿富汗、伊朗和巴基斯坦相邻，美国担心中亚国家的宗教极端势力与阿富汗、伊朗和巴基斯坦的伊斯兰极端势力相互勾结形成更大的祸患。阿富汗战争期间，美国在中亚安全领域的目标是为阿富汗战事服务。美国在中亚建立军事基地，通过建立各种训练或培训中

---

① 曾向红：《美国参与中亚事务的主要途径及其效果研究》，《当代亚太》2013 年第 4 期。

② 荣慧：《美欧中亚政策的比较研究》，李凤林主编《欧亚发展研究（2014）》，中国发展出版社，2014。

心、反毒中心、加强军官交流和提供技术装备等手段实现对中亚传统安全领域的直接影响。美国因为远离中亚，不受中亚毒品、非法移民等问题困扰，因此对于维护中亚国家的边界安全没有特别关注。在打击阿富汗和中亚毒品问题上，美国关注的重点不是减少或清除阿富汗的毒品种植，而是取消毒品生产实验室和切断毒品贸易的资金链。①

美国与中亚国家的经贸联系较弱。2013 年美国与中亚最大贸易伙伴——哈萨克斯坦的贸易额约为 25 亿美元。美国对中亚能源的关注相对较多，美国政府鼓励大型石油公司进入中亚和里海地区。20 世纪 90 年代中期美国大型石油公司获得了中亚主要能源产地的开采权。美国对哈萨克斯坦的投资主要投向能源领域，除了支持美国公司投资中亚能源的上游，美国政府还致力于控制能源管道，目的是能把中亚的能源运到除俄罗斯和伊朗以外的市场，以及通过此杠杆影响国际能源市场。

援助是美国实现中亚利益的主要方式之一。除了 2002 年乌兹别克斯坦成为美国对中亚援助最大受益国外，其他年份美国对中亚五国的援助以哈萨克斯坦居多，其次是吉尔吉斯斯坦。2007 年前，美国对中亚的援助分为民主项目、经济社会改革、安全和法律建设、人道援助和跨领域项目。从 2007 年开始，美国对中亚的援助分为和平与安全、公正和民主执政、对人的投资、经济增长、人道援助和其他。哈萨克斯坦研究欧美问题的著名学者拉乌姆林认为，欧盟的援助主要面向中亚国家的中小企业，美国的援助主要面向在中亚的美国人和美国机构。② 美国资助非政府组织、科研和教育机构、媒体，致力于在中亚国家培养亲美派。

美国注重宣传，也善于宣传。美国在对外宣传方面有成熟的运作机制和雄厚的资金支持。美国驻中亚国家的外交官善于与当地媒体和社群打交道。美国资助中亚媒体和学者发布对美国有利的信息。美国的宣传使中亚国家以为本国

---

① 2013 年 12 月 9 日美国驻阿富汗和巴基斯坦副特使贾瑞特·布兰克在北京与笔者交谈时介绍了有关美国在阿富汗反毒的情况。

② Лаумулин М. Т., Политика США и ЕС в Центральной Азии (сравнительный анализ), В книге Вызовы безопасности в Центральной Азии. -М.: ИМЭМО РАН, 2013, http://www.imemo.ru/ru/publ/2013/13002.pdf.

之所以能够从国际组织获得援助和贷款是因为美国的帮助。

美国拥有深度干预中亚事务的能力，只不过中亚不是美国外交政策的重点，美国不会为此投入过多的精力和资源。随着美国军队从阿富汗撤出，美国对于中亚的关注度明显下降，开始逐渐减少对中亚的援助，2013 财年美国针对中亚五国的财政支出比 2012 年缩减 12%。2014 年财年美国宣布这一指标将缩减 4%。其中，在哈萨克斯坦缩减 28%，为 1079.9 万美元；在乌兹别克斯坦缩减 12%，为 1105.2 万美元；在塔吉克斯坦缩减 7%，为 3491.5 万美元；在土库曼斯坦缩减 9%，为 612.5 万美元；仅在吉尔吉斯斯坦增长 8%，为 5056.9 万美元。[①] 由此可以看出，美国对于吉塔两国的重视。这一方面是从阿富汗撤军的需要，另一方面是美国希望扶持吉尔吉斯斯坦通过“民主”方式上台的新政权，并将此打造成中亚民主样板。美国目前主要关注的能源项目是土库曼斯坦—阿富汗—巴基斯坦—印度天然气管道（TAPI）和把吉尔吉斯斯坦和塔吉克斯坦的电力输送到阿富汗和巴基斯坦的“CASA-1000”项目。在民主化方面，美国高调主张人权和宗教自由。不过，美国政策缺乏持续性，有时前后矛盾，在做法上怀柔不够，强硬有余。至于美国中亚政策的走向，中国俄罗斯问题专家赵华胜先生认为，从美国战略重点选择、资源配置和现实可能来看，有限介入是最可能的选择。这既是指介入的广度，也是指介入的深度。[②]

二　美国的中亚政策对中亚地区安全的影响

中亚国家都非常看重美国的全球影响力，对美国进入中亚基本上持欢迎态度。美国进入中亚给中亚国家带来了双重影响，既有能够促进中亚国家国际地位的提高、带来投资和援助、促进人文交流、军事合作提升国防能力等中亚国家相对欢迎的方面，也有可能会对中亚国家内政加以干预、鼓励“颜色革命”、引起大国之间地缘政治竞争等中亚国家不愿意看到的一面。具体而言，美国的中亚政策对于中亚地区安全的影响主要表现在以下几个方面。

---

① США урежут объем безвозмездной помощи странам Центральной Азии, http://russian.eurasianet.org/node/60006.

② 赵华胜：《后阿富汗战争时期的美国中亚外交展望》，《国际问题研究》2014 年第 2 期。

第一，美国在促进中亚地区无核化方面发挥了积极作用。中亚国家独立初期，美国中亚政策的重点是促使哈萨克斯坦消除核武器。哈萨克斯坦是中亚五国中唯一继承了苏联遗留核武器的国家。美国非常关注哈萨克斯坦的核武器保管问题。哈萨克斯坦独立以后在是否放弃核武器问题上的立场曾摇摆不定。[①]美国向哈萨克斯坦施加了很大压力，国务卿克里斯托弗、副总统戈尔都曾到哈萨克斯坦进行游说，要它将核武器交给俄罗斯保管和处理。1994 年 2 月，哈萨克斯坦总统纳扎尔巴耶夫访美。美国允诺向哈提供 3.11 亿美元援助，另外还提供 8300 万美元资金用于帮助哈萨克斯坦拆除核武器。[②] 美国还对哈萨克斯坦的安全做出保证。在此条件下，哈萨克斯坦同意签署《核不扩散条约》。1995 年 5 月，哈萨克斯坦拆除最后一枚核弹头。1997 年 3 月，哈萨克斯坦卸除最后一个洲际导弹发射井。俄罗斯将两个师的战略导弹部队连同 96 个运载工具、898 枚弹头一并撤回国内。哈萨克斯坦实现无核化，并支持中亚地区成为无核区。

第二，美国通过双边渠道或者在北约框架下与中亚国家开展军事合作，包括与中亚国家签署军事合作协定，帮助中亚国家组建武装力量，在中亚国家设立军事基地，向中亚国家提供军事装备、军事援助，为中亚国家的军官提供培训，支持中亚国家加入北约和平伙伴关系计划和建立中亚维和营，与中亚国家在北约框架下开展联合军事演习，为中亚国家安全提供机制性保障，这些举动对于促进中亚国家的军事国防建设起到推动作用。美国在中亚国家设立军事基地，对于三股势力起到震慑作用。美国军队和北约军队进入阿富汗以后，对于阿富汗的恐怖组织和宗教极端力量进行打击，一定程度上缓解了中亚国家抵御外来安全威胁的压力。

第三，美国的中亚政策带有明确的地缘政治目标，即排斥俄罗斯在中亚地区的影响。美国推动中亚国家与北约和欧盟接近，使它们逐步脱离俄罗斯的影响。美国漠视俄罗斯在反恐等问题上对于西方做出的合作姿态，仍对俄罗斯实施步步紧逼的挑战，这样的政策必然引起俄罗斯强烈的反弹，导致俄美两国在

① 赵常庆：《哈萨克斯坦》，社会科学文献出版社，2004，第 226 页。

② 赵常庆主编《十年巨变——中亚和外高加索卷》，东方出版社，2003，第 352 页。

中亚地区形成激烈的地缘政治竞争。这不但对中亚国家的内外政策造成冲击，导致中亚国家政策出现摇摆，而且给中亚地区稳定与安全带来很大风险。例如，在俄美激烈的地缘政治竞争下，乌兹别克斯坦的外交政策在俄美之间发生剧烈摇摆，从而给国家的稳定发展造成困难。吉尔吉斯斯坦境内一度出现俄美两国军事基地并存的局面，吉前总统巴基耶夫在军事基地问题上没能处理好与俄美两国的关系，导致外部力量对吉内政发挥破坏性作用，他本人被迫下台并逃亡到白俄罗斯，吉社会一度发生剧烈动荡。

第四，美国给予中亚国家的援助对于中亚国家克服独立初期的危机、建立正常国家和启动转轨进程起到积极作用。然而，美国不顾中亚国家的实际情况，要求中亚国家推行激进的政治经济改革，包括搞直选、推行议会制和多党制、舆论自由、全面市场化、接受全球化、加入世贸组织等。不仅如此，美国打着促进民主和人权的旗帜支持中亚国家的反对派和宗教势力，对现政权施压，要求现政权推行宽松的政策，给反对派和宗教势力更多的活动空间。结果显示，美国的做法没有在推动中亚国家稳定发展方面做出积极贡献。相反，美国对于中亚国家内政的积极主动干预给现政权的国家管理造成很大困扰，美国支持的反对派和宗教势力并非致力于国家的稳定发展，而是不择手段获得权力。美国的做法严重干扰了中亚国家的政治经济发展进程。不仅如此，一旦带有极端和恐怖思想的反对派和宗教势力在美国支持下获得政权，可能给中亚国家带来灾难性后果。中国研究中亚政治问题的学者包毅指出，美国全方位地在中亚地区推进民主改造，非但没有在中亚国家创建出分权制衡的宪政民主机制，反而在经济形势与社会政治形势恶化的情况下，强化了体制的集权性与领导个人意志在宪政体制中的合法性，威权主义体制依旧在中亚各国的政治稳定与经济建设中发挥着有效作用。同时，作为“民主输出”的重要手段，经济援助和市场经济的促进计划也没有刺激中亚市场机制和民主化机制的发育，反而造成资本和资源的进一步集中。[①] 中国研究俄罗斯中亚问题的专家赵华胜先生指出，美国实施“民主输出”战略时未能充分考虑中亚国家的社会传统和政治遗产，支持和资助各国反对派与非政府组织，企图在反对现政府的力量中

① 包毅：《中亚国家的政治转型》，社会科学文献出版社，2015，第249页。

寻找自己的代理人，改造中亚国家的社会政治结构，结果出现水土不服的现象，给中亚各国社会带来政治震荡，并造成“中央与地方、领导人与政治精英、政权与社会组织等诸多关系紧张的局面”①。中亚国家的学者也经常强调美国文化与中亚国家传统文化存在相互排斥的一面，美国文化在中亚的推广对中亚国家的传统文化造成一定冲击，不利于当地的社会稳定。

第五，美国在行动上没有支持中亚地区的一体化进程，它既不支持俄罗斯、欧盟提出的中亚国家一体化方案，也不支持中亚国家之间加强合作，对于中亚国家之间的分歧和矛盾采取漠视态度。美国采取分而治之的策略，与中亚国家分别开展关系，鼓励它们之间相互竞争，支持它们走反俄路线，导致中亚国家相互猜忌，它们之间的紧张关系很难得到缓解，这对中亚地区的稳定和安全不利。

第六节　大国在中亚地区的相互关系对地区安全的影响

苏联解体以后，中亚地区不时受到外界关注，原因之一是大国对于该地区的介入较多，彼此之间的竞争激烈。这里所说的大国主要指俄罗斯、美国、中国和欧盟国家。中亚国家独立以后内外环境复杂，维护安全的任务繁重，但它们独立时间短，国家治理和军事国防能力较弱，对于主权让渡又都非常敏感，彼此之间开展合作困难，因此不得不借重大国的力量。大国在中亚有着不同的利益诉求，对于中亚地区安全有着不同的认识，追求安全的手段也不一样，这导致它们之间的关系参差不齐，从而对地区安全产生不同影响。

一　大国在中亚地区的相互关系

大国对于中亚地区安全有着不同程度的利益诉求，中俄作为中亚国家的邻国对安全问题相对更加重视，美欧在这方面的重视程度相对要弱一些，尤其是美国。大国对于中亚地区安全有着不同的认识，因此采取的措施也不一样。中俄认为政治稳定和经济发展对于地区安全有着重要作用，美欧认为政治民主化

---

① 赵华胜：《中国的中亚外交》，时事出版社，2008，第230～231页。

和经济市场化对于地区安全的意义重要。中俄反对任何外部力量干涉中亚国家内政，美欧则积极干预中亚国家的内政。大国在中亚地区的相互关系依据影响程度可以分为三个层次：一是俄美关系，二是中俄关系和美欧关系，三是俄欧关系以及中国与美欧关系。

在中亚地区，俄美两国以及它们彼此之间的关系对地区安全影响最大。如果说在全球层面，美国仍然保持着世界超级大国地位，俄罗斯则从全球大国向地区大国滑行，二者之间的实力差距显著，那么在中亚地区的情况则完全不同，俄罗斯在中亚仍有着根深蒂固的影响，美国难以撼动。与俄美在全球范围内形成结构性矛盾一样，俄美在中亚的竞争也是针尖对麦芒。能源管道之争、“颜色革命”、军事基地、政权交接等很多问题都反映出俄美之间的激烈斗争。俄美两国都非常重视传统安全领域，都为中亚国家提供军事合作的机会，实际上形成竞争关系。在防止中亚地区伊斯兰化方面，两国存在共识，但在做法上存在很大差异。俄罗斯担心伊斯兰因素给俄国内稳定带来消极影响，对于中亚地区的伊斯兰化保持高度警惕，并与中亚国家一起打击宗教极端势力。美国则与中亚地区的伊斯兰力量保持暧昧的关系。美国还要求中亚国家政府推行宽松的宗教政策，给予伊斯兰组织发展的空间。在与阿富汗有关的反恐、反毒以及促使哈萨克斯坦脱核等问题上，俄美两国进行了有效的合作。

中俄两国在中亚的影响一定程度上显示出互补性，俄罗斯在军事和安全领域的影响较大，中国则在经济领域与中亚国家合作日益密切。因为中俄两国是中亚国家的近邻，两国都非常关注中亚地区安全问题，在安全领域的合作起步较早，合作较多。中国、俄罗斯与中亚国家（哈、吉、塔）在顺利解决了边界问题和边境地区相互信任等问题后，成立了上海五国机制，后来又吸收乌兹别克斯坦成立了上海合作组织。除了开展政治、经济和人文合作，上海合作组织在非传统安全领域的合作快速发展，成员国在打击三股势力、信息交流、开展军事演习等方面的合作不断深化。中俄两国通过双边渠道和上海合作组织、亚洲相互协作与信任措施会议等机制就中亚事务进行沟通和协调，形成了有效的相互协作关系。

中俄在中亚是否会发生冲突主要取决于中俄两国，特别是俄罗斯。如果中俄在世界政治中选择不冲突，那么在中亚地区也不大可能发生冲突。从短期来看，中国在中亚的影响距离挑战俄罗斯的地位还差得非常远。中国在中亚的目标是柔软而富有弹性的，介入的领域基本上是俄罗斯无力填补的经济领域，其过程是渐进的。因此，短期内中俄在中亚的竞争是温和、有限度和局部的。中国实力的增长以及在中亚影响力的增强是客观趋势，俄罗斯如何反应非常关键。事实上，中国与中亚国家开展经济合作有利于促进中亚国家的经济增长，创造更多就业机会，改善民生，也有利于中亚国家稳定，客观上为俄罗斯减轻了来自中亚的移民、投资和安全压力。[①] 俄罗斯已经意识到中俄协作对于维护中亚地区安全的意义，双方在安全领域的合作将不断深化。

美欧对于中亚安全的关注点不同。美国相对更关注中亚传统安全，注重实现军事存在，追求短期见效。欧盟相对更关注非传统安全，重视边界管控、反毒和跨境犯罪等领域，重视建立机制和规范，致力于长远需求。中亚安全在美欧的议事日程中不占主要地位，美国助理国务卿与欧盟中亚事务代表每年举行两次会晤。双方在中亚安全领域的多边合作主要通过北约和欧安组织，美国在其中占据优势，欧盟起到配合美国的作用。阿富汗战争以后，美国推动中亚国家与南亚国家开展交通、电力、经济一体化，这与欧盟的中亚政策方向出现分歧。欧盟从来都没有把阿富汗与中亚放在一起，欧盟希望中亚国家与欧盟国家之间的交通和能源合作更加密切。

俄欧对于中亚安全的重视程度存在差异。俄罗斯认为中亚直接关系到其南部安全。中亚对于欧盟来说距离遥远，来自中亚的威胁对欧盟仅构成间接威胁。而且，俄欧相邻，双方在能源和安全领域紧密关联。欧盟非常在意俄罗斯的反应，在中亚问题上顾及俄罗斯的政策倾向。俄欧之间在中亚安全领域的合作有限，主要体现在俄罗斯与北约在阿富汗反恐事务上的合作，以及俄罗斯与欧洲大国在中亚事务上的点状合作，包括为中亚国家培训专家、组织举办国际会议等。

中国与美欧就中亚安全事务的沟通逐渐增多，这既包括官方，也包括民间层面。原因之一是，美欧的国际合作经验比较丰富，重视广泛接触和调研，而中方也日益意识到与美欧对话的重要性，对于美欧的做法进行积极的回应。美

---

① 赵会荣：《俄美中欧在中亚：政策比较与相互关系》，《新疆师范大学学报》2014 年第4 期。

国把地缘政治利益放在首位，对于中国在中亚地区的影响保持高度警惕。美国对于中国在中亚的存在抱有矛盾心态：一方面，美国希望中国在中亚地区的影响日益扩大，对俄罗斯形成制衡；另一方面，美国不希望中国的实力不断增长，从而对美国的全球地位构成竞争。在这样的背景下，西方学术界和媒体关注所谓中俄在中亚竞争的命题就不难理解。欧盟与中国在中亚安全领域有很多共识，在与中亚国家开展交通合作方面存在共同利益，在与中亚国家进行能源合作方面存在共同关切，双方在中亚地区经贸、人文等领域的合作潜力很大。

二　对中亚地区安全的影响

大国在中亚安全领域的利益不一致，追求利益的途径不同，导致彼此之间的关系复杂，因此在中亚没有形成所有大国参与的多边安全保障机制。现实情况是，某些大国之间在某个领域的合作效果突出。例如，俄美对于阿富汗反恐行动立场一致，双方与中亚国家在服务阿富汗战事方面进行有效的合作。美欧在推动中亚国家民主化方面其利益和途径比较一致，给中亚国家政权带来很大的压力。中俄对于中亚地区非传统安全领域以及美国在中亚驻军的看法比较一致，合作比较密切，一定程度上为中亚地区提供了安全保障。大国关系对于中亚地区安全的影响表现在以下几个方面。

第一，大国之间的竞争使中亚地区面临很多不确定性，处于不稳定状态。大国之间彼此排斥，在中亚地区散布不利于对方的言论，拉拢或逼迫中亚国家选边站队，导致中亚国家之间的嫌隙扩大，中亚国家与大国之间的合作不得不搁置，地区旧的矛盾得不到解决，新的矛盾不断出现。

第二，大国之间就中亚地区安全进行沟通和合作，与中亚国家一起建立维护中亚安全的机制，对于提升中亚国家维护地区安全的能力、推动中亚国家之间的安全合作进程、促进中亚地区安全发挥了积极作用。以上海合作组织为例，中亚四个成员国与俄罗斯、中国签署了一系列安全合作协议，包括《打击恐怖主义、分裂主义和极端主义上海公约》，为成员国合作打击三股势力奠定了坚实的法律基础。此外，上海合作组织成员国还建立了定期磋商机制，在情报交换、大型活动安全保障合作、联合军事演习等方面进行合作。

第三，大国为中亚国家提供不同方向的合作选择，一方面有利于中亚国家的对外合作多元化和平衡，另一方面也从客观上对中亚国家形成不同方向的撕扯，不利于地区的一体化。俄罗斯希望推动自己主导的欧亚联盟，并且排斥其他大国参与其中。美国致力于促进中亚国家与南亚国家之间的经济一体化。欧盟主张中亚国家、外高加索与欧洲加强能源和交通联系。只有中国提出的丝绸之路经济带倡议不排斥任何大国。在诸多不同的选项面前，中亚国家做出不同的选择，或与俄接近，或与美欧接近，或保持独立，呈现碎片化的趋势。

第四，大国在中亚地区热点问题上持不同立场，彼此之间缺乏磋商与妥协，导致问题长期得不到解决。例如，在中亚边界和水资源问题上，大国基本上采取谨慎介入或者不介入的立场。俄罗斯介入得相对较多，在水资源问题上初期采取模糊立场，2012 年后明确支持吉尔吉斯斯坦，承诺帮助吉在跨境河流上修建大型水电站，引起乌兹别克斯坦的强烈反应。欧盟谨慎介入，在中亚设立水资源问题研究机构，派驻专家帮助中亚国家监测水文状况，支持上游国家在内河建设小型水电站，以解决能源供应问题。美国对于中亚水资源问题保持关注，但不介入。中国坚持不干涉中亚国家内政的原则。在伊斯兰教问题上，中俄支持中亚国家坚持政教分离原则和走世俗化道路，美欧则支持中亚的伊斯兰反对派，要求中亚国家政府允许宗教组织和人士拥有更多的权利与自由，要求中亚国家政府与伊斯兰力量进行对话，这在客观上拉升了伊斯兰力量在中亚国家政治中的地位，推动了中亚地区的伊斯兰化以及伊斯兰政治化，为中亚地区的稳定和发展埋下隐患。

第七章　中亚地区安全的中国因素

第一节　相关问题的理论探讨

一　问题的提出

历史上中亚地区属于西域的一部分，早在2000多年前古代中国就与西域有了交往，汉代侍从官张骞出使西域就是以解决安全问题为目的的，即想通过联合大月氏，夹攻匈奴，以“断匈右臂”。随后，汉朝设立了“西域都护府”，主要职责在于守境安土，协调西域36国间的矛盾和纠纷，制止外来势力的侵扰，维护西域地方的社会秩序，确保丝绸之路的畅通。在唐朝还设立了安西都护府，后又根据需要分为安西和北庭两个都护府①。因王朝实力的变化，古代中国对西域的安全责任起伏较大，自阿拉伯大食国的崛起和唐代“安史之乱”爆发后，古代中国已无法继续向西域提供公共安全产品；到元代时，古代中国再次恢复向西域提供公共安全产品；然而历史轮回似乎无法摆脱，到清代末期终因国力的软弱、英国和沙皇俄国等大国崛起，古代中国在中亚地区安全中从一个进攻型的角色转变成一个防御型的角色，沙皇俄国则成为中亚地区的霸权国。中华人民共和国成立之后，受中苏关系的影响，中国与中亚地区几乎没有任何正常交流，反而因“伊塔事件”“铁列克提事件”以及苏联向中亚地区加

① 这两个都护府管辖包括今新疆、哈萨克斯坦东部和东南部、吉尔吉斯斯坦全部、塔吉克斯坦东部、阿富汗大部、伊朗东北部、土库曼斯坦东半部、乌兹别克斯坦大部分等。

盟共和国的“反华势力”提供支持而长期中断。苏联解体后，中亚地区的各加盟共和国纷纷宣布独立，中国与中亚国家立即建立了外交关系，并着手解决边界问题。根据1990年4月中苏《关于在边境地区加强军事领域信任的协议》，中国、俄罗斯、哈萨克斯坦、吉尔吉斯斯坦、塔吉克斯坦于1996年4月26日在上海举行了首次会晤，并建立了解决边境问题的“上海五国机制”，这是冷战后中国首次向中亚地区提供的公共安全产品，并开启了中国重新参与维护中亚地区安全的大门。虽然“上海五国机制”不能从根本上解决中亚地区所面临的安全挑战，但是该机制的建立在一定程度上解决了潜在的边境冲突，提高了中亚国家、俄罗斯与中国的政治互信水平。随着中亚地区安全形势的变化，中亚国家、俄罗斯、中国均认为需要用新的合作形式取代“上海五国机制”，以适应中亚地区安全形势发展的需要。在“上海五国机制”的基础上，中国、俄罗斯、哈萨克斯坦、吉尔吉斯斯坦、塔吉克斯坦、乌兹别克斯坦于2001年6月在上海宣布成立政府间国际组织，即上海合作组织（简称上合组织）。上合组织的成立是中国向中亚地区提供公共安全产品的“升级版”，在解决成员国间边境问题、建立成员国间睦邻关系、打击三股势力和跨国犯罪、推动经贸合作及文化交流方面发挥了十分积极的作用。

在上海合作组织成立之后，中国在中亚地区的政治、经济和安全影响力开始不断上升，中国已逐渐成为影响中亚地区安全秩序的重要因素。例如，中国积极参与解决阿富汗问题，从2001年到2017年已向或计划向阿富汗提供近30亿元人民币的无偿援助，[①] 中国在《阿富汗问题伊斯坦布尔进程北京宣言》中表示，将在促进阿富汗政治、经济、安全等方面发挥积极作用。[②] 尽管上合组织的成立对维护中亚地区安全意义重大，但核心因素是中国在中亚地区的大国关系中扮演了稳定器的角色。“修昔底德陷阱”这一国际关系的铁律在中亚地区出现的可能性并没有随着中国的崛起而增大，相反“修昔底德陷阱”随着中俄关系的不断发展和中俄所面临的共同威胁增大而降低。事实上，从中亚地

① 《中阿经贸合作概况》，中华人民共和国驻阿富汗伊斯兰共和国大使馆经济商务参赞处网站，http：//af. mofcom. gov. cn/article/zxhz/hzjj/201501/20150100879514. shtml。

② 《阿富汗问题伊斯坦布尔进程北京宣言》，人民日报网，http：//world. people. com. cn/n/2014/1102/c1002 -25953602. html。

区安全格局的现状和发展趋势来看，中国能够成为影响中亚地区安全秩序的主要因素是中国已成为平衡中亚地区安全秩序的重要力量。从中国的发展来看，中国要想走上世界舞台的中央，首先要能顺利地走出欧亚大陆，中亚地区可能是中国走出欧亚大陆的重要突破口。为此，中国已与全部中亚国家建立了战略伙伴关系。不过，战略伙伴关系的建立并不意味着中国因素在中亚地区安全中的作用会有显著提升。这是因为存在这样几种可能性：一是随着中国国家的实力不断增加可能会提高其他国家对中国的防范心理，并限制或削弱中国向中亚地区持续提供公共安全产品的行为；二是因国家实力不足，中国缺少足够的能力向中亚地区持续提供公共安全产品；三是受新疆问题牵制，中国向中亚地区提供的公共安全产品有限；四是中国与其他大国的关系发生变化。由此可见，中国在中亚地区安全中是有“空间”的，而这个“空间”至少包含了两种含义：一是中国在中亚地区安全中还能发挥更大的作用，美国华盛顿哈德逊研究所的理查德·维茨认为，冷战后中国在中亚地区不断增长的作用非但没有成为影响中俄关系的障碍，反而成为联系中俄关系的纽带；[①] 二是中国在中亚地区安全中发挥的作用是有限的，很显然，中国在维护中亚地区安全中发挥了一定的作用，但能否持久发挥作用则存在很多不确定性。在众多不确定性因素中，大国关系尤为重要。这是因为大国有能力挑战国际和地区秩序，而且有能力发动局部甚至全球冲突。自沙皇俄国和英国在中亚地区博弈以来，大国关系就成为影响中亚地区安全的关键要素，在冷战时期，阿富汗战争直接反映了当时的大国关系。冷战结束后，大国关系依然是影响中亚地区安全的关键因素，而且随着非传统安全因素的增多，大国关系日益复杂。为此，本文的核心问题就是讨论在国际体系和地区秩序未发生质变的前提条件下，为持久且有效地保持中亚地区稳定，中国如何在地区层面运筹及建立好稳定的大国关系框架。

讨论中国在中亚地区安全中持久且有效地发挥作用具有以下意义，一是增加大国可以和平崛起的理论依据。国际社会有关“中国威胁论”的言论早在

① Richard Weitz, Averting a New Great Game in Central Asia, The Washington Quarterly, Summer 2006, pp. 155 - 167.

20 世纪 90 年代就出现在西方国家并逐渐影响到发展中国家，为了保持及增强稳定的外部发展环境，中国不遗余力地寻找和平崛起的路径，从而增强和平崛起的理论依据（良性崛起国）。与此同时，国外很多学者也在探讨中国和平崛起的可能性及路径，[①] 对中国能和平崛起持相反立场的阵营也十分强大，米尔斯海默是其中最有代表性的学者之一。[②] 二是有利于探索中国促进中亚地区和平发展的有效方式，寻找及增加中国与其他国家在中亚地区安全合作的利益契合点。在地理位置上，中国与中亚地区的安全密切相关，而且中国也有一定能力在中亚地区安全上发挥作用，尤其在解决阿富汗问题上，通过与巴基斯坦的良好关系，中国在促进阿富汗政治平稳过渡和国内安全方面发挥了很多作用，例如在库纳尔河上建立能给巴基斯坦和阿富汗提供电力的水电站、修建连接巴基斯坦与阿富汗的公路和铁路等。[③] 三是为推进“一带一路”战略提供预防地区安全风险的措施。作为扩大地区间国际合作的倡议，中国提出的“一带一路”战略是促进所有参与国合作共赢的计划，但是中亚地区的安全形势并不乐观，可以说中亚地区安全基础依然十分脆弱，阿富汗问题、极端势力、大国间博弈、国内政治强人年龄偏大等都是影响中亚地区安全发展的因素，为此，在新形势下针对中亚地区的安全问题设计预防安全措施便显得十分迫切，且意义重大。

---

① 温家宝阐述中国和平崛起五要义，第一，中国的崛起就是要充分利用世界和平的大好时机，努力发展和壮大自己，同时又以自己的发展，维护世界和平；第二，中国的崛起应把基点主要放在自己的力量上，独立自主、自力更生，依靠广阔的国内市场、充足的劳动力资源和雄厚的资金积累，以及改革带来的机制创新；第三，中国的崛起离不开世界，中国必须坚持对外开放的政策，在平等互利的基础上，同世界一切友好国家发展经贸关系；第四，中国的崛起需要很长的时间，恐怕要多少代人的努力奋斗；第五，中国的崛起不会妨碍任何人，也不会威胁任何人，中国现在不称霸，将来即使强大了也永远不会称霸。http：//www. china. com. cn/zhuanti2005/txt/2004 - 03/15/content_ 5516570. htm. Jianwei Wang，China's Peaceful Rise：A Comparative Study，http：//www. eai. or. kr/data/bbs/eng _ report/2009052017544710. pdf；Barry Buzan，China in International Society：Is “Peaceful Rise” Possible? The Chinese Journal of International Politics，Vol. 3，2010，pp. 5 - 36；Yun Sun，China's Peaceful Rise：Peace through strength? http：//csis. org/files/publication/Pac1425. pdf；William W. Keller and Thomas G. Rawski，China's Peaceful Rise：Roadmap or Fantasy? https：//www. ridgway. pitt. edu/Portals/1/pdfs/Publications/KellerRawskiCPRRF. pdf.

② John J. Mearsheimer，Can China Rise Peacefully? http：//nationalinterest. org/commentary/can-china-rise-peacefully-10204.

③ Shannon Tiezzi，The China-Pakistan Alliance：The Key to Afghan Stability? http：//thediplomat. com/2015/02/the-china-pakistan-alliance-the-key-to-afghan-stability/.

二 关于中国与中亚地区安全的讨论

关于本研究的主题——为持久且有效地保持中亚地区稳定，中国如何在地区层面运筹及建立好稳定的大国关系框架，国内外都有一些相关的研究成果，但有系统的研究成果并不多见，其中国外较为经典的研究成果是美国学者兹比格纽·布热津斯基的《大棋局——美国的首要地位及其地缘战略》。布热津斯基在书中认为："在美国欧亚大陆的地缘战略中，美国是要培育真正的伙伴关系。主要的是与更加团结一致和政治作用业已界定的欧洲与地区强国中国，与后帝国时期更加面向欧洲的俄罗斯，以及地处欧亚南翼发挥地区稳定作用的民主印度的伙伴关系。然而同欧洲和中国分别建立更广泛的战略关系这一努力的成败，确实将决定俄罗斯今后作用的环境。俄国的作用也许是积极的，也许是消极的。"① 布热津斯基还指出，一是中国不仅可能在远东，而且可能在整个欧亚大陆发挥更大的地缘政治作用；二是中国很可能成为新欧亚大陆地缘政治平衡结构的一部分；三是没有美中战略协调关系作为美国参与欧亚事务的东部支柱，美国就不可能有亚洲大陆的地缘战略；四是除美日合作外，跨欧亚大陆的安全体系还需要在远东地区启动一个包括中国在内的政治与安全三角对话，以及包括俄罗斯、印度和欧洲在内的更加机制化的洲际体系。② 美国中国问题专家大卫·兰普顿在其《崛起中的中国对美国意味着什么》一书中指出，中国崛起对美国至少有这样的影响：成为美国的竞争者，美国主导的亚洲安全体系将会发生改变，美国外交工具的改变。③ 此外，还有研究欧亚大陆的学者，诸如安德鲁·库钦斯、亚历山大·卢金、康斯坦丁·扎图林、谢尔盖·卡拉加诺夫、亚历山大·戈布耶夫、安德鲁·斯克贝尔、艾丽·拉特纳、麦克·贝克利、伊丽莎白·维斯尼克、Yeongmi Yun 和 Kicheol Park、胡曼·佩玛尼、杰弗里·里弗斯、法罕·姆拉迪、麦克·塔库姆、大卫·芬克斯坦因、海因兹·

---

① 〔美〕兹比格纽·布热津斯基：《大棋局——美国的首要地位及其地缘战略》，中国国际问题研究所译，上海人民出版社，1998，第 258～261 页。

② 〔美〕兹比格纽·布热津斯基：《大棋局——美国的首要地位及其地缘战略》，中国国际问题研究所译，上海人民出版社，1998，第 270～271 页、第 273 页。

③ David M. Lampton, "What Growing Chinese Power Means for America", http://myweb.rollins.edu/tlairson/china/lamptonchipower.pdf.

克莱默、塞缪尔·布莱恩等，也对中国及其他大国在中亚地区安全中的作用进行了研究。目前，关于本研究主题，国内学者赵华胜、赵常庆、郑羽、柳丰华、杨鸿玺、孙静、张宁、徐洪峰、李林河等人的研究成果也都有部分的涉及，[①] 其中赵华胜较多地从中国的角度讨论了中国参与中亚地区安全的路径，例如在《浅评中俄美三大战略在中亚的共处》一文中，赵华胜认为："中俄美在中亚应采取合作的姿态。这是因为：首先，合作共赢在政治上是正确的；其次，合作是减小阻力的最佳途径，它更有利于各自项目的实施；最后，合作有利于本地区的发展和稳定。其中，这最后一点需要特别强调，大国的所作所为都应符合本地区国家的利益，而不能只把它们作为实现本国利益的背景。"[②] 尽管国内外学者对中国与中亚地区安全之间关系的研究成果十分丰富，但直接涉及本研究主题的成果较少，在研究方法上，既有研究成果在解释本研究主题上还存在解释力不足的问题。

（一）地缘政治论

欧亚大陆历来都是地缘政治研究的焦点。在大多数情况下，地缘政治与一定地理环境内国家之间的关系相关。著名的地缘战略学家尼古拉斯·斯皮克曼指出："一个国家的地理相较于其他影响政策的因素而言更为具体……因此阐释国家政策的人们不能忽视地理的因素。"不过这并非是建议静态地考察对外政策决策的环境，因为地理因素通常不会变化，但对于对外政策而言它们的内涵是不断变化的。此外，地缘政治拥有较为完备的知识体系，它包含很多学派，其中一些较实用，另一些则不涉及应用研究而仅涉足纯粹的理论领域。[③] 关于陆权和海权孰重孰轻，以及欧亚大陆的某些特殊地区是控制整块大陆的中

---

① 赵华胜：《中国的中亚外交》，时事出版社，2008；柳丰华：《俄罗斯玉中亚：独联体次地区一体化研究》，经济管理出版社，2010；杨鸿玺：《美国中亚战略 20 年：螺旋式演进》，社会科学文献出版社，2012；张宁：《中亚能源——大国博弈》，长春出版社，2009，郑羽主编《中俄美在中亚：合作与竞争》，社会科学文献出版社，2007；孙静：《中俄在中亚的共同利益及其实现机制研究》，光明日报出版社，2014，赵常庆：《中国与中亚国家合作析论》，社会科学文献出版社，2012；徐洪峰、李林河：《美国的中亚能源外交（2001～2008）》，知识产权出版社，2010。

② 赵华胜：《浅评中俄美三大战略在中亚的共处》，《国际观察》2014 年第 1 期。

③ V. D. Mamadouh, Geopolitics in the nineties: one flag, many meanings, *GeoJournal* (1998), Vol. 46, No. 4, pp. 237 - 253.

心等都是早期地缘政治理论探讨世界地缘政治结构的核心。随着苏联的解体、两极格局的改变，涉及欧亚地缘政治的研究再次进入很多学者的视野。例如布热津斯基认为，欧亚大陆巴尔干的重要性日益凸显，因为它们将控制一个必将出现的旨在更直接地连接欧亚大陆东西最富裕最勤劳的两端的运输网。[①] 对于美国与中国在欧亚大陆地缘政治的关系，布热津斯基高调指出，没有美国和中国之间战略理解的深化，整个欧亚大陆的地缘政治多元化就既不能实现也不能稳定发展……美国处理中美关系时不应把北京往“反美联盟”方向推，在任何这类“反霸权”的联盟中，中国都将起关键性作用。作为最强大的和最有活力的成员，中国将成为这种联盟的领袖。这种联盟只会围绕着一个不满、失望和有敌意的中国出现。俄罗斯和伊朗都没有财力成为这种联盟有吸引力的核心。

但仔细分析地缘政治的内在逻辑，我们可以发现，地缘政治理论的出现是为了服务于美国、英国等西方大国的战略利益，而不是客观地解释全球地缘政治进程，这些理论仍然停留在似是而非的状态。即便如此，由于地缘政治核心概念属性的相对稳定，加之大部分大国在中亚地区的活动日益频繁，在当代大国与中亚地区关系的研究中，以地缘政治学的命题和假设作为一个理论分析框架依然受到很多国际问题研究者的青睐。虽然，国际关系的现实证明，大国地理位置的远近、大国地缘政治的优先选择、大国与小国利益的相互作用与地缘政治问题存在明确的联系。我们需要认识到，地理本身是一个不变参数，但国际政治中的权力政治却与之相反，很多因素都可能促使国际政治中的权力政治发生剧变，例如地区事件导致大国关系突变，以及原本无核武器国家成为有核武器国家和国际恐怖主义日趋严重等，如果仅从地缘政治的视角讨论中亚地区的大国关系，显然存在缺陷。例如，大规模杀伤性武器能够打击处于地球上任何角落的目标，所以地理位置对于政治的重要性因技术的提升而降低了。又如在信息时代，人们认为，接收、传播以及处理大量资料的能力及获得信息的控制权，这才是权力的关键所在。

---

① 〔美〕兹比格纽·布热津斯基：《大棋局——美国的首要地位及其地缘战略》，中国国际问题研究所译，上海人民出版社，1998，第163页。

（二）权力政治论

在中亚地区大国关系的研究中，现实主义的权力政治经常成为被分析的重点，并被很多国际关系学者所接受。例如，为了平衡美国及西方国家在东欧及外高加索地区的扩张、保持在中亚地区的霸权地位，俄罗斯不得不在一定限度内接受中国在中亚地区安全问题上发挥作用。对于中国在中亚地区积极推动的上海合作组织，以及中国对中亚国家的发展援助，在美国及其西方盟国看来也是试图削弱美国在该地区的影响力、保护中亚国家的威权政治及阻止中亚国家向民主化发展的行为。作为权力的核心概念，权力在现实主义理论中是被这样认识的，世界存在于一个无政府体系中，国家政策的基础是以权力为后盾的国家利益。对于权力的定义，新现实主义的解释是：一个行为体强大到它对其他行为体的影响大于后者对它的影响。一个国家的权力则是由各种实力构成，有些实力是经济方面的，如工业化程度和生产力水平、国民生产总值等。查尔斯·金德尔伯格从政治和经济相互关系的角度来分析权力，他认为权力就是为达到特定目标而具备的力量，以及有效使用这种力量的能力。由于一国的对外安全合作政策在很多情况下是相关国家之间互动的结果，这也反映了一种相互依存的关系。从权力的角度看，相互依存意味着一国以某种方式影响他国的能力。如果依存是相互的，中断彼此之间业已存在的关系将会给双方带来损害。在两个处于相互依存关系的国家间，随着相互依存程度的增长，双方运用权力的成本和收益也会随之增加。由于大国常常是地区安全的主导者，通常情况下弱国或小国在地区安全上与大国存在或多或少的依附关系，大国甚至会通过胁迫的方式促使弱国或小国接受其安全规则。在特定条件下，大国提供的安全公共产品便成为其影响弱国或小国的能力。为了减少大国的控制，弱国或小国会尽可能创造更多的机会以削弱对大国在地区安全方面的依赖。

新古典现实主义的兴起，为分析大国与地区安全关系提供了强大的分析工具，并弥补了现实主义理论在分析国家对外政策上的不足。新古典现实主义认为，对外政策就是建立在国际体系（自变量），以及国家的政策和行为等单元要素为中介变量之上的因变量。关于国家对外政策动机产生的原因，新古典现实主义认为，国家不是为了寻求自身安全，而是试图应对由寻求控制和塑造其外部环境而产生的国际无政府状态所带来的不确定性。因为国家无力准确预知国际体系的变化、大国的崛起或衰落、战争等因素所带来的结果以及对其负面的影响。在不确定的条件下，为了解决安全困境或维持现状，面对外部威胁，处于自助体系中的国家除了选择相互制衡的外交政策外，也可能会选择与体系中的其他单元相互合作的对外政策。当然这种合作也是有一定条件的。[①] 此外，由于在国际合作中收益和损失的不对称，合作是非常困难的。新古典现实主义提供的解释路径在一定程度上满足了解释单元要素对外行为的需要，并能较为合理地解释国际体系中单元要素的对外行为，新古典现实主义便成为目前现实主义分析国家对外政策的最重要的工具。

（三）制度效应

关于制度效应的讨论经常出现在中亚地区安全合作的研究中，这些观点认为，通过合作，国家之间的贸易将会平衡，经济发展将更加健康，而政治冲突将会越来越少。对于在中亚地区中俄参与并倡导的多边合作机制，俄罗斯有学者认为，俄罗斯与中国在上海合作组织、“一带一路”和欧亚经济联盟中的合作能解决这个地区所面临的共同问题。[②] 美国学者中也有支持中美在中亚地区合作的观点，著名的地缘政治学者和《大棋局——美国的首要地位及其地缘战略》的作者布热津斯基认为，中国是美国维护全球稳定的利益攸关方，中美之间需要签署一份“美中太平洋宪章”。甚至还有美国学者认为，在中亚地区中国已逐渐成为地区安全公共产品的重要提供者，美国应把中国当成其“新丝绸之路计划”的一部分，支持中国在推动中亚地区发展方面的努力。[③] 制度效应在地区安全合作中的逻辑是，国家的行为在国际关系中不是机械地由国家机构平衡各方社会利益的本性来决定，它还受到不断变换的制约因素的影响，而这种制约来自其他国家的选择。因此，主张地区安全合作的学者认为，国家在国际舞台上运用的权力因制度而得到调节。承认冲突和合作是国家的基

① Charles L. Glaser, Realists as Optimists: Cooperation as Self-help, International Security, Vol. 19, No. 3 (Winter, 1994 - 1995), pp. 50 - 90.

② Igor Denisov, *China Going West*, *The Silk Road to Bring Beijing out of the Shadows*, http: //eng. globalaffairs. ru/number/China-Going-West - 17371.

③ Alexander Cooley, China's Changing Role in Central Asia and Implications for US Policy: From Trading Partner to Collective Goods Provider, http: //www. uscc. gov/sites/default/files/Cooley% 20Testimony_3. 18. 15. pdf.

本行为战略，制度效应所具有的功能可以调节、规范、标准和管理程序，并帮助国家应对不确定性和追求最佳利益。[①] 但是国际机制在国际关系现实中并不意味着参与国间就是平等的关系（即便存在协商一致的原则），大国在机制的建立和维护中依然发挥着主导性作用。[②]

虽然制度效应在中亚地区安全合作中的优势明显，但制度效应的存在也是有一定条件的，例如，如果国家安全成本为零或者和谐盛行的环境下，制度效应是不存在的；另外，在纯粹冲突的环境下，制度也是不必要的。这两种状态实际上属于理想状态。需要着重强调的是制度化还有一种反作用，因为在一定条件下，地区安全合作的制度化水平有可能提高，但不对称性关系是国际关系的常态，在地区安全合作中国家之间很有可能存在不对称关系。要深化合作机制，相关国家必须考虑成本和收益的问题。关于合作困境方面的内容，比较有代表性的理论有奥尔森的“集体行动困境”理论。因为在国家利益面前，如果集体行动的成本大于收益，地区安全合作是很难继续下去的。只有在地区安全合作的共同收益十分明显时，制度效应才可能促使国家参与合作，因为国家关于相对收益的困扰将被最小化。当一段时期获益改变了力量关系，或权力中后继优势可能被用于反对另一方时，对相对收益的关注就会变得重要。在中亚地区安全合作中因国家自然资源禀赋不同，中亚国家的国家实力差距较大，大部分中亚国家几乎没有能力依靠自己的力量来承担更多的地区安全责任，于是在与大国的地区安全合作中，一些中亚国家更倾向于选择“搭便车”和“追随”，这样它们能从维护地区稳定中获得更多的收益，大国也愿意接受弱国“搭便车”和“追随”的行为。弱国“搭便车”和“追随”的行为所带来的直接问题就是可能会给大国在控制成本与扩大收益上带来更多的难题。如果不计成本地向中亚地区提供更多的安全公共产品，那么大国的行为还会存在被束缚的问题，尤其可能被那些国内政治稳定基础较差的弱国拖累，所带来的问题

---

① Andrew Moravcsik, Taking preferences seriously: a positive liberal theory of international politics, *International Organization*, Vol. 51, No.4, 1997, pp. 513 – 553; Slaughter Burley and Anne-Marie, International law and international relations theory: A dual agenda, *The American Journal of International Law*, Vol. 87, No. 2, 1993, pp. 205 – 239.

② 〔美〕詹姆斯·多尔蒂、小罗伯特·普法尔茨格夫：《争论中的国际关系理论》，阎学通、陈寒溪译，世界知识出版社，2003，第529页。

也有可能被其他大国所利用。例如，莫斯科卡内基中心俄罗斯亚太项目主管亚历山大·戈布耶夫认为，俄罗斯应利用中国在上海合作组织中的金融野心寻求自己的利益。此外，制度效应的观点没有摆脱预期效益的偏好。这些解释都假定，国家能够衡量地区安全合作中的效益，并选择了具有高度预期效益的合作方案，即对外安全合作的决策者是在完全理性的条件下进行决策，从而选择了能实现其国家利益最大化的对外安全战略。而事实上，在现实的国际关系中，决策者所面临的主要问题是不确定性。在几乎所有的地区安全合作中，最终的合作是建立在双方能够共同接受的满意点上，并没有实现任何一方利益的最大化。因此，制度效应的这种预期偏好是很难准确反映出国家在地区安全合作行为中的逻辑关系。

总之，现有大多数关于中国与中亚地区安全研究的理论分析都存在解释力不足的问题，主要原因为：一是理论假定都建立在预期效益最大化的基础之上，即确定性条件之上，而在国际关系现实中不确定性是国际关系发展规律的内在本质；二是理论界限过于模糊，缺乏严格的、系统的排伪处理，概念的可操作性不强；三是在国家对外行为分析方面缺少层次分析，即没有把体系和单元结合起来。

三　理论概述及评价

在考察了既有理论及其不足之后，就需要提出本研究的理论框架。为此，在本节主要讨论本研究框架的理论基础、理论框架及主要观点，以及简要的理论评价。

（一）基本假定

从研究对象来看，本研究属于对外政策决策分析，就是研究为持久且有效地保持中亚地区稳定，中国应该如何在地区层面运筹及建立好稳定的大国关系框架。在解释这个问题前，我们需要建立以下假定，这是因为只有当特定因素发展到了一定水平以后，它才能够显著地影响本文所要解释的问题。

1. 国家对外决策行为处于不确定性情景下

所谓不确定性决策是指决策者在随机不确定情况下做出的决策，对这种决策不能完全采用概率统计法，只能采用最大、悲观、均等概率，以及乐观系数、最小最大悔值等决策准则，选择其一作为选取方案的依据。在此基础上，不确定性情境主要产生了以下几种决策理论：主观预期效用理论①、前景理论②、社会判断理论③、信息耦合理论④、权变模式理论⑤、归因理论⑥。在上述理论中，前景理论的影响较大，且经过完整的科学验证，因此适合直接应用于对具体问题的分析。

2. 国际政治中存在导致“安全困境”的前提

在国际社会的无政府状态和单极体系下，国际体系是一个自助的体系，在自助体系中，每个单元都要花费部分精力来发展自卫的手段，而非用来促进自身的福利。在任何自助的体系中，单元都对自身的生存感到忧虑，这种忧虑则限制了它们的行动。自助有很高的风险，在国家层面可能表现为战争。

3. 国际体系中的单元主要是主权国家，但国家不是唯一的国际行为体

国家是有限理性的、具有机会主义行为动机的行为体。大国依然是主要行为体，国际政治的结构就是根据它们来定义的。国家是通过彼此互动塑造出国际政治系统结构的单元，而且它们将长期保持这种作用。

4. 国家的安全与自由度成反比，要求自由就必须以接受不安全为代价

国家时常担心在对收益进行分配时可能对他国更为有利，与此同时，国家也担心由于相互之间的紧密合作而变得依附于他国。

---

① H. A. Simon; *Rational Choice and the Structural of Environments.* Psychological Review, 1956. Mar, 63, pp. 129 – 138.

② Daniel Kahneman and Amos Tversky; *Prospect Theory: An Analysis of Decision under Risk*; Published by: The Econometric Society, Econometrica, Vol. 47, No. 2 (Mar., 1979), pp. 263 – 292.

③ Leonard Adelman, Thomas R. Stewart, Kenneth R. Hammond; *A Case History of the Application of Social Judgment Theory to Policy Formulation*; Policy Sciences, Vol. 6, No. 2 (Jun., 1975), pp. 137 – 159.

④ Anderson, N. H; *Foundations of information Integration Theory*; New York: Academic Press, 1981; Anderson, N. H; *Integration Theory and Attitude Change*; Psychological Review, 1971, 78, pp. 171 – 206.

⑤ John Payne; *Task Complexity and Contingent Processing in Decision Making: an Information Search Organizational Behavior and Human Performance*; Organizational Behavior and Human Performance, 1976. 16; pp. 366 – 387.

⑥ 张茉楠：《不确定性情境下行为决策研究之总和述评》，《现代管理科学》2004 年第 11 期，第 38 页。

5. 在国际无政府状态下，均势是国际政治的常态

追求均势可能是出自国家为了维持现状、自保、争夺霸权或缩小相对实力差距的动机。均势的主体是大国，而针对的对象是潜在或实际霸权国。在可以比较的条件下，为了维持均势，国家更倾向于制衡，而不是追随强者，即使面临突出的威胁也是如此。弱国将制衡其他弱国，但受到强国威胁时，将追随强者。

（二）本研究的理论框架及观点

中国怎样才能在中亚地区层面运筹及建立好稳定的大国关系框架，这需要从国际体系的状态、地区力量的实力和国家处理对外关系的能力三个方面来分析。这是因为：其一，中国与中亚关系是国际体系和国家两个层次内部以及两个层次之间各种要素复杂互动的结果；其二，行为体与系统之间互动的要素因稳定性的强弱有高低之分；其三，行为体存在维持现状的偏好，通常把一方所得视为己方所失。因此，中国与中亚关系的认知变化可以解释为是长期、短期和偶然因素共同作用的结果。偶然因素较多体现在国家层面上，例如中国、美国、俄罗斯对中亚局势的误判，或者中国、美国、俄罗斯在其他地区的冲突牵连到中亚地区；短期因素可以从地区层次上反映出来；国际结构因其稳定性较强则属于长期因素。选择地区层次是因为国际政治行为体的实力增长或衰退需要一个过程，在其实力变化过程中对全球层次和地区层次以及不同地区之间的影响力不同，所以与体系层次相比，地区层次在影响的程度上与体系层次并不完全一致。为此许多国外学者试图在理论上就大国与地区安全之间的关系展开研究，其中时任美国伊利诺伊大学的助理教授德里克·弗雷泽尔博士的研究成果较为突出，德里克博士在结合巴里·布赞和奥尔·韦弗的《地区和力量：国际安全结构》的基础上，于 2010 年 12 月在《欧洲国际关系研究》上发表了题为《地区力量和安全：理解复杂地区安全秩序的框架》一文，德里克博士通过实证的方法试图建立一个分析地区安全秩序的框架，在文中通过结构、地区力量的作用和地区力量的取向三个解释变量，分析了复杂地区安全秩序的变化，并以中东地区为例加以检验。在三个解释性变量的基础上，德里克博士建立了“地区力量和安全框架”层次分析图（见图 7 - 1），通过该图展示了地区力量与安全之间的关系。

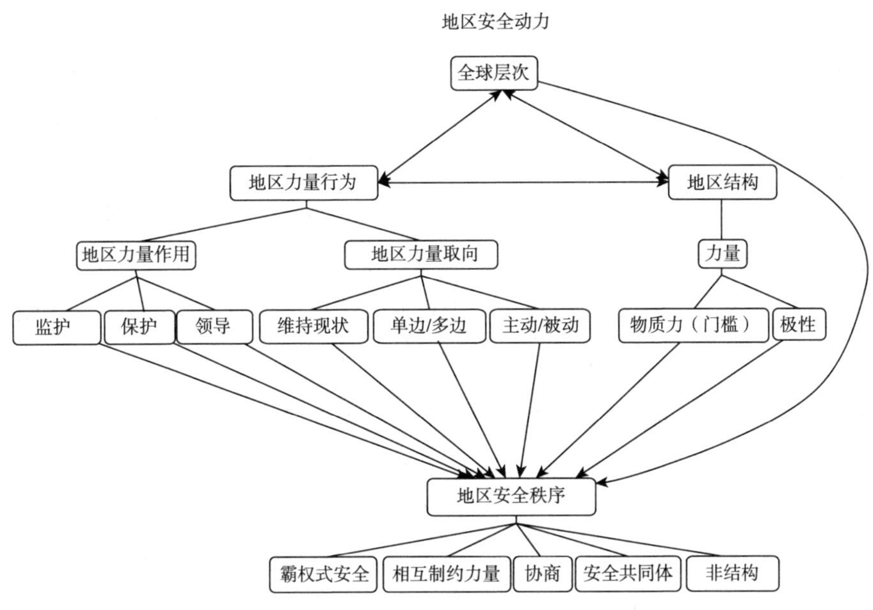

图7－1 地区力量和安全框架

资料来源：Derrick Frazier, Robert Stewart-Ingersoll; "Regional powers and security: A framework for understanding order within regional security complexes"; European Journal of International Relations 16（4）, 2010, p. 733。

不过，德里克博士的“地区力量和安全框架”也存在不足：一是分析框架过于烦琐，可操作性不强；二是作为描述性理论在分析地区力量行为时运用了未经科学验证的建构主义，降低了理论模型的科学性；三是解释变量之间的逻辑关系模糊不清。

在德里克博士“地区力量和安全框架”的基础上，结合本文所要研究的问题，以新古典现实主义中的进攻现实主义为理论核心（即所要解释的现象是国家政策和行为；分析层次是单元；国际社会处于无政府状态，但属于良性的、比较温和的状态；单元属性之间有差异；权力是手段而非目的，保持防御/进攻的平衡；国家行为方式更多具有大国合作或推卸责任倾向），建立了地区力量与中亚地区安全分析模型（见图7－2），本模型分为三个相互作用的变量：其一，国际体系是影响中亚地区安全的长期性因素，由于目前还没有一个国家有实力挑战美国支配世界的实力，因此单极体系在相当长的时间内仍是国际体系的主要表现形式，不过，单极体系也不是静止不动的，随着大国实力的变化，单极体系也会出现强弱变化，根据单极体系的强弱水平，本研究把国际体系的量值变化从高到低分为强单极、中强单极、中单极、中弱单极和弱单极五种；其二，地区力量结构是影响中亚地区安全的中期因素，地区力量结构主要是指俄罗斯、美国、中国、日本、欧盟、土耳其、伊朗等对中亚地区有影响的国家及国际组织；其三，国家对外行为取向的参考值是现状偏好，对外决策风险取向则划分为风险寻求或规避两种。综上，本研究的基本逻辑是在一定条件下，中亚地区安全秩序的稳定与否将取决于国际体系、地区力量结构及国家对外行为取向（与中亚地区秩序直接相关的国家）的共同作用，其中国际体系是长期影响因素，地区力量结构是中期影响因素，国家对外行为取向则属于短期影响因素。

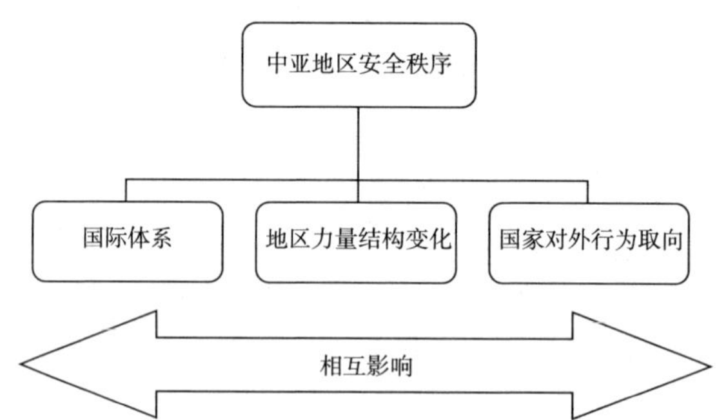

图 7-2　地区力量和中亚地区安全秩序（CRPCASF）

资料来源：作者自制。

（三）核心概念的定义

国际体系，是指根据不同方式排列和组合的单元具有不同的行为方式，在互动中会产生不同的结果。单元的地位随着它们相对能力的变化而变化，相对能力的变化也会引起单元彼此间关系的改变。[①] 依据不同的角度，测量单元相

① 〔美〕肯尼思·沃尔兹：《国际政治理论》，信强译，苏长和审校，上海世纪出版集团，2003，第 109～110 页。

对能力的指数很多，但若以地区安全为研究视角，一国的军事能力则是关键性指标，而人口数量和财富水平则是建立国家潜在军事能力的主要支柱。拥有大量人口的、富裕的对手通常能建立起令人胆寒的武装力量。需要指出的是人口与财富指标应综合考虑，例如在人口指标中还需要细化为人口素质、人口增长率、高等学校入学率等，因为当代国家间的竞争已不仅仅是人口数量之争，也是人口素质和人口发展潜力之争。同理，仅以 GDP 作为国家财富也存在局限性，因为虽然有些国家经济发展迅速，但因发展所依赖的经济结构缺乏可持续性，其发展潜力十分有限。例如，截至 2013 年，因自主研发能力不足，中国进口半导体产品已达 2138.7 亿美元，年平均增长率在 14% 以上（见图 7－3）。

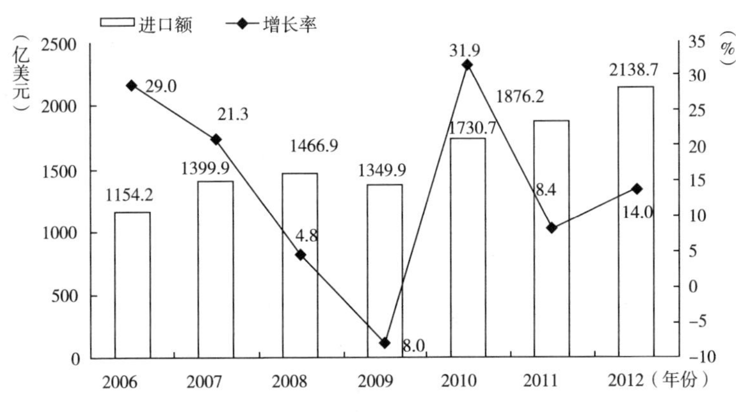

图 7－3　中国半导体进口额

注：半导体产品包括集成电路产品和分立器件产品。

资料来源：《中国半导体产业发展状况报告（2013）》，中国半导体行业协会网站，http：//www. csia. net. cn/files/20131016. pdf。

地区力量作用包括国家地区领导力、管理能力和保护能力，地区力量取向包括现状、合作和长期规划。国家地区领导力是指在满足一定综合实力的基础上，一国对特定地区国家的控制力和影响力，并通过这种能力把可能的地区冲突控制在最低限度。之所以强调地区领导力作用，是因为即便一国拥有全球性政治领导力，这也是相对的领导力，在特定地区一国的全球领导力存在“非连续性”，即霸权国在全球范围有公认的霸权地位，但在特定地区的领导力仍存在强弱不同。基于有地区性政治领导力的国家都有较强能力提供地区性公共产品来管理地区秩序这一事实，本研究将选择国家参与不同类型地区性国际组织的能力作为考察指标，即主导地位的强弱。

本研究所选择的数据来源有世界银行（WB）数据、经济合作与发展组织（OECD）数据、斯德哥尔摩和平研究所的军备数据、全球恐怖主义指数、国际和平指数、国家形象指数、世界经济论坛、世界发展报告和指数、全球可持续竞争指数、人力资本竞争指数等国际上较为权威的评级机构提供的指数。

四　国际体系中的大国力量比较

根据联合国宪章，现任联合国安理会有十五个理事国，其中有五个拥有否决权的常任理事国和十个由大会选举产生、任期两年的非常任理事国。五个常任理事国包括英国、俄罗斯、法国、美国和中国。[①] 德国、印度、日本、巴西、南非五国在国际及地区安全中经常发挥作用，尤其是德国和日本的影响力较大，因此在国际体系中除联合国安理会常任理事国外，还纳入了德国和日本（本文简称七大国），而印度与伊朗、土耳其等国则被纳入地区力量中进行分析。

（一）七大国的人口指标变化比较

在本研究中人口指标将分为 5 大类 7 个子项目进行比较，目的是通过比较人口指标考察大国在国际体系中人力资源的变化。

1. 人口总数及增长率

通过取中位数，在七大国中人口总数从大到小依次为中国、美国、俄罗斯、日本、德国、法国和英国；在人口增长率方面，增长率从高到低依次为美国和英国、法国和中国、俄罗斯、日本和德国（见表 7 - 1）。

① 联合国官网，http：//www. un. org/zh/sc/members/，最后访问时间：2015 年 7 月 29 日。

表 7－1　人口总数及增长率

国家/年份	人口总数（千万人）					人口增长率（%）				
	2010	2011	2012	2013	2014	2010	2011	2012	2013	2014
英国	6.27	6.32	6.37	6.41	6.45	0.8	0.8	0.7	0.6	0.6
俄罗斯	14.28	14.29	14.32	14.35	14.38	0	0.1	0.2	0.2	0.2
法国	6.5	6.53	6.56	6.59	6.62	0.5	0.5	0.5	0.4	0.4
美国	30.9	31.1	31.4	31.6	31.8	0.8	0.8	0.8	0.8	0.7
中国	133.7	134.4	135	135.7	136.4	0.5	0.5	0.5	0.5	0.5
德国	8.177	8.179	8.042	8.064	8.088	－0.2	0	－1.7	0.3	0.3
日本	12.8	12.78	12.75	12.73	12.71	0	－0.2	－0.2	－0.2	－0.2

数据来源：世界银行。

2. 女性占人口的比例及女性人均生育率

通过取中位数可以看出，除中国外，其余六大国女性人口都占总人口的一半以上，其中比例从高到低依次为俄罗斯、法国和日本、德国、英国、美国、中国。在女性人均生育率方面，通过取中位数可以看出，德国和日本比例最低，其次为中国和俄罗斯，女性人均生育率最高的为法国，排列中间的是英国和美国（见表 7－2）。

表 7－2　女性占人口的比例及女性人均生育率（%）

国家/年份	女性占人口的比例					女性人均生育率			
	2010	2011	2012	2013	2014	2010	2011	2012	2013
英国	50.8	50.8	50.8	50.7	50.7	1.9	1.9	1.9	1.9
俄罗斯	53.8	53.8	53.8	53.9	53.9	1.6	1.6	1.7	1.7
法国	51.6	51.6	51.6	51.6	51.6	2.0	2.0	2.0	2.0
美国	50.8	50.8	50.8	50.8	50.8	1.9	1.9	1.9	1.9
中国	48.2	48.2	48.2	48.2	48.2	1.7	1.7	1.7	1.7
德国	51	51	50.9	50.9	50.9	1.4	1.4	1.4	1.4
日本	51.3	51.3	51.3	51.3	51.4	1.4	1.4	1.4	1.4

数据来源：世界银行。

3. 不同年龄段人占总人口的比例

通过比较七大国人口比例的中位数，在0～14岁中人口比例最高的为美国，其次为英国、中国和法国，俄罗斯最低；在15～64岁中人口比例最高的为中国，其次为俄罗斯、美国、英国、法国、德国和日本（见表7－3）。

表7－3　0～14岁和15～64岁人口占总人口比例（%）

国家/年份	0～14岁					15～64岁				
	2010	2011	2012	2013	2014	2010	2011	2012	2013	2014
英国	18	18	18	18	18	66	66	66	65	65
俄罗斯	15	15	15	16	16	72	72	72	71	71
法国	18	18	18	18	18	65	65	64	64	64
美国	20	20	20	20	20	67	67	67	66	66
中国	18	18	18	18	18	74	73	73	73	73
德国	13	13	13	13	13	66	66	66	66	66
日本	13	13	13	13	13	64	63	62	62	61

数据来源：世界银行。

在65岁及以上年龄段中，比例最高的是德国和日本，其次是英国和法国，再次为美国和俄罗斯，最后是中国。可见，在七大国中日本和德国的人口老龄化问题较为严重，几乎每4名日本人中就有1名65岁及以上的老人，德国则接近这个水平（见表7－4）。

表7－4　65岁及以上人口占总人口的比例（%）

国家/年份	65岁及以上				
	2010	2011	2012	2013	2014
英国	17	17	17	17	18
俄罗斯	13	13	13	13	13
法国	17	17	17	18	18
美国	13	13	14	14	14

续表

国家/年份	65 岁及以上				
	2010	2011	2012	2013	2014
中国	8	9	9	9	9
德国	21	21	21	21	21
日本	23	24	24	25	25

数据来源：世界银行。

4. 粗死亡率

通过比较七大国粗死亡率的中位数，可以看出俄罗斯的粗死亡率最高，随后依次为德国、日本、英国、法国、美国、中国。从死亡率中可以得知一个地区的卫生习惯和医疗品质。通常越先进的国家死亡率越低，越落后的国家死亡率越高。从死亡率中还可得知一个种群在当地的生存状况，死亡率高说明这个物种在当地的天敌、竞争者、传染病较多，死亡率低说明该地区该种群的天敌、竞争者、传染病较少（见表 7－5）。

表 7－5　粗死亡率

单位：每千人

国家/年份	粗死亡率			
	2010	2011	2012	2013
英国	9	9	9	9
俄罗斯	14	14	13	13
法国	9	8	9	9
美国	8	8	8	8
中国	7	7	7	7
德国	11	10	11	11
日本	10	10	10	10

数据来源：世界银行。

5. 高等学校入学率（占总人口的比例）

通过取中位数，可以看出七大国高等学校入学率从高到低依次为美国、俄罗斯、英国、日本、德国、法国和中国，排名最低的中国与六大国的平均水平相差很大。这可以大致反映中国高等教育还处在大众化阶段，距普及化阶段还有较大的距离，与六大国相比人口受高等教育的水平整体偏低（见表7－6）。

表7－6　高等学校入学率（占总人口的比例，%）

国家/年份	高等学校入学率			
	2010	2011	2012	2013
英国	61	61	62	60
俄罗斯	N/A	77	76	N/A
法国	56	57	58	60
美国	93	95	94	89
中国	23	24	27	30
德国	N/A	N/A	N/A	60
日本	58	60	61	N/A

数据来源：世界银行，N/A 表示无统计数据。

综上所述，在七大国中，美国人口指数的整体水平最好，第二为中国，第三为英国和俄罗斯，第四为德国和日本，第五为法国。

（二）七大国财富比较

在本研究中财富指标将分为5大类7个子项目来进行比较，目的是通过比较指标考察大国在国际体系中物质资源的变化。

1. GDP 增长率和人均 GDP

通过取中位数，七大国中 GDP 增长率由高到低依次排列为中国、俄罗斯、美国、日本、英国、德国和法国；人均 GDP 由高到低依次排列为美国、日本、德国、英国、法国、俄罗斯、中国。可见，中国、俄罗斯的 GDP 有发展潜力，但在人均 GDP 上与其他大国相比依然有巨大的差距（见表7－7）。

表7－7　GDP 增长率和人均 GDP

国家/年份	GDP 增长率（%）					人均 GDP（千美元）				
	2010	2011	2012	2013	2014	2010	2011	2012	2013	2014
英国	1.9	1.6	0.7	1.7	2.6	38.36	40.97	41.05	41.77	45.60

续表

国家/年份	GDP 增长率（%）					人均 GDP（千美元）				
	2010	2011	2012	2013	2014	2010	2011	2012	2013	2014
俄罗斯	4.5	4.3	4.3	1.3	0.6	10.67	13.32	14.07	14.48	12.73
法国	2	2.1	0.2	0.7	0.2	40.7	43.8	40.85	42.63	42.73
美国	2.5	1.6	2.3	2.2	2.4	48.37	49.78	51.45	52.98	54.62
中国	10.6	9.5	7.8	7.7	7.4	4.49	5.74	6.64	6.91	7.93
德国	4.1	3.6	0.4	0.1	1.6	41.7	45.8	43.9	46.2	47.6
日本	4.7	-0.5	1.8	1.6	-0.1	42.9	46.2	46.6	38.6	36.1

数据来源：世界银行。

2. 工业增加值和农业增加值

通过取中位数，七大国中工业增加值（占 GDP 的百分比）从高到低依次为中国、俄罗斯、德国、日本、美国和英国、法国；在农业增加值（占 GDP 的百分比）中由高到低依次排列中国、俄罗斯、法国、美国、日本、德国、英国。可见，中国 GDP 增长对工业依赖依然很强，俄罗斯次之。这意味着除中国、俄罗斯外，美国、英国、法国、德国、日本等国财富的积累已进入了相对可持续发展的、良性循环的阶段（见表 7－8）。①

表 7－8　工业增加值及农业增加值占 GDP 的比例

国家/年份	工业增加值（%）					农业增加值（%）				
	2010	2011	2012	2013	2014	2010	2011	2012	2013	2014
英国	20.6	21	20.5	20.1	19.8	0.7	0.6	0.7	0.7	0.6
俄罗斯	34.7	34.7	36.8	36.3	N/A	3.9	4.4	3.9	3.9	N/A
法国	19.6	19.8	19.7	19.7	19.4	1.8	1.8	1.8	1.6	1.7
美国	20.3	20.6	20.6	20.5	N/A	1.2	1.4	1.3	1.4	N/A

① 范庆泉、周县华、刘净然：《碳强度的双重红利：环境质量改善与经济持续增长》，《中国人口·资源与环境》2015 年第 25 卷第 6 期，第 62～70 页；王金照、王金石：《工业增加值率的国际比较及启示》，《经济纵横》2012 年第 8 期，第 30～35 页；赵晶、倪红珍、陈根发：《我国搞耗能工业用水效率评价》，《水利水电技术》2015 年第 46 卷第 4 期，第 11～21 页。

续表

国家/年份	工业增加值（%）					农业增加值（%）				
	2010	2011	2012	2013	2014	2010	2011	2012	2013	2014
中国	46.2	46.1	45	43.7	42.6	9.6	9.5	9.5	9.4	9.2
德国	30	30.5	30.7	30.7	30.7	0.7	0.8	0.9	0.9	0.8
日本	27.5	26.1	26	26.2	N/A	1.2	1.2	1.2	1.2	N/A

数据来源：世界银行。

3. 总储备（包括黄金，按现值美元计）

根据世界银行的定义，总储备包括持有的货币黄金、特别提款权、IMF 持有的 IMF 成员国的储备以及在货币当局控制下的外汇资产。这些储备中黄金成分的价值是根据伦敦年底（12 月 31 日）价格确定，数据按现价美元计。通过比较中位数，七大国总储备从高到低依次为中国、日本、美国、俄罗斯、德国、法国和英国，需要指出的是因乌克兰问题受西方制裁，俄罗斯总储备在 2014 年有明显下降（见表 7－9）。

表 7－9　总储备

国家/年份	总储备（10 亿美元）				
	2010	2011	2012	2013	2014
英国	82.36	94.54	105.19	104.41	107.72
俄罗斯	479.22	497.41	537.81	509.69	386.21
法国	165.85	168.49	184.52	145.16	143.97
美国	488.92	537.26	574.26	448.50	434.41
中国	2913.71	3254.67	3387.51	3880.36	3900.03
德国	215.97	234.1	248.85	198.53	193.48
日本	1096.06	1295.83	1268.08	1266.85	1260.68

数据来源：世界银行。

4. 按购买力平价（PPP）衡量的人均国民收入

人均国民总收入既包括企业所得和政府所得，也包括居民个人所得。世界银行是按人均国民总收入对世界各国经济发展水平进行分组。通常把世界各国分成四组，即低收入国家、中等偏下收入国家、中等偏上收入国家和高收入国家。但以上标准不是固定不变的，而是随着经济的发展不断进行调整。如果按世界银行公布的数据，七大国相互之间的差别较大，收入最高的是美国，收入最低的是中国，两者相差4.25倍。中国与排名第6的俄罗斯相差1.8倍（见表7－10）。

表7－10　人均国民收入（GNI）（现价国际元）

国家/年份	按购买力平价（PPP）衡量的人均国民收入				
	2010	2011	2012	2013	2014
英国	36320	36970	37270	37900	38370
俄罗斯	19860	21850	23240	24070	24710
法国	36600	38190	37920	38200	39720
美国	48880	50700	52850	54360	55860
中国	9200	10180	11190	12140	13130
德国	40390	43160	44670	45020	46840
日本	34650	35380	36730	37550	37920

数据来源：世界银行。

5. 研发支出和R&D研究人员①

通过中位数比较，七大国研发支出（占GDP的比例）从高到低依次为日本、德国、美国、法国、英国、中国、俄罗斯，在R&D研究人员数量方面从高到低依次为日本、英国、德国、美国、法国、俄罗斯、中国（见表7－11）。可见，中国在科研投入与技术上还与其他大国有较大的差距。

① R&D研究人员是指参与新知识、新产品、新流程、新方法或新系统的概念成形或创造，以及相关项目管理的专业人员，包括参与R&D的博士研究生。

表 7－11　研发支出占 GDP 的比例和 R&D 研究人员每百万人比率

国家/年份	研发支出（%）			R&D 研究人员（人/每百万人）		
	2010	2011	2012	2010	2011	2012
英国	1.77	11.78	1.72	4134	4026	4024
俄罗斯	1.13	1.09	1.12	3078	3120	3096
法国	2.24	2.25	2.26	3851	3918	N/A
美国	2.74	2.76	2.79	3838	3979	N/A
中国	1.76	1.84	1.98	890	963	1020
德国	2.8	2.89	2.92	3950	4085	4139
日本	3.25	3.39	N/A	5151	5158	N/A

数据来源：世界银行。

6. 军费支出和 GDP

通过中位数比较，七大国中军费开支（占 GDP 的百分比）最多的国家为美国，依次为俄罗斯、英国、法国、中国、德国和日本。如果结合相对应的 GDP（现价美元），军费开支从高到低依次为美国、中国、俄罗斯、法国、日本、英国、德国，但是中国军费开支总额与美国相差了 4 倍，即便美国在军费开支上有所减少，总体上仍保持绝对领先的地位（见表 7－12）。

表 7－12　军费支出占 GDP 的百分比和现价 GDP（现价美元）

国家/年份	军费支出（%）					GDP（10 亿美元）				
	2010	2011	2012	2013	2014	2010	2011	2012	2013	2014
英国	2.4	2.3	2.2	2.1	2.1	2407.8	2592	2614.9	2678.1	2941.8
俄罗斯	3.9	3.7	4	4.2	4.5	1524.9	1904.7	2016.1	2079	1860.5
法国	2.3	2.3	2.2	2.2	2.2	2646.9	2862.5	2861.4	2810.2	2829.1
美国	4.7	4.6	4.2	3.8	3.5	14964.3	15517.9	16163.1	16768	17419
中国	2	2	2	2	2.1	6039.6	7492.4	8461.6	9490.6	10360.1

续表

国家/年份	军费支出（%）					GDP（10 亿美元）				
	2010	2011	2012	2013	2014	2010	2011	2012	2013	2014
德国	1.4	1.3	1.3	1.3	1.2	3412.2	3751.8	3533.2	3730.2	3852.5
日本	1	1	1	1	1	5495.3	5905.6	5954.4	4919.5	4601.4

数据来源：世界银行。

综上所述，综合人口和财富指标来考察七大国，我们可以看出，美国依然保持了绝对的领先地位，日本、德国、英国、法国则紧随其后，俄罗斯和中国依然远远落后于上述五大国，但因中国人口指数及部分财富指数好于俄罗斯，因此中国的发展趋势可能比俄罗斯好。

（三）国际体系中的七大国

无论是多极、两极以及现在的单极体系，通常情况下国际体系的变化都是七大国国家实力此消彼长的结果。20 世纪初，美国、德国、日本三大国崛起，两次世界大战后美国确立了霸权地位，至今美国已成为国际体系中唯一的超级大国，而决定七大国兴衰的主要因素依然是人口和财富。尽管还存在其他条件，但在国际社会的无政府状态下，国际政治依然是强者的政治。当前七大国对中亚地区安全都有直接影响，通常是通过国际机制和经济发展政策对中亚地区安全施加影响。例如美国是通过北约、欧安组织及“新丝绸之路计划”；日本是通过“中亚 + 日本”对话机制；德国、法国、英国等是通过北约、欧盟及欧安组织；俄罗斯通过独联体、集体安全条约组织、欧安组织、上海合作组织、欧亚经济联盟；中国则通过上海合作组织等发挥作用。所以分析七大国在国际体系中排列次序的变化，即在未来一段时期内国际体系中的强国状况，对于判断中亚地区安全形势的发展十分重要。

目前有关七大国国家实力发展的统计报告很多，但都莫衷一是。为此，本研究交叉比较世界经济论坛、全球军事实力指数、美国国家情报总监办公室的《全球趋势 2030》和俄罗斯国际战略联盟发布的《全球百强综合国力排行榜》（2012 年第 3 版）中的数据。

根据世界经济论坛的报告，排名数值越小表示竞争力越强，通过取平均值可以看出，在七大国中美国的排名最高，随后依次从高到低为德国、日本、英国、法国、中国和俄罗斯（见表7－13）。因此，就国家竞争力而言，美国保持了非常高的竞争力。

表7－13　2011～2015年七大国全球竞争力排名指数

国家/年份	2011～2012	2012～2013	2013～2014	2014～2015	平均值
英国	10	8	10	9	9.25
俄罗斯	66	67	64	53	62.5
法国	18	21	23	23	21.25
美国	5	7	5	3	5
中国	26	29	29	28	28
德国	6	6	4	5	5.25
日本	9	10	9	6	8.5

数据来源：世界经济论坛：《全球竞争力报告》，http：//www.weforum.org/reports/；全球军事实力网，http：//www.globalfirepower.com/；美国国家情报办公室，http：//www.dni.gov/index.php/about/organization/national-intelligence-council-global-trends；《全球百强综合国力排行榜》（2012年第3版），http：//www.russtrategy.ru/upload/docs/Rating100.pdf。

世界经济论坛的国家竞争力指数虽然能反映大国的物质水平，但考察国家在国际体系中的排名除人口因素外，还需要分析其军事实力。例如，在全球竞争力排名中瑞士和新加坡的得分很高，但是人口和军事实力得分很低。根据全球军事实力指数排名，2015年美国军事实力指数全球第一，俄罗斯紧随其后排第二，中国第三，英国第五（第四是印度），法国第六，德国第八（韩国第七），日本第九（见表7－14）。全球军事实力网主要评价的是常规军事力量，在进攻性战略武器方面美俄优势明显。根据美国《原子科学家公报》2012年5月的报告，美国核武库中约有8000个核弹头，其中实战部署约2150个；俄罗斯大约有1万个核弹头，其中实战部署4430个，另外，俄罗斯拥有322枚洲际导弹，共部署约1087枚核弹头。[①] 可见，在常规武装力量方面，美国、俄罗斯的军事实力依然高居世界榜首，其中美国军事实力高出七大国平均值

① 道平、睿涛、宇军、韩旭东：《美俄军事实力大比拼》，《决策与信息》2013年第2期（总第339期）。

1.6 倍，比排名第三的中国高出将近 1.4 倍。

表 7－14　2015 年七大国的军事实力及在全球军事实力指数中的排名

国家	适龄兵源（人）	坦克（辆）	战斗机（架）	航空母舰（艘）	指数	排名
英国	749480	407	936	1	0.2743	5
俄罗斯	1354202	15398	769	1	0.1865	2
法国	773889	423	1264	4	0.3065	6
美国	4217412	8848	2207	20	0.1661	1
中国	19538534	9150	2860	1	0.2315	3
德国	790368	408	663	0	0.3505	8
日本	1214618	678	1613	2	0.3838	9

数据来源：全球军事实力网。

关于七大国国家实力的发展趋势，本研究通过美国国家情报总监办公室的《全球趋势 2030》和俄罗斯国际战略联盟发布的《全球百强综合国力排行榜》（2012 年第 3 版）[①] 提供的数据进行比较研究。在美国的《全球趋势 2030》中，到 2030 年七大国在全球的实力地位从高到低依次为美国、中国、日本、英国、法国、德国、俄罗斯，其中美国大约占全球实力的 20%，中国为 15%，日本大约是 5%，其余大国不到 5%（见图 7－4）。

在考虑多种条件的情况下，美国认为，到 2035 年中国的国家实力将超过欧盟，到 2045 年中国的国家实力将超过美国，美国、欧盟等实力下降较快，日本的国家实力则从 2027 年左右开始下降，俄罗斯有起伏但变化不大，印度的国家实力在 2020 年左右将超过日本，在 2050 年左右将接近美国、欧盟（见图7－5）。

① 在《全球百强综合国力排行榜》（2012 年第 3 版）中，把国家等级地位设定为超级大国（8～10 分），大国（5～7 分），地区大国（2～4 分）和小国（1 分）。

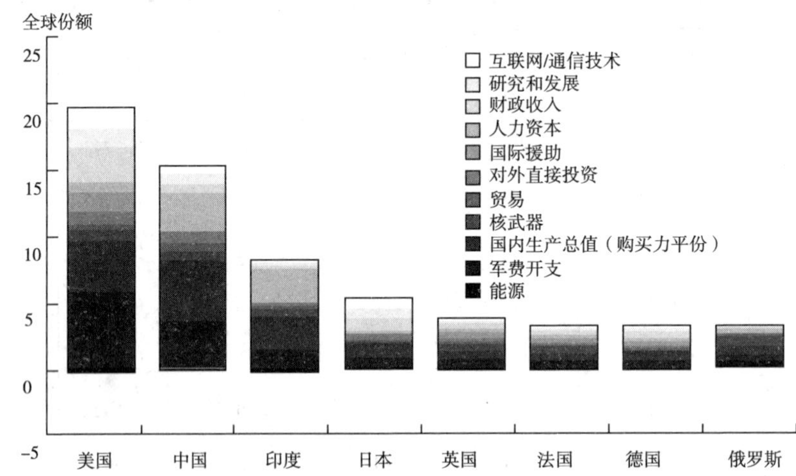

图 7－4　2030 年七大国在全球的力量对比

资料来源：美国国家情报办公室。

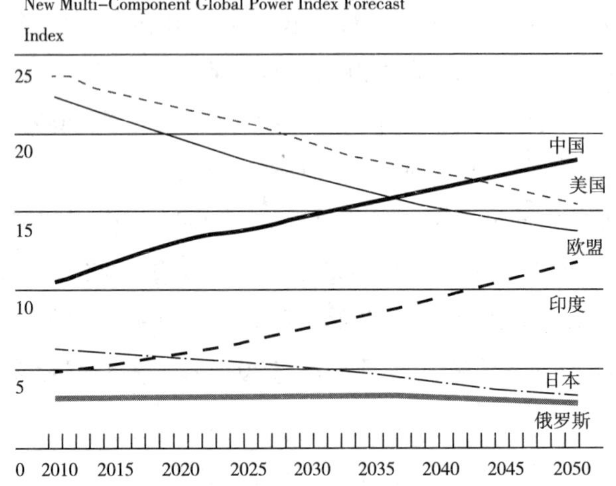

图 7－5　多种条件下全球力量指数预测

资料来源：美国国家情报办公室。

在俄罗斯《全球百强综合国力排行榜》的报告中，到2030年七大国的国家综合实力排名从高到低依次为美国、中国、俄罗斯、德国、法国、英国、日本，其中中国与美国的综合实力指数相差1.07倍。在武装力量项目中，美国、中国和俄罗斯依然排名前三位（见表7－15）。

表7－15　七大国2030年国家综合实力预测值

比较项目	管理	领土	自然资源	人口	经济	文化和宗教	科学和教育	武装力量	外交政策	综合实力指数
系数 国家	0.14	0.09	0.09	0.14	0.18	0.05	0.09	0.14	0.09	
中国	6.8	8.7	7.5	8.8	7.5	8.0	5.5	7.7	7.5	7.55
俄罗斯	5.5	10.0	8.0	3.4	5.5	7.0	6.5	7.0	5.5	6.21
英国	5.0	1.9	4.0	2.4	4.9	8.0	7.0	5.7	5.0	4.88
法国	5.5	4.7	3.3	2.7	5.3	8.5	6.3	6.0	5.5	5.31
美国	7.0	8.8	8.9	5.8	7.6	8.0	8.5	9.7	9.5	8.14
德国	5.8	3.1	3.4	2.7	6.6	8.0	7.0	3.7	8.0	5.43
日本	5.4	3.3	4.4	4.2	6.8	5.5	7.0	3.3	3.0	4.87

数据来源：俄罗斯《全球百强综合国力排行榜》（2012年第3版）。

综合世界经济论坛、全球军事实力指数、美国国家情报总监办公室和俄罗斯《全球百强综合国力排行榜》提供的数据，可以得出这样的结论，在未来15年内美国依然是世界上唯一的超级大国，中国国家实力有可能接近美国。

本节讨论的重点是国际体系的形态及其发展趋势，因为国际体系形态的不同将直接影响中亚地区安全。通过对七大国国家实力的比较研究，本研究得出以下几点结论。

第一，未来15年内国际体系依然表现为以美国霸权为特征的单极体系，但是单极体系有可能由强变弱。

第二，未来15年内美国的军事实力依然排列全球第一，俄罗斯紧随其后，中国在15年后有可能超过俄罗斯位列世界第二。

第三，未来中国的人口和财富在数量上排列世界第二，但是质量仅高于俄罗斯，低于其他五大国。

第四，除俄罗斯和中国外，其余五大国关系相对比较密切，且有军事同盟关系，即便俄罗斯与中国合作密切，未来 15 年，中俄在整体军事实力上依然落后于五大国。

第五，随着中亚国家不断融入国际体系，未来 15 年内国际体系对中亚地区安全的直接影响将越来越大。

五　地区力量的变化

在以美国霸权为特征的单极体系下，美国霸权对地区层面的影响并不总是一种线性关系，也就是说在一定条件下，单极体系内存在一些可能不具有明显单极特征的子系统。这是因为：一是地区层面内大国的存在使得地区内小国有更多选择机会；二是受地理位置影响融入国际体系的进程相对缓慢；三是霸权国出于维护自身安全的需要，在实力相对不足的情况下，有意在地区层面“培育”相互约束的力量。中亚地区就是十分典型的一例。美国霸权对中亚地区的影响远远低于其他地区，因为俄罗斯是该地区的传统霸权国。早在 19 世纪沙皇俄国完成对浩罕汗国、布哈拉汗国、希瓦汗国的征服后，就开始实施“俄罗斯化”的政策，具体做法有：成立总督区，实行军政合一的管理体制；鼓励移民，并没收土地，交由俄国移民耕种；控制中亚地区的水力资源；建设铁路，便捷与俄国的联系；推广俄语，开办学校；加强对伊斯兰教的管理等。苏联时期，中亚地区继续被“俄罗斯化”，除移民、推广俄语外，还强化中亚国家经济对俄罗斯的依附，并鼓励“异族通婚”，等等。苏联解体后，虽然此前强制性的“俄罗斯化”政策不复存在，但是俄罗斯依然是能够左右中亚事务发展与变化的重要因素。[①] 从目前来看，俄罗斯对中亚地区的“俄罗斯化”政策是成功的，这为俄罗斯在中亚地区保持霸权国地位奠定了坚实的“软实力”基础，事实上对中亚国家而言，俄罗斯强大的“硬实力”（军事实力）依然对中亚国家起着威慑作用，这才是俄罗斯能够在中亚地区保持霸权地位的关

① 赵常庆：《论影响中国与中亚关系的俄罗斯因素及中俄关系的中亚因素》，《新疆师范大学学报》（哲学社会科学版）2011 年第 32 卷第 4 期，第 36 页。

键所在。当然，美国、中国、德国、日本等大国，还有印度、伊朗、土耳其等国家也或多或少对中亚地区安全发挥着作用，但是与俄罗斯相比则有较大的局限性。甚至在美国主导的阿富汗战争中，俄罗斯的作用也不容忽视。例如，俄罗斯同意北约经其领土向阿运输“非致命性”物资，向美出售 21 架“米-17”直升机供阿安全部队使用（2012 年 3 月又提供了一批）；与北约斥资 1 亿美元成立“直升机维护信托基金”，用于向阿 3 个直升机中队提供人员培训和供应零部件等，甚至还有意向北约开放其国内的乌里扬诺夫斯克机场，作为北约在阿驻军的后勤物资补给中转站，等等。① 但是，俄罗斯并没打算与美国在中亚地区安全上发展更多的合作关系，这是因为中亚地区安全涉及俄罗斯的核心利益。② 尽管俄罗斯有排斥其他大国影响中亚地区安全的意愿，但是拘于实力所限，俄罗斯无法确定既有的军事能力是否能应对中亚地区的安全需要。2010 年 6 月，吉尔吉斯斯坦政府因国内骚乱难以控制请求俄罗斯出兵干涉，遭到俄罗斯拒绝便是一例。③ 所以，俄罗斯不得不接受其他大国在一定限度内对中亚地区安全施加影响。

国际体系中存在众多的子系统，地区安全秩序就是其中的一种。通常情况下，国际体系的稳定与地区稳定成正相关。在单极体系下，出于追求国家安全的目标，非霸权国家希望在国际体系层面实现均势，而霸权国因实力不足则有可能在有多个大国存在的地区选择大国相互制衡的策略。因此，在一定条件下，地区安全取决于改变现状国和维持现状国之间的关系。由此可以看出，现状偏好是考察大国关系的一个比较有效的参考值。相关科学研究也表明，在不确定条件下，相对于收益，国家更厌恶损失，即国家更关注可能失去的现状。④ 国家对于现状的判断主要来自两个方面：一是权重判断，二是价值判

---

① 尚月：《俄罗斯的阿富汗政策》，《国际资料信息》2012 年第 6 期，第 15 页；罗英杰：《浅析俄罗斯对阿富汗的政策变化及其影响》，《国际论坛》2015 年第 17 卷第 3 期，第31～36 页。

② Dmitri Trenin; *Prospects for Russian-American Security Cooperation in Central Asia*; European Security, 2004, 12, pp: 21-35.

③ Anna Matveevaa, *Russia's changing security role in Central Asia*; European Security, 2013 Vol. 22, No. 4, pp: 478-499.

④ Thaler, R. (1980). Toward a positive theory of consumer choice. Journal of Economic Behavior and Organization, 1, pp. 39-60; Jervis, R. (1989). The meaning of the nuclear revolution. Ithaca, NY: Cornell University Press. pp. 29-35.

断。权重判断主要是指国家能够做什么，国家能做什么通常取决于自身的国家实力；价值判断是指国家想要做什么，而国家想做什么通常表现在其具体的对外政策及决策者的讲话中。围绕本研究的核心问题，本节所要解决的问题是中亚地区安全秩序的现状及发展趋势。基于大国对国际政治的影响力，结合中亚地区安全的实际，本文选择了俄罗斯、美国、中国、日本、印度、伊朗、土耳其等国家（简称相关国家①）对中亚地区安全的作用及其影响。结合现状偏好对国家政策的影响，本节将从相关国家的国家实力、中亚政策及其对中亚地区安全的影响三个层次进行分析。

（一）相关国家的国家实力

权力的不平等是导致国家扩张或寻求制衡的驱动力，而导致权力不平等的原因是国家间实力的不平等。导致国家实力不平等的因素很多，但关键性要素还是人口和财富，为了更加明确地比较及讨论国家实力，本文还引入了军事实力指数和全球竞争力指数。

相关国家人口潜力和财富差距较大，在人口方面，中国、印度保持了较大的优势，美国其次，俄罗斯和日本随后，伊朗和土耳其排在最后。在财富方面美国第一，日本第二，俄罗斯第三，土耳其第四，中国第五，伊朗第六，印度第七（见表 7－16）。

表 7－16　相关国家的人口和财富比较

国家/年份	人口总数（千万人）					人均 GDP（千美元）				
	2010	2011	2012	2013	2014	2010	2011	2012	2013	2014
美国	30.9	31.1	31.4	31.6	31.8	48.37	49.78	51.45	52.98	54.62
俄罗斯	14.28	14.29	14.32	14.35	14.38	10.67	13.32	14.07	14.48	12.73
中国	133.7	134.4	135	135.7	136.4	4.49	5.74	6.64	6.91	7.93
日本	42.9	12.8	12.78	12.75	12.73	42.9	46.2	46.6	38.6	36.1

① 与中亚地区安全相关国家应符合下列条件：一是已在中亚地区安全中发挥作用的国家；二是有针对中亚地区政策的国家；三是指在地理位置上相近且对中亚地区安全有潜在影响的国家。

续表

国家/年份	人口总数（千万人）					人均 GDP（千美元）				
	2010	2011	2012	2013	2014	2010	2011	2012	2013	2014
印度	120.5	122.1	123.6	125.2	126.6	1.41	1.5	1.48	1.48	1.63
伊朗	7.44	7.54	7.64	7.74	7.84	5.67	7.64	7.3	6.37	5.29
土耳其	7.21	7.3	7.39	7.49	7.58	10.13	10.6	10.66	10.98	10.54

数据来源：世界银行。

在相关国家全球竞争力和军事实力排名中，两项排名美国都高居榜首，在相关国家全球竞争力中日本排列第二，中国第三，土耳其第四，俄罗斯第五，印度第六，伊朗第七；在相关国家军事实力排名中俄罗斯第二，中国第三，印度第四，日本第五，土耳其第六，伊朗第七（见图 7－6）。可见，如果仅从军事实力而言，美国、俄罗斯、中国、印度、日本等国都能在中亚地区安全中发挥显著作用，如果加上地理位置这个因素（事实上这是重要的因素），俄罗斯、中国有可能在中亚地区安全中发挥更多作用，但是在传统影响力上中国远远低于俄罗斯，因此，目前俄罗斯所能发挥的作用要远远大于中国。

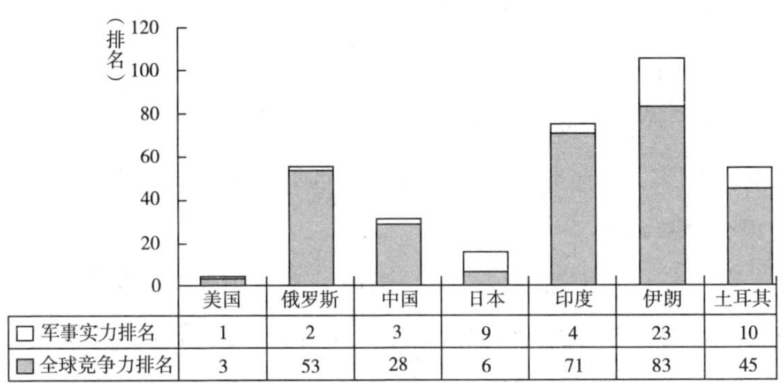

	美国	俄罗斯	中国	日本	印度	伊朗	土耳其
□军事实力排名	1	2	3	9	4	23	10
■全球竞争力排名	3	53	28	6	71	83	45

图 7－6 相关国家 2015 年全球竞争力和军事实力指数排名

数据来源：世界经济论坛和全球军事实力网。

在相关国家综合实力发展趋势上，美国国家情报总监办公室的《全球趋势 2030》与俄罗斯的《全球百强综合国力排行榜》（2012 年第 3 版）相比有一些差异（见表 7－17），其中与本研究直接相关的差异是俄罗斯对自己的预测要远远高于美国的预测，既便如此，在未来30年内，俄罗斯、美国、中国等国在中亚地区安全上依然能发挥比其他相关国家更大的作用，俄罗斯可能依然保持领导的地位，美国、中国、印度等国可能会分享俄罗斯在中亚地区失去的领导力。

表7－17　相关国家2030年国家综合实力排名预测值

国家/比较项目	综合实力指数	2030年前动态状态	综合实力排名	武装力量指数
美国	8.14	停滞	1	9.7
俄罗斯	6.21	大幅度发展	4	7.0
中国	7.55	大幅度发展	3	7.7
日本	4.87	停滞	9	3.3
印度	5.81	大幅度发展	5	6
伊朗	3.99	适度发展	15	3.2
土耳其	3.5	大幅度发展	24	3.5

数据来源：俄罗斯《全球百强综合国力排行榜》（2012年第3版）。

（二）相关国家的中亚政策

当国际体系由两极转为单极后，中亚地区早已不是布热津斯基眼中的“真空”地带了，实际上受大国博弈影响，俄罗斯仍在中亚地区寻求绝对的领导地位，而相关国家结合自己的利益诉求，也形成了针对中亚地区的政策。

1. 美国的中亚政策

自以反恐为名进入中亚地区以来，美国一直在中亚地区编织着一个符合自己战略利益的大网。根据中亚地区现实和战略利益的需要，美国把“推动中亚国家在阿富汗稳定中的辅助作用，促进民主和人权，打击毒品和人口走私，支持平衡的能源政策和发展能源资源，促进经济增长和提高美国公司的机会，阻止大规模杀伤性武器扩散”等作为其在中亚地区的核心目标。为了实现其在中亚地区的核心目标，美国不仅制定了“新丝绸之路计划”，而且与中亚国家建立了年度双边磋商机制（ABCs）。在美国超强实力的作用下，加上美国与中亚国家距离遥远，中亚国家接受了美国，并与之发展关系。而中亚国家不仅从美国那里获得了其他国家提供不了的各种资源，也使自己能在与外部世界的联系中削弱对中俄两国的过度依赖。不过，国外学者认为，根据美国官方的态度，如果拿俄罗斯与中国相比，美国更欢迎中国在中亚地区的存在。美国的态度也间接解释了大国在中亚地区的态势，即俄罗斯在中亚的领导地位还是比较稳固。

2. 俄罗斯的中亚政策

在俄罗斯的对外政策中中亚地区曾一度被弱化，但随着北约的东扩，俄罗斯开始重整外交资源，大打独联体牌便是其步骤之一，随着与美国等西方国家间关系的疏离，中亚很快成为俄罗斯对外政策中极为重视的地区，并希望能实现以下利益：遏制或消除其他大国对中亚地区的影响，确保中亚地区的稳定，强化对中亚地区自然资源的控制，确保在中亚地区的军事存在，确立在解决里海问题中的领导地位，支持愿意与俄罗斯保持紧密关系的中亚国家政治精英，吸引及鼓励中亚国家加入由俄罗斯主导的多边机制，提高俄罗斯文化及语言在中亚地区的影响力。对于中亚国家而言，俄罗斯是一个令人生畏但却又不能割舍的国家。因为正是有了俄罗斯，中亚国家才有可能引起其他大国的重视。

3. 中国的中亚政策

中国没有明确的中亚政策，保障国家安全是中国在中亚地区提高作用的主要驱动力，围绕这个驱动力，以能源和基础设施建设为主的经济合作、以打击恐怖主义和跨国犯罪为主的安全合作和以发展上海合作组织为主的政治合作便成为中国对中亚政策的三大支柱。近年来，随着中国国家实力的不断增强和国内改革的需要，中国提出了共建丝绸之路经济带的战略构想，并得到了中亚国家不同程度的响应。因此，从中国在中亚地区的外交行为来看，中国的中亚政策至少包含以下内容：一是建立有利于国家安全的、良好的周边关系；二是加强与中亚国家的经济合作；三是削弱境外敌对势力的负面影响；四是保证稳定的能源供应；五是提升在地区政治中的影响力；六是牵制美国、俄罗斯等大国对中国带来的不利影响。

4. 日本的中亚政策

随着以“解禁自卫权”为核心内容的新安保法的通过，日本已开始向世界军事大国的方向迈进。多年来的“入常”（成为联合国安理会常任理事国）

努力，在一定程度上也让日本人意识到，仅靠经济上的强大是无法得到更多政治权利的，只有成为真正的军事大国才有可能赢得更多的政治话语权。此外，日本意识到，要想成为“正常国家”，首先要成为地区大国，而要想成为地区大国，就需要削弱中国的优势，且能影响俄罗斯，而中亚地区则是日本实现上述目标的最好切入点。于是，从 1993 年 1 月起，日本通过经济援助等手段发展与中亚国家的关系，并逐步形成了自己的中亚政策，该政策的主要目标为：一是通过价值外交建立“自由与繁荣之弧”；二是通过加强与北约和欧盟的合作把中亚变成“和平与稳定的走廊”；三是以“中亚 + 日本”对话机制为平台促进日本与中亚国家的关系；四是确保日本企业在中亚的利益；五是制衡中国和俄罗斯在中亚地区的影响力。

5. 印度的中亚政策（“连接中亚”政策）

近年来印度对中亚地区保持了较高的关注度，借助美国的“新丝绸之路计划”和俄罗斯想利用印度制衡其他相关国家的目的，印度的中亚政策在当前所有大国中是推进得比较好的，印度的中亚政策希望实现以下目标：一是继续巩固与中亚国家的友好关系，防止中亚国家转为反印的阵营；二是进一步加强与中亚国家在能源、经贸领域的合作，扩大印度的市场；三是强化与中亚国家在包括非传统安全在内的安全领域的合作，打击宗教极端主义及国际恐怖主义；四是借助双边和多边机制，积极与中亚国家就重大国际议题和地区议题进行磋商与协调，以推进印度的国家利益；五是扩大政治文化交流，推进中亚国家民主和世俗政体的发展和巩固。不过，在解读印度中亚政策问题时，一些学者认为与印度在中亚地区博弈的不是其他相关国家而是中国，可见影响中印关系正常化中的一些障碍也成为影响印度中亚政策的负面因素。

6. 伊朗的中亚政策

一是以建立伊朗、塔吉克斯坦和阿富汗的“波斯语三国首脑机制”为支点，扩大伊朗在中亚的影响力；二是通过上海合作组织、中亚和西亚经济合作组织等多边机制加强与中亚国家的关系；三是利用自己的地理优势，向中亚国家提供出海口并参与中亚的铁路、公路、能源管道等基础设施建设，加强与中亚国家的经济合作。不过，虽然伊朗雄心勃勃，但中亚国家对伊朗与美国的关系还是心存芥蒂，担心因此而受牵连，所以与其他大国的中亚政策相比，伊朗中亚政策的效果不彰。

7. 土耳其的中亚政策

一是力图建立“大突厥斯坦联盟”，树立自己在突厥语国家中的领导地位；二是通过贸易、投资、文化等渠道，深化与中亚国家的联系；三是向中亚国家军队提供援助。尽管土耳其在中亚有一定的语言和文化优势，但这并不能对增强与中亚国家的共同利益带来更多的正面作用，相反，土耳其试图在突厥语国家中扮演领导者的心理，以及通过中亚国家来增强自己与欧洲讨价还价筹码的行为，让一些中亚国家感到不满。当然，土耳其国家实力不足是决定性原因，这使得土耳其无法与俄、美、中等国家在中亚地区进行长期竞争。

为便于了解相关国家中亚政策的差异，本研究根据相关国家中亚政策中的主要特点做了简要的梳理（见表 7 – 18）。

表 7 – 18　相关国家的中亚政策比较

国家	政策倡议	机制化	工具
美国	新丝绸之路计划	年度双边磋商机制	社会经济、安全
俄罗斯	欧亚联盟	独联体，集体安全条约组织，欧亚经济联盟，上海合作组织，亚洲合作对话，亚信会议	安全、政治、社会经济
中国	丝绸之路经济带	上海合作组织，亚信会议，博鳌论坛，亚洲合作对话	经济、安全
日本	自由与繁荣之弧	“中亚 + 日本”对话机制	社会经济
印度	连接中亚	亚信会议，与中亚国家签署了双边经济，贸易和科技合作协议，申请加入上海合作组织	社会经济、安全
伊朗	新丝绸之路	波斯语三国首脑，中亚与西亚经济合作组织，里海国家集团	宗教、语言
土耳其	大突厥联盟	突厥国家首脑会议，突厥语国家和族群有意合作大会，突厥语国家合作理事会	语言、文化

从表 7 – 18 可以看出，如果按照制度化水平和密度从高向低排列，俄罗斯在中亚已形成一个制度化水平较高且密度较高的网络，中国和土耳其次之，印度和伊朗再次，美国和日本排列最后。由此至少可以说明，俄罗斯中亚政策的

环境和效果是相关国家中最好的，综合国家实力来考虑，中国、美国、日本、印度等国中亚政策则有可能是发展潜力较大的，而目前中国和美国表现最好。

（三）中亚地区力量格局的未来

基于相关国家实力和对外政策，在未来 15 年内，中亚地区力量格局将有以下发展趋势。

第一，俄罗斯能够保持其在中亚地区安全中的领导力，并在中亚地区安全中发挥决定性作用。原因是尽管俄罗斯的国家实力有所下降，但在与中亚地区安全相关的国家中俄罗斯的国家实力依然排列第三位，而军事实力排列第二位。此外，中亚地区也是俄罗斯对外政策的优先方面，俄罗斯与中亚相互间有 7000 多千米长的边界线；俄 12 个联邦主体与中亚地区接壤，其中包括工业发达的萨马拉州、伏尔加格勒州、车里亚宾斯克州和鄂木斯克州等。也就是说，沿中亚边界地区集中了俄罗斯相当大的工业发展潜力，还有伏尔加河流域、乌拉尔地区和西伯利亚最大的城市；连接俄联邦中央区与西伯利亚以及远东地区的重要战略交通干线，或分布在紧邻中亚国家的边界上，或是部分穿过哈萨克斯坦境内。① 在俄罗斯看来，这里是保证其国家安全的重要地带，除非力不从心，俄罗斯不太可能放弃或削弱其在中亚地区安全中的影响力。需要指出的是，与苏联时期相比，俄罗斯在中亚地区安全中的作用是下降的，如果这种情况持续下去，俄罗斯会在中亚地区安全方面寻求更为积极的政策。实际上，土库曼斯坦与俄罗斯天然气公司因天然气供给之争已经给俄罗斯敲响了警钟，乌兹别克斯坦有意疏离与俄罗斯的关系，俄对吉尔吉斯斯坦和塔吉克斯坦的影响力有所下降，以及哈萨克斯坦融入国际社会的步伐加快，无疑让俄罗斯有了更多的危机感。因此，推动欧亚联盟、集体安全条约组织等进程，借助扩员让上海合作组织分担更多的地区安全义务等，可能是俄罗斯未来十几年内对中亚地区政策的核心。

第二，美国是唯一有能力影响中亚地区安全秩序，并有能力挑战俄罗斯在中亚地区权威的力量。这是因为美国在人口、财富和军事力量上都居于全球性

---

① 俄罗斯国际事务委员会：《俄罗斯在中亚的利益：内容、前景、制约因素》，《俄罗斯研究》2014 年第 2 期。

领先地位。《美阿双边安全协议》和《北约在阿富汗地位协定》确立了美国武装力量在阿富汗存在的合法性和长期性，这实际上对俄罗斯在中亚地区的领导地位形成潜在的威慑。与此同时，为促进与中亚国家关系，美国不断加强与中亚国家的合作，在政治、经济、安全等领域都取得了一定的成效，特别在安全领域上。[①] 例如，哈萨克斯坦与北约定期举行“草原之鹰”军事演习，与美国在消除核武器上展开合作等。可以肯定的是，美国在中亚地区的安全作用明显上升，与俄罗斯相比美国处在收益的状态，因此在对中亚地区安全的政策上美国会继续选择与中亚国家发展双边关系，而且会继续采取分离中亚国家与俄罗斯关系的策略。当然，美国对俄罗斯的打压也将保持在一定限度内，美国不希望俄罗斯因外部威胁过大而寻求与中国结盟。此外，出于均势战略的考虑，美国会鼓励中国在中亚地区安全中发挥更多的作用，使俄罗斯保持对中国的战略疑虑，通过中俄之间的相互制衡最终保持美国在中亚地区安全中发挥越来越多的作用。作为美国盟国的日本和全球战略伙伴关系的印度，美国支持它们在中亚地区安全中发挥一定的作用，因为日本和印度是最有可能在中亚地区成为制衡中国的力量，牵制中国也符合美国维护其全球霸权地位的目标。

第三，尽管国家实力有显著性的增长，中国对中亚地区安全依然只能发挥辅助作用，15 年之后可能会有机会对中亚地区安全发挥较大的影响，但还不能完全超越俄罗斯。目前中国也没有形成清晰的中亚政策，这可能与中国长期偏好“韬光养晦”的对外政策有关。随着中国的崛起，在外交上“有所作为”的呼声越来越高，中国也明白如果要走向世界政治舞台的中央，首先要在地区层面崛起，中亚地区则是中国崛起的支点地区。不过，中国若想在中亚地区安全中发挥作用，首先面对的就是要处理好中俄关系，但中国在处理中俄关系上的成本和不确定因素过多，影响了中俄关系的发展。实际上，中俄关系还是竞争合作关系，而在亚太地区中美关系、中日关系、南海问题等又让中俄关系承担了更多的负担。提升中俄关系成本和不确定因素过多

① Zarina Kakenova, Military-political cooperation between the U. S. and Central Asian States, Procedia - Social and Behavioral Sciences 143 (2014) pp: 953 - 957.

直接影响了中国在中亚地区安全中所能发挥的作用。上海合作组织的作用有限就是十分突出的一例。没有明确的中亚政策，并没有影响中国在中亚地区安全合作中受益，至少相对稳定的中亚地区给中国经济发展带来了很多契机。除非有其他的外部威胁，中国将不会选择改变中亚地区的力量格局，因为中国十分清楚，改变现有的格局需要有更强大的国家实力做后盾，而且可能会冒地区局势不稳定的风险。

第四，印度将成为一支影响中亚地区安全格局的新力量，但更有可能成为平衡其他大国的工具。印度的人口、财富和军事实力都是其能影响中亚地区安全的基础。随着莫迪成功访问中亚五国，印度对中亚的政策也会在其对外政策中处于更为优先的地位。此外，如果乌法峰会后印度能够顺利加入上海合作组织，也许能给印度提供更多参与中亚地区安全的机会。不过，俄罗斯依然能在中亚地区安全中扮演领导作用，加上中国、美国等大国对中亚地区安全已有的影响，留给印度参与中亚地区安全的空间并不大，而巴基斯坦也将是制约印度在中亚地区安全中发挥作用的因素。因此，印度可能成为俄罗斯或美国等国在中亚地区平衡其他大国的力量。未来印度对中亚政策的首要目标可能是确保其在中亚地区立足，并借助上海合组组织与中亚国家建立稳定的关系及加大与中亚国家的反恐合作力度，积极配合美国的“新丝绸之路计划”，推动南亚—中亚区域互联互通。

第五，自日本前首相桥本龙太郎提出“欧亚大陆外交”（1997 年 7 月）以来，中亚在日本外交中的地位不断上升，并形成“中亚 + 日本”对话机制，而麻生太郎提出的“自由与繁荣之弧”（2006 年 11 月）则确立了日本中亚政策的发展方向及重点。就国家综合实力而言，日本可以说是一个能影响中亚地区安全的潜力巨大的国家，但为了避免俄罗斯的过激反应及承担不必要的安全责任，日本更偏好低风险的外交行动。日本对中亚外交的优势是其“软实力”，这也是日本在对中亚外交中突出“价值外交”的原因，日本中亚外交的劣势也十分明显，一是南千岛群岛问题，二是地理距离过远且受其安保法限制等。如果南千岛群岛问题和安保法限制问题能够解决，那么日本对中亚的外交可能会有更为积极的行动。虽然新安保法的通过可能会使日本中亚政策发生一些变化，但因俄罗斯不会在南千岛群岛问题上轻易让步，加上日本企业在中亚能源领域投资较广且有一定的收益，日本对中亚政策可能会选择稳步发展的策略，可能继续选择配合美国在中亚地区安全上发挥作用，因此日本对中亚地区安全的影响有限。

第六，作为横跨欧亚的国家，成为突厥语国家的领袖是土耳其实现其“大国梦”的重要砝码，于是发展与中亚国家关系，提高在中亚地区的影响力便成为土耳其外交政策的“轴心”。20 世纪 90 年代，借助美国的力量，土耳其积极向中亚国家输出“土耳其模式”，力图使中亚国家摆脱俄罗斯的影响以及“伊斯兰化”。建立联系突厥语国家与欧洲国家“能源走廊枢纽”是土耳其发展与中亚国家关系的重要工具，土耳其与美国合作的直接收益就是 BTC 线的建成，这也表明土耳其成功地发展了与突厥语国家的关系，通过北约，土耳其与中亚国家建立了军事合作关系。通过提供出口信贷、突厥艺术和文化语言项目等，土耳其还促进了与中亚地区突厥语国家的关系。但是，毕竟土耳其的综合实力有限，在发展与中亚地区突厥语国家关系时，俄罗斯和中国是其最大的挑战。在俄罗斯看来，亲西方的土耳其正在分化俄罗斯与中亚国家的关系，而土耳其对中国新疆东突分子分裂行为的态度暧昧也使中国极为不满，认为土耳其是“泛突厥主义”的支持者。所以，如果现有国际体系未发生根本性改变，土耳其的中亚政策依然会借助美国及北约，因为仅凭自己的实力土耳其不仅无法突破俄罗斯和中国在中亚的影响，甚至也无法得到哈萨克斯坦和乌兹别克斯坦的支持。此外，为了在北约撤离阿富汗后还能介入中亚地区安全事务，发展与上海合作组织的关系也可能是土耳其比较好的选择。土耳其可能会调整政策以削弱“泛突厥主义”对其中亚政策的负面影响，但也许会打“泛突厥主义”的牌向中国讨价还价。

第七，伊朗是相关国家中综合实力最弱的，但也是相关国家中与中亚有陆地和水域联系的国家之一。因为伊朗临海且拥有丰富的能源，这为急需寻找出海口的中亚国家带来了机会，这也是伊朗能够发展与中亚国家关系的重要砝码。此外，因俄罗斯与伊朗之间能够寻找到共同利益，作为利益交换俄罗斯也向伊朗提供进入中亚地区的便利。除此之外，伊朗在中亚地区有一定的历史文化优势。在沙皇俄国控制中亚地区前，伊朗与中亚地区交流频繁。在公元 5 世纪伊朗萨珊王朝全盛之时，中亚几乎尽归伊朗所有。沙皇俄国控制中亚地区后，在中亚一些地区的居民依然保持了与波斯人、土耳其人较为相似的文化习俗。中亚国家独立后，通过伊斯兰教在中亚地区的复兴，伊朗向中亚地区输出了自己的价值观。伊朗参与调解了亚美尼亚与阿塞拜疆的冲突和塔吉克斯坦内战，甚至在俄罗斯的车臣问题上也起到了积极的作用。不过，因伊朗在里海法律地位上与俄罗斯、哈萨克斯坦、土库曼斯坦和阿塞拜疆还存在争议，伊朗在发展与中亚国家关系上还存在一定的障碍。根据综合国力的发展趋势，伊朗也属于中亚地区安全中的辅助性力量。在发展与中亚国家关系上，经济合作可能仍是伊朗的优先方向，在安全合作方面，伊朗将选择与上海合作组织加强联系。

今天的中亚已远非布热津斯基眼中的“真空”地带，虽然俄罗斯还能保持在这一地区的霸权优势，但在发展趋势上将朝着俄罗斯地区领导力被继续分化的方向发展，未来中亚地区秩序可能表现为以下几点。

一是因国家实力下降，俄罗斯在中亚地区的主导权逐渐被弱化，美国、中国在中亚地区的影响力上升，美国将加大其在中亚地区经济领域的影响力，而中国有可能会在地区安全上发挥更多的作用。

二是印度和日本在中亚地区的作用增大，并有可能是影响中亚地区安全的新生力量，中亚地区力量格局有可能从“俄美中”三角关系向俄、美、中、印、日等多极格局转变。

三是土耳其和伊朗在中亚地区的影响力会平稳增加，但这将是一组辅助性力量。

四是因扩员、地区安全形势的要求及中国国家实力的增加，上海合作组织将在中亚地区安全中发挥更多的作用。

五是影响中亚地区秩序的焦点依然是大国政治。

六　中亚国家大国政策的发展方向

中亚国家的大国政策对中国如何在中亚地区层面运筹及建立稳定的大国关系框架十分重要。这是因为：第一，作为地区安全环境中的单元，中亚国家是中亚地区安全的参与者；第二，中国在中亚地区运筹及建立稳定的大国关系框架离不开中亚国家；第三，中亚国家对中国维护西部周边安全十分重要。正如我们此前讨论过的中亚国家对外政策受国际体系、地区力量格局和中亚国家自身实力的共同作用，但影响力不同，国际体系是长期影响因素，地区力量格局是中期影响因素，中亚国家自身实力是短期影响因素。目前影响中亚地区安全的长期和中期因素都处在权力失衡的状态，而且是由不同实力的霸权国主导着，这意味着地区性“霸权国”俄罗斯将会持续受到来自全球性“霸权国”美国的挑战，因此现有的、维护中亚地区安全的力量结构并不稳定。如果能够自由选择，在现有国际体系和地区力量格局下中亚国家更可能会聚集到地区力量中较弱的一方，以此来制衡较强一方对它们的威胁，这也就是中亚国家为什么会选择发展与美国、中国等相关国家的关系。可是，为什么中亚国家又愿意保持或接受俄罗斯成为地区霸权国的现实呢？主要原因是美国维护中亚地区安全的能力有限，而中国等其他相关国家在中亚地区的军事实力又弱于俄罗斯，中亚国家在没有其他更好选择的情况下选择了俄罗斯。但是，中亚国家追随俄罗斯并不是一种恒定关系，因为俄罗斯地区霸权的实力有变弱的趋势，而其他相关国家还有可能变强，加上中亚国家自身实力也将发生变化，这些因素有可能导致中亚国家对其大国政策进行调整，寻求新的权力平衡来维护自己的利益，这在短期内可能会影响到中亚地区安全，为此需要对中亚国家大国政策进行趋势性分析。

（一）中亚国家的国家实力

独立 20 多年来，中亚国家经济社会发展取得了显著效果，融入国际体系的步伐也不断加快。根据世界银行统计，截至 2014 年，中亚国家总人口已经达到 6755 万，比 2010 年增加 466 万人，其中乌兹别克斯坦因人口基数大增加的人口最多，增加 218 万多人，其次为哈萨克斯坦，增加 96 万多人，人口增加最少的是土库曼斯坦，增加了 26 万多人。中亚国家财富增长最为显著，取平均值计算，从 2010 年人均 GDP 3291 美元左右增加到 5139 美元左右，其中哈萨克斯坦人均 GDP 增长最快，从 2010 年的 9000 多美元，增加到 2014 年的 12270 多美元，就是人均 GDP 最低的塔吉克斯坦，也从 2010 年的 700 多美元增加到 1000 多美元（见表 7 - 19）。可见，中亚国家的人口和财富都有不同程度的增加，这意味着中亚国家的国家实力有不同水平的提高。

表 7－19　中亚国家的人口和财富

国家/年份	人口总数（千万人）					人均 GDP（千美元）				
	2010	2011	2012	2013	2014	2010	2011	2012	2013	2014
哈萨克斯坦	1.632	1.655	1.679	1.703	1.728	9.07	11.35	12.12	13.61	12.27
吉尔吉斯斯坦	0.544	0.514	0.56	0.571	0.583	0.88	1.123	1.178	1.282	1.269
塔吉克斯坦	0.762	0.781	0.8	0.82	0.84	0.739	0.834	0.953	1.036	1.09
土库曼斯坦	0.504	0.51	0.517	0.524	0.53	4.392	5.724	6.797	7.826	9.031
乌兹别克斯坦	2.856	2.933	2.977	3.024	3.074	1.377	1.544	1.719	1.878	2.037

数据来源：世界银行。

作为中亚社会发展水平最高的国家，为了保持发展获得更快的增长，哈萨克斯坦制订了雄心勃勃的发展计划，即《哈萨克斯坦－2050》战略，主要目标包括：一是建立在赢利、投资回报和竞争力原则基础上的全面经济务实主义；二是全面支持作为国家经济主要推动力的商业经营；三是社会政策的新原则——社会安全和个人责任政策。但哈萨克斯坦经济目前还未能摆脱对能源的过度依赖，2014 年受欧洲能源消费下滑和卢布贬值的影响，哈萨克斯坦坚戈贬值 19%。为了刺激经济，哈萨克斯坦从国家储备基金中拿出 54 亿美元来刺激经济发展。为了推动《哈萨克斯坦－2050》战略和保持经济的增长，2014 年 11 月，哈萨克斯坦又提出了“光明大道”计划（“Nurly Zhol”，Shining Path），中国总理李克强访问哈萨克斯坦时表示要把“一带一路”与“光明大道”计划对接。在出台刺激经济发展政策的同时，哈萨克斯坦还宣布削减政府开支 10%，大约为 40 亿美元。值得一提的是，经过多年鼓励生育的政策，独立后出生的第一代哈萨克斯坦人已逐渐成为哈萨克斯坦经济可持续发展的重要资源，15～24 岁年龄段的哈萨克斯坦人已占总人口的 15.33%，25～54 岁年龄段的人哈萨克斯坦人占总人口的 42.59%。[①]

近年来吉尔吉斯斯坦经济发展虽有反复，但发展势头不错。根据世界银行统计，2013 年吉 GDP 增长率高达 10.2%，人均 GDP 从 2010 年的 880 多

① 《世界概览》，美国中央情报局，https：//www.cia.gov/library/publications/the-world-factbook/geos/kz.html。

美元，增长到2014年的1269美元，2015年上半年的GDP增长率为7.3%。结合本国经济发展的实际情况，吉尔吉斯斯坦政府制定了分阶段的发展战略，按照《2013～2017年吉尔吉斯斯坦经济发展五年规划》，到2017年，吉政府计划将人均国民生产总值从2013年的1200多美元提高到2500美元，将国民生产总值从2011年的59.2亿美元提高到135亿美元，平均每年增长逾7%。此外，还计划将贫困率从37%降低到25%，将月平均工资从193美元提高到553美元。同时集中精力优先发展以下经济领域：交通、电力、采矿、农业、轻工业、服务业等。吉尔吉斯斯坦人口年增长率不高，在2%左右，但是人口结构尚合理，独立后出生的吉尔吉斯斯坦人约占总人口的18.18%，25～54岁的人占总人口的39.55%。[①] 因国内就业机会少，相当数量的吉尔吉斯斯坦的年轻人选择赴俄罗斯打工，2013年，吉尔吉斯斯坦侨汇收入占其GDP的31.5%。目前约有50万名吉尔吉斯斯坦公民（约占吉总人口1/10）在俄罗斯务工。2014年，吉在外务工人员向国内家属汇款总额高达22.36亿美元，约占吉国内生产总值的30%。但侨汇容易受到侨汇来源国经济的影响，受俄罗斯经济衰退影响，2015年1～5月，吉尔吉斯斯坦的侨汇收入同比下降1/3。[②]

塔吉克斯坦经贸部部长希克玛杜罗佐达预测塔2015年经济增长率为6.4%，上半年通胀率为2.6%，截至2015年年底，通胀率将不超过7%，2016年GDP增长保持在7%的水平。作为山多地少的“高山国”，“保障粮食安全”、“水电兴国”和“摆脱交通困境”是塔吉克斯坦政府重点发展的三大战略，通过几年的努力，塔吉克斯坦经济保持了年均7%左右的增长，年人均GDP也从2010年的700多美元增长到1000多美元。人口也有一定的增加，劳动资源相对丰富，在塔吉克斯坦，15～24岁的人占总人口的19.7%，25～54岁的人占总人口的39.26%。[③] 不过，因国内还不能提供足够的就业岗位，加上薪金水平较低，

---

① 《世界概览》，美国中央情报局，https：//www.cia.gov/library/publications/the-world-factbook/geos/kg.html。

② 中华人民共和国商务部，http：//www.mofcom.gov.cn/article/i/jyjl/e/201507/20150701046748.shtml，最后访问时间：2015年8月15日。

③ 《世界概览》，美国中央情报局，https：//www.cia.gov/library/publications/the-world-factbook/geos/ti.html。Catherine Putz，Times Are Getting Tougher for Central Asian Migrant Workers in Russia，http：//thediplomat.com/2015/04/times-are-getting-tougher-for-central-asian-migrant-workers-in-russia/.

很多塔吉克斯坦人选择赴俄罗斯打工。受俄罗斯经济衰退的影响，与2014年同期相比，2015年上半年塔吉克斯坦劳务移民汇款下降32%，按塔央行预测，全年塔劳务移民汇款将下降25%，而世行预测汇款将下降40%～45%。[①] 由于无法在短期内提供更多的就业机会，塔吉克斯坦在短期内还无法减少俄罗斯经济衰退所带来的负面影响。

与去年同期相比，2015年上半年土库曼斯坦国内生产总值增长9.1%。[②] 事实上，近几年土库曼斯坦经济一直保持了10%以上的增长，人均GDP从2010年的4000多美元，增长到2014年的9000多美元。为了推动国家经济的可持续发展，根据《2013～2016年国有企业私有化计划方案》，土库曼斯坦从2013年开始实施国有企业私有化进程，并随着投资环境的改善，国有企业拍卖价格开始走高，部分企业高于起拍价格40%左右。[③] 土库曼斯坦人口增长率较低，大约只有1.14%左右。不过土库曼斯坦的人口结构相对合理，15～24岁的土库曼斯坦人占其总人口的19.66%，25～54岁的人占其总人口的42.57%。[④]

乌兹别克斯坦国家统计局数据显示，乌2015年上半年国内生产总值为72.2万亿苏姆，约合290亿美元（根据乌央行数据，乌2015年上半年平均汇率为1美元=2490苏姆），同比增长8.1%。乌2015年上半年外贸总额126亿美元，其中出口64亿美元，进口近63亿美元，贸易顺差8340万美元。在乌兹别克斯坦内阁会议上也通过了《关于2015～2019年实施进一步改革、结构变化和经济多样化计划》，该计划试图通过释放个人、小型企业及民营企业家的能力来推动国家社会经济的发展，这表明独立20多年后，乌兹别克斯坦将逐步成为更为开放的国家，同时也反映出在国内发展的压力下，乌兹别克斯坦政府已意识到只有改革现存不合理的政策及经济结构才能适应未来发展。长期以来，乌兹别克斯坦沿袭了苏联时期计划经济的管理方式，通过国家制订不同

① 中华人民共和国商务部，http：//tj. mofcom. gov. cn/article/jmxw/201507/20150701055313. shtml。

② 中国驻土库曼斯坦大使馆经济商务参赞处，http：//tm. mofcom. gov. cn/article/jmxw/201507/20150701042853. shtml。

③ 中国驻土库曼斯坦大使馆经济商务参赞处，http：//tm. mofcom. gov. cn/article/jmxw/201507/20150701042853. shtml，最后访问时间：2015年8月15日。

④ 《世界概览》，美国中央情报局，https：//www. cia. gov/library/publications/the-world-factbook/geos/tx. html。

类型的发展计划来推动本国社会经济发展。根据世界银行统计，自2010年至2014年，乌兹别克斯坦GDP年增长率都保持在8%以上，人均GDP也从2010年的1377美元增加到2037美元，这对一个拥有3000多万人口，且国家禀赋一般的国家而言实属不易。乌兹别克斯坦人口结构相对合理，15~24岁的人占总人口的19.92%，这一比例在中亚国家中最高，25~54岁的人占总人口的43.46%。许多乌兹别克斯坦人在俄罗斯从事劳务工作，人数是中亚国家中最多的，劳工侨汇对乌兹别克斯坦经济的贡献率大约为12%。①

尽管存在很多问题，中亚国家还是取得了较好的成绩。在既有的统计数据中（没有土库曼斯坦和乌兹别克斯坦的统计数据），因全球竞争力排名较高，哈萨克斯坦是中亚国家中发展最好的国家，与其他全球竞争力排名较高的国家相比，哈萨克斯坦在基础设施、健康和教育领域排名较低，尤其是健康和教育在全球的排名仅为第96位；全球竞争力最弱的中亚国家是吉尔吉斯斯坦，该国在制度化、基础设施、宏观经济环境、健康和教育等领域的竞争力都排在110名以外。在全球军事实力排名中，乌兹别克斯坦是中亚国家军事实力最强的国家（在组织结构上分为5大军区：西北军区、西南军区、中央军区、东部军区和塔什干军区，其中东部军区所辖部队最多），其次是哈萨克斯坦。中亚国家军事实力最弱的是土库曼斯坦，这可能是因为土库曼斯坦人口基数不多且遵循中立外交政策的缘故。

根据表7-20所列中亚国家综合国力指数可以看出，中亚国家综合国力指数有明显进步的是哈萨克斯坦，土库曼斯坦和乌兹别克斯坦有适度的进步，吉尔吉斯斯坦基本维持不变，塔吉克斯坦有小幅退步。

哈萨克斯坦进步的主要原因是经济、科学技术教育和外交政策都取得了一定的进步。土库曼斯坦是因为科学教育、人口和经济有进步。乌兹别克斯坦发展的原因是人口、经济、文化和宗教方面取得了显著性的进步。吉尔吉斯斯坦各项指标变化不大，塔吉克斯坦国家综合实力下降则是因为国家管理有显著性的退步。

---

① Russia's rouble crisis poses threat to nine countries relying on remittances, http://www.theguardian.com/world/2015/jan/18/russia-rouble-threat-nine-countries-remittances.

表 7-20 中亚国家综合国力指数及趋势分析

比较项目		管理	领土	自然资源	人口	经济	文化和宗教	科学和教育	武装力量	外交政策	综合实力指数
国家 \ 系数		0.14	0.09	0.09	0.14	0.18	0.05	0.09	0.14	0.09	
哈萨克斯坦	2012 年	4.1	7.5	3.5	1.3	1.9	2.0	2.0	1.6	3.0	2.86
	2030 年	4.1	7.5	3.7	1.3	2.1	2.0	2.3	1.7	3.5	2.99
吉尔吉斯斯坦	2012 年	2.6	1.5	2.4	1.5	1.1	1.5	1.5	1.1	2.0	1.65
	2030 年	2.4	1.5	2.3	1.6	1.2	1.5	1.5	1.0	2.5	1.68
塔吉克斯坦	2012 年	3.5	1.4	2.0	1.5	1.1	1.5	1.5	1.1	2.0	1.73
	2030 年	3.2	1.4	2.0	1.6	1.1	1.5	1.5	1.2	2.0	1.71
土库曼斯坦	2012 年	4.1	4.4	2.8	1.4	1.4	2.0	1.5	1.2	2.0	2.23
	2030 年	3.9	4.4	3.0	1.5	1.5	2.0	2.0	1.3	2.0	2.30
乌兹别克斯坦	2012 年	4.2	4.0	2.6	1.7	1.4	3.0	2.0	1.3	2.0	2.34
	2030 年	4.0	4.0	3.0	1.9	1.6	3.0	2.0	1.2	2.2	2.41

数据来源：俄罗斯《全球百强综合国力排行榜》（2012 年第 3 版）。

（二）中亚国家的对外政策取向

作为独立 20 多年的国家，“巩固国家主权和积极融入国际社会”是中亚国家对外政策的基本原则。联合国日内瓦办事处总干事、哈萨克斯坦前国务秘书兼外长卡瑟姆若马尔特·托卡耶夫的观点有一定的代表性，他说：“我们必须在最短的时间内巩固自己的国家体制、融入国际大家庭和世界经济，相互支持并共同努力以保证地区和全球的安全与稳定。”① 从本质上讲，巩固主权和融入国际社会是有矛盾的，因为任何国际安全合作在获取一定安全收益的同时，也会让渡一部分主权。除非有较高的外部威胁，中亚国家在实力不对称的安全合作中更倾向于选择较低制度化水平的安全合作。② 有学者认为，在应对

① 〔哈〕K. 托卡耶夫：《哈萨克斯坦对外政策》，《外交学院学报》2002 年第 3 期。

② 肖斌：《上海合作组织如何应对当前面临的安全挑战》，《上海合作组织发展报告（2015）》，社会科学文献出版社，2015，第 61 ~ 62 页。

复杂多变的地区安全问题方面，中亚国家需要有推动地区一体化的意识。例如，乌兹别克斯坦学者法克洪德·托里波夫认为，地区一体化是中亚国家应对地区稳定风险较好的选择。在“巩固国家主权和积极融入国际社会”对外政策原则的指导下并结合自身的国家实力，“制衡”便成为中亚国家对外政策中鲜明和共同的特色。在国际关系理论中，制衡是一个单元层次的概念，制衡的通常意义是指国家平衡来自其他国家实力的一种策略。在现有的研究中，明确解释制衡行为的理论主要有三种：权力制衡、威胁制衡和利益制衡。[①] 从不同的制衡理论中，我们可以发现引发制衡行为的原因很多，但制衡的目的大致可以分为两种：追求安全和维护在国际体系中的地位。当然，在现实中上述两种划分也不是非常明显，很多情况下是相互交叉的。在单元层次，制衡常见的形式为内部制衡和外部制衡两种。内部制衡通常选择提高国家综合实力，而外部制衡则选择追随或“搭便车”（见图 7 –7）。

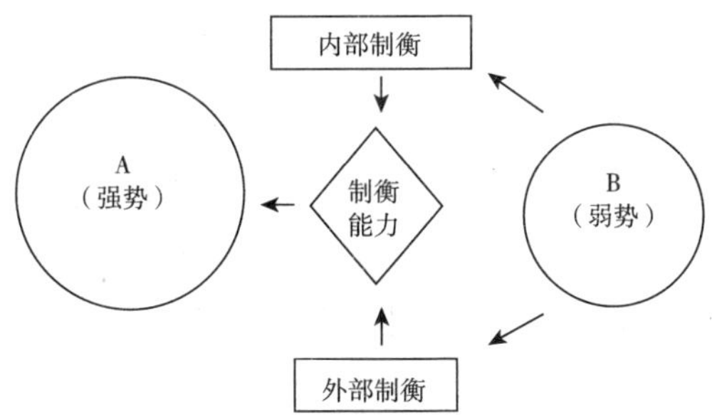

图 7 –7　单元层次的制衡行为

资料来源：作者自制。

在上述因素的综合作用下，当前中亚国家的对外政策主要表现如下。

哈萨克斯坦

《外交政策构想 2014 ~2020》是哈萨克斯坦对外政策为期 6 年的指针，在这份外交政策构想中，哈萨克斯坦继续把多元、平衡、实用、互利、国家利益至上等作为基本原则，并设定了这样的总任务：一是确保国家安全、国防能

① 刘丰：《大国制衡行为的概念辨析》，《国际论坛》2010 年第 1 期。

力、主权、领土完整；二是维护和平、地区和全球安全；三是维护和发展国家在国际社会中的正面形象；四是确立公正、民主的国际秩序，维护联合国在维护世界秩序中的中心地位和协调作用；五是继续与地区和国际经济贸易机制发展一体化；六是落实《哈萨克斯坦－2050》战略，为实现居民高质量生活、巩固多民族和多元社会的团结、法治国家、民主机制、保障人权和自由而创造良好的外部环境；七是发展国民经济多元化，提高经济竞争力；八是遵循“绿色”轨道逐步推进国家发展，争取进入世界最发达国家前30强；九是保护民族文化传统和特色，探索自己的发展道路；十是维护公民和法人权益及其在海外的个人、家庭和事业权益，支持海外哈侨和海外哈萨克语的发展。《外交政策构想2014～2020》明确了哈萨克斯坦对外政策的优先任务：一是关注并维护中亚地区的政治稳定、经济发展和地区安全，争取中亚成为国际政治经济舞台上的统一整体；二是推动欧亚经济联盟发展，将其作为巩固国家在世界经济体系中地位的途径之一；三是在国际法框架内合理解决里海地位和划界问题；四是在国际机制中维护国家利益，积极提出合作倡议，建设性地参与国际安全合作，并确立互利共赢的合作模式；五是推动环保国际合作；六是参与国际人道主义援助行动；七是开展议会合作；八是加强对外宣传，让自己了解世界，让世界了解自己。[①] 为了配合《外交政策构想2014～2020》的推进，纳扎尔巴耶夫在2015年2月还提出了具体的外交策略：一是通过国际经济合作促进基础建设，把“光明大道”计划打造成提高对外影响力的工具；二是哈萨克斯坦将加强与国际社会的反恐合作；三是强化国际安全体系，在国际法原则上建立更加稳定的世界秩序，支持建立欧洲大西洋和欧亚安全共同体，通过建立紧密的经济合作来确保安全；四是积极加入国际经济组织，创造更多的机会；五是继续推动签订新的、全面的无核化条约；六是积极申请2017～2018年联合国安理会非常任理事国席位；七是积极推动与亚信会议、上海合作组织、集体安全条约组织、伊斯兰合作组织间的合作，加强与突厥语国家合作理事会关系，保持与经济合作组织之间的磋商；八是在国家层面，加强与俄罗斯

① Foreign Policy Concept for 2014 – 2020 Republic of Kazakhstan, http：//mfa. gov. kz/index. php/en/foreign-policy/foreign-policy-concept-for-2014-2020-republic-of-kazakhstan.

全方位的双边关系，深化与中国的全面战略伙伴关系，重视与其他中亚国家的关系，继续发展与欧盟成员国的合作，加强与美国的战略伙伴关系，增强与其他亚太地区国家的经济、投资和技术合作，选择双边和多边框架发展与中东和近东国家的关系，继续促进阿富汗经济和社会发展，发展与非洲、拉丁美洲、加勒比海地区国家的关系。

吉尔吉斯斯坦

作为中亚国家的“弱国”，吉尔吉斯斯坦选择了平衡的外交政策，但在发展平衡外交的层次上有重点，即发展与俄罗斯的关系是其最优先的地位，其次是发展与其他中亚国家及独联体国家的关系，最后发展与其他大国之间的关系。[①] 吉尔吉斯斯坦几乎参加了所有俄罗斯主导的地区性国际组织，特别是在美国宣布从阿富汗撤军的计划后，吉尔吉斯斯坦对外关系的重点倒向了俄罗斯。例如，2015 年，吉尔吉斯斯坦在西方国家制裁俄罗斯之时选择加入欧亚经济联盟，且终止与美国在 1993 年签署的双边协定。吉尔吉斯斯坦现任总统阿坦巴耶夫说：“俄罗斯是我们最重要、最亲密的战略盟友，我认为这种关系能持续下去。”吉尔吉斯斯坦的坎特设有俄罗斯的军事基地，根据2012 年吉俄协定，俄罗斯将租用坎特基地至 2027 年，俄罗斯每年还向吉国提供 450 万美元用于吉国军队的训练和购买装备，吉国军队中使用的军事术语依然是俄语，绝大多数吉国军官都有在俄罗斯受训的经历。因水资源分配、边界管理和跨界民族等问题，吉尔吉斯斯坦与其邻国乌兹别克斯坦、塔吉克斯坦关系也存在问题，但总体上与中亚国家的关系正常。此外，有关研究认为，哈萨克斯坦是吉尔吉斯斯坦发展与中亚国家关系的重点。[②] 吉尔吉斯斯坦重视对哈关系主要因

---

① 刘庚岑：《吉尔吉斯斯坦的对外关系：历史、现状与前景》，《东欧中亚研究》1996 年第 5 期；朴美来：《吉尔吉斯斯坦两次革命与美国俄罗斯的干预》，南京大学 2011 年硕士学位论文；石丽娜：《吉尔吉斯斯坦民族问题与中亚地缘政治》，陕西师范大学 2007 年硕士学位论文；巴克：《俄罗斯与吉尔吉斯斯坦关系研究》，吉林大学 2013 年硕士学位论文；郭桂均：《俄美在吉尔吉斯斯坦的争夺及对其政治变革的影响》，新疆师范大学 2012 年硕士学位论文；焦一强：《吉尔吉斯斯坦政治转型研究》，华东师范大学 2009 年博士学位论文；Kubangazy Bugubaev, Kyrgyzstan-Russia Relations, http://strategicoutlook.org/publications/Kyrgyzstan_Russia_Relations.pdf。

② 黄述利：《吉尔吉斯斯坦独立后对外关系变化研究》，新疆师范大学 2010 年硕士学位论文。

为俄罗斯是其第一大贸易伙伴国,[①] 俄吉双边贸易占吉国对外贸易总额的27.6%，而其与俄罗斯来往的物资几乎全部从哈萨克斯坦过境。例如，吉加入欧亚经济联盟后，哈萨克斯坦向吉尔吉斯斯坦放行滞留一年多的载燃油铁路车厢，目前滞留的352节载燃油车厢已经放行了48节，剩余载燃油车厢也将在近期得到放行。上述燃油来自俄罗斯，总计约400节车厢，自2014年4月起被就滞留在哈萨克斯坦境内，原因是未正确办理清关手续，并被刑事立案。中国是吉尔吉斯斯坦的第二大贸易伙伴国，大量中国商品借道吉尔吉斯斯坦进入独联体国家，中国也是吉尔吉斯斯坦基础设施建设的重要投资国。

塔吉克斯坦

塔吉克斯坦在中亚国家中属于双内陆国家，除与中国外，与周边国家都存在问题，并因此而常常封闭边界。因水资源问题与乌兹别克斯坦和吉尔吉斯斯坦都有程度不同的矛盾，塔南部则与国内局势不稳的阿富汗相邻。虽然与中国关系较好，但是塔吉克斯坦东部属于帕米尔高原，平均海拔在4000米以上，与中国唯一接壤的陆路口岸——卡拉苏口岸的海拔在4300米以上。为此，作为中亚国家中最小和最穷的“弱国”，塔吉克斯坦坚持奉行对外开放的外交政策，近年来虽有倒向俄罗斯的趋势，但依然是以平衡外交为主。独立后20多年来，塔吉克斯坦对外关系的重点是俄罗斯、独联体及周边国家、伊朗及其他大国。[②] 2015年，塔吉克斯坦颁布了《新外交构想》，具体内容包括：保护和加强国家主权独立和安全，沿国家边境建立安全带和好的睦邻友好关系；在尊重相互利益的基础上与世界上所有国家加强互信、友好及合作关系；创建有利于增强国家经济、社会、文化发展，提高人民生活水平和国家经济安全的条件；促进塔吉克斯坦的能源独立、粮食安全、打破国家通信的瓶颈；保护国内外塔吉克斯坦公民的权利、自由、尊严和利益；加强塔吉克斯坦在世界作为民主和法治国家的正面形象；支持对塔吉克斯坦社会有建设性的合法行为，并帮

---

① 2015年1月俄罗斯境内有吉尔吉斯斯坦公民54.4956万人，与2014年6月相比几乎没有变化。http：//uz. mofcom. gov. cn/article/jmxw/201501/20150100879450. shtml.

② 张昊：《塔吉克斯坦》，载《中亚国家发展报告（2015）》，社科文献出版社，2015，第275页；Tajikistan's Foreign Policy：Conceptual Framework；http：//shodhganga. inflibnet. ac. in：8080/jspui/bitstream/10603/32194/7/07_ chapter% 202. pdf；玛丽：《塔吉克斯坦与中国关系研究》，上海外国语大学2003年硕士学位论文。

助在其他国家的塔吉克侨民。在《新外交构想》中，塔吉克斯坦还提出其对外政策的优先方向。在双边关系方面，一是重点发展与独联体国家的传统伙伴关系，并具体指出俄罗斯是塔吉克斯坦特殊的、重要的战略伙伴，加强与乌兹别克斯坦的关系对塔吉克斯坦十分重要，扩大及深化与哈萨克斯坦、土库曼斯坦和吉尔吉斯斯坦的关系，提高与乌克兰、白俄罗斯、摩尔多瓦、阿塞拜疆和亚美尼亚的合作是塔吉克斯坦外交政策最重要的目标之一；二是重视发展周边国家关系，其中加强与中国的睦邻友好关系是塔吉克斯坦亚洲政策最重要的部分之一，深化与阿富汗的关系是塔吉克斯坦外交政策的优先方向；三是伊朗将在塔吉克斯坦对外关系中发挥核心作用；四是继续努力推动与美国的关系；五是提升与欧盟关系；六是扩大塔吉克斯坦资本、技术、原材料和工业产品的市场，发展与日本、韩国、泰国、印度、马来西亚、越南、新加坡等国家的关系。在多边关系方面，塔吉克斯坦优先发展与联合国、欧安组织、独联体、上海合作组织、集体安全条约组织、伊斯兰合作组织、经济合作组织、亚洲合作对话、亚信会议及国际金融机构的关系。在经济外交方面，塔吉克斯坦要实现以下目标：吸引国外投资、推动塔吉克斯坦与地区和全球经济的一体化，在塔吉克斯坦经济安全的前提下促进经济发展；加强双边和多边经济合作。此外，还包括水资源外交、文化人文外交、信息外交等。① 塔吉克斯坦 2015 年的《新外交构想》中突出的亮点是发展与周边国家的关系，其中塔吉克斯坦与乌兹别克斯坦的关系将有可能成为重要的突破口。

土库曼斯坦

作为中亚地区的能源出口国，土库曼斯坦继续奉行中立外交政策，平衡发展与大国的关系，重视发展与中亚国家的关系，拓展国际能源合作等。对于土库曼斯坦的中立政策，有研究认为，“中立”是保持平衡的另一种形式，并认为中立政策可以使土摆脱西方的压力，使土成为促进地区和平的中心，但中立也使土库曼斯坦陷入孤立。别尔德穆哈梅多夫当选土总统后，开始对中立政策进行调整，以能源为工具扩大与其他国家的关系，称中俄为土的战略合作伙伴

① Concept of the Foreign Policy of the Republic of Tajikistan, http://mfa.tj/en/law-base-fp/concept-of-the-foreign-policy-of-the-republic-of-tajikistan.html.

国。美国学者库钦斯及其研究团队认为，近年来土库曼斯坦优先在中亚地区实施防御性外交，通过互惠互利推动地区一体化，并希望从地区贸易和交通网络一体化中受益。土库曼斯坦外交资源比较有限，最重要的外交资源是天然气，根据 BP 报告，截至 2014 年土库曼斯坦已探明的天然气储量是 17.5 万亿立方米，[①] 储量居世界第四位。为了减少天然气出口对俄罗斯的依赖，土库曼斯坦与中国、美国、伊朗等国建立了能源合作关系，并积极推动欧亚交通运输走廊项目建设，力图把哈萨克斯坦、乌兹别克斯坦、伊朗等中亚南亚国连接在一起。在土库曼斯坦的倡议下，签署了《阿富汗—土库曼斯坦—阿塞拜疆—格鲁吉亚—土耳其交通运输走廊协议草案》《关于实施伊朗、阿曼、卡塔尔、土库曼斯坦和乌兹别克斯坦政府间修建国际交通运输走廊协议的谅解备忘录》，土库曼斯坦—阿富汗—塔吉克斯坦铁路干线项目也得到了相关国家的积极响应。[②] 在发展对外关系的同时，土库曼斯坦积极改善与北部邻居乌兹别克斯坦的关系，并促进地区对话解决中亚地区水资源分配问题。可见，通过建立能源和交通网以及积极参与解决中亚地区问题，奉行中立政策的土库曼斯坦已越来越多地在中南亚地区事务中发挥作用，土库曼斯坦的对外政策显得更加开放。

乌兹别克斯坦

作为中亚人口最多的双内陆国家，乌兹别克斯坦是中亚地区的交通枢纽，并向吉尔吉斯斯坦、塔吉克斯坦、哈萨克斯坦南部供应着天然气。因农业在国家经济中占有重要的比重，乌兹别克斯坦是中亚水资源的主要消费国。基于自身国情的需要，乌兹别克斯坦对外政策的总目标是进一步加强国家的独立和主权，提高乌在国际政治中的作用和地位，创造更加有利于确保国家和地区安全的环境，促进国家经济可持续发展，继续朝着建设一个开放的、民主的国家并进入发达国家之列努力。乌兹别克斯坦所奉行的外交原则是，坚持基于国家利益至上的开放、务实和平衡的外交政策；以国际准则和尊重主权为基础发展平等、互利的国家间关系；坚持和平及不加入政治军事集团的政策，保留离开任

① 《BP 世界能源统计年鉴（2015 年）》，http://www.bp.com/zh_cn/china/reports-and-publications/_bp_2015.html?cq_ck=1434446137216.html。

② 《土库曼斯坦积极推动欧亚交通运输走廊项目建设》，中国驻土库曼斯坦大使馆经济商务参赞处网站，http://tm.mofcom.gov.cn/article/jmxw/201411/20141100802881.shtml。

何可能成为军事政治集团组织的权力。乌兹别克斯坦采取政治、经济及其他措施以防止被卷入军事冲突或成为周边国家紧张局势的策源地，也不允许在自己的领土上设立外国军事基地和设施。乌兹别克斯坦的对外政策在中期内实现以下主要目标：继续发展在政治、经济、贸易、文化人文、科学技术及其他领域的国际合作；为国家实施民主改革、社会经济的现代化进程创造最有利的外交政策环境；维护和加强中亚地区稳定，实现阿富汗的和平及稳定；与世界先进国家及国际组织构建平衡、多边的战略合作伙伴关系，维护中亚地区地缘政治平衡；通过政治、外交和国际法律机制包括预防外交解决本地现有的或新出现的问题；巩固乌兹别克斯坦作为一个可靠的政治经济伙伴的国际形象，提升国家投资、旅游、文化和历史等领域的国际吸引力；积极开发和利用双边及多边合作机制，促进外国投资及高技术服务于国家经济；为乌兹别克斯坦进入国际市场提供一个可靠稳定的通道，需要推动形成国际运输和通信走廊；确保境内外乌兹别克斯坦公民的权力和利益。既有的关于乌兹别克斯坦对外关系的研究，在具体的问题上有几种观点。一是在与俄罗斯关系上，俄乌关系具有严重的不对称性，俄罗斯依然处于主导作用；俄乌在地区安全问题上相互依赖，合作大于分歧；影响俄乌关系的积极因素在不断增强；双边关系发展得比多边关系好；深受美国因素影响。二是在乌兹别克斯坦与塔吉克斯坦关系上，对立和冲突是乌塔关系的主要特征；乌塔之间冲突升级的可能性不大。三是乌美关系改善，乌兹别克斯坦与美国建立了年度双边磋商机制，并扩大了与美在阿富汗问题上的合作。四是尽管俄罗斯是乌兹别克斯坦第一大贸易伙伴，但乌对俄罗斯主导的一体化十分谨慎；近年来乌中关系发展很快，在经济发展方面，乌兹别克斯坦借鉴了韩国和中国台湾早期的发展经验。

综上，近年来随着国际和地区环境的变化，哈、吉、塔、土、乌中亚五国对外政策都有了不同程度的调整，但是俄罗斯在中亚地区的主导作用并没有变化，俄依然在中亚五国对外政策中扮演着重要角色，只是程度有所不同。在大国关系方面，美国、中国、欧盟、日本等国际政治行为体也成为中亚国家对外政策的优先发展方向。维护国家的经济安全和利益是中亚国家对外政策中普遍关心的问题，其中扩大对外合作是中亚国家对外政策的共同特点，甚至连土库曼斯坦也开始积极参与国际合作进程。信息安全合作也成为一些中亚国家对外政策的新内容，这表明中亚国家正在越来越快地融入国际体系之中。此外，在中亚国家的对外政策中，保护传统文化、加强人文交流也成为它们的优先方向，这也表明中亚国家开始重视树立自己的国际形象，通过文化交流扩大自己在国际政治舞台上的影响力。

（三）中亚国家的大国政策

从中亚国家的国家实力和对外政策中可以看出，中亚国家选择的是大国平衡政策，但中亚国家的大国平衡政策都难以脱离俄罗斯因素，这也是中亚国家大国平衡政策的共性，造成这种现象的原因是美国霸权在全球的分布并不均匀，在中亚地区略显不足，而俄罗斯在中亚地区依然能够发挥主导性作用。为此，本文将优先讨论中亚国家与俄罗斯的关系，其后讨论中亚国家与美国和中国等大国的关系。

1. 哈萨克斯坦的大国平衡政策

哈萨克斯坦与俄罗斯拥有7000多千米的边界线，俄罗斯是哈萨克斯坦最重要的伙伴。经济上相互依赖、政治文化相似、大量的旅哈俄国侨民①等，这些因素确立了俄罗斯是哈萨克斯坦大国平衡政策的优先发展方向。哈萨克斯坦是推动欧亚地区一体化的坚定支持者，加入欧亚经济联盟是因为哈萨克斯坦认为这符合其国家利益。事实上，在加入欧亚经济联盟之时，哈萨克斯坦还选择加入了世界贸易组织（WTO），与欧盟签署了《提升伙伴和合作协议》，与中国讨论了“光明大道”计划如何与建设丝绸之路经济带倡议对接等。哈萨克斯坦是俄罗斯主导的集体安全组织成员，并积极参加集体安全组织的活动。2010年，纳扎尔巴耶夫呼吁集体安全条约组织建立“坚不可摧的防火墙”，以抵制“阿拉伯之春”在中亚地区发生的可能性。同时，哈萨克斯坦与北约也保持着密切的联系，加入了北约“和平伙伴关系计划”，并从2006年开始与北约举行“草原之鹰”联合军事演习。乌克兰危机发生后，一部分哈萨克斯坦政治精英认为俄罗斯对哈萨克斯坦有潜在的威胁，但官方和学者都反对西方对俄罗斯的制裁，哈萨克斯坦经济也因此受到负面影响。哈萨克斯坦乐意接受

① 哈北部地区居民中有1/4的人是俄罗斯人，在哈萨克斯坦大量向北部移民的政策下，2009～2013年，每年都有20000左右的俄罗斯人返回俄罗斯。

中国在中亚地区不断提高的影响力，也愿意和中国在基础设施、能源、信息技术等领域加强合作。与此同时，哈萨克斯坦还寻求深化与美国、日本、韩国、伊朗、土耳其等国的关系，这样哈萨克斯坦可以在其大国平衡政策上有更多的选择。在地区安全和稳定上，哈萨克斯坦希望美国能发挥更多作用，但目前的俄美关系打乱了哈萨克斯坦的设想，哈萨克斯坦对外政策的制定者不得不考虑如何在俄罗斯和美国之间处理好关系。

2. 吉尔吉斯斯坦的大国平衡政策

作为拥有500多万人口的小国，受部族政治影响，吉尔吉斯斯坦国内政治局势稳定性较差，在过去的15年内发生了两次大规模的社会运动（2005年的“郁金香革命”和2010年的“4·7事件”），并造成数百人死亡。吉尔吉斯斯坦周边形势也不稳定，与乌兹别克斯坦和塔吉克斯坦都存在短时期内难以解决的问题，在经济和安全上十分依赖俄罗斯，为此吉尔吉斯斯坦与俄罗斯保持了十分密切的关系，参加由俄罗斯主导的独联体、集体安全条约组织、欧亚经济联盟等组织。现任吉尔吉斯斯坦总统阿坦巴耶夫十分“亲俄”，其当选总统后首访国家便是俄罗斯。在访问俄罗斯后不久，阿坦巴耶夫就称俄罗斯是吉尔吉斯斯坦“最紧密的战略盟友”。阿坦巴耶夫还同意租借坎特基地给俄罗斯使用，租期为15年。俄罗斯是吉国第一大贸易伙伴，俄吉双边贸易占吉国对外贸易总额的27.6%。阿坦巴耶夫在2015年6月与普京会晤时说：“俄罗斯是吉国最重要、最紧密的战略盟友。”但吉尔吉斯斯坦在追随俄罗斯的同时，还发展了与北约的关系，加入了北约“和平伙伴关系计划”，并积极参加上海合作组织。除乌兹别克斯坦外，吉尔吉斯斯坦与其周边国家关系较好，尤其中国是其第二大贸易伙伴国，也是吉尔吉斯斯坦工业及基础设施项目的重要投资者。吉中贸易在吉国外贸总额中的占比为17%。根据吉尔吉斯斯坦国家统计委员会数据，2014年1~9月，吉尔吉斯斯坦吸引外国直接投资4.43亿美元，同比下降35.4%。其中，吉尔吉斯斯坦吸引的中国直接投资总金额为1.08亿美元，同比下降57.4%，但中国仍为吉尔吉斯斯坦最大的投资国。2013年中国首次成为吉第一大直接外资来源国，投资总额为4.545亿美元，占其吸引直接外资总额的45.8%。吉尔吉斯斯坦与美国的关系发展较为缓慢，在2015年7月之前，吉美双方建立了年度双边磋商机制，但吉尔吉斯斯坦政府意识到自己在美国的国家利益中并不重要，而且美国极力想把吉尔吉斯斯坦打造成“中亚民主之岛”的计划也在破坏吉国传统的政治文化。与俄罗斯、中国相比，美国与吉尔吉斯斯坦的经济贸易合作非常小。吉美关系发展缓慢直接导致两国关系的退步。2015 年 7 月，美国国务院授予吉尔吉斯斯坦公民阿齐姆忠·阿斯卡罗夫 2015 年“人权卫士”奖，吉国政府以这是在“挑动分裂情绪”为由废除了与美国的合作协议。美国对此十分不满，公开展示自 1993 年与吉国签署合作协议以来，美国在促进吉国民主、法治、公民社会、航空、能源、经济、农业等领域的成绩。美国学者认为：“阿坦巴耶夫政府在吉国议会选举前以损害美吉关系为赌注赢得俄罗斯的支持，是俄罗斯影响力在吉国扩大的表现。”此外，吉尔吉斯斯坦与土耳其、欧盟等也保持着较好的关系。

3. 塔吉克斯坦的大国平衡政策

在塔吉克斯坦的大国政策中，俄罗斯被排列在首要地位。塔吉克斯坦政治精英认为俄罗斯是其关键的伙伴，但也同时认为与俄罗斯之间密切的关系可能会影响其对外行动的自由。塔吉克斯坦与俄罗斯在移民劳工和国防上有着极为密切的联系。对于俄罗斯主导的欧亚经济联盟，塔吉克斯坦没有表示出加入的意愿，这意味着塔吉克斯坦不愿完全处在俄罗斯的控制之下。塔吉克斯坦在经济上也与俄罗斯保持距离，与此同时，中国对塔吉克斯坦经济的影响逐渐增大，2014 年中塔贸易占塔吉克斯坦贸易总额的 17%，仅次于占 27.5% 的俄罗斯；截至 2015 年 1 月 1 日，中国为塔吉克斯坦第一大债权国，占塔外债总额的 43.1%；世行占塔外债总额的 15.6%；2014 年塔外债占 GDP 的比重为 22.6%。移民劳工则成为俄罗斯对塔吉克斯坦经济影响最大的因素，目前在塔吉克斯坦适龄的劳动资源中大约有 50% 的人在国外务工，其中绝大部分是在俄罗斯务工，每年的侨汇收入占塔吉克斯坦 GDP 的 40% ~50%。此外，塔吉克斯坦的能源市场对俄罗斯有较高的依赖程度，大约 60% 的市场被俄罗斯的天然气控制。2013 年，塔吉克斯坦政府确定每年从俄罗斯进口 100 万吨燃料和石油产品。俄罗斯对塔吉克斯坦的国防有着巨大的影响力，在塔国的 201 军事基地驻扎有 5000 ~7000 名俄罗斯军人。虽然塔国军事实力较弱，但塔吉克斯坦对俄罗斯军队的存在也有疑虑。通过与俄罗斯讨价还价，塔吉克斯坦允许俄罗斯军事基地租期延长至2042年，俄罗斯将给塔吉克斯坦提供免关税的石油，并帮助提高塔吉克斯坦军队的现代化水平。鉴于塔吉克斯坦在解决阿富汗问题上的作用，俄罗斯通过集体安全条约组织增加对塔吉克斯坦的军事援助，并表示集体安全条约组织有权干涉任何来自边境地带的威胁。[①]

塔吉克斯坦十分愿意与中国加强经济合作，与中国合作的意愿在所有中亚国家中最高。为巩固战略伙伴关系，2014年9月，中塔两国元首签署了《经济合作计划2020》，根据这项计划，在2020年前中塔两国贸易额要达到30亿美元，塔吉克斯坦的基础设施项目也最大限度地向中国资本开放，其中包括中国—中亚天然气管道D线、电网建设和铁路发展项目等。塔吉克斯坦认为，提高与中国的合作可以解决目前交通瓶颈问题以及能源短缺问题，中国石油天然气集团公司获得在塔吉克斯坦伯格达地区油气项目权益。除在上海合作组织框架下合作外，塔吉克斯坦还与中国开展双边安全合作，合作的主要内容涉及边境管理、培训军事人员和提供装备等。

塔吉克斯坦与美国关系发展平稳，美国是塔吉克斯坦重要的援助者，1992~2010年累计提供了10亿美元的援助，2015财年美国向塔吉克斯坦提供了3亿美元的援助。[②] 美国的援助主要用在经济发展和人道主义方面。此外，美国还向塔吉克斯坦的特种部队提供训练和装备。除此之外，塔吉克斯坦还加强了与伊朗、欧盟、欧安组织等国家或国际组织的关系，其中与伊朗的关系在不断发展中，伊朗已成为塔吉克斯坦对外政策优先发展方向。在过去的10年里，塔吉克斯坦与伊朗的贸易额不断提升，从占塔吉克斯坦对外贸易总额的3%增加到5%，伊朗还投资塔吉克斯坦电站项目、恩佐伯隧道项目等。[③]

4. 土库曼斯坦的大国平衡政策

土库曼斯坦独立后就疏离了与俄罗斯的关系，并通过中立政策平衡发展大国关系。尽管如此，土库曼斯坦不可能完全去除俄罗斯对其的影响，目前土库

---

① CSTO Says Troops "Could Be in Tajikistan in Three Days", http://www.globalsecurity.org/military/library/news/2015/03/mil-150314-rferl01.htm.

② Tajikistan Foreign Operations Assistance Fact Sheet, http://www.state.gov/p/eur/rls/fs/2014/230905.htm.

③ Andrew C. Kuchins, Jeffrey Mankoff, Oliver Backes, Central Asia in a Reconnecting Eurasia-Tajikistan's Evolving Foreign Economic and Security Interests, p. 13.

曼斯坦军事装备中相当一部分还是来自俄罗斯。土库曼斯坦一直寻求新的能源市场，力图摆脱俄罗斯天然气管道对其能源出口的影响。受国际能源价格下跌和西方制裁影响，2015 年俄罗斯从土库曼斯坦进口的天然气从 2014 年的 110 亿立方米下降到 40 亿立方米，为此土俄因天然气问题产生了争议。[①] 对于俄罗斯而言，土库曼斯坦是其在国际天然气市场上的竞争对手，为此俄罗斯明确反对 TCP 天然气管线建设，并表示愿意参与 TAPI 天然气管线建设。为了扩大天然气出口，土库曼斯坦加强与中国在能源领域的合作，2014 年 5 月，土总统别尔德穆哈梅多夫访华期间与中国签署了《中国与土库曼斯坦友好合作协定》，确保了双方在能源、交通、农业及反恐等领域的互利合作。目前中国是土库曼斯坦能源出口的重要市场，土库曼斯坦已成为中国在独联体国家中的第三大贸易伙伴。而未来几年中土两国的能源贸易会不断扩大，根据中国石油天然气集团公司和土库曼天然气公司的协议，2017 年之前，土每年将向中国出口 80 亿立方米天然气，到 2020 年，土库曼斯坦将向中国供应 650 亿立方米天然气。在能源合作和土库曼斯坦"有限开放政策"的带动下，2013 年 9 月，中土两国建立了战略伙伴关系，这为进一步发展土库曼斯坦与中国的合作奠定了良好的基础。虽然继续奉行中立国政策，但受"伊斯兰国"组织、阿富汗等地区形势以及上海合作组织不干涉内政原则的影响，土库曼斯坦有意在上海合作组织框架下寻求与中国的安全合作。土库曼斯坦还积极发展与土耳其之间的关系，土耳其在土库曼斯坦的基础设施项目上投入了大约 350 亿美元。土库曼斯坦与美国、欧盟和北约等也在地区一体化方面和基础设施建设上展开了合作，但在安全领域（反恐、打击毒品和阿富汗问题）选择了有限合作，欧盟已是土库曼斯坦最重要的经济伙伴，仅次于中国和土耳其，2013 年土欧贸易额为 25 亿美元。

5. 乌兹别克斯坦的大国平衡政策

乌兹别克斯坦在对俄罗斯关系上十分重视主权因素，与其他中亚国家相比，乌兹别克斯坦既不与俄罗斯接壤，也没有数量庞大的俄侨（俄罗斯人占

---

① Catherine Putz, Turkmenistan Says Russia Hasn't Paid for Gas in 2015, http://thediplomat.com/2015/07/turkmenistan-says-russia-hasnt-paid-for-gas-in-2015/; Russia's Gazprom neglects its contract obligations, says Turkmenistan; http://en.trend.az/business/energy/2416407.html.

乌兹别克斯坦总人口的 5.5%），因此来自俄罗斯的压力相对较小。对于俄罗斯主导的欧亚一体化，乌兹别克斯坦选择了规避政策，只是希望与俄罗斯保持现有的双边关系。2015 年 1 月，乌兹别克斯坦总统卡里莫夫表示，乌兹别克斯坦永远不会加入欧亚经济联盟。乌兹别克斯坦对俄罗斯在中亚国家的军事存在十分警觉，尤其是吉尔吉斯斯坦和塔吉克斯坦，这两个国家与乌兹别克斯坦在领土、水资源分配、跨境民族关系等方面都存在问题，而俄罗斯正是利用了这些问题在操控乌俄关系。尽管乌兹别克斯坦与俄罗斯之间存在问题，但双方均有意回避对双边关系产生负面影响的问题。因阿富汗和“伊斯兰国”问题，乌俄关系在 2015 年有了一定的发展，双方加强了在安全领域的合作。在乌克兰危机发生后，乌兹别克斯坦保持了相对中立的立场。目前，乌兹别克斯坦已加入了独联体自由贸易区，并宣布与欧亚经济联盟进行自由贸易区谈判，因为乌兹别克斯坦担心欧亚经济联盟成员会对其发起歧视性贸易政策，影响其纺织品和农产品进入欧亚经济联盟地区。乌兹别克斯坦对俄罗斯的经济依赖较深，根据俄方统计，2014 年俄乌贸易额为 40 亿美元，乌方统计为 61 亿美元，俄乌贸易占乌对外贸易总额的 21.8%。据俄罗斯估计，乌兹别克斯坦移民劳工在俄罗斯有 400 万～600 万人，占乌兹别克斯坦总劳动力的 1/3，2013 年乌国侨汇对其 GDP 的贡献率为 6.4%。另根据俄罗斯央行统计，2015 年第一季度，劳工从俄罗斯汇往乌兹别克斯坦的外汇总额为 6.34 亿美元，与 2014 年同期相比下降了大约 50%。大约有 850 家俄罗斯国有及私营公司活跃在乌兹别克斯坦，石油、天然气是俄罗斯比较重视的领域，俄罗斯涉及乌兹别克斯坦能源领域的企业也远远多于在哈萨克斯坦和土库曼斯坦的企业，俄罗斯天然气公司正在开发乌兹别克斯坦乌斯丘尔特的沙克帕克提天然气项目，自 2004 年以来，该项目已生产天然气 28 亿立方米，未来俄罗斯准备与乌兹别克斯坦签署产品分成合同，共同开发沙克帕克提附近的迪泽尔天然气项目，该项目已探明的天然气储量有 10 亿立方米。俄罗斯的卢克石油公司也参与了在乌兹别克斯坦布哈拉地区的坎迪姆天然气项目，开发价值 40 亿美元。但乌兹别克斯坦重视经济主权，限制俄罗斯能源企业在乌兹别克斯坦影响力的进一步提升，为此俄罗斯企业将难以在乌兹别克斯坦一些有战略价值的项目上获得更多的合同。

中国与乌兹别克斯坦的关系发展很快，两国已建立了战略伙伴关系

（2012 年）。从 2005 年卡里莫夫总统访华到 2013 年，中乌两国贸易额增加了 7 倍，达到了 46 亿美元，乌兹别克斯坦向中国出口碳氢化合物、金属和棉花，中国也成为乌兹别克斯坦外国直接投资（FDI）的主要来源国，2013 年大约占乌兹别克斯坦 FDI 总额的 35%，为 45 亿美元。据中国海关统计，2014 年中国与乌兹别克斯坦双边贸易额为 42.71 亿美元，同比下降 5.76%，中方贸易顺差 10.79 亿美元；① 据乌兹别克斯坦外经贸部数据，截至 2014 年 12 月，中国对乌兹别克斯坦直接投资和贷款共 52 亿美元，合作实施项目 70 个。目前正在合作实施 40 个项目，吸引中国投资和贷款超过 80 亿美元。乌共向经济建设投资 1800 亿美元，其中超过 600 亿美元为外国投资；中国在乌兹别克斯坦的直接投资大部分投入油气行业，其次为电信、皮革制鞋、纺织等行业，优惠贷款主要流向能源、化工、石油天然气、交通、住房市政、农业、教育、电信等领域。另据乌兹别克斯坦国家统计委数据，2014 年乌新注册 433 家外资企业，其中，有 110 家企业来自中国，69 家来自俄罗斯，42 家来自英国，36 家来自韩国，29 家来自土耳其，16 家来自印度，16 家来自哈萨克斯坦。② 目前乌兹别克斯坦每年通过中国—中亚天然气管道 C 线向中国出售 10 亿立方米天然气，2018 年途经乌兹别克斯坦、吉尔吉斯斯坦、塔吉克斯坦的中国—中亚天然气管道 D 线完工后，乌将通过中国—中亚天然气管道向中国输送 85 亿立方米天然气，这将占中国天然气消费总量的 1/4。③ 2015 年，中国在乌兹别克斯坦投资 2.8 亿美元启动了 3 个气田项目：邓戈兹库尔、霍加达夫拉特和东阿拉特，预计这些项目完成后每年能生产 1 亿立方米天然气。不过，对于中国在乌兹别克斯坦经济领域的快速发展，乌兹别克斯坦也提高了戒心，对来自中国的投资采取了限制措施。例如，通过严格的签证制度，限制中国劳工进入等。中国已经因此中断了一些项目，例如阿尔卡特贝朗讯上海贝尔公司。乌兹别克斯坦与中国在上海合作组织框架下进行安全合作多年，合作内容包括反恐、分享反恐

① 《2014 年中国和乌兹别克斯坦贸易额 42.71 亿美元》，http：//uz.mofcom.gov.cn/article/jmxw/201501/20150100882803.shtml。

② 《乌兹别克斯坦 2014 年新增 433 家外资企业》，http：//uz.mofcom.gov.cn/article/jmxw/201501/20150100877951.shtml。

③ China National Petroleum Corporation，"Flow of natural gas from Central Asia"，2015，http：//www.cnpc.com.cn/en/FlowofnaturalgasfromCentralAsia/FlowofnaturalgasfromCentralAsia2.shtml.

信息和其他的跨界威胁，近年来开始加强信息安全合作。

乌兹别克斯坦与美国关系比较微妙，乌兹别克斯坦不愿意看到美国在人权问题上对其进行指责，但希望美国成为其制衡俄罗斯的重要力量。自阿富汗反恐战争开始，乌美关系主要围绕地区安全问题发展。2005 年的“安集延事件”对乌美关系产生了负面影响，美军租用卡尔希汉纳巴德空军基地的协议被终止。奥巴马政府时期，随着双方对阿富汗问题的关注度增高，乌美关系不断发展。2009 年，乌与美建立了年度双边磋商机制，磋商的内容包括贸易和发展、投资、能源、健康、议会交流、教育、科学技术、打击毒品、边境安全、反恐、宗教自由、人口走私、公民社会发展及人权等。乌兹别克斯坦也成为北方运输通道（NDN）的支点，2011 年，美国解除了因“安集延事件”对乌兹别克斯坦的禁令。相对中国倡议的丝绸之路经济带，美国更希望乌兹别克斯坦成为其“新丝绸之路计划”的重要组成部分。客观地讲，在美国的帮助下乌兹别克斯坦提升了其在中亚地区的影响力，为美国撤军阿富汗提供过境通道也使乌兹别克斯坦获得了来自美国的安全援助。乌兹别克斯坦国防部与美国中央司令部签署了《2014 年军事及军事技术合作计划》，包括向乌兹别克斯坦特种部队提供培训等。2014 年年末，美国还向乌兹别克斯坦提供了至少 300 辆防地雷反伏击车（MRAPs）和 20 辆装甲支援车，总价值 3000 万美元。[①] 乌美经济合作发展较慢，1992 年至 2012 年，双边贸易额只增加到 5 亿美元，为此，乌美签署了贸易和投资框架协定（FIFA），并着手解决投资环境中的问题。美国—乌兹别克斯坦工商会主席在 2014 年称，拟签署更多的协议，取得更多经贸成果，使美国成为在乌投资最多的前三个国家之一。[②] 乌美经济合作的典范是坐落在安集延地区的美国通用汽车制造厂，该厂目前年产量为 20 万辆汽车，主要销往乌兹别克斯坦和俄罗斯市场。据乌兹别克斯坦媒体报道，2014 年 1 ~5 月，乌兹别克斯坦“通用汽车”公司在俄罗斯市场销售量剧降 12%，

① Joshua Kucera, No Longer Under Sanctions, Uzbekistan Gets 300 Armored Vehicles From U. S, http: //www. eurasianet. org/node/71746.

② 《美国计划跻身在乌兹别克斯坦投资三强》，http: //uz. mofcom. gov. cn/article/jmxw/201409/20140900742572. shtml。

为20888辆，在俄汽车市场占有率为2%，为俄第17大汽车销售商。[①] 乌兹别克斯坦与北约的紧密关系始于2009年，发展与北约关系的目的是打击阿富汗跨境军事组织，2014年5月，北约把其地区办公室从阿拉木图搬迁到塔什干。

乌兹别克斯坦对土耳其的态度较为冷淡，原因是埃尔多安的正义与发展党（AK）执政后对乌兹别克斯坦政府多加指责，为此乌兹别克斯坦禁止了葛兰运动（Hizmet）。乌兹别克斯坦没有加入突厥语理事会，也不参加安卡拉资助的突厥语国家领导峰会。不过，近年来乌兹别克斯坦与土耳其的关系有所改善。乌兹别克斯坦与伊朗关系有所发展，加入了德黑兰经济合作组织。2011年，乌兹别克斯坦签署了《乌兹别克斯坦—土库曼斯坦—伊朗—阿曼铁路走廊协定》，该铁路建成后将把中亚与伊朗港口及波斯湾的阿曼联系起来。日本、韩国、马来西亚等国也是乌兹别克斯坦对外关系的目标国，居住在乌兹别克斯坦的164000多名韩国侨民是乌兹别克斯坦与韩国关系的重要纽带，韩国已是乌兹别克斯坦第四大贸易伙伴。韩国国家石油公司、韩国天然气公司、韩国大宇公司等也参与了乌兹别克斯坦能源项目，并计划在乌兹别克斯坦建立核电站。韩国航空还投资纳沃伊空港，使其成为中东、印度和中亚地区的交通枢纽。日本已是乌兹别克斯坦经济的活跃伙伴，2013年乌日贸易额已达2.15亿美元，日本对乌经济技术援助超过了20亿美元，日本企业参与了乌兹别克斯坦的几个大项目，包括考克杜马洛克的气田项目和布哈拉的精炼石油项目，还重建了费尔干纳的石油精炼厂，以及修建撒马尔罕、布哈拉、乌尔根奇的现代化机场项目。日本还启动了“中亚+日本”对话机制，力求与中亚国家在经济、能源资源管理、地区交通、反恐、打击毒品等领域进行合作。乌兹别克斯坦是马来西亚在中亚地区最大的贸易伙伴，乌马贸易占马来西亚对中亚国家贸易额的40%，马来西亚石油公司也在乌兹别克斯坦获得两个能源项目。此外，乌兹别克斯坦还与印度、阿富汗、欧盟等发展了关系，欧盟目前是乌兹别克斯坦重要的贸易伙伴，2013年乌与欧盟的贸易额已增加到21.5亿美元。

中亚国家都选择大国平衡政策，而俄罗斯是中亚国家选择大国平衡政策的

① 《乌兹别克斯坦“通用汽车”公司1~5月对俄罗斯出口量下降12%》，http://uz.mofcom.gov.cn/article/jmxw/201407/20140700651144.shtml。

关键性因素，即中亚国家基于本国的国家利益，通过选择与俄罗斯关系的亲疏来制定相应的大国平衡政策。通过归纳，笔者认为中亚国家的大国平衡政策有以下几种表现。

第一，大国平衡政策中“亲俄”色彩较重的中亚国家是吉尔吉斯斯坦、塔吉克斯坦和哈萨克斯坦。吉尔吉斯斯坦可能是中亚国家中“亲俄”色彩最重的国家，塔吉克斯坦次之。哈萨克斯坦“亲俄”色彩较重的主要原因是加入了俄罗斯主导的欧亚经济联盟，“亲俄”色彩比吉尔吉斯斯坦和塔吉克斯坦低的原因是哈萨克斯坦在政治一体化上与俄罗斯保持了一定的距离。

第二，大国平衡政策中“亲俄”色彩较轻的中亚国家是土库曼斯坦和乌兹别克斯坦。与中立国土库曼斯坦相比，乌兹别克斯坦大国平衡政策中的俄罗斯因素较多，因为乌兹别克斯坦还是独联体成员国，并加入了独联体自由贸易区。

第三，美国和中国是中亚国家大国平衡政策中可选择的主要外部力量。与美国在中亚地区安全领域的作用相比，中国的平衡作用更多体现在经济领域，但中国弱安全强经济的平衡作用，在中亚国家大国平衡政策中的效果没有美国显著，在这方面乌兹别克斯坦和哈萨克斯坦两个中亚强国表现得十分突出。不过，随着美军撤离阿富汗，美国在中亚国家大国平衡政策中的作用有下降的可能性。

第四，日本将有可能成为中亚大国平衡政策中的新力量，尤其是“中亚+日本”对话机制可能会发生更多作用，基于美日同盟关系，日本在中亚地区的行动有可能获得美国的大力支持。

第五，印度、欧盟、土耳其、伊朗等也将成为中亚国家大国平衡政策中的重要选择，与欧盟和印度相比，土耳其和伊朗的作用有一定的局限性，因此是辅助性的。

第二节　中国推动中亚安全的优先方向和外部条件

在自助的国际体系中，国家对于相互之间的权力变化非常敏感。基于不同的理论假设，国际社会对中国是否能和平崛起有明显分歧，这种意见分歧在中亚国家中也普遍存在。对于中国在中亚地区安全中的作用，国外学界主要有这样几种观点。一是力量平衡论，或制衡论，认为中国可以平衡俄罗斯在中亚的影响力，布热津斯基在其名著《大棋局——美国的首要地位及其地缘战略》中就认为，因中亚国家有抵制俄罗斯影响力的态度，加强与中国的关系是乌兹别克斯坦、土库曼斯坦和哈萨克斯坦等中亚国家愿意选择的，而俄罗斯则会加强与印度的关系来共同抵御中国在中亚和南亚地区的挑战。[①] 二是周边安全论，基于自身国家安全的需要，中国需要中亚地区稳定。在亚历山大·皮特森和卡廷卡·巴里斯奇的报告中指出，中国重视周边安全，因此希望与中亚各国成为友好邻邦；中国担心中亚的不稳定可能使恐怖主义和极端主义跨越国境，为新疆地区的分裂势力推波助澜；中国希望通过建立经济联系、促进中亚的发展与稳定，将新疆地区从贫穷落后的闭塞之地发展成富饶的地区贸易中心。因此，虽然中国对美国和北约参与中亚事务存在忧虑，但也担心一旦西方军队撤离阿富汗会在中亚地区引发不稳定。[②] 三是中国作用有限论，这包括三方面内容：第一，中国和中亚各国的关系还存在其他缺陷。对中国的怀疑态度以及民族主义情绪目前在中亚已经相当普遍，中国作为新经济帝国主义的模式化形象正深深扎根于中亚人们的心中；第二，中国主要通过上海合作组织（SCO）在中亚地区尝试采取政治和国防安全举措，但该组织在动荡时期却无所作为；第三，尽管中国军队取得了进步，但仍然存在一些缺陷，中国国防工业过度依赖从俄罗斯进口，军队缺乏实战经验。[③] 无论出于什么价值偏好，上述三种观点都存在于中国与中亚地区的安全考虑中，而且无论对中国在中亚地区安全作用持何种观点都脱离不了特定的外部条件，同样，无论中国选择何种针对中亚地区的安全政策也离不开特定的外部环境。因为国际环境发生深刻的变化会导致

① 〔美〕兹比格纽·布热津斯基：《大棋局——美国的首要地位及其地缘战略》，上海人民出版社，1998，第220～221页。

② 《俄罗斯、中国和中亚的能源地缘政治》，欧洲改革中心，http：//www.cer.org.uk/sites/default/files/publications/russia_ china_ geopolitics_ chinese_ translation.pdf。

③ 国际危机集团报告：《中国的中亚问题》，http：//www.crisisgroup.org/～/media/Files/asia/north-east-asia/244-chinas-central-asia-problem-chinese.pdf。

一个国家外部行为的剧烈改变。[①] 此外，由于大国政治影响是中亚地区安全众多因素中的关键性因素，构建稳定的大国关系是中亚地区安全首要考虑的问题。作为与中亚地区安全的利益相关国，中国在中亚地区构建稳定的大国关系将对稳定中亚地区安全具有重要意义。

正如前文所讨论过的，中亚地区安全秩序是由国际、地区和国家三个层面共同作用的结果，从国际、地区和国家的总体变化来看，对中国提高在中亚地区安全中的作用有利，但依然要受到中亚地区大国关系变化的影响，尤其要取决于俄罗斯和美国之间的关系。当然，中国与美国关系的发展也是一个重要的干扰变量，根据中国比较权威的美国问题专家的观点，中美关系保持现状的可能性比较大，即合作与竞争共存的状态，即中美间存在“斗而不破”的关系。[②] 假定中美关系保持“斗而不破”[③]，俄罗斯在中亚地区的霸权依然存在（包括弱霸权的状态），那么，本文可以大致推断出，在未来 15 年内，中国在中亚地区安全中的作用会有以下几种可能性。

可能性一，美俄关系持续恶化，中俄关系紧密，出于争取中国的目的，俄罗斯会接受中国在中亚地区安全上发挥较大的作用。

可能性二，美俄关系持续恶化，中俄关系疏离，出于防范中国的目的，俄罗斯会限制中国在中亚地区安全上发挥作用，最可能出现的结果是上海合作组织的解散。

可能性三，美俄关系正常化，中俄关系紧密，出于拉拢中国的目的，俄罗斯会允许中国在中亚地区安全上发挥有限作用。

可能性四，美俄关系正常化，中俄关系疏离，出于排斥中国的目的，俄罗斯会完全排斥中国在中亚地区安全上发挥作用。

---

① 〔美〕肯尼思·沃尔兹：《现实主义与国际政治》，张睿壮、刘丰译，北京大学出版社，2012，第 201 页。

② 张睿壮、刘丰：《中国共产党建党九十年来的对美交往》，《南开学报》（哲学社会科学版）2011 年第 2 期；贾庆国：《新时期中美关系面临的挑战和机遇》，《国际观察》2015 年第 1 期；袁鹏：《关于构建中美新型大国关系的战略思考》，《现代国际关系》2012 年第 5 期；王缉思、钱颖一、王敏、贾庆国、白重恩等：《构建中美战略互信》，《国际经济评论》2012 年第 2 期。

③ “斗而不破”是指中美关系在合作与竞争状态下有三种类型：斗争大于合作，合作大于斗争，合作与斗争大致平衡。

从上述四种可能性可以看出，在未来 15 年内中国在中亚地区安全的作用将有一定的提高，但提高的幅度不会大。即便如此，中国面临着在中亚地区构建稳定大国关系的压力，如果不能够在中亚地区建立稳定的大国关系，那么中国在中亚地区安全中所能发挥的作用有可能变小。为了进一步解释中国在中亚地区构建稳定大国关系的必要性，本文将列举苏联解体后，中国在中亚地区安全中所做的努力。

第三节　中国对维护中亚地区安全的努力

自中亚国家独立以来，中国通过双边和多边形式积极参与了维护中亚地区安全的行动，在以下几个方面发挥了作用。

一是解决边界问题。苏联解体后，中国与俄罗斯、吉尔吉斯斯坦、哈萨克斯坦和塔吉克斯坦进行了边界问题的谈判。从 1992 年 3 月开始，五国进行了多轮的谈判、磋商，从易到难，逐步解决了所有边境遗留问题。中国先后与哈萨克斯坦（1998 年 7 月）、吉尔吉斯斯坦（1999 年 8 月）、俄罗斯（2004 年 10 月）和塔吉克斯坦（2010 年 4 月）解决了边境遗留问题，为发展中国与俄、哈、吉、塔的关系奠定了基础，也为维护中亚地区安全发挥了积极的作用。

二是通过裁减、限制部署边界两侧的武装力量，提高了与俄罗斯、中亚国家的互信水平，为上海合作组织的建立奠定了基础。冷战期间，中苏之间长期的军事对峙中断了中国与中亚地区的关系，加上苏联时期丑化中国的宣传，使得中亚国家对中国的看法较为负面，这也增加了边境地区的军事紧张局势。苏联解体后，中俄关系实现了突破，1991 年 5 月 16 日通过的《中苏国界东段协定》和 1994 年通过的《中俄国界西段协定》解决了中俄边境问题，这为中国同中亚国家在这个领域的合作打下了良好的基础。1996 年 4 月 26 日，中、俄、哈、吉、塔在上海签署了《中国同俄、哈、吉、塔关于在边境地区加强军事领域信任的协定》，在 1997 年 4 月，上述五国又在莫斯科签署了《关于边境地区相互裁减军事力量的协定》，两个协定的签署，不仅正式结束了中国与中亚地区持续了 30 多年的紧张局势，为该地区成为和平、安定和信任的地区创造了条件，而且因解决边境问题形成的“上海五国机制”也为日后成立上海合作组织打下了良好的基础。

三是合作打击三股势力，促进中亚地区的安全与稳定。在国际和国内环境的双重作用下，中亚国家政权在独立后都遭遇了来自三股势力的冲击，并直接影响到地区安全。出于对地区稳定与发展的共同要求，1998 年 7 月，在哈萨克斯坦首都阿拉木图举行了“上海五国”第三次元首会晤，安全合作开始成为各国元首讨论的主要议题。通过多次磋商，1999 年 12 月在“上海五国”比什凯克元首会晤之后，五国安全执法部门领导人合作会议召开，并由此成立了专门针对地区安全威胁因素，领导各国在情报交流和司法协助等方面加强协作的“比什凯克小组”。2001 年 6 月上海合作组织成立后，通过了《上海合作组织宣言》和《打击恐怖主义、分裂主义和极端主义上海公约》，这为日后签署更多以打击三股势力为主题的多边协议奠定了法律基础。

四是加强军事合作，共同维护地区安全。为了提高上海合作组织维护地区安全的能力，针对特定的地区安全问题中国与上合组织成员国进行了联合军事演习。例如，2002 年 10 月，中国与吉尔吉斯斯坦在边境地区举行了首长司令部联合军事演习；2003 年 8 月 6 ~ 12 日，中国与哈萨克斯坦、吉尔吉斯斯坦、塔吉克斯坦、俄罗斯四个上合组织成员国在哈中边境地区举行代号为“联合 - 2003”的联合反恐演习。为了使联合军事演习成为军事合作的重要内容，从 2005 年开始，上合组织联合军事演习被命名为“和平使命”，并约定每年举行一次。在中国与上合组织成员国的共同努力下，“和平使命”已进入“深度磨合”阶段，这意味着上合组织成员国战略互信水平有显著提高。①

从目前的效果来看，在上海合作组织成立之前，中国在中亚地区安全中的作用是有限的，例如只涉及划界问题和边境地区军事互信，只是在上海合作组织成立之后中国在中亚地区安全中的作用才有了可持续性发展。不过，即便这与上合组织成立有直接的关系，中俄在中亚地区安全方面的紧密合作主要还是在中俄与美国关系“竞争大于合作”的国际背景下发生的，特别是在乌克兰

① 周猛、严德勇：《联合反恐走向“深度磨合”——专家谈“和平使命 - 2014”联合反恐军演》，《解放军报》2014 年 8 月 19 日。

危机和中美战略合作分歧扩大的前提下，本文此前提出的“可能性一”成了大概率。事实上，苏联解体后，中国对维护中亚地区安全的努力也直接证明了大国关系对中亚地区安全的重要性，这也直接解释了本文研究的主题（即中国如何在地区层面运筹及建立好稳定的大国关系框架）的必要性。然而，在进一步讨论本研究主题之前，本文还需要讨论中国维护中亚地区安全的目标。

第四节　中国维护中亚地区安全的目标

周边关系是当前中国外交发展的优先方向，中亚地区则是中国周边关系中的一组。因此，分析中国的周边外交政策，可以大致推断出中国维护中亚地区安全的目标。在以习近平为首的新的中央领导集体组成后不久，作为执政党的机关报——《光明日报》就发表了一篇名为《周边关系与中国的成长》的文章，该文的核心内容是：发展周边制度依托，必将有利于我国构建和平安宁的周边环境。其中，复旦大学国际问题研究院副院长任晓指出，构建一个和平安宁的周边环境，应是我们的战略目标之一。从党的十六大到党的十八大，我们形成和发展了关于周边工作的重要战略思想。党的十八大报告指出：“我们将坚持与邻为善、以邻为伴，巩固睦邻友好，深化互利合作，努力使自身发展更好惠及周边国家。”连续三次党的代表大会报告都有“与邻为善、以邻为伴”这句话，可见它是一项长期的方针，是一以贯之的。在对外关系的实践中应当贯彻好这一思想，使其落到实处并体现于各种具体事务的处理中，并平衡好与其他方面的关系。[①] 无法确定《光明日报》是不是在释放信号，但在2013年10月24～25日，中国召开了自新中国成立以来的第一次周边外交座谈会，会议的主要任务是：总结经验、研判形势、统一思想、开拓未来，确定今后5～10年周边外交工作的战略目标、基本方针、总体布局，明确解决周边外交中重大问题的工作思路和实施方案。[②] 这次会议至少向外界传递出这样的信号：第一，周边外交是新一届中央领导集体的突破口；第二，中国的发展离不开良

---

① 《周边关系与中国的成长》，《光明日报》2013年1月9日。

② 《习近平在周边外交工作座谈会上发表重要讲话》，新华网，http://news.xinhuanet.com/politics/2013-10/25/c_117878897.htm。

性的周边关系。中国周边外交座谈会提出了两个目标，即战略目标和重要目标。

战略目标就是服从和服务于实现“两个一百年”的奋斗目标，实现中华民族伟大复兴，全面发展同周边国家的关系，巩固睦邻友好，深化互利合作，维护和用好我国发展的重要战略机遇期，维护国家主权、安全、发展利益，努力使周边同我国政治关系更加友好、经济纽带更加牢固、安全合作更加深化、人文联系更加紧密。

重要目标是要着力维护周边和平稳定大局，要着力深化互利共赢格局，积极参与区域经济合作，加快基础设施互联互通，建设好丝绸之路经济带和21世纪海上丝绸之路，构建区域经济一体化新格局。要坚持互信、互利、平等、协作的新安全观，推进同周边国家的安全合作。要着力加强对周边国家的宣传工作、公共外交、民间外交、人文交流，广交朋友，广结善缘，把中国梦同周边各国人民过上美好生活的愿望、同地区发展前景对接起来，让命运共同体意识在周边国家落地生根。

根据周边外交座谈会提出的目标，中国外交部部长王毅指出，周边是中国外交的优先方向，周边是中国安身立命之所、发展繁荣之基。中国新一届政府把周边外交放在外交全局中更加突出的重要位置上。中国同周边21个国家开展国家元首和政府首脑级别交往，基本实现了高层交往全覆盖。[①]

对周边外交的重视，还体现在2014年11月28～29日召开的中央外事工作会议上，负责外交事务的国务委员杨洁篪对这次会议的评价是，党中央外交理论和实践创新的最新成果，对当前和今后一个时期我国对外工作具有极其重要的指导意义。[②] 2014年11月中央外事工作会议的任务是：全面分析国际形势和我国外部环境的变化，明确新形势下对外工作的指导思想、基本原则、战略目标、主要任务，努力开创对外工作新局面。在这次会议上，习近平就新形

① 《王毅部长在外交部2014年新年招待会上的致辞》，http：//www.fmprc.gov.cn/mfa_chn/ziliao_611306/zyjh_611308/t1107973.shtml；《开启中国外交新征程——王毅外长在“新起点、新理念、新实践：2013中国与世界”研讨会上的演讲》，http：//www.fmprc.gov.cn/mfa_chn/ziliao_611306/zyjh_611308/t1109156.shtml。

② 《习近平出席中央外事工作会议并发表重要讲话》，http：//www.fmprc.gov.cn/mfa_chn/wjdt_611265/gjldrhd_611267/t1215440.shtml。

势下不断拓展和深化外交战略布局提出以下要求：要切实抓好周边外交工作，打造周边命运共同体，秉持亲诚惠容的周边外交理念，坚持与邻为善、以邻为伴，坚持睦邻、安邻、富邻，深化同周边国家的互利合作和互联互通；要切实运筹好大国关系，构建健康稳定的大国关系框架，扩大同发展中大国的合作；要切实加强同发展中国家的团结合作，把我国发展与广大发展中国家共同发展紧密联系起来；要切实推进多边外交，推动国际体系和全球治理改革，增加我国和广大发展中国家的代表性和话语权；要切实加强务实合作，积极推进“一带一路”建设，努力寻求同各方利益的汇合点，通过务实合作促进合作共赢；要切实落实好正确义利观，做好对外援助工作，真正做到弘义融利；要切实维护我国海外利益，不断提高保障能力和水平，加强保护力度。

国务院总理李克强在2014年的中央外事工作会议上指出，落实习近平的讲话精神必须从国情出发，维护和用好战略机遇期；必须以经济建设为中心，不断增加国家综合实力；必须坚持独立自主的和平外交方针等。[①]

针对中亚地区安全，本届中国政府通过杜尚别（2014年）和乌法（2015年）两次上海合作组织成员国元首理事会表明了立场。

中国领导人在杜尚别会议上提出，我们要坚持以维护地区安全稳定为己任。安全是发展的前提，没有安全，发展无从谈起。面对本地区宗教极端主义沉渣泛起、“恐”“毒”合流愈演愈烈的严峻形势，以安全合作为立足根基的上海合作组织，要加强维稳能力建设，切实为本地区各国谋稳定、求发展、促民生提供可靠安全保障。我们应该继续完善执法安全合作体系，健全现有合作机制，全方位提升各国执法机关维稳控局能力。中方支持尽快赋予上海合作组织地区反恐怖机构禁毒职能，并在此基础上建立应对安全挑战和威胁中心，以形成合力，斩断“恐”“毒”勾连的链条。我们要标本兼治、多措并举、协调一致地打击三股势力。当前，应该以打击宗教极端主义和网络恐怖主义为重点，着力铲除、封堵恐怖极端思想的根源和传播渠道，加强对其渗透的防范和监控，避免地区的恐怖分子受外部势力操控、破坏地区安全稳定、制造社会动

① 《习近平出席中央外事工作会议并发表重要讲话》，http：//www. fmprc. gov. cn/mfa_ chn/wjdt_ 611265/gjldrhd_ 611267/t1215440. shtml。

乱。中方建议本组织商签反极端主义公约，研究建立打击网络恐怖主义行动机制，定期举行贴近实战的联合反恐演习，推动联合反恐力量建设。①

中国领导人在乌法峰会上提出，加强行动能力，筑牢地区安全屏障。维护地区安全稳定是本组织所有成员国的共同关切。防止地区局势生乱、防范恐怖主义和宗教极端思想肆意蔓延、防止别有用心势力破坏地区和平稳定是本组织职责所在。我们要加强政策沟通和协调，研究应对举措，共同维护各成员国政权、制度、社会的安全和稳定。我们要应对好阿富汗局势，加强同阿富汗安全合作，帮助阿富汗安全力量加强能力建设，在促进阿富汗实现民族和解和经济重建过程中发挥更大作用。我们要强有力推进反恐、禁毒、防务合作，提高本组织安全行动能力，形成更严密健全的执法合作网络。加快在地区反恐怖机构基础上建立应对安全挑战和威胁中心，强化本组织禁毒职能，对本组织应对安全挑战具有迫切现实意义。中方欢迎成员国此次签署《边防合作协定》，完善本组织安全合作的法律基础，巩固成员国外部边界稳定，愿同各方加紧研究起草本组织《反极端主义公约》。②

结合周边外交座谈会、中央外事工作会和两次上海合作组织元首峰会，本文大致可以推断，在未来 10 年内中国维护中亚地区安全的目标有以下几点。

一是着力维护中亚地区的和平稳定，坚持互信、互利、平等、协作的新安全观，推进同中亚国家的安全合作。

二是切实运筹好大国关系，在中亚地区构建健康稳定的大国关系框架，扩大同中亚国家的合作。

三是加强上海合作组织的维稳能力建设，尤其是反恐、禁毒、防务合作，为中亚地区提供安全保障。

四是加快建设打击极端主义的法律基础，建立执法合作网络。

五是在阿富汗问题上发挥更大作用。

---

① 《习近平：凝心聚力　精诚协作　推动上海合作组织再上新台阶——在上海合作组织成员国元首理事会第十四次会议上的讲话》，http：//www. fmprc. gov. cn/mfa_ chn/ziliao_ 611306/zyjh_ 611308/t1190748. shtml。

② 《习近平：团结互助　共迎挑战　推动上海合作组织实现新跨越——在上海合作组织成员国元首理事会第十五次会议上的讲话》，http：//www. fmprc. gov. cn/mfa_ chn/ziliao_ 611306/zyjh_ 611308/t1280493. shtml。

六是积极推动丝绸之路经济带建设同中亚国家发展规划对接，促进欧亚地区平衡发展。

第五节　中国与俄罗斯及中亚国家的安全合作

中国崛起首先要从地区层面起步，而欧亚大陆是中国崛起的起点和核心利益区，是节点。为了落实中国维护中亚地区安全的目标，中国在与中亚国家关系上取得了进展。2014 年，中国与俄罗斯签署了《中俄关于全面战略协作伙伴关系新阶段的联合声明》，并与所有中亚国家签署了促进双边关系的联合宣言，就安全合作确定了具体的发展方向。不过，欧亚大陆是中俄利益交叉最密集的地区，中国要想在中亚地区安全中发挥作用首先要处理好与俄罗斯的关系。中国领导人认为，在大国关系上，中俄关系是世界上最重要的一组双边关系，更是最好的一组大国关系。一个高水平、强有力的中俄关系，不仅符合中俄双方利益，也是维护国际战略平衡和世界和平稳定的重要保障。①

中国与俄罗斯在安全方面支持联合国在维护世界和平、促进共同发展、推动国际合作方面发挥中心作用；在国际发展领域深化合作，维护共同利益；支持开展网状伙伴外交的各种努力，网状伙伴外交旨在国际事务中建立伙伴合作的灵活机制；金砖国家应成为在全球经济金融和国际政治等广泛领域开展合作和协调的机制，包括在调解地区冲突、不扩散大规模杀伤性武器、打击国际恐怖主义和非法毒品贸易、维护国际信息安全、维护外空安全、保障人权及其他共同关切的领域深化协调合作；中俄印合作是维护世界和地区安全稳定的重要因素，中俄印将继续努力巩固三方战略对话，以增进相互信任，协调在当前国际和地区问题上的共同立场，促进互利务实合作；高度重视在上海合作组织框架内的合作，包括打击恐怖主义、分裂主义、极端主义、武器走私、非法毒品贸易和跨国有组织犯罪，以及维护国际信息安全，认为有必要在上合组织地区反恐怖机构基础上，建立应对各成员国安全挑战和威胁中心，作为第一步，赋

① 《顺应时代前进潮流　促进世界和平发展——习近平在莫斯科国际关系学院的演讲》，http：//www. fmprc. gov. cn/mfa_ chn/ziliao_ 611306/zyjh_ 611308/t1024371. shtml。

予地区反恐怖机构禁毒职能；坚持上合组织开放原则，继续积极努力为上合组织扩员奠定法律基础；寻找丝绸之路经济带项目和欧亚经济联盟之间可行的契合点；深化亚信框架下的合作。[1]

中国与哈萨克斯坦在安全方面将在双边和包括联合国、上海合作组织、亚信及其他国际组织在内的多边机构框架内继续密切合作；两国边防部门加强沟通，定期通报边境现状，开展联合演习，共防越境等突发事件，严防地区小型武器扩散；双方支持就维护网络安全保持密切沟通，开展网络监管合作，防止网络犯罪危害两国安全；双方将加强重大活动和共同经济项目安保方面的接触和合作，共同打击走私毒品、枪支弹药等犯罪活动，维护边境安全稳定，加强在跨国犯罪信息交换领域的相互协作；为政治解决阿富汗问题及阿富汗的和平重建同阿政府紧密合作。[2] 中哈在 2015 年 8 月又签署了《关于全面战略伙伴关系新阶段的联合宣言》,[3] 这是首个与中国提升战略伙伴关系的中亚国家。

中国与塔吉克斯坦将加强两国执法、安全和防务部门的交流与合作，共同打击三股势力、贩运毒品和其他跨国有组织犯罪活动；就维护网络安全保持密切沟通和合作，防止网络犯罪危害两国安全；共同保障中国—中亚天然气管道D线塔吉克斯坦境内段施工和运营安全，加强大型双边合作项目和在两国境内举行的大型国际活动安保合作；深化在人员培训、技术装备、情报交流和案件协查方面的经验交流与合作，共同应对两国发展和安全面临的新威胁、新挑战。[4]

中国与乌兹别克斯坦在安全合作方面不参加任何有损对方主权、安全和领土完整的同盟或集团，不参与上述同盟或集团任何针对对方的活动；不同第三国缔结有损对方主权和安全利益的条约，不采取任何有损对方主权、安全和领

① 《中华人民共和国和俄罗斯联邦关于全面战略协作伙伴关系新阶段的联合声明》，http：//www. fmprc. gov. cn/mfa_ chn/ziliao_ 611306/1179_ 611310/t1157763. shtml。

② 《中华人民共和国和哈萨克斯坦共和国联合宣言》，http：//www. fmprc. gov. cn/mfa_ chn/ziliao_ 611306/1179_ 611310/t1157488. shtml。

③ 《中华人民共和国和哈萨克斯坦共和国关于全面战略伙伴关系新阶段的联合宣言》，http：//www. fmprc. gov. cn/mfa_ chn/ziliao_ 611306/1179_ 611310/t1292568. shtml。

④ 《中华人民共和国和塔吉克斯坦共和国关于进一步发展和深化战略伙伴关系的联合宣言》，http：//www. fmprc. gov. cn/mfa_ chn/ziliao_ 611306/1179_ 611310/t1190872. shtml。

土完整的行动；不允许任何组织和团体在本国领土上从事损害对方国家主权、安全和领土完整的活动。[①]

中国与吉尔吉斯斯坦在双边、联合国、上海合作组织及其他国际组织和多边机构框架内进一步加强合作，共同打击包括“东突”恐怖势力在内的三股势力，维护两国和本地区的和平、安全和稳定；双方要进一步深化防务和安全部门间合作，加强边境安全等领域合作，共同打击非法越境、非法贩卖武器、弹药、麻醉药品和精神药物及其前体，以及一切形式的跨国有组织犯罪。[②]

中国与土库曼斯坦在安全方面的合作主要有：发挥中土合作委员会安全合作分委会对两国执法安全合作的统筹、指导和协调作用，全面扩大两国执法安全和其他相关部门间的对口交流；加强双方在情报交流、引渡、案件协查、大型活动安保、网络安全、人员培训等方面的合作；将继续扩大两军高层交往和团组互访，增进军事互信，拓展两军的军兵种交流，加强在人员培训、军事技术等领域的合作。[③]

第六节　中国同与中亚地区安全相关的大国关系

除俄罗斯外，中美关系是对中亚地区影响最大的一组双边关系。苏联解体前，中美就在中亚地区安全上有合作，当时主要是针对苏联入侵阿富汗。冷战结束后，中国对美国的战略利益下降，相反美国开始担忧中国的崛起，于是中美关系中冲突的成分不断增多，特别是近年来中国与美国在南海主权问题上针锋相对，奥巴马政府对美国的全球战略进行了调整，并形成了以“制衡中国崛起”为核心的“亚太再平衡”战略，美国加强了与其亚洲盟国的关系，改善了与昔日对手古巴和越南的关系。尽管中美在构建新型大国关系上有一定的共识，但在两国关系发展前景方面中美两国内部都出现了很多悲观看法。不

---

① 《中华人民共和国和乌兹别克斯坦共和国联合宣言》，http：//www. fmprc. gov. cn/mfa_ chn/ziliao_ 611306/1179_ 611310/t1184077. shtml。

② 《中华人民共和国和吉尔吉斯共和国关于进一步深化战略伙伴关系的联合宣言》，http：//www. fmprc. gov. cn/mfa_ chn/ziliao_ 611306/1179_ 611310/t1157167. shtml。

③ 《中华人民共和国和土库曼斯坦共和国关于发展和深化战略伙伴关系的联合宣言》，http：//www. fmprc. gov. cn/mfa_ chn/ziliao_ 611306/1179_ 611310/t1155093. shtml。

过，目前在中国学者关于中美关系的讨论中能够被普遍接受的观点还是“斗而不破”。[①] 那么中美关系“斗而不破”的状态将会发生何种变化？这可以从中美两国决策者的态度中进行分析。

中方对改善中美关系十分重视，积极参与中美关系的重要平台——中美战略与经济对话和中美人文交流高层磋商的活动。针对上述两次会晤，2015 年 7 月，中国派出了 2 名国务委员和 1 名副总理级别的高级访问团与美国政府进行了对话，并向美国总统奥巴马传递了习近平主席的口信，希望在 9 月访美时与奥巴马总统一道勾画中美关系未来，形成两国合作的战略规划，进一步推进两国各领域务实合作，让两国人民对发展中美关系有更强信心、更大热情。与美方共同构建新型大国关系，实现双方不冲突、不对抗、相互尊重、合作共赢，是中国外交政策的优先方向。面对复杂多变的国际形势，中美双方应该合作、能够合作的领域十分广阔，我们要牢牢把握两国关系的正确方向。只要中美双方从大处着眼，尊重和照顾彼此核心利益，坚持建设性方式，避免战略误解误判，分歧就可以得到管控，共同利益就可以得到维护。美国总统奥巴马则回应说，期待在白宫接待习近平主席，进一步探讨建立长久稳定、富有成果的美中关系；过去一年中，美中关系不断提升，两国在气候变化、清洁能源、全球公共卫生、经济发展及诸多国际地区热点问题上的合作不断拓展，一些规划中的合作正在逐步落实；相信习近平主席访美将进一步推动两国关系和双边合作发展，向两国人民及世界各国人民展示美中两个大国致力于开展建设性合作，并共同应对全球性挑战。[②] 中美双方领导的立场是向外界宣示，中美两国政府有意在认识到双方利益的基础上，建立稳定的中美关系。

美国总统国家安全事务助理赖斯于 2015 年 8 月访华，在与习近平主席会晤时表示，奥巴马总统期待着同习近平主席就两国关系和共同关心的重大国际问题继续深入交换意见。美方愿同中方一道共同努力，确保习近平主席对美国

---

① 陶文钊：《如何看待中美关系》，《当代世界》2015 年第 8 期；王缉思、钱颖一、王敏、贾庆国、白重恩等：《构建中美战略互信》，《国际经济评论》2012 年第 2 期；贾庆国：《新时期中美关系面临的挑战和机遇》，《国际观察》2015 年第 1 期；袁鹏：《关于构建中美新型大国关系的战略思考》，《现代国际关系》2012 年第 5 期。

② 《美国总统奥巴马会见刘延东、汪洋、杨洁篪》，http：//www. fmprc. gov. cn/mfa_ chn/zyxw_ 602251/t1275895. shtml。

的访问取得圆满成功，成为两国关系史上的里程碑。在中方隆重纪念二战胜利70周年之际，奥巴马和美方高度评价中国人民在那场战争中做出的巨大贡献和美中两国结下的深厚友谊。奥巴马和美国政府十分重视美中关系，希望双方做出建设性努力，使两国在更广泛领域的合作取得积极成果。美方也愿同中方一道，妥善处理好两国关系中的分歧，使美中关系保持稳定发展。习近平强调，中美关系既要稳定又要发展，要坚持对话合作、不断向前发展的航道。中美双方要以互信求稳定。中国坚定不移走和平发展道路，始终不渝奉行互利共赢的对外开放战略，致力于同美方共同构建新型大国关系，实现双方不冲突、不对抗、相互尊重、合作共赢。中美双方要以合作促发展。双方要加快双边投资协定谈判，继续加强两军交流合作，力争在能源、基础设施等领域取得更多进展，加强在亚太事务、气候变化等全球性问题和地区热点问题上的对话与合作。中美双方要通过沟通管控分歧，要切实尊重和照顾彼此核心利益，努力扩大共同面、缩小分歧面，维护两国关系稳定发展的大局。①

与美国学者有多种意见不同，美国官方对中国在中亚地区的存在持积极态度。美国负责中亚南亚事务的助理国务卿比斯瓦在2015年5月以“中亚——重新连接中的欧亚大陆”为题的演讲中指出，中国提出的“一带一路”是众多连接欧亚大陆方案中的一种，美方唯一的要求是，贸易应该是具有包容性的、多向度和基于规则之上的。只要尊重国家标准和最佳的做法，美方欢迎如亚洲基础设施投资银行这样的、新的多边组织来满足南亚和中亚地区基础设施建设方面的迫切需要。② 美国首席副助理国务卿霍兰德表示，中国在中亚地区所做的努力大部分出于对自身利益的考虑，希望能与中国一起推动双方在中亚地区的共同目标。③

从中美两国决策者的讲话来看，中美两国政府有改善关系的意愿。双方已意识到中美关系需要进一步修复，中方也反复强调希望美国能看到中国的核心

① 《习近平会见美国总统国家安全事务助理赖斯》，http：//www. fmprc. gov. cn/mfa_ chn/wjdt_ 611265/gjldrhd_ 611267/t1292052. shtml。

② Nisha Desai Biswal, Central Asia in a Reconnecting Eurasia, May 12, 2015; http：//www. state. gov/p/sca/rls/rmks/2015/242232. htm.

③ Richard E. Hoagland, June 2, 2015, Developments in South and Central Asia.

利益，美方虽没有正面回应，但态度相对积极。由此，中美关系有可能长期维持在“斗而不破”的状态。此外，对于中国在中亚地区的存在，美国基本上持支持的态度，因为中国的“一带一路”与美国的“新丝绸之路计划”有相对一致的目标，更重要的是中国也是制衡俄罗斯在中亚地区霸权的有效力量。

在其他相关大国中，恶化的中日关系可能会对中国在中亚地区的政策有一定负面影响。中日关系因钓鱼岛问题陷入困境，而日本在中亚地区的影响力却不断上升。从目前看，中日关系改善的条件还未形成，中国领导人呼吁中日双方要在《中日两国关于恢复邦交正常化的联合声明》（1972 年）、《中日和平友好条约》（1978 年）、《中日联合宣言》（1998 年）和《关于推进战略互惠关系的联合声明》（2008 年）四个政治文件上，推进两国睦邻友好合作。[①] 但在中日两国国内民族主义高涨的背景下，这四个政治文件所能发挥的效应十分有限。不过，鉴于俄日之间还存在领土之争，在短期内日本还不可能对中国的中亚政策带来更多的负面影响。

中国与印度关系的改善有利于中国的中亚政策，尤其对于推进“一带一路”意义重大。至少中国官方认为，印度处于南亚大陆的中心地位，地理位置得天独厚，是中国推进“一带一路”天然和重要的合作伙伴。正在稳步推进的孟中印缅经济走廊是“一带一路”的重要组成部分。[②] 不过因共同利益不足，印度对中国“一带一路”倡议表现得并不积极，在 2015 年 5 月中印两国签署的联合声明中对此没有提及，但双方在中印两国关系发展方向上达成了共识，即会更加紧密地发展伙伴关系，以此作为双边关系的核心内容。[③] 习近平在 2014 年访问印度时也表示，中国与印度要做更加紧密的发展伙伴、引领增长的合作伙伴、战略协作的全球伙伴。[④]

---

① 《习近平在中日友好交流大会上的讲话》，http：//www. fmprc. gov. cn/mfa_ chn/ziliao_ 611306/zyjh_ 611308/t1266334. shtml。

② 《中印同奏“一带一路”“交响乐”——驻印度大使乐玉成在尼赫鲁大学“一带一路”研讨会上的演讲》，http：//www. fmprc. gov. cn/mfa_ chn/dszlsjt_ 602260/t1252685. shtml。

③ 《中华人民共和国和印度共和国联合声明》，http：//www. fmprc. gov. cn/mfa _ chn/ziliao _ 611306/1179_ 611310/t1264174. shtml。

④ 《携手追寻民族复兴之梦——习近平在印度世界事务委员会的演讲》，http：//www. fmprc. gov. cn/mfa_ chn/ziliao_ 611306/zyjh_ 611308/t1192744. shtml。

土耳其的双泛主义，即泛伊斯兰主义和泛突厥主义在中土（中国与土耳其）关系中产生了很多负面影响，尤其是“泛突厥主义”下的“东突”问题，虽然土耳其政府做出了很多努力，在“东突”问题上与中国达成了共识和合作意向，但依然有一些土耳其政治团体在“东突”问题上持强硬态度，反对土耳其政府对中国的政策。[①] 2015 年 7 月，在土耳其境内发生了多起针对中国政府的游行示威活动，泰国驻土耳其领事馆因遣返中国新疆籍偷渡者而遭到袭击。根据美国皮尤研究中心在 2013 年发布的调查报告显示，只有 27% 的土耳其人对中国有好印象。[②] 可见，建立良性的中土关系还有很多工作要做。在土耳其总统埃尔多安访华期间，双方领导人一致认为，中土双方要明确两国关系发展大方向，筑牢政治互信根基，在彼此重大关切问题上相互支持，实现两国发展战略对接，拓宽和充实中土战略合作内涵。[③] 在“一带一路”问题上土耳其没有明确回应。虽然在“一带一路”战略上中土还没有展开合作，但是目前的中土关系也不会给中国的中亚政策带来负面作用。

综上，除俄罗斯外，美国是影响中国中亚政策最重要的大国，中美关系的发展变化将直接影响到中国在中亚地区安全中的作用，良性发展的中美关系对于中国十分重要。

第七节　丝绸之路经济带战略对中亚地区安全的影响

丝绸之路经济带战略是本届中国政府提出的重大外交战略，也是可能影响中亚地区经济发展的一项区域间合作计划。共建丝绸之路经济带倡议是中国国家主席习近平 2013 年 9 月访问哈萨克斯坦时提出的，并用“五通”概括了共

---

① 昝涛：《中土关系及土耳其对中国崛起的看法》，《阿拉伯世界研究》2010 年第 4 期；刘东：《土耳其未来政局的三种走向》，《社会观察》2015 年第 7 期；〔土耳其〕R. 库塔·卡拉卡：《土耳其与中国间的认知分析》，《阿拉伯世界研究》2014 年第 2 期。

② Global Image of the United States and China，http：//www. pewglobal. org/2013/07/18/global-image-of-the-united-states-and-china/#china.

③ 《习近平同土耳其总统埃尔多安举行会谈》，http：//www. fmprc. gov. cn/mfa_ chn/wjdt_ 611265/gjldrhd_ 611267/t1284995. shtml。

建丝绸之路经济带的主要内容。

第一，加强政策沟通。各国可以就经济发展战略和对策进行充分交流，本着求同存异原则，协商制定推进区域合作的规划和措施，在政策和法律上为区域经济融合“开绿灯”。

第二，加强道路联通。上海合作组织正在协商交通便利化协定，尽快签署并落实这一文件，将打通从太平洋到波罗的海的运输大通道。在此基础上，中国愿同各方积极探讨完善跨境交通基础设施，逐步形成连接东亚、西亚、南亚的交通运输网络，为各国经济发展和人员往来提供便利。

第三，加强贸易畅通。丝绸之路经济带总人口近 30 亿，市场规模在全球独一无二，各国在贸易和投资领域的合作潜力巨大。各方应该就贸易和投资便利化问题进行探讨并做出适当安排，消除贸易壁垒，降低贸易和投资成本，提高区域经济循环速度和质量，实现互利共赢。

第四，加强货币流通。中国和俄罗斯等国在本币结算方面开展了良好合作，取得了可喜成果，也积累了丰富经验。这一好的做法有必要加以推广。如果各国在经常项目和资本项目下实现本币兑换和结算，就可以大大降低流通成本，增强抵御金融风险的能力，提高本地区经济国际竞争力。

第五，加强民心相通。国之交在于民相亲。搞好上述领域合作，必须得到各国人民支持，必须加强人民友好往来，增进相互了解和传统友谊，为开展区域合作奠定坚实的民意基础和社会基础。①

习近平提出共建丝绸之路经济带倡议后，起初并没有得到中亚国家的认同，与中国国内大唱赞歌的舆论环境不同，俄罗斯和美国学者对该倡议反应褒贬不一，基于各自的国家利益，俄罗斯和美国学者对中国丝绸之路经济带倡议的负面意见稍占上风。一些俄罗斯学者认为，丝绸之路经济带战略与关税同盟对立，可能会对俄罗斯正在中亚地区推进的欧亚经济联盟产生负面影响；甚至有的俄国学者认为，丝绸之路经济带战略是一项谋求把俄罗斯和美国排挤出中亚的计划。一些美国学者把丝绸之路经济带战略描述成中国在东亚和中亚地区

① 《弘扬人民友谊　共创美好未来——习近平在纳扎尔巴耶夫大学的演讲》，http：//www.fmprc.gov.cn/mfa_chn/ziliao_611306/zyjh_611308/t1074151.shtml。

的“马歇尔计划”，认为其在内容上与美国的“新丝绸之路计划”、欧盟的“新中亚伙伴战略”、俄罗斯的“欧亚经济联盟”相矛盾，未来将可能加剧西方国家与中国在东亚和中亚地区的经济竞争。不过，这种状况在2014年发生了转变，5月，中俄两国领导人在上海会晤并签署了《中华人民共和国与俄罗斯联邦关于全面战略协作伙伴关系新阶段的联合声明》，声明中专门对欧亚经济联盟和丝绸之路经济带表达了双方的立场。关于欧亚经济联盟，“双方相信，拟于2015年1月1日建立的欧亚经济联盟将促进地区稳定，进一步深化双边互利合作。双方强调，亚洲、欧亚空间和欧洲的一体化进程相互补充十分重要”。关于丝绸之路经济带，“俄方认为，中方提出的建设丝绸之路经济带倡议非常重要，高度评价中方愿在制定和实施过程中考虑俄方利益。双方将寻找丝绸之路经济带项目与欧亚经济联盟之间可行的契合点。为此，双方将继续深化两国主管部门的合作，包括在地区发展交通和基础设施方面实施共同项目”[①]。当俄方有了明确的立场后，中亚国家也纷纷表示愿意与中国共建丝绸之路经济带，美国在仔细评估了中国的丝绸之路经济带倡议后也明确对此表示欢迎。

无论俄美及中亚国家态度如何，作为一项国际合作倡议或国家寻求国际合作扩大的行为，我们都需要把丝绸之路经济带战略放到国际关系的现实状态中来考虑。这是因为，国家产生国际合作意愿且做出合作选择的必要条件不是其对未来收益的预期，而是出自国家对现状的偏好。那么分析丝绸之路经济带对中亚地区安全的影响，就需要从影响中国推进丝绸之路经济带战略的若干因素来进行分析。

第一，大国关系的变化深刻影响着中国推动丝绸之路经济带建设的外部环境。冷战结束后，国际政治（权力）格局形成了以美国单极霸权为特征的权力分布形态。虽然大国之间存在一定摩擦，但中国和俄罗斯都没有直接挑战过美国单极霸权的地位。也许可把中国提出的丝绸之路经济带倡议看成对美国“重返亚太战略”较为温和的回应或抗争，以制衡美国在中国周边地区施加的

---

① 《中华人民共和国与俄罗斯联邦共和国关于全面战略协作伙伴关系新阶段的联合声明》，http://www.fmprc.gov.cn/mfa_chn/ziliao_611306/1179_611310/t1157763.shtml。

压力，改善、巩固和提高中国与周边国家的关系。即便如此，在中国提出丝绸之路经济带战略构想之时大国关系总体上是相对稳定的。然而，随着俄美关系的持续恶化，国际政治（权力）格局虽未发生质的改变，但权力关系却出现了较大的不稳定性。美国及其欧洲盟友采取了一系列措施来制裁俄罗斯，这从长期上可能会给俄罗斯经济增长带来负面影响。经济增长是国家实力最重要的物质基础之一，经济增长的下滑也就预示着俄罗斯国家实力会随之下降。那么，俄罗斯国家实力的衰落会产生什么样的影响呢？俄罗斯是当前中亚安全秩序的重要主导国，其实力的衰退可能会使中亚地区的安全秩序得不到有力的保障。事实上，这种担心也并非是空穴来风，2003 年格鲁吉亚的“玫瑰革命”、2004 年乌克兰的“橙色革命”、2005 年吉尔吉斯斯坦的“郁金香革命”和乌兹别克斯坦的“安集延事件”、2008 年的俄格冲突以及 2014 年的克里米亚危机都发生在俄罗斯经济增长下滑的情况下。中亚地区正处于丝绸之路经济带战略构想的核心地带，显然，该战略的提出是以中亚地区相对和平稳定的环境为前提条件的。目前大国关系的变化，有可能导致丝绸之路经济带战略原有的外部环境发生变化。在外部环境发生变化且有潜在风险的条件下，丝绸之路经济带战略的进一步推进也可能将面临更多的困难和风险。

第二，相关国家对中国丝绸之路经济带的合作意愿度因其发展水平差异而各不相同。合作意愿度的不相等，可能将增加合作成本，从而降低合作的效力和弱化合作的稳定性。目前，中国的丝绸之路经济带战略处于准备阶段，还未明确合作形式的制度化水平。尽管中亚国家对丝绸之路经济带战略预期总体持欢迎态度，但因国家发展水平不一，中亚国家利益诉求差异很大，这直接影响着它们对共建丝绸之路经济带倡议的合作意愿度。以经济发展水平为例，根据《2014 年经济自由度指数》[①] 数据，是年世界平均经济自由度水平是 60.3，中亚国家的平均水平是 53.1，其中哈萨克斯坦的自由度指数最高，为 63.7，土库曼斯坦的最低，为 42.4。如果仅以中亚国家市场开放水平来看，吉尔吉斯斯坦的市场化开放水平最高，乌兹别克斯坦的市场开放水平则最低。[②] 目前哈

① 2014 Index of Economic of Freedom，http：//www. heritage. org/index/book/chapter-1.

② 2014 Index of Economic of Freedom，http：//www. heritage. org/index/ranking.

萨克斯坦已确定“光明大道”计划与中国丝绸之路经济带对接，[①] 哈因此也可能是最早与中国丝绸之路经济带对接的中亚国家。即使中亚国家认为中国丝绸之路经济带战略能给其带来一定的收益，出于政治或其他原因，中亚国家的合作意愿度也未必就会明显提高。因为一个国家有可能将潜在经济收益让渡另一国家以期换取政治好处。此外，随着中国丝绸之路经济带战略构想的推进和响应国家的增多，相关国家（包括中亚国家）还有可能出现“搭便车”行为，也可能在合作过程中产生合作意愿度缺失或者不足。

第三，理性认识丝绸之路经济带战略对中国发展周边关系的作用。周边对中国具有极为重要的战略意义，[②] 中国与中亚国家的关系就是十分重要的一组周边关系，20 多年来中国与中亚国家关系发展良好。针对发展周边关系的需要，中国提出了丝绸之路经济带战略构想，在还没有对该战略构想做进一步的规划之前，过度解读丝绸之路经济带的作用，会失去理性的判断。例如，认为丝绸之路经济带战略在深化中国与中亚国家经贸关系的同时，势必会增进中亚地区的和平稳定。这种观点缺乏对国际关系基本规律的了解，因为经贸合作深化并不能避免冲突，相反还有可能增加冲突的机会。[③] 首先，中国从中亚国家进口的产品较为单一，中亚国家对中国的依赖低于中国对中亚国家的依赖，一旦中亚国家出现较强的贸易保护主义，中国将缺乏反制工具，很难有效降低对自己的负面效应。随着中国与中亚国家经贸关系的加深，中国将会面临非贸易壁垒、外汇管理、境外因素等问题的考验。其次，深化经贸关系虽有助于中国与中亚国家形成利益共同体，但这并不能直接转化成彼此政治互信和安全互信。目前的一些信息正传达出这一点。例如，哈萨克斯坦担心对中国国债比例过高会影响其经济安全，一些国家在中亚大肆散布“中国威胁论”，吉尔吉斯斯坦国内的反华情绪也存在增长的可能等。

---

① 《中华人民共和国和哈萨克斯坦共和国关于全面战略伙伴关系新阶段的联合宣言》，http：//www. fmprc. gov. cn/mfa_ chn/ziliao_ 611306/1179_ 611310/t1292568. shtml。

② 《习近平在周边外交工作座谈会上发表重要讲话》，http：//news. xinhuanet. com/politics/2013 - 10/25/c_ 117878897. htm。

③ Katherine Barbieri，*Economic Interdependence*：*A Path to Peace or a Source of Interstate Conflict*? Journal of Peace Research，Vol. 33，No. 1 （February 1996）. Lawrence Keely，*War Before Civilization*：*The Myth of the Peaceful Savage*，New York：Oxford University Press，1996，p. 196.

综上所述，因生成条件还存在较大的不确定性，丝绸之路经济带战略对中亚地区安全的影响也存在很多不确定性。如果不能基于国家利益讨论丝绸之路经济带对中亚地区安全的影响，显然会得出解释力不强的结论，因为随着国家利益的变化，中亚国家对丝绸之路经济带的认识也将发生变化，即使中亚国家因参与丝绸之路经济带建设而富裕了，富裕起来的中亚国家对中国在中亚地区安全中发挥作用至少也有两种选择：如果中亚国家认为中国在中亚地区安全中所发挥的作用对其国家利益有益，那么有可能会积极参与合作；反之则可能放弃合作或选择其他敌对阵营来遏制中国。

第八节　运筹及构建稳定的大国关系

当代国际关系理论学者肯尼思·沃尔兹针对强国兴衰问题提出了这样的观点，如果一个国家的经济实力上升到强国水平，这将使其置身于地区和全球事务中心，这将扩大一个国家的利益范围，并提升其利益的重要性；如果这个国家不选择当强国，将是一种结构性反常；因此，这种选择也将很难维持。国家的地位迟早会随着物质资源的增加而提高。[①] 根据沃尔兹的观点，中国能否在中亚地区运筹及构建稳定的大国关系取决于中国的国家实力。作为国家实力的关键指标，未来经济增长趋势能直接反映出中国国家实力的变化。根据世界银行 2015 年 7 月出版的《中国经济简报》，中国未来的经济增长速度因中国选择更可持续的增长方式将继续放缓。[②] 对中国经济未来的发展，中国和国外的认识稍有区别，中国学者更乐观些，认为未来十年，在世界经济发展中中国将成为举足轻重的国家；虽然经济增长速度将稍低于上个十年，但经济发展的质量将大大提高，并将拉长中国经济持续发展的周期；中国将迎来消费的黄金时期，成为全球消费市场规模增长最快的国家，国内消费需求将接过投资和出口的接力棒，成为中国经济增长的重要引擎；中国将成为第一贸易大国和继续成

---

① 〔美〕肯尼思·沃尔兹：《现实主义与国际政治》，张睿壮、刘丰译，北京大学出版社，2012，第 166 页、第 168 页。

② 世界银行；《中国经济简报》，http：//www-wds. worldbank. org/external/default/WDSContentServer/WDSP/IB/2015/07/14/090224b082ff7d91/1_ 0/Rendered/PDF/China0economic0update0. pdf。

为承接国际产业转移、要素组合和资本进入的重要国家，并逐步成为对外投资的大国。[①] 美国兰德公司认为，尽管经济增长从早前高位放缓至年均6% ~7%的较温和水平，但这是个循序渐进的过程，并没有造成巨大破坏。[②] 基于上述专业机构的评估，如果把经济增长分为5种状态，即快速衰退、有快速衰退的趋势、平稳、有快速增长的趋势、快速增长，那么未来中国经济可能处在平稳和有快速增长趋势之间，中国国家实力也会稳步提高。那么，中国在中亚地区运筹及构建稳定的大国关系需要坚持什么样的原则呢？

第一，客观认识国际和地区力量格局的发展趋势，制定务实稳健的中亚政策。客观认识国际和地区力量格局是中国在中亚地区处理与其他大国互动的必要条件。美国和俄罗斯的实力有所下降，但美国依然是超级大国，而俄罗斯在中亚地区的软、硬实力也不是可以轻易挑战的。未来中国的经济将处在一个较低速度的增长期，虽然国家实力有所增加，但中国在全球的利益有可能扩大，加上自身还存在诸如人口老龄化等结构性问题，中国对中亚国家的政策需要更加务实，需要回落到现实主义的轨道上来。中国可能会在与美国和俄罗斯的关系上出现竞争，但中国要避免挑战美国在全球和俄罗斯在地区的霸权地位，即不需要获得更多的霸权，而是要争取得到更多的利益，因此坚持韬光养晦的战略方针依然有巨大的现实意义。

第二，努力提高和完善上海合作组织的安全合作能力。从宏观的角度来看，提升上合组织安全合作能力大致可以包括三个层面，即国际、地区和国家层面；横向路径选择可以简单地分为对内和对外两个方向。具体工作包括以下方面：一是把中俄关系从竞争型的权力平衡关系转为竞争型的利益平衡关系；二是加强对话和解决成员国内部争议；三是平衡好上合组织与独联体、集安组织、欧亚经济联盟等组织的关系，就共同关心的问题加强合作，利用扩员的契机寻找上合组织在维护中亚地区稳定与发展中的独特价值和关键作用；四是处

① 陈文玲、王鹏：《未来十年全球与中国经济形势分析》，http：//www. chinausfocus. com/wp-content/uploads/2013/05/Chapter -04_ SC. pdf；王小广：《2015 ~2030 年中国经济发展趋势及新战略选择》，《税务研究》2015 年第6 期。

② Liisa Ecola，Johanna Zmud，Kun Gu，Peter Phleps，Irene Feige，http：//www. rand. org/content/dam/rand/pubs/research_ reports/RR900/RR991/RAND_ RR991z1. zhs. pdf.

理好上合组织成员国与美国的关系；五是在上合组织制度化建设过程中需要考虑适度的弹性。

第三，推动与中亚国家的政党外交、公共外交和民间外交，拓展及寻找更多的交往渠道。部落文化、宗教和地方主义等因素在中亚国家权力形成过程中发挥着十分关键的作用，并影响着中亚国家的对外政策。注重与中亚国家领导人、政府保持紧密联系的同时，中国也需要深入研究和了解中亚国家各种政治力量的利益诉求，通过开展政党外交、公共外交和民间外交增进中亚国家政党、政治精英和普通民众对中国的了解，创造有利于中国在中亚地区运筹及构建稳定大国关系的社会基础。

我们研究的主要内容是在国际体系和地区秩序未发生质变的前提条件下，为持久且有效地保持中亚地区稳定，中国应该如何在地区层面运筹及构建稳定的大国关系框架。讨论该主题的重要意义在于：第一，增加大国可以和平崛起的理论依据；第二，探索中国促进中亚地区和平发展的有效方式，寻找及增加中国与其他国家在中亚地区安全合作中的利益契合点；第三，为推进“一带一路”战略提供预防地区安全风险的措施。为了能够得出较为科学的结论，本研究选择了定量和定性分析相结合的方法，所采用的数据来源于国际权威机构和研究对象国。通过研究本文得出以下结论。

第一，通过对七大国未来 15 年内国家实力的比较可知，未来国际体系依然表现为以美国霸权为特征的单极体系，但是单极体系有可能由强变弱。美国的军事实力依然排列全球第一，俄罗斯紧随其后，中国在 15 年后有可能超过俄罗斯位列世界第二。中国的人口和财富在数量上位列世界第二，但是质量仅高于俄罗斯，低于其他五大国。除俄罗斯和中国外，其余五大国关系相对比较密切，且有军事同盟关系，即便俄罗斯与中国合作密切，中俄在整体军事实力上依然落后于五大国。随着中亚国家不断融入国际体系，国际体系对中亚地区安全的直接影响将越来越大。

第二，中亚地区的力量格局正在发生变化，俄罗斯的地区领导力仍在朝被分化的方向发展，美国、中国在中亚地区的影响力有所上升，美国将加大对中亚地区经济领域的影响力，而中国有可能会在地区安全上发挥更多的作用。印度和日本在中亚地区的作用增大，并有可能成为影响中亚地区安全的新生力量，中亚地区力量格局有可能从“俄美中”三角关系向俄、美、中、印、日多极格局转变。土耳其和伊朗在中亚地区的影响力会平稳增加，但仍将是一组辅助性力量。因扩员、地区安全形势的要求及中国国家实力的增加，上海合作组织将在中亚地区安全中发挥更多的作用。影响中亚地区秩序的主要因素依然是大国政治。

第三，中亚国家依然会选择大国平衡政策。除俄罗斯外，美国是影响中国中亚政策的最重要大国，中美关系的发展变化将直接影响中国在中亚地区安全中的作用，良性发展的中美关系对于中国十分重要。因生成条件还存在较大的不确定性，丝绸之路经济带战略对中亚地区安全的影响还存在很多不确定性。

第四，为持久且有效地保持中亚地区稳定，中国在地区层面运筹及建立好稳定的大国关系框架需要坚持以下原则：其一，客观认识国际和地区力量格局的发展趋势，制定务实稳健的中亚政策；其二，努力提高和完善上海合作组织的安全合作能力；其三，推动与中亚国家的政党外交、公共外交和民间外交，拓展及寻找更多的交往渠道，创造有利于中国在中亚地区运筹及构建稳定大国关系的社会基础。

第八章　覆盖中亚的安全与经济合作机制

目前，覆盖中亚地区的国际性安全与经济机合作机制有多个，其中比较有影响力的合作机制包括俄罗斯主导的独联体安全条约组织、欧亚经济联盟、亚信会议、上海合作组织、“中亚 + 日本”对话机制、亚洲开发银行主导的中亚区域经济合作计划和土耳其主导的突厥语国家合作机制等，它们从不同的方面对中亚地区的安全与发展施加不同程度的影响。

第一节　独联体集体安全条约组织（CSTO）

一　集体安全条约组织建立的时代背景

1991 年年底苏联解体，一夜之间在欧亚大陆上出现了 10 余个新独立国家。这些国家原来都处于苏联统一的安全保障体系之下，而成为主权国家之后，这些新独立的国家必须承担起保障自身国家安全的重任。从当时中亚地区的情况来看，各国综合国力严重不足，经济发展迟缓，国家安全防卫机制缺失，部分国家甚至尚未建立武装力量。但是各国所面临的安全形势却较以往严重恶化，苏联的突然解体导致了巨大的安全“真空”，维护地区的和平、安全与稳定，避免因解体导致的战争与防范外来入侵成为各国独立后首先面临的问题。

在当时的中亚地区，随着苏联中央政权的消失，各种力量都谋求在新政权中占有一席之地，民族情绪兴起，宗教意识复兴，各种极端思潮滋生。苏联时期团结和谐的民族关系被破坏，族际间的纠纷和矛盾不断发生，族群关系紧张，特别是中亚主体民族与其他民族之间的矛盾较为突出，中亚地区各国内部社会安全形势恶化。同时，中亚国家的外部还面临着来自阿富汗的安全困扰。苏联原有边境管理体系的消失和各民族居民跨界而居的现状，都为阿富汗极端武装分子对中亚地区的渗透提供了可乘之机。面对外部世界的各类新思潮与趋势，以中东一些国家宗教激进主义以及土耳其泛突厥主义为代表的极端思想和思潮不断向中亚地区渗透，让中亚国家领导人感到了威胁与担忧。

在这样的大背景之下，部分国家曾设想在苏联遗留下的原有军事力量基础之上，建立统一的独联体武装力量，但因各国安全理念与需求各有不同，这一设想未果。后来，通过集体安全的方式来维护国家安全的构想逐渐被各国领导人所接受。

二　集体安全条约组织建立的经过

1992 年 5 月 15 日，俄罗斯、哈萨克斯坦、亚美尼亚、乌兹别克斯坦、吉尔吉斯斯坦以及塔吉克斯坦六国在共同协商一致的基础上，于乌兹别克斯坦首都塔什干签署了《集体安全条约》，这便是集体安全条约组织的前身以及最初的法律基础。1993 年 9 月 24 日，阿塞拜疆加入该条约；1993 年 12 月 9 日，格鲁吉亚加入该条约，随后白俄罗斯加入该条约。根据所签署的文件，《集体安全条约》于 1994 年 4 月 20 日正式生效，有效期为五年，期满后可以持续延期。1995 年 11 月 1 日，独联体集体安全条约在联合国注册。

1999 年 4 月，第一个条约期满，各成员国面临续签条约的问题。出于多方面考虑，特别是对俄罗斯一些行为上的不满，以及基于和美欧国家改善关系的考虑，阿塞拜疆、乌兹别克斯坦和格鲁吉亚三国决定不再续签。其余六国，俄罗斯、白俄罗斯、塔吉克斯坦、吉尔吉斯斯坦、哈萨克斯坦以及亚美尼亚决定续签，并签署了《〈集体安全条约〉续约备忘录》。阿、乌、格三国不再续签条约，是由多方面原因造成的。具体来看，对于阿塞拜疆而言，与亚美尼亚的敌对关系使阿塞拜疆将军事安全放在国家需求的首要地位，但亚美尼亚同样是独联体集体安全条约的成员国，因此在当时情况下，独联体集体安全条约无法满足阿塞拜疆保卫自身安全这一最基本需求。对于格鲁吉亚而言，加入独联体集体安全条约，拉近与俄关系，获取俄方在阿布哈兹以及南奥塞梯问题上的理解与支持是其主要目标，但是事与愿违，俄方并未领情，反而在这两个地区独立的问题上采取与格方背道而驰的政策。上述两国在自身安全需求无法得到满足的情况下，退出独联体集体安全条约。而在此之前，两国已在 1997 年与乌克兰、摩尔多瓦共同组建了古阿姆集团，加快了与西方国家的合作与交流，以减少俄罗斯的影响力。[①] 对于乌兹别克斯坦而言，不再续签《集体安全条约》主要是出对独联体集体安全条约的失望，甚至是疑虑与担忧。乌方对于俄罗斯所推行的独联体一体化构想保持高度警觉，担心重新陷入对俄罗斯帝国的政治与经济依赖中，使国家主权受到侵犯。因此，在部分西方势力的拉拢下，顾虑重重的乌方选择了不再续签条约。

在这个阶段中，《集体安全条约》签署国所进行的活动非常有限，甚至可以说连其活动范围都不清晰，而仅仅停留在空洞的概念层面。正如同集安组织秘书长尼古拉·波尔久扎所指出的那样："老实说，自 1992 年签署《集体安全条约》至 2000 年，并未发生什么大事，那是一段停滞时期，独联体以及其他许多组织也处于停滞状态。"[②]

2002 年 5 月 14 日，在集体安全条约理事会会议上，各缔约国通过决议，将独联体集体安全条约升格为独联体集体安全条约组织（简称集安组织）。同年 10 月 7 日，《集体安全条约组织章程》和《关于集体安全条约组织法律地位的协议》获得通过，并于次年 9 月 18 日生效。2004 年 12 月 2 日，集体安全条约组织获得联合国大会观察员地位。

2006 年 12 月 13 日，乌兹别克斯坦总统卡里莫夫宣布重新加入集体安全条约组织，并签署有关的法律文件。但是由于受到西方势力的阻挠和反对派压力，乌国内议会于 2008 年 3 月才正式批准有关重返集体安全条约组织的相关文件。2012 年 6 月 28 日，乌方又向集体安全条约组织提出照会，要求暂停其成员国资格，再一次"退出"集安组织。

---

① 牛义臣：《东北亚地区安全机制的构建——源于独联体地区"集安组织"的启示》，《东北亚学刊》2015 年第 2 期。

② 王树春、朱震：《上合组织与集安组织为何合作大于竞争》，《国际政治科学》2010 年第 2 期。

近年来，集体安全条约组织在地区安全事务中所发挥的作用逐渐凸显，各周边国家对其关注度也日益增强。阿富汗和塞尔维亚于 2013 年成为该组织的观察员国。[①] 在 2009 年，集体安全条约组织秘书处曾经宣称伊朗将获得该组织的观察员国地位[②]，但由于各方面的因素，伊朗至今仍然未能成为该组织的观察员国。

三　集体安全条约组织的性质与宗旨

从条约以及法律上来看，集体安全条约组织属于地区性军事安全组织，具有军事政治同盟性质，其主旨是维护各成员国的军事安全。在集体安全条约组织章程中规定了各个成员国具有共同应对外来侵略的责任与义务，在军事安全等方面形成联盟。集体安全条约组织章程规定，该组织“维护和平以及国际和地区的安全稳定，在集体基础上保障成员国的独立、领土完整和主权，为实现上述宗旨，成员国要优先进行政治合作，开展与非本组织成员国的合作，发展与政府间国际安全组织的关系，建立以公认国际法准则为基础的公正、民主的国际秩序。无条件地尊重成员国的独立，自愿参与以及权利与义务平等，不干涉各国内部事务”[③]。

根据集体安全条约组织章程第四条规定，如缔约国遭受侵略，则被视为对该组织所有缔约国的侵略；其他缔约国应立即向被侵略的国家提供一切必要的援助，包括军事援助、资金援助以及其他物资援助；当缔约国的安全、领土完整和主权面临威胁时，应当立即启动共同磋商机制，协调各缔约国立场，并采取措施消除威胁。[④]

在 1995 年通过的《集体安全构想》中规定，缔约国军事基地设施可以部

---

① РИА Новости，Афганистан и Сербия стали наблюдателями при ПА ОДКБ，http：//ria. ru/defense_ safety/20130411/932140328. html.

② ТАСС，Нарышкин：Иран мог бы стать наблюдателем в Парламентской ассамблее ОДКБ，http：//tass. ru/politika/1555496.

③ 王树春、朱震：《上合组织与集安组织为何合作大于竞争》，《国际政治科学》2010 年第 2 期。合约俄文原文参见“Устав Организации Договора о коллективной безопасности”，7 октября 2002 года，http：//www. odkb-csto. org/documents/detail. php? ELEMENT_ ID = 124。

④ 赵常庆、张宁：《集体安全条约组织》，中国国际问题研究基金会俄罗斯中亚研究中心编《中亚区域合作机制研究（论文集）》，世界知识出版社，2009，第 51 页。

署在其他缔约国境内，俄罗斯负有保卫其他缔约国安全的特殊责任。正因如此，目前俄罗斯在吉尔吉斯斯坦、塔吉克斯坦等中亚国家设有的军事基地，具有法理上的依据。对于集体安全条约组织，俄总统普京也曾明确表示，集安组织的职责主要是加强成员国在防御、武器制造、军事培训以及维护和平、反恐与禁毒等方面的合作。①

国内学者一般认为，集体安全条约组织的宗旨是建立集体安全防御空间，提高联合作战能力，防止并协调成员国内外以及独联体地区内的武装冲突，其主要内容包括打击国际恐怖主义和跨国组织犯罪、组建联合司令部与联合部队、举行联合军事演习、开展军事技能合作、培养军事人才、维持边境安全等。② 也有学者通过分析其基本法律文献和运行机制后认为，集体安全条约组织的本质并非“集体安全”，而是“集体防御”机制。③

集体安全条约组织实行开放原则，所有赞同组织宗旨和原则的国家都可参加该组织，组织不针对第三国，加入集体安全条约组织不影响各成员国参加其他国际条约所规定的各项权利与义务，但是成员国有不签署与集体安全条约组织章程相抵触的国际协议的义务。④ 同时在集体安全条约组织章程中明确规定，严禁成员国加入其他的军事联盟。⑤ 从这方面看，集体安全条约组织具有一定的排他性质，而非完全的开放。

四　集体安全条约组织的组织结构

经过多年的发展，集体安全条约组织已经形成了成熟、健全的组织结构，并成立了相应的机构部门。该组织的主要机构包括：集体安全理事会及常务理事会、议会大会、秘书长、秘书处、联合司令部、外交部长理事会、国防部长理事会以及国家安全会议秘书理事会等。

集体安全理事会由各成员国元首组成，是集体安全条约组织的最高机关，

---

① 杨恕、张会丽：《评上海合作组织与独联体集体安全条约组织之间的关系》，《俄罗斯中亚东欧研究》2012 年第 1 期。

② 吴宏伟主编《中亚地区发展与国际合作机制》，社会科学文献出版社，2011，第 158 页。

③ 王彦：《独联体集体安全条约组织安全合作模式分析》，《外交评论》2007 年第 5 期。

④ 吴宏伟主编《中亚地区发展与国际合作机制》，社会科学文献出版社，2011，第 159 页。

⑤ Договор о коллективной безопасности, Статья 1, 15 мая 1992 года.

主要负责制定组织的战略目标与原则，并通过相关决议和决定。根据条约，理事会例会每年举行一次，例会主席由东道主国家元首担任，行使主席的权力与义务。在理事会休会期间，由常务理事会负责日常事务处理，保证组织决议能够得到实施。常务理事会人员由各成员国委派的全权代表构成。

从工作性质上看，秘书处与联合司令部为常设机构。秘书处为集体安全条约组织的常设工作机构，负责各机构之间的协调与信息保障等，同时负有为各理事会提供起草文件草案的责任。秘书长为秘书处的负责人，同时肩负集安组织工作领导责任，代表组织与其他国际组织和国家建立联系。目前，集安组织秘书长为俄罗斯人尼古拉·博尔久扎（Николай Бордюжа）。2003 年，博尔久扎卸任俄罗斯驻丹麦大使，被任命为集安组织秘书长，并担任该职位至今。

联合司令部为集安组织常设的作战指挥机构，由各成员国组成，其人员数量、比例由成员国缴纳的费用与人口数量共同决定。

外交部长理事会、国防部长理事会以及国家安全会议秘书理事会为协商与执行机构。

国家安全会议秘书理事会是由各成员国安全会议秘书组成，主要负责条约框架内国家安全合作事宜，协调各国间安全合作与决议的实施。该理事会下设有信息安全工作小组。

国防部长理事会主要负责协调和解决国防领域的相关问题，特别是在军事政策、军队建设、人员培训、技术合作等领域的合作问题。国防部长理事会设有一个常设机构——军事合作协调参谋部，其主要职责为制订组织所需的军事文件，在战时或紧急情况下其为军事指挥机关。同时国防部长理事会还下设有军事委员会。

其他辅助附属机构包括：反毒品走私专门机构领导协调委员会、打击非法移民专门机构领导协调委员会、国家间军事经济合作委员会、紧急情况协调委员会等。[①]

据统计，自 1992 年 5 月至 2013 年年底，集安组织集体安全理事会（及其前身）共签订了各类法律文件 238 个。在 1999 年之前，组织框架内并未签署

---

① http：//www. odkb-csto. org/structure/.

大量法律文本，进入21世纪后，集安组织活动进入活跃期，签署的法律文件数量有了大幅增长，这也标志着集安组织的机制在不断健全。

五　集体安全条约组织军事力量

集安组织成立后，组建了统一的防空体系，建立了联合司令部和地区集体安全部队。根据次区域分布，目前集安组织有“东欧”军团（俄罗斯—白俄罗斯）、“高加索”军团（俄罗斯—亚美尼亚）两个部队集群，并在原有“中亚军团”的基础上建有一支快速反应部队。

早在2001年，俄、哈、吉、塔各派遣一个营的兵力，建立了集体快速部署部队，用以遏制极端势力的活动。截至2004年，集体快速部署部队已经拓展到10个营的规模，并每年组织司令部推演。① 2009年2月，在集安组织特别峰会上，各成员国元首签订了关于建立集体快速反应部队的协议，进一步加强了集安组织的政治军事凝聚力。该部队人数近2万人②，部署在俄罗斯境内。该快速反应部队的骨干由俄军第98近卫空降师、第31近卫旅，哈军第37空降突击旅、海军陆战营，白俄罗斯军队特种旅以及亚美尼亚、吉尔吉斯斯坦、塔吉克斯坦各一个步兵团构成。同时还吸纳了内务、缉毒、反恐、移民等特殊部门的力量。在规模上，快速反应部队较原来的快速部署部队有了较大扩充。

集体快速反应部队的主要任务包括抵御军事侵略、打击三股势力以及有组织跨国犯罪与贩毒活动和应对各类灾害造成的紧急状态等，其主要目的是强化集安组织的集体防御能力并抵御中亚地区出现的各类威胁。对于该快速反应部队，俄罗斯方面予以了厚望，梅德韦杰夫曾经表示：“这支快速反应部队规模较大，装备先进，训练有素，其作战能力不亚于北约武装力量。”③

集安组织针对不同的战略战术目标，每年都会组织数次规模不等的军事演习。例如以反恐、维护边界安全为目的的“边界”“战斗友谊”系列军事演习，以防范在中亚地区出现“颜色革命”为目的的“战斗”系列军事演习，

---

① 张喆：《集体安全条约组织在地区事务中的作用》，《人民论坛》2012年第6期。

② 曾向红：《乌兹别克斯坦与集安组织的曲折关系》，《国际问题研究》2012年第6期。

③ 尚月：《独联体集安组织建立集体快反部队》，《国际资料信息》2009年第3期。

以抵御军事侵略为主题的“西方”系列军事演习等。

六　集体安全条约组织与中亚

目前，集安组织与中亚地区各国关联紧密，其在安全等领域发挥的作用日益凸显。具体来看，集安组织在中亚地区的活动领域可以分为两大类，即传统军事安全领域以及非传统安全领域。

（一）传统军事安全领域

集安组织作为地区性军事安全组织，具有很强的军事政治同盟性质，因此可以说传统军事安全是该组织创建和发展的基石。创立至今，其主要作用就是帮助各国抵御外部威胁，对冲突进行有效干预。目前在中亚地区，已逐步建立了中亚集体快速反应部队，其规模和作战水平较以往有了较大的提高。

同时，集体安全条约组织负责建立内部集体防御空间，提高联合防御能力，着手按照统一空间、统一指挥、统一意图和计划创建自身防空集团。“俄罗斯—中亚”防空集团是集安组织着手组建的次区域防空集团。对于中亚地区各成员国而言，通过集安组织强化自身防空能力，有效减少了中亚国家在国防领域的支出，同时又强化了国防能力。

在核安全方面，中亚五国于 2006 年签署了关于在中亚地区建立无核武器区域条约，禁止在中亚区域生产、研究、部署核武器及相关设施。根据集体安全条约组织章程，各成员国若受到大规模杀伤性武器威胁时，俄罗斯方面将根据集体防御原则，提供“核保护”。

在军事装备合作以及军事人员培训方面，根据成员国首脑签署的有关军事装备合作协议，集安组织各成员国可按照俄国内价格优惠购买俄罗斯武器装备，而独联体内其他国家则无法享受这一优惠。集安组织下设国家间军事经济合作委员会，其目的在于恢复各成员国军工企业之间的传统联系，开展务实有效的军备合作。在军事人员培训方面，各国签署了专门的培训协议，由 45 所俄罗斯军校、6 所白俄罗斯军校、3 所哈萨克斯坦军校以及亚美尼亚和吉尔吉斯斯坦各 1 所军校承担组织培训任务。培训不收取费用，由接收方承担学员的学费和生活支出。

另外，由于各成员国意见不统一，各成员国对于国内的安全威胁及消除威胁的手段分歧较大，各国之间存在不同意见。以 2010 年吉尔吉斯斯坦奥什州发生骚乱为例，集安组织并未直接派出军事力量介入骚乱，而是采取了紧急磋商会议、提出对策建议、派遣专家、提供交通运输工具设施以及非致命性武器等措施，同时与国际移民组织、国际红十字会等一起，为难民提供人道主义救援。

（二）非传统安全领域

“9·11”事件后，集体安全条约组织在中亚地区非传统安全领域所扮演的角色更加重要。特别是 2000 年前后，中亚地区出现多起暴恐事件，三股势力流窜中亚各国为非作歹。这也使集安组织意识到打击极端和恐怖势力等反恐任务的重要性，逐步使反恐活动机制化，各国合作长期化。同时打击毒品犯罪以及贩毒活动在近年来也成为集安组织在中亚地区的重要任务。

第二节　欧亚经济联盟

苏联解体之后，俄罗斯倡导组建了独立国家联合体，并在独联体的框架内不断推动一体化运作，先后成立了俄白联盟、集安组织、欧亚经济共同体、关税联盟、欧亚经济联盟等组织。从目前情况看，欧亚经济联盟是俄罗斯当前最重视的国际组织，也是一体化程度最高的组织。

一　欧亚经济联盟概况及历史

欧亚经济联盟由俄罗斯、白俄罗斯、哈萨克斯坦三国于 2014 年 5 月共同签署《欧亚经济联盟条约》后在统一经济空间基础上组建，并于 2015 年 1 月 1 日正式启动运行。2015 年 1 月 2 日，亚美尼亚正式加入欧亚经济联盟。在 2014 年 12 月举行的欧亚经济委员会最高理事会会议上，吉尔吉斯斯坦也签署了加入联盟的条约，并于 2015 年 8 月 12 日正式入盟。

欧亚经济联盟委员会总部设在莫斯科，金融监管机构设于哈萨克斯坦首都阿斯塔纳，欧亚经济联盟法院设在明斯克。根据欧亚经济联盟的相关要求，其基础工作人员的人数按照各国人口比例构成，俄罗斯籍占比 84%，哈萨克斯坦籍占比 10%，白俄罗斯籍占比 6%。同时每个国家还应派出一位副总理，负责管理委员会事务。2015 年联盟的轮值主席国为白俄罗斯。

目前欧亚经济联盟已经成为苏联解体后独联体地区最为成熟的一体化机制。经济联盟总领土面积超过 2000 万平方千米，人口约 1.7 亿，天然气储量约占世界总量的 1/5，石油储量约占世界总量的 15%。根据联盟文件要求，2025 年前在联盟内将实现商品、服务、劳动力以及资产的自由流通，并将在能源、工业、农业和运输等关键领域协调政策。联盟国家计划在 2019 年之前建立共同的电力市场，2025 年之前建立统一的石油、天然气和石油产品市场。还设想在哈萨克斯坦的阿拉木图市建立负责调解联盟金融市场的管理机构。

综观欧亚经济联盟的组建过程，可以清晰地发现欧亚经济联盟并非建立于一夜之间，其一体化进程经过较长的时间，大致可分为四个阶段（见表 8－1）。

表 8－1　独联体空间内一体化进程情况一览表

时间	一体化机制名称	组建国家
2000 年 10 月	欧亚经济共同体	俄、白、哈、吉、塔五国
2010 年 1 月 1 日	关税同盟	俄、白、哈三国
2012 年 1 月 1 日	统一经济空间	俄、白、哈三国
2015 年 1 月 1 日	欧亚经济联盟	俄、白、哈三国

资料来源：作者自制。

第一阶段，欧亚经济共同体。1995 年 1 月 6 日，俄罗斯与白俄罗斯签署关税联盟协议。两周后，哈萨克斯坦加入该关税联盟。1996 年 3 月，吉尔吉斯斯坦加入。1999 年塔吉克斯坦加入，成为五国关税联盟。并于 2000 年 10 月签署关于成立欧亚经济共同体的声明，将关税联盟升级为欧亚经济共同体。摩尔多瓦、亚美尼亚以及乌克兰三国为欧亚经济共同体的观察员国。乌兹别克斯坦于 2006 年 2 月加入欧亚经济共同体，后于 2008 年 10 月退出。

第二阶段，关税同盟。随着 2000 年后俄罗斯经济快速发展，以及世界能源价格走高，俄罗斯的国力日渐强盛。在这样的背景下，俄方加快了独联体地区一体化步伐。2007 年 10 月，在欧亚经济共同体的框架下，俄罗斯、白俄罗斯以及哈萨克斯坦三国签署了关于建立统一关税同盟的协定。2009 年 11 月，三国又签署了海关联盟法案的协定，标志着三国间关税同盟的法律基础已完备，制度条件已经完全具备。2010年，俄白哈三国关税同盟正式建立。从2011年7月开始，俄、白、哈三国之间取消了海关监管，关税同盟取得了长足的进展。

第三阶段，统一经济空间。2012年元旦起，俄罗斯、白俄罗斯以及哈萨克斯坦三国启动了统一经济空间，即在关税同盟的基础上，实现商品、劳动力以及资本等要素在相互间自由流动，形成统一的市场，拥有较为统一的贸易、税收以及海关政策。与此同时，三国还建立了欧亚经济委员会，负责一体化进程。该机构取代原有的关税同盟委员会，具体负责统一空间内各项一体化工作。

第四阶段，欧亚经济联盟。2012年5月，在欧亚经济共同体国家元首峰会上，俄方提出了在2015年建立欧亚经济联盟的建议，逐步实现商品、服务、资本和劳动力的自由流动，终极目标是建立类似于欧盟的经济联盟，要建立统一中央银行，发行统一货币，实行统一的宏观经济政策。2015年1月1日，欧亚经济联盟正式启动。

按照俄发展计划，未来还要建立欧亚联盟。根据俄罗斯总统普京的设想，未来要在原苏联地区建立“欧亚联盟”，其一体化水平比经济联盟更高，将成为一个超国家联合体，欧亚联盟未来将作为世界格局中新的一极，发挥作为欧洲大陆与亚太地区桥梁的作用。欧亚联盟内部遵循平等、主权以及自愿原则；欧亚联盟将是一个开放性组织，欢迎各个伙伴国家加入。①

在短短数年的时间里，俄罗斯主导的欧亚经济一体化进展迅速，基本达到了欧盟用时几十年才完成的一体化水平，不得不令人感到惊讶。究其原因，主要是俄罗斯方面的大力推动。在俄方看来，推进欧亚地区的一体化，重塑俄罗斯在后苏联空间的主导权是其外交的首要任务，也是与西方抗衡的主要战略依托。2013年版俄罗斯《对外政策战略构想》就明确指出，俄外交政策的优先方向是加快独联体内部一体化进程，“把建立欧亚经济联盟视为优先任务”。对此，俄罗斯积极调整外交政策，吸引各独联体国家，特别是中亚各国进入欧亚经济联盟。以2014年为例。在自身经济遭遇严重困难，外部面临严厉制裁的情况下，俄罗斯依然保持对欧亚经济联盟的投入力度：向白俄罗斯提供20亿美元贷款；设立5亿美元的发展基金以帮助吉尔吉斯斯坦；向亚美尼亚提供

① 〔俄〕普京：《欧亚新的一体化方案：未来诞生于今日》，《消息报》2011年10月3日。

1.5 亿美元的贷款，提供 3 亿美元用于维修核电站等。另外，2008 年世界金融危机导致西方势力无暇顾及该地区，对独联体内部事务干涉力度下降，俄罗斯对各国的影响力在这个阶段有所增加。同时，中东、北非地区的动荡局势以及西方势力推动的“颜色革命”“茉莉花革命”等浪潮导致部分发展中国家政权颠覆，引起了各国领导人的忧虑与紧张，这也是该地区一些国家领导人参与联盟建设的客观原因之一。

二 入盟动机分析

对于加入欧亚经济联盟，每个国家都有自己不同的动机与原因。下面对白俄罗斯、哈萨克斯坦，以及吉尔吉斯斯坦、亚美尼亚的入盟动机予以分析，并对中亚地区其他国家对欧亚经济联盟的看法做简要介绍。

对于已经入盟的各国而言，加入欧亚经济联盟将会带来巨大的直接利益以及发展机遇，这是各国领导人致力于推动联盟建设的最主要原因。

（一）白俄罗斯

白俄罗斯总统卢卡申科指出：“白俄罗斯极其需要欧亚经济联盟，加入联盟后什么也没有失去，只会得到更多的利益。”

1. 获取广阔的出口市场

白俄罗斯是一个出口型经济国家，国内生产总值的增长主要依靠产品出口来拉动。在白俄罗斯出口市场中，俄罗斯无疑占据了最大的份额。白俄罗斯近 90% 的农产品、近 70% 的工业制品出口俄罗斯，对俄出口占白俄罗斯对外贸易总额的一半。同时，由于受西方技术制裁等原因，白俄罗斯产品质量较欧美同类产品低下，无力在西方市场竞争，国内市场又极为有限，在这种情况下，欧亚经济联盟无疑为白俄罗斯提供了广阔的出口市场空间。

2. 获取廉价而稳定的能源供给

白俄罗斯自身能源较为缺乏，大量依靠俄罗斯的石油、天然气供给。以 2014 年为例，白俄全年以平均每吨 385 美元的价格向俄方购买原油 2300 万吨。而实际上其中仅有 1000 余万吨为白俄自用，其余都经加工后出口欧盟国家以赚取外汇。在天然气方面，白俄购买俄方产品的价格仅为每千立方米 155 美元，而同期俄罗斯供应给其他欧洲国家的天然气价格为每千立方米 350 美元，提供给乌克兰的天然气价格更是高达每千立方米385美元。

3. 获取大量优质贷款

2011年白俄罗斯发生金融危机，欧亚经济共同体银行向其提供30亿美元贷款。2014年白俄外汇储备大幅减少，仅剩余50亿美元，俄方决定再次向白俄提供20亿美元贷款。在危机时刻，俄罗斯总是能够向白俄罗斯提供充足资金，帮助后者顺利渡过难关。

（二）哈萨克斯坦

对于哈萨克斯坦，加入欧亚经济联盟具有重大意义。欧亚经济一体化是哈总统纳扎尔巴耶夫一直推动的目标，当然加入欧亚经济联盟也会给哈萨克斯坦带来不少好处。

1. 劳工移民与就业

加入欧亚经济联盟后，哈公民可以在联盟内部自由居住、自由就业（公务员及兵役除外）。而在此之前，一次性居住的期限仅为30天。这对于哈萨克斯坦的劳工而言，是极大的利好消息，在很大程度上方便他们前往俄罗斯就业创汇，不用再为签证期限所烦恼，同时可以享受同等的退休金、税收、医疗政策，其子女也可以享受同等的高等教育待遇。

2. 扩大出口市场和来哈投资

通过欧亚经济联盟，哈萨克斯坦的产品将全面进入俄罗斯以及白俄罗斯的市场，促进其经济发展和经济的多元化，提供平等的竞争机会。在哈国看来，鉴于哈独特的地理位置以及出口原材料的特性，哈企业将获得一个10倍于本国的大市场。

另外，哈希望通过较低的税收比例吸引俄企前来投资。目前，哈萨克斯坦的利润所得税率较俄罗斯低4个百分点，增值税率较俄罗斯低6个百分点，在社会税率方面更是比俄低了23个百分点。在世界银行2012年公布的营商环境便利度排名上，哈萨克斯坦的排名要远高于俄罗斯。因此，在欧亚经济联盟所创造的平等竞争环境下，哈预计，将会有大量俄资企业前往哈萨克斯坦投资。

3. 能源运输问题得以解决

作为能源生产国家，哈国在此之前为能源运输问题感到焦虑。长期以来，哈一直试图直接向欧洲国家提供石油和天然气，但是遭到俄方的阻止。迫于地缘因素，哈方只能将生产的能源原料以低价售卖给俄方，任由俄方再以高价出售给欧洲的客户赚取差价。而通过此次入盟，哈意在获取自中亚经俄罗斯直接抵达欧盟的能源运输干线管道。

当然，在哈国的政治精英看来，最为重要的是加入欧亚经济联盟后，毫无疑问会给自己带来一个强大的外部合作伙伴，避免自身的脆弱性。与俄结盟后，国家在遭受危急之时，必然会受到强大北方邻居的庇护。哈萨克斯坦的民众中，超过70%的人表示支持加入欧亚经济联盟。

（三）亚美尼亚和吉尔吉斯斯坦

对于亚美尼亚和吉尔吉斯斯坦这两个新入盟的国家而言，加入经济联盟同样能够获取巨大的经济利益。首先，劳工移民问题获得妥善解决。目前，在俄工作的亚美尼亚人数高达80万，占亚国总人口的近30%；在俄务工的吉国劳工数量同样巨大，并且侨汇占吉经济总量的份额也较高。因此，入盟将有利于两国公民在俄务工，提高本国经济收入，降低本国失业人口数。其次，入盟之后，将更加方便从俄方获得优质的贷款以及援助。吉总统阿坦巴耶夫就多次表示，“入盟”可以为吉带来更多的贸易特惠以及援助和贷款。同时，对于吉尔吉斯斯坦而言，入盟还有助于解决本国边境领土、海关、能源以及安全等多方面的问题。

（四）塔吉克斯坦和乌兹别克斯坦对入盟的态度

塔吉克斯坦对是否加入欧亚经济联盟犹豫不决。尚在俄白哈三国关税同盟时期，塔官方就在是否加入同盟的问题上有所反复。此外，根据欧亚经济联盟相关法案，只有领土与成员国直接接壤的国家方可申请入盟，因此塔吉克斯坦在吉尔吉斯斯坦未加入经济联盟之前，是不具备入盟资格的。

自2015年1月1日起，持塔吉克斯坦国内护照的劳工将无法免签证进入俄罗斯，只有持外交以及国际护照者方可免签证入境。而在过去，只要持有塔国内护照便可免签证进入俄罗斯境内工作。同时，留在俄罗斯境内的劳工也必须更换护照，还需要通过俄罗斯语以及历史测试，否则将被俄驱逐出境。[①] 这

① John C. K. Daly, Russia's New Passport Regulations Impose Additional Hardships on Tajik Migrant Workers, Eurasia Daily Monitor Volume: 11 Issue: 212, November 26, 2014.

将直接导致塔公民赴俄打工的难度大幅提高，从而在很大程度上减少在俄打工的塔籍劳工数量，外汇汇款数量亦会随之降低。预计唯有在塔吉克斯坦加入欧亚经济联盟之后，俄才可能放宽对塔的劳工政策。

对于正式加入俄罗斯主导的欧亚经济联盟，塔官方曾表现出较大的兴趣。随着吉尔吉斯斯坦于 2015 年 8 月正式入盟，塔吉克斯坦与欧亚经济联盟成员国间不相邻的最大规则障碍被移除。如能成功入盟，塔劳工入境俄罗斯的限制也将会被解除。对于塔方的入盟，俄方表示欢迎，2014 年 10 月 24 日，俄上议院议长马特维延科指出，“希望塔吉克斯坦能加入欧亚经济联盟”，并表示双方正就入盟事宜展开磋商。[①] 俄驻塔大使则表示：“塔吉克斯坦将享受到包括商品、劳动力以及资本自由流通等在内的诸多欧亚经济联盟所带来的益处。”[②] 但 2016 年以来塔在加入欧亚经济联盟问题上的态度有所变化，多次表示将对吉加入联盟后的状况进行研究，近期内不会考虑加入联盟问题。

与上述各国参与欧亚经济联盟的想法不同，乌兹别克斯坦拒绝入盟。其理由与乌外交理念有关，乌方坚持多元、平衡、务实的外交战略，不参加地区内任何大国主导的高度一体化机制，以避免大国干预本国主权。对于欧亚地区一体化进程，乌方始终保持着高度谨慎，仅参加了独联体自由贸易区。

三　现阶段欧亚经济联盟存在的问题

（一）主权问题

白俄罗斯、哈萨克斯坦作为新独立的国家，对于国家主权独立问题十分敏感，严防联盟主导国家对主权进行干涉，拒绝过度让渡主权，反对利用联盟框架建立超国家机构干预本国内部事务，不赞成联盟过快发展。对于联盟内部是否能够真正实行平等原则，白、哈两国心存疑虑。

纳扎尔巴耶夫总统多次重申，欧亚经济联盟不是政治组织，只涉及经济问题，不涉及政治。哈方明确表态，拒绝联盟向政治以及安全领域扩展，联盟应

① Avesta，Tajikistan May Join EEU：Russian Parliamentarian，http：//www. avesta. tj/eng/goverment/4437-tajikistan-may-join-eeu-russian-parliamentarian. html.

② Sputnik，Dushanbe may considerably benefit from the free flow of goods，capital and labor，http：//sputniknews. com/business/20150211/1018105019. html#ixzz3Rzn61EyA.

该是一个“去政治化”的、纯粹的经济联盟。在哈方的坚持下，欧亚经济联盟的纲领性条约中删去了有关共同国籍、对外政策、议会合作、共同边境安全等内容，“以避免任何国家在联盟内部建立主导地位”。2014 年 4 月，俄总统普京在参加青年论坛时，曾言哈萨克斯坦是“在从来不曾有过国家的土地上建立起的国家”，此言遭到哈国激烈反应。纳扎尔巴耶夫总统在接受采访时指出，哈萨克斯坦绝不会加入任何威胁自身独立性的国际组织。哈国最宝贵的财富是独立，将采取一切措施维护独立。“如果《欧亚经济联盟条约》中的条款未能得到执行，那么哈萨克斯坦将完全有权退出联盟，这一点我之前说过，现在再说一次。”

白俄罗斯总统卢卡申科也曾经表示，白不会在不平等的条件下牺牲自身利益去参加经济联盟，白俄罗斯不排除退出欧亚经济联盟的可能。白在签署联盟条约时便已经预先声明，若各国都遵守协议，那么白将严格履行自己的义务，否则保留退出欧亚经济联盟的权利。

俄方曾经建议消除内部边境、统一社会立法、建立共同公民身份等，引起了其他国家的愤怒。有消息指出，白俄罗斯与哈萨克斯坦坚持把欧亚联盟改名为欧亚经济联盟，随后坚决反对欧亚经济联盟有政治内涵，断然反对设置超国家机构。甚至有传闻，纳扎尔巴耶夫曾决定退出欧亚经济联盟，以至于哈官方专门辟谣：总统说的是如果欧亚经济联盟危害哈萨克斯坦主权和经济利益，他可能考虑退出。

（二）联盟经济遭遇困境

作为欧亚经济联盟的火车头，在当前阶段，俄罗斯经济的衰退给联盟未来发展增加了不稳定因素。受西方制裁以及国际油价下跌的影响，在 2014 年年底时，俄罗斯卢布大幅度贬值，通胀水平高企，大量资金外逃，外汇储备耗费巨大，经济呈现出明显的衰退势头。2015 年年初，俄国内预计未来两年俄经济都将呈现负增长，通胀率将达到 15%。

俄经济下滑趋势的连带效应，不可避免地外溢至联盟内各国，联盟经济潜力的发挥受到影响。哈萨克斯坦货币坚戈贬值 30% 以上，同时俄经济不景气直接导致在俄务工人员的侨汇大幅减少，对吉尔吉斯斯坦、亚美尼亚等国民经济收入有明显影响。

（三）联盟贸易制度有待改善

从目前情况看，欧亚经济联盟内部制度仍然存在较大漏洞，一体化呈现出松散和脆弱的特征。在过去的几年中，各成员国间贸易绝对数值在上升，但是增幅却出现下降趋势。三国之间的贸易紧密度以及贸易互补性出现了负增长，哈向俄出口增量下降，俄对哈出口大幅增加。这说明成员国之间贸易互补性较小，同质化严重，贸易发展潜力有限。同时，成员国内部的贸易增速远低于与域外国家的贸易增速。中国已经取代俄罗斯成为哈国第一大贸易伙伴。

从结构上看，联盟内部各国实力并不平衡，各国 GDP 总量差距巨大。区域内贸易额占各国贸易总额的份额同样差距巨大，白俄罗斯在联盟内部贸易额占其对外贸易总额的 44%，而对俄罗斯而言，仅占不足 7%。从实际效果看，俄白哈三国经济同质化严重，都大量依靠能源部门，且仅有白俄一个国家从联盟内部贸易中获益巨大。

欧亚经济联盟的规则继承了原有制度安排中存在的豁免以及参照规则问题。约有 30% 的商品不包括在统一关税中，在服务贸易方面，豁免以及限制的比例更是高达 65%，超过 800 条的规则规定依据相关国家各自的法律、豁免以及参展原则以帮助各国维持贸易壁垒，限制其他联盟国家的企业进入本国敏感领域。卢卡申科总统曾指出，在活动的各个领域仍然存在豁免与限制，无法保证全面落实所达成的协议。在能源领域，白俄罗斯、哈萨克斯坦都坚持能源对外的自由化以及一体化，但俄方则坚持能源行业具有战略性质，其一体化进程将慢于其他行业，甚至不排除不进行能源一体化。

第三节　上海合作组织

一　概述

（一）宗旨与任务

“上海五国”会议机制是上海合作组织的前身。苏联解体后，为解决好边界划分、管理等问题，中国与俄罗斯、哈萨克斯坦、吉尔吉斯斯坦以及塔吉克斯坦建立了多边会晤机制，并演变为加强边境地区信任和加快裁军谈判进程的机制。1996 年，五国在上海举行了第一次会晤，签署了有关加强边境地区军事互信的协定。1997 年，五国又在莫斯科举行第二次会议，结束了边界上长期军事对峙的局面。1998 年，在阿拉木图的第三次会晤中，安全合作成为新的议题。随后在比什凯克、杜尚别召开的会晤中，各国领导人对安全领域合作、共同防务、打击三股势力等问题展开了讨论。

2001 年 1 月，乌兹别克斯坦正式提出作为成员国加入“上海五国”机制。2001 年 6 月 15 日，在上海召开的峰会上，中、俄、哈、吉、塔、乌六国元首共同发表了《上海合作组织成立宣言》，签署了《打击恐怖主义、分裂主义、极端主义上海公约》，“上海五国”机制转变为上海合作组织。上海合作组织在上海正式宣告成立，其性质为“永久性政府间国际组织”。

从上海合作组织成立时的情况看，中亚地区的安全形势不容乐观。中亚地区三股势力猖獗，塔吉克斯坦内战刚结束，大量残余分子仍然盘踞在塔阿边境地区；国际恐怖分子通过各种方式与中亚地区的三股势力相勾结，严重危害地区的安定与发展。在 2000 年前后，中亚地区多次发生恐怖组织和恐怖分子实施的大规模袭击事件（巴肯特事件、“乌伊运”入侵事件等），暴恐分子妄图推翻世俗政府，建立政教合一政权。

在这种形势下，上海合作组织宪章明确规定，该组织的任务是：“加强成员国间的相互信任和睦邻友好；发展多领域合作，维护和加强地区和平、安全与稳定，推动建立民主、公正、合理的国际政治经济新秩序；共同打击一切形式的恐怖主义、分裂主义和极端主义，打击非法贩卖毒品、武器和其他跨国犯罪活动，以及非法移民；鼓励开展政治、经贸、国防、执法、环保、文化、科技、教育、能源、交通、金融信贷及其他共同感兴趣领域的有效区域合作；在平等伙伴关系基础上，通过联合行动，促进地区经济、社会、文化的全面均衡发展，不断提高各成员国人民的生活水平，改善生活条件；在参与世界经济的进程中协调立场；根据成员国的国际义务及国内法，促进保障人权及基本自由；保持和发展与其他国家和国际组织的关系；在防止及和平解决国际冲突中相互协助；共同寻求 21 世纪出现的问题的解决办法。”

对内部，上合组织遵循“相互尊重国家主权、独立、领土完整及国家边界不可破坏，互不侵犯，互不干涉内政，在国际关系中不使用武力或以武力相威胁，不谋求在毗邻地区的单方面军事优势；所有成员国一律平等，在相互理解及尊重每一个成员国意见的基础上寻求共识；在利益一致的领域逐步采取联合行动；和平解决成员国间分歧”的“上海精神”。对外部奉行“不结盟、不针对其他国家和地区及开放的原则”。

经过多年的发展，“上海精神”业已形成，其主要内容为“互信、互利、平等、协商、尊重多样文明、谋求共同发展”。以“上海精神”为基础，上合组织确立了新安全观、新国家关系模式以及新区域合作模式。新安全观是指相互信任与共同安全；新国家关系模式是指结伴而不结盟、开放和透明、不针对其他国家和地区组织；新区域合作模式是指平等的伙伴关系、协商一致、共同倡导、安全先行以及互利协作等。对于上合组织未来发展，习近平主席提出了“四个坚持”的主张：坚持以维护地区安全为己任；坚持以实现共同发展繁荣为目标；坚持以促进民心相通为宗旨；坚持以扩大对外合作交流为动力。

截至 2016 年 7 月，上海合作组织拥有正式成员国六个，分别是哈萨克斯坦、中国、吉尔吉斯斯坦、俄罗斯、塔吉克斯坦和乌兹别克斯坦。观察员国有阿富汗、印度、白俄罗斯、伊朗、蒙古国以及巴基斯坦；对话伙伴国有阿塞拜疆、亚美尼亚、柬埔寨、尼泊尔、土耳其和斯里兰卡。

2014 年 9 月，在上合组织杜尚别峰会上，《给予上海合作组织成员国地位程序》以及《关于申请国加入上海合作组织义务的备忘录范本（修订案）》两个文件得到批准，上海合作组织的扩员大门正式开启。应该说，扩员对于安全合作能力的提高、国际影响力的扩大具有积极的意义。截至目前，印度、伊朗以及巴基斯坦三国已经提出成为正式成员国的申请，还有叙利亚以及孟加拉等国申请成为观察员国。对于各国踊跃申请，习近平主席指出，欢迎有意愿且符合标准的国家申请成为本组织正式成员，为本组织发展注入新的活力。

（二）机构设置

目前，上合组织的机构设置，主要包括会议机制以及常设机构两大部分。

会议机制主要是包括成员国元首理事会、政府首脑理事会会议等，还设有议长，安全会议秘书，外交、国防、救灾、经济、交通、文化、卫生、执法部门领导人，总检察长，最高法院院长会议等年度定期会晤机制。成员国元首理事会是上合组织的最高决策机构，负责确定发展战略以及重大原则问题。根据上合组织有关规定，元首理事会每年举办一次例会。政府首脑理事会会议的地位仅次于国家元首理事会会议，重点负责研究框架内多边合作的战略与优先方向，解决经济合作等领域的原则和迫切问题，批准年度议案等。根据规定，政府首脑理事会会议每年举行一次，也可根据实际情况召开非例行会议。上合组织内部负责日常活动协调和管理的是成员国国家协调员理事会，该理事会每年至少举行三次会议，理事会主席由元首会议例会举办国国家协调员担任。

上海合作组织常设机构主要是指上海合作组织秘书处以及地区反恐机构。上合组织秘书处设于北京，于 2004 年 1 月成立。主要职责为负责组织活动、技术保障、研究落实各项会议文件、对年度预算提出建议等。秘书长一职由元首理事会任命，各个成员国的外交官轮流担任，每届任期三年，不得连任。上合组织首任秘书长为张德广，现任秘书长为俄罗斯人德米特里・梅津采夫。地区反恐机构设于塔什干，是上海合作组织成员国在打击三股势力等领域开展安全合作的常设机构。地区反恐机构下设理事会以及执行委员会。理事会作为地区反恐机构的协商决策机关，由成员国反恐主管部门负责人或代表组成。执委会主任是反恐机构的最高行政官员，任期同样也是三年。现任执委会主任为张新枫。

上合组织设有两个非政府组织，即实业家委员会和银行联合体。实业家委员会于 2006 年 4 月根据元首理事会决议而在上海创立，联合了各个成员国工商界最有权威的代表，旨在扩大上合组织的经济合作，建立实业界与金融界之间的联系与对话，促进多边项目的落实等。当前，实业家委员会的主要合作方向为能源、信息技术、基础设施以及发展成员国过境潜力等。银行联合体成立于 2005 年 10 月 26 日，是根据上合组织政府首脑理事会会议的决定而设立的，其成员包括哈萨克斯坦开发银行、中国国家开发银行、俄罗斯外经银行、塔吉克斯坦国家银行以及乌兹别克斯坦对外经济活动银行。2006 年，吉尔吉斯斯坦储蓄结算公司加入银行联合体。目前，银行联合体理事会主席为吉尔吉斯斯坦储蓄结算公司总经理阿克玛特别科夫。

为加强上合组织成员国智库交流与合作，为上合组织提供智力支持，上合组织特别建立了上海合作组织论坛。这是上合组织框架内唯一具有民间特质却又有政府背景的专家咨询机制。论坛首次会议于2006年召开，以后每年在举行上合组织元首峰会时召开，由成员国轮流主办。

（三）上合组织安全合作

共同维护地区的安全与稳定是上海合作组织最为重要的职能之一。成立15年来，上合组织始终将安全领域合作作为发展重点，致力于打击三股势力，有效地维护了本地区的安全与稳定。客观地说，在近年来周边地区热点不断、西亚北非动荡不止以及全球经济复苏乏力的大背景下，中亚地区能够保持持续稳定，与上合组织各成员国间的通力合作密不可分。上合组织在地区安全领域发挥了不可替代的作用，究其原因，有以下三点。

1. 建立健全各项合作机制

2001年上合组织成立之际，各国签署了《打击恐怖主义、分裂主义和极端主义上海公约》，这为日后各国合作确立了具体方向与原则。随后上合组织逐步建立了国防部长会议机制、总检察长会议机制、安全会议秘书会议机制、最高法院院长会议机制等，为深入开展各项安全领域合作提供了坚实有力的机制保障，同时会议机制也为各国在日常工作中提供了配合协作的实践平台与基础。除《打击恐怖主义、分裂主义和极端主义上海公约》以外，成员国还通过了《上海合作组织成员国合作打击恐怖主义、分裂主义和极端主义构想》等众多反恐文件，为打击恐怖主义和极端主义奠定了坚实的法律基础和制度保障，展示了上海合作组织维护地区安全和稳定的决心与力量。地区反恐机构的建立也为各成员国开展反恐合作提供了机构保障。由该机构组织开展的各类双边、多边信息交流和人员培训等，有效提高了各国执法人员的执法水平和反恐能力，密切了各国执法、护法机构间的联系，反恐资料库的建设使情报共享与交流成为可能，为各个成员国稳定发展保驾护航。

2. 合作领域不断拓展

为了有效震慑地区内三股势力，提高反恐能力，切实提高合作水平，自2002年起上合组织便定期与不定期举行了多次双边、多边联合反恐军事演习，开展了代号“联合”“和平使命”等反恐军事演练。针对不同任务的各类军演有效提升了成员国应对安全威胁的能力，对于企图破坏地区和平与发展的三股势力起到了极大威慑作用。此外，上合组织还将合作领域从最初的反恐扩展到禁毒、反洗钱、反有组织犯罪等方面。同时，各类物资援助、军事技术人员培训等活动陆续开展，增强了成员国之间的了解与互信。

3. 共同构筑地区安全基石

从目前情况看，上合组织已经和集安组织建立了较为密切的联系，共同构建了中亚地区的安全基石，化解了西方对上合组织的疑虑，缓解了西方的敌对态度，有利于创建中亚地区和平发展的环境。同时，通过上合组织内部机制，有效协调中俄两国在中亚地区的关系，共同维护了地区和平，促进了经济发展。中俄两国利用自身的比较优势，有效遏制区域外势力给中亚地区带来的负面影响，避免了该地区大国博弈的白热化。

（四）上合组织区域经济合作

上海合作组织成立以来，区域经济合作不断发展，合作水平逐步提高，实施了一系列的有效措施，区域经济合作卓有成效。面对全球金融危机、经济复苏迟缓、大宗商品价格低迷等不利因素，上合组织区域经济合作的作用逐步显现，促进了成员国经济稳步发展。

1. 法律基础与合作机制

成员国于2002年签署了《上海合作组织成员国政府间关于区域经济合作的基本目标和方向及启动贸易和投资便利化进程的备忘录的议定书》和《上海合作组织成员国经贸部长首次会晤联合声明》，启动贸易投资便利化进程。2003年9月6日，各国首脑签署了《上海合作组织成员国多边经贸合作纲要》，确立了区域经济合作的基本目标和任务，就深化成员国间的经贸合作、改善投资环境等达成一致意见。2006年，上海合作组织银行联合体成员通过《关于支持上海合作组织区域经济合作的行动纲要》。2012年，上合组织建立了“商务日”机制，签署了《上合组织成员国元首关于构建持久和平、共同繁荣地区的宣言》和《上海合作组织中期发展战略规划》等10余个法律文件，这对于上合组织经济发展具有里程碑意义。近期，上合组织峰会还签署了《上海合作组织成员国政府间国际道路运输便利化协定》等一系列协议。

除了法律文本外，上合组织建有经贸部长会议、高官委员会等会晤机制，负责协调、推动元首理事会、首脑理事会有关决议的落实，成立了海关、质检、电子商务、促进投资与发展过境潜力、能源、信息和电信七大重点领域的工作组。

2. 贸易、投资以及便利化

自成立初期起，上合组织便将贸易与投资便利化、降低成本以及消除障碍作为经济合作的基本目标，力争在2020年实现货物、服务、资本等要素的自由流通。经过10余年的发展，中国与其他成员国的贸易额已经从2001年的129亿美元上涨至2014年的1298.14亿美元。各成员国之间的贸易量占各自贸易量的比重逐年提高，各国之间的经贸联系日益紧密，贸易领域不断拓展。各国之间产业互补性强，经济相互依赖程度较高。中亚各国以及俄罗斯在能源、金属类产品上具有较大优势，而中国的技术、高科技产品、装备制造、人力密集型产品具有一定的比较优势。

在投资领域，中国对各成员国的直接投资额从2003年的1.1亿美元猛增至2011年的75.2亿美元，增长67倍。这其中，能源领域投资额占到了较高的比例。近年来，上合组织区域投资呈现如下特点：一是能源领域投资份额进一步加大，石油天然气领域始终是各国投资的重点，电力合作逐步增长；二是加工制造行业投资发展迅速，成效较为明显，具有较大发展潜力；三是基础设施投资额逐年增长。

在运输便利化方面，近年来各成员国之间正在修建国际道路运输网络，各方共同商定的6条连接各成员国的运输路线将于2020年前全部开通，形成上合组织成员的道路运输网络，为下一步跨境运输和过境道路运输夯实基础。同时，在各国海关启动监管结果互认合作项目，降低进出口成本，节省通关时间，促进贸易便利化。下一步，中白工业园以及中蒙俄经济走廊项目将逐步启动运作，标志着上合组织区域经济合作的扩大，将观察员国和对话伙伴国列入合作对象。

第四节 亚信会议

1992年10月5日，在第47届联合国大会上，哈萨克斯坦总统纳扎尔巴耶夫发出关于成立亚洲相互协作与信任措施会议（以下简称亚信会议）的倡议。亚信会议囊括了亚洲次区域的主要国家与地区热点国家，在地区安全方面具有很强的代表性，其核心主题是安全合作。该机制的性质主要是针对亚洲地区的安全问题进行磋商与对话，目标和宗旨在于通过制定旨在增进亚洲和平、安全与稳定的多边措施来加强地区合作。目前，亚信会议共有成员国 24 个，其中包括中国、俄罗斯等大国，还有中亚地区的哈萨克斯坦、吉尔吉斯斯坦、塔吉克斯坦以及乌兹别克斯坦；观察员国（含国家以及国际组织）13 个，包括乌克兰、马来西亚、日本以及联合国、欧安组织、阿拉伯联盟以及突厥语国家议会大会。

目前亚信会议已经建立国家元首（政府首脑）峰会、外长峰会、高官委员会会议、特别工作组会议等一系列不同级别的对话会晤机制。一般情况下，首脑峰会以及外长会议各自每 4 年举办一次，交错举行，间隔时间为 2 年。举办峰会以及外长会议的国家担任亚信会议的轮值主席。亚信会议设有常设秘书处，于 2006 年 6 月启动，设于哈萨克斯坦的阿拉木图。

在 20 世纪 90 年代初，哈萨克斯坦等原苏联加盟共和国获得独立后，对冷战结束后世界与地区形势进行了反思，认为应该推动新型国际安全观的形成，重建地区与世界安全信任体系。正是在这样的大背景下，纳扎尔巴耶夫总统阐述了设立地区性安全论坛的构想与动机。他指出，亚洲是当今世界多民族、多人口以及多文化的地区，也是各类矛盾与冲突最多的地区之一，这严重影响地区各国的安全与稳定。相比之下，欧洲在第二次世界大战之后建立了防止对抗的对话机制——欧洲安全与合作组织，亚洲各国也可以参照欧洲的成功经验，逐步建立亚洲互信机制。在 1992 年 10 月的联合国大会上，纳扎尔巴耶夫总统正式提出了该设想。1993 年 3 月，亚信会议第一次专家会议召开，亚信会议正式开始起步。

从目前来看，亚信会议的发展历程大致可以分为 4 个阶段，即初步沟通期（1992 ~ 2001 年）、高层磋商期（2001 ~ 2009 年）、深化拓展期（2009 ~ 2014 年）以及趋于完善期（2014 年至今）。①

1992 年 10 月至 2001 年 1 月，被认为是亚信会议初步沟通阶段。在哈萨克斯坦以及亚洲各国家的积极努力下，各国学者、专家开始参加亚信专家组会议，并成立了筹备亚信外交部长会议的特别工作小组，在 1996 年 2 月和 1997 年 12 月，分别召开了副外长会议，讨论和确立亚信会议的规则。1999 年 9

① 强晓云：《从安全理念的演变看亚信会议框架下的安全合作》，《国际展望》2015 年第4 期。

月，又召开了亚信外长会议，商讨成员国的相互关系和建立地区稳定与安全保障机制，共同签署了《亚信成员国相互关系指导原则宣言》。在宣言中，特别强调了亚洲安全的共同性和不可分割性，承认了安全关切的多样性，指出了在承认联合国以及尊重国际法的基础上展开安全合作是解决地区问题的主要途径。这9年中，各方初步提出了加强安全领域互信的必要性。但同时，由于各国对于安全合作的认知各不相同，因此关注点大多集中在加强信任与对话方面，强调国际关系中宽容的重要性和对话作为达成理解、消除威胁等交流手段的重要性。

2001年1月至2009年10月，是亚信会议机制的高层磋商期。在这段时间里，各成员国的高层开始着手围绕安全理念开展对话与磋商。从2001年起，哈萨克斯坦开始推动国家元首会议机制。2002年6月，召开了亚信会议第一次元首会议，各国领导人共同发表了《阿拉木图文件》。针对2001年发生的"9·11"事件，还发表了《关于消除恐怖主义和促进文明间对话的宣言》，向全世界表达了亚信会议成员国坚决打击恐怖主义的立场。2004年10月，亚信会议第二次外长会议召开，通过了《亚信信任措施目录》以及《亚信程序规则》，为亚信会议的互信安全机制奠定了法律基础。在此之后，又召开了第二次国家元首会议以及第三次外长会议。各成员国认为，要将合作的重点落实在如何应对新挑战与新威胁，以及加快社会经济发展上。对于应对非传统安全威胁以及军事安全合作，各国都持较为谨慎的态度，表示愿意搁置分歧，寻求共识。

2009年10月至2014年5月，亚信会议进入深化拓展期。2009年10月，在北京国际俱乐部召开了亚信高官委员会会议，针对全球金融危机所带来的安全风险交换意见，并就健全亚信会议对话机制展开讨论。2010年6月，亚信会议第三次国家元首会议在土耳其召开，会上首次签署了《亚信论坛秘书处及工作人员、成员代表特权以及豁免公约》，标志着该机制向正式国际组织迈进了一步。在2012年9月，第四次外长会议在阿斯塔纳召开，通过了会议宣言，并同意中国在2014~2016年担任亚信会议主席国。在深化拓展期内，各成员国对于应对综合性安全挑战的意识日趋强烈，对于安全挑战的认识也逐步统一，对于打击毒品、武器走私等加大了力度，能源安全及对于金融危机的防范也受到各国的普遍重视。

2014 年 5 月，在上海召开了亚信会议第四次国家和政府首脑会议，并通过了《上海宣言》，明确提出了“共同、综合、合作以及可持续安全”的安全理念。此次会议提出了可持续安全的新概念，指出安全绝非一个短期概念，而是一个可持续的过程；可持续安全的基础在于发展，发展要通过经济合作方可实现，将发展与安全并重，并实现持久安全。以在上海举行的第四次首脑会议为起点，亚信会议进入趋于完善阶段。

哈萨克斯坦作为亚信会议的发起国，在亚信会议中享有特殊地位以及重大话语权。哈高度重视该会议建设，推动亚信会议不断升级，使该机制的影响力日趋扩大，使其成为亚洲地区安全与互相信任的一个重要的建设性平台。哈总统纳扎尔巴耶夫通过亚信会议机制，与多国领导人建立起了私人友谊，增强了哈在国际社会以及地区层面的影响力。借助亚信会议机制，推行“多向度”外交，平衡大国在中亚地区的影响力，强化本国的话语权。亚信会议虽然目前仅是一种地区安全对话机制，却包罗了中国、俄罗斯等周边重要力量，哈国希望能巧妙利用该机制，这不仅有利于相互制衡，而且有利于其多元平衡外交政策的实行，成就其在中亚地区的主导地位。

在机制建设上，哈萨克斯坦希望借中国之力，将亚信会议升级为国际组织，优化升级相关机制。在地区层面，哈希望利用亚信会议，促进各方在本地区事务上的对话与协调，维护地区的安全与稳定；强化多极化世界理念与多边共治；与各国建立良好的双边关系，强化伙伴关系。在经济领域，借助亚信，推动欧亚大陆桥以及“渝新欧”等铁路运输交通网络建设，集中各国资源，就欧亚地区贸易展开具体合作，发挥哈地缘优势，发展本国贸易运输行业。同时，不断促进亚信会议各成员国间人文、教育领域的合作，提高中亚国家整体教育水平和人口素质。

第五节 “中亚 + 日本”对话机制

苏联解体之后，日本在很短的时间内做出回应，宣布承认新独立的中亚五国。1992 年 1 月至 4 月，日本与中亚各国建立了外交关系。从建交最初的

“经济援助”到“丝路外交”，再到“中亚 + 日本”对话机制，日本与中亚各国的外交水平不断升级，交往程度不断加深，交往范围不断扩大。

一　中亚与日本建交初期外交情况

中亚地区原是苏联的一部分，无外交自主权，中亚同日本没有直接的外交联系。第二次世界大战后，大批的日本战犯被发配至中亚地区参加劳动以及经济建设活动。

1991 年 12 月 25 日，苏联宣告解体。3 天后，即 12 月 28 日，日本宣布承认包括中亚五国在内的新独立国家。1992 年 1 月至 4 月，日本分别同中亚五国建立外交关系

总体来看，1997 年之前，日本对中亚各国的认识不足，双方的交流面较为狭窄，层次停留在较低水平。

1997 年 7 月 24 日，日本首相桥本龙太郎在经济同友会发表题为《今后我国外交政策的理想状态——以对俄外交为中心》的讲话，提出了“欧亚大陆外交”战略。讲话中，桥本龙太郎将中亚五国以及高加索三国共八个国家统称为“丝绸之路地区”，并指出日本要“加强与这些国家的双边关系……制定比过去更加复杂的外交政策”。他同时指出，未来日本要在三个方面加强同中亚的外交联系：一是通过政治对话增强互信与理解；二是以经济合作、能源合作促进地区繁荣；三是通过推进核武器不扩散协议、民主化与政治稳定维护地区和平。以桥本龙太郎的讲话为起点，日本提出了“丝路外交”的概念，日本政府对中亚开展了全方位的外交联系，外交进程明显加快发展。

二　“中亚 + 日本”对话机制的提出

2004 年 8 月，日本外长川口顺子访问中亚地区乌兹别克斯坦、哈萨克斯坦、塔吉克斯坦以及吉尔吉斯斯坦四国，并在塔什干的乌世界经济外交大学发表演说，提出建立“中亚 + 日本”对话机制。在演讲中，川口顺子明确提出了日本与中亚国家交往的三项基本原则，即尊重多样性、竞争与协调以及开放性合作，强调日本与中亚各国在未来，除要加强物品交流外，更要加强人员交流与文化交流。随后在 8 月 24 日，首届“日本 + 中亚”外长级会谈在阿斯塔

纳举行。日方提出将帮助中亚国家修建连接印度洋港口的铁路干线，使中亚各国都拥有一条通往南部出海口的捷径。作为回报，中亚四国对日本“入常”表示了“宝贵支持”。

2005 年，第一次“日本 + 中亚”高层会晤举行。该会晤明确了日本与中亚国家具体的合作领域，主要有政治对话；区域合作，主要包括缉毒、反恐、扫雷、医疗卫生、扶贫、水资源等总计 10 个子项目；经济振兴；智库对话；文化交流。通过此次会晤，日本与中亚各国之间的合作进入了新时期，高层互访、外长会议、学术交流等活动逐步展开。在外交机构的设置上，日本外务省将欧洲局中原有的“新独立国家室”改名为“中亚高加索室”，负责中亚五国以及外高加索三国事务，此举反映出日本外交机构安排逐步专业化，同时中亚地区在日本外交中的战略地位升高。

2006 年 8 月，日本首相小泉纯一郎访问哈萨克斯坦、乌兹别克斯坦。日本与哈萨克斯坦签署了关于和平利用核能和开发铀矿的备忘录；日方与乌兹别克斯坦就能源开发等进行会晤，同时涉及教育资助等。2006 年 6 月，日外长麻生太郎发表题为《自由与繁荣之弧——开创日本外交新天地》和《使中亚成为“和平与稳定”的走廊》两大直接关系到日本对中亚政策的演说，强调要用“价值导向外交”把东北亚、中亚、高加索以及中东连接成为“自由与繁荣之弧”，将中亚转变为“和平与稳定的走廊”。“自由与繁荣之弧”的提法，被认为是与“日美同盟”“近邻外交”并重的日本三大外交基轴。由此可见，中亚已被日本纳入其外交战略大盘中。

2006 年 10 月，日本、吉尔吉斯斯坦、塔吉克斯坦、乌兹别克斯坦、哈萨克斯坦以及阿富汗六国外长参加了在东京举行的“中亚 + 日本”第二次外长峰会，就各国间合作、提升跨地区合作展开讨论。会议认为，政策对话、区域合作、促进商业发展、人才对话以及文化交流等是“中亚 + 日本”对话机制框架下最主要的合作支点。会议通过了有关的“行动计划”，规定了基本援助的方式和内容，以技术合作、金融援助以及优惠贷款等方式，构建日本政府对中亚的援助平台。

2007 ~ 2008 年，“中亚 + 日本”对话机制发展受到了一定的挫折。2007 年，日本外务省长官原本希望出席联合国大会时，与中亚各国外长举行会晤，但最终未能实现。2008 年，原定于塔什干举行的第三届“中亚 + 日本”外长会议，因日方不断更替政府首脑被迫取消，直至2010年8月才延迟举行。

2012年，在日本与中亚国家建交20周年之际，在东京举行了中亚各国外长与日本外务省高官峰会。土库曼斯坦副总理以及外长首次参加了会议。此次会议主要讨论了双边合作的优先方向，包括贸易与投资、区域安全、打击极端势力以及共同参与阿富汗重建等问题。日方承诺实施总值超过7亿美元的项目，加快阿富汗重建进程，刺激周边国家经济增长。

在“中亚+日本”对话机制的大框架下，日本与中亚各国在政治以及经济等领域的合作不断发展。在政治领域，日本派出官员参加欧安组织选举观察团，对塔吉克斯坦、吉尔吉斯斯坦议会选举进行观察。在争取联合国常任理事国席位、钓鱼岛问题上，日本不惜斥巨资，积极谋求中亚的支持与理解。[①] 在经济领域，2007年，日本经产省大臣甘利明访问了哈萨克斯坦以及乌兹别克斯坦，并签署了有关铀开发的合作协议，并于次年签署了《日本与乌兹别克斯坦投资协定》以及《日本与哈萨克斯坦投资协定》。

三　日本“中亚外交”的动机和原因

通过各类经济援助等手段，日方在中亚地区赢得了一定的好感与亲和力，扩大了影响。对于日本“中亚外交”不断升级的动机与原因，学术界一般有“能源说”“日美基轴说”“经济合作说”等说法。

“能源说”的观点认为，日本作为本土资源匮乏，对外能源依存度极高的国家，急于开拓新的能源供给途径。中亚地区石油天然气资源丰富，日政府在相关报告中也多有提到日本重视同中亚国家之间的能源合作，日本同中亚国家积极交往是为了获取中亚地区的能源。不可否认，在中亚各国独立初期，日政府对中亚的石油天然气表现出了较大的兴趣，并就各国能源潜力进行了评估。但随后，由于日本各能源企业未能在中亚地区能源竞争中获得优势，日本也逐步放弃了对中亚能源的角逐。目前，日本原油进口仍然主要依赖中东国家，并同时不断提高能源自给水平。

① 玉素甫·阿布来提：《中亚——日本双边、多边关系及其对中国的启示》，《日本问题研究》2014年第4期。

“日美基轴说”认为，日本在中亚地区进行外交活动的主要动机是争取配合美国行动与维护国家利益的双赢。日本长期在国际政策与事务上追随美国，以换取美国对其的安全保障。“9·11”事件后，美国以反恐战争为名，加大了对中亚地区的争夺力度，对中亚及周边的重视程度加大。在此背景下，日本也提出了“丝路外交”“中亚+日本”对话机制等作为配合。因此，这种观点认为日本是为了配合美国行动而升级中亚政策。应当指出的是，日本虽在中亚政策方面与美国表现出了一定的同步性，但是日本在中亚地区的角色定位与美国大相径庭，对于美国所提出的在中亚进行“民主化进程”，日本并未过多参与，而是采取了缓和态度，强调自身“不参与大国博弈，没有政治目的”，希望成为中亚地区博弈的“平衡者”，因而日本的中亚政策在与美国保持一致的同时，也具有自己的特点。

“经贸合作说”的观点认为，日本加强与中亚国家联系主要是为了获得中亚地区的市场，鼓励日本企业进军中亚，以获取商业与经济利益。但是从目前的情况看，日本在中亚地区的商贸情况并不乐观，在哈的日本企业仅有4家，除铀资源外，两国之间并没有过多的商贸往来。日企业对中亚地区的政治稳定性以及安全性存有疑虑，中亚五国与日本之间都不是主要的贸易国。

还有一种观点认为，日本不断升级中亚政策的根本原因在于实现“政治大国”的战略目标。中亚地区位于欧亚大陆中心位置，地缘价值显赫。周边大国都在争夺中亚地区的主导权，日本密切同中亚国家的联系，无疑将增强自身在中亚地区的存在感，强化在中亚事务的发言权，凸显其作为亚洲领导者的形象，努力扩大日本在国际事务中的话语权和影响力，以期更加接近“政治大国”的战略目标。①

第六节　欧洲安全与合作组织

作为全球最大的区域间国际组织，欧洲安全与合作组织（以下简称欧安组织）拥有会员国57个，成员国人口总计超过10亿。目前，中亚五国都已成

① 王疆婷：《日本的中亚政策演变及其原因》，《国际论坛》2014年第1期。

为欧安组织的成员国。欧安组织在中亚五国都设立有办事机构，经常直接"介入"中亚国家的国内事务，涉及政治与军事、经济与环境以及人权三大领域，监督各国的总统、议会选举，试图在中亚国家的民主权利和自由、社会和政党运动、新闻媒体独立等领域发挥作用。

一 分支机构与资金投入

欧安组织是世界上最大的区域间国际组织，自 1992 年起，先后接纳中亚各国成为其成员国。20 余年来，欧安组织已经在每一个中亚国家设立了分支机构，广泛参与中亚各国以及地区的政治、安全等各项事务。

1995 年 6 月，欧安组织在中亚地区的第一个项目协调中心设立在乌兹别克斯坦首都塔什干，其主要职责是对大规模杀伤性武器加以控制、支持媒体发展与政府信息公开、促进司法改革等。1998 年，欧安组织在吉尔吉斯斯坦首都比什凯克设立了协调中心，主要职责是帮助吉尔吉斯斯坦政府提高边界管理水平，支持吉政府法治建设，促进环境保护与地区合作，协助欧安组织在中亚地区的活动。在哈萨克斯坦首都阿斯塔纳与土库曼斯坦首都阿什哈巴德，欧安组织于 1999 年 1 月分别设立了分支中心。在阿什哈巴德的分支机构，除常规职能外，更加注重帮助土方提高反恐与打击走私的能力，促进土经济改革步伐。而驻阿斯塔纳的中心则更加注重协调欧安组织与其他国家的联系。2008 年 6 月，欧安组织在中亚地区最后一个分中心在杜尚别设立，从目前来看，该分中心相关职能较少。但值得指出的是，欧安组织早在 1994 年 2 月就向塔吉克斯坦派驻使团参与维和工作，1998 年塔吉克斯坦爆发内战之时欧安组织也介入民族调解的进程中。

近年来，欧安组织对中亚国家的资金投入力度逐步加大。据统计，2003 年至 2012 年的 10 年间，欧安组织累计在中亚国家投入资金 1.348 亿欧元。在 2012 年，欧安组织对中亚地区投入资金 0.1838 亿欧元，较 10 年前增长了 2.76 倍。[1] 从资金分配上来看，塔吉克斯坦与吉尔吉斯斯坦接受了最多的资金投入。在 2003 年至 2012 年，欧安组织在中亚地区总投入的 34% 投向了塔吉克

① 欧安组织：《欧安组织财务报告》，http：//www. osce. org。

斯坦，33%投向吉尔吉斯斯坦，哈萨克斯坦占14%，乌兹别克斯坦占11%，而土库曼斯坦仅占8%。

二 活动领域

目前，欧安组织在中亚地区的活动主要集中在三大领域，即安全领域、社会领域以及经济与生态领域。

在安全领域中，欧安组织积极参与打击极端势力、武器管控、边境管理、解决水资源争端等活动。在打击极端势力方面，欧安组织通过提高护法部门的反恐意识，引入西方先进的反恐战略战术来帮助中亚国家提高反恐能力；同时增强中亚国家情报部门的技术分析能力，以及金融反恐能力，加强中亚国家与国际组织在该领域的交流与合作。在武器管控方面，通过培训武器管理人员，建立武器数据档案、销毁多余武器等方式防止常规武器的扩散。在吉尔吉斯斯坦部分地区，欧安组织对武器库进行了改建与加固，确保武器安全。在边境管理方面，协调各国之间加强对话，增强边境管理部门跨部门与跨国合作能力，建立信息共享机制等。同时还向部分国家移民管理部门提供科技援助，捐赠电子护照数据管理设备与软件。对于中亚地区的水资源争端，欧安组织通过援建水电站，实地调研水流量信息，协助上下游各方解决信息不畅所导致的水资源争端。

在社会领域，欧安组织倡导“民主、人权”的价值理念，并在制度转型中的中亚各国予以推广，这也是近年来欧安组织与中亚国家合作的重点。欧安组织致力于保护人权，在中亚各国推动“监督专员”体系合作，监督各国人权保护状况；参与各国选举活动的监督，宣传法治与分权的原则，鼓励在野党在政治生活中发挥更大作用；促进各国新闻自由，加强中亚国家新闻媒体监督力度，缩小不同人群间数字鸿沟，防止因消息不畅导致的谣言传播。在性别保护方面，欧安组织致力于性别平等，帮助女性加入政治经济等领域，阻止家庭暴力事件的发生。同时，欧安组织还在反腐、禁毒等领域与中亚国家展开合作。

在经济与生态领域，欧安组织通过直接援助、促进立法等方式协助中亚各国。在经济领域，欧安组织投入大量资金促进中亚国家经济增长，提高经济收入水平。建立各类商业资讯中心，培育新的经济增长点，缓解就业压力，组织各类经济类讨论会，吸引外资前往投资。在生态领域，关注咸海生态变化，为预防气候变化提供协助，加强生态环境方面的交流合作，组织各类法律草案研讨会，提高各国在生态领域立法的水平。

三 活动方式

从目前的情况看，欧安组织在中亚地区活动方式主要包括项目活动制、游说立法、研讨培训、民众参与等多种形式。

项目活动制是欧安组织在中亚地区近年来最主要的行动推广方式，即每一个总项目下包括若干子项目，再从子项目划分为各个“行动”，逐层分解，每个项目设有单独预算，由欧安组织的职员与当地志愿者共同完成。在项目执行过程中以及完成后，欧安组织予以监督和报告，确保资金落实到位。项目制的活动方式在中亚地区取得了较好的效果，体现出援助领域的专业性与针对性，这也是欧安组织在中亚地区进行最多的活动方式。

游说立法是欧安组织针对中亚地区的另一种不可或缺的活动方式。在中亚五国现行体制下，大规模的社会活动都离不开政府的支持。因此必须采用游说方式，说服政府和官员来实现目标。这包括对于立法的游说，以实现“人权、民主”的理念；也包括对于地方各级政府的游说，以期在项目实施时获得官员必要的许可与方便。

中亚地区缺乏专业人才，因此欧安组织举办了大量的专业培训以及研讨会。主要培训对象有政府工作人员（包括各级官员、公务员、警察、司法人员等），社会工作者（包括记者、社会工作者、教师等）以及普通公民等。针对普通公民的培训主要是提高民众工作技能水平，帮助其就业，同时也有提高维权意识、加强人权保护等方面的培训。

中亚五国之所以积极参与欧安组织的活动，从国际关系理论的角度看，主要基于以下原因[①]：一是大国因素，大国因素在中亚国家对欧安组织的态度上起着决定性作用，通过欧安组织，中亚各国可以制衡潜在的外部威胁，也可平

① 参见肖斌《中亚国家与欧安组织区域间关系发展的原因分析》，《新疆社会科学》2014 年第 6 期。

衡大国关系，即欧安组织为中亚国家提供了平衡中、美、俄三大国关系的可能；二是提高应对危机能力，欧安组织通过各类项目，对中亚国家政治、经济、环境、人权等各个方面予以援助，给中亚各国带来了实际的好处，在很大程度上提高了中亚国家应对危机的能力。

第七节　亚洲开发银行与中亚区域经济合作计划

一　亚洲开发银行简介

亚洲开发银行（英文：Asian Development Bank，俄语：Азиатский банк развития）于1966年在马尼拉成立。该组织是亚太地区重要的政府间国际金融组织，它以促进亚太地区的社会经济发展与合作为宗旨，为亚太地区的成员提供资金、技术和管理经验等。它由成员国或地区共同出资兴办，不以营利为目的。亚行有来自亚洲和太平洋地区的区域成员，也有来自欧洲和北美洲的非区域成员。亚行在成立之初只有33个成员，如今成员数量已增至67个，其中48个成员来自亚太地区。

亚洲开发银行下设机构主要有理事会和董事会。由所有成员代表组成的理事会是亚行最高决策机构，负责接纳新成员、变动股本、选举董事和行长、修改章程等，通常每年举行一次会议，由亚行各成员派一名理事参加。[①]

中国于1986年3月10日正式加入亚洲开发银行。2003年7月10日，中国财政部前副部长金立群被任命为亚行副行长，成为亚行历史上第一位中国籍副行长。[②] 目前，俄罗斯尚未加入亚洲开发银行。中亚五国已全部成为亚洲开发银行的成员国，吉尔吉斯斯坦于1994年加入；塔吉克斯坦于1998年加入；土库曼斯坦于2000年加入，哈萨克斯坦于1994年加入，乌兹别克斯坦于1995年加入。

根据公开资料，日本和美国同为亚行最大出资国，出资比例各占

① Asia Development Bank，“About ADB”，http：//www. adb. org/about/main.

② 中华人民共和国外交部网站，http：//www. fmprc. gov. cn/mfa_ chn/ziliao_ 611306/historytoday_ 611370/t57486. shtml。

15.65%；中国的出资比例占第三位，约为6.46%。[①] 各成员的投票权重依据其向亚行的出资比例而定。1966年亚行成立以来，迄今8名行长均由日本人出任，现任行长为中尾武彦。

二 中亚区域经济合作计划简介

面对中亚国家存在的地理位置偏远、国内市场狭小等长期发展挑战，建立了中亚区域经济合作计划机制，其宗旨是以合作谋发展，通过开展有效的区域经济合作，促进成员国经济社会发展，减少贫困；长期愿景是“好邻居、好伙伴、好前景”；重要战略目标是促进中亚地区向周边和世界市场的出口，降低交易成本，促进区域内交通和运输，改善能源供应状况，加速区域内经济增长，提高生活水平，减少贫困现象。所遵循的原则是：国家主导、协商一致、务实求进，以及加强伙伴关系。该计划着力在四大重点领域促进区域合作，即交通运输领域、贸易便利化领域、能源领域以及贸易政策领域。

（一）参与对象

1997年，亚洲开发银行发起了“中亚区域经济合作计划”，并于2001年正式建立机制。中亚区域经济合作计划是一项由10个国家和6个多边机构组成的伙伴关系计划，其中参加国包括阿富汗、阿塞拜疆、中国、哈萨克斯坦、吉尔吉斯斯坦、蒙古国、巴基斯坦、塔吉克斯坦、土库曼斯坦和乌兹别克斯坦。此外还有6个国际组织参与，分别为亚洲开发银行、欧洲复兴开发银行、国际货币基金组织、伊斯兰发展银行、联合国开发计划署及世界银行。[②] 俄罗斯以观察员身份参与相关合作，美国、日本及一些欧洲国家作为发展伙伴参与合作。[③]

亚洲开发银行在中亚区域经济合作计划机制中起着倡导者、组织者、协调者和融资者的作用，履行秘书处的职能。在亚行马尼拉总部设有专门处理该计划事务的处室。中亚区域经济合作计划的会议通常由亚洲开发银行以及主办国

---

① ADB, *ADB Annual Report* 2013: *Members*, *Capital Stock*, *Voting Power*. http://www.adb.org/sites/default/files/page/30786/files/oi-appendix1.pdf.

② 陈维：《论“中亚区域经济合作计划”的地位与作用》，《西部学刊》2014年第6期。

③ 刘楚：《“中亚区域经济合作计划”研究》，中亚区域合作机制的现状与前景国际研讨会论文集。

共同策划筹办。自2001年至2011年，亚洲开发银行总共向该计划直接注入资金达55亿美元，主要形式为贷款以及赠款，涉及领域有运输、贸易和能源等。

（二）组织框架

当前，中亚区域经济合作计划机制框架主要包括两个层面，即政策层面和具体操作层面（见图8－1）。在政策层面，由部长级会议（Ministerial Meeting）负责总体战略指导和政策抉择，会议每年召开一次。截至2014年年底，共召开部长级会议13次。在具体操作层面上有三类机构：高官会议（Senior Officials' Meeting）负责筹备部长级会议，落实部长级会议的政策指示，指导并监督各行业委员会及论坛的工作，在部长级会议和行业委员会之间起承上启下的作用；行业协调委员会负责各自领域具体项目的设计与实施；秘书处负责地区具体项目的评估、提议和执行，并协调与项目相关的捐赠者和机构的关系。操作层面上的三类机构都要对部长级会议负责，向部长级会议汇报工作。[①]

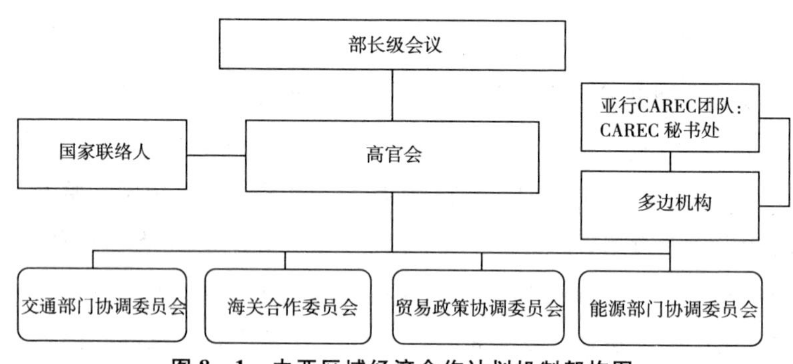

图8－1　中亚区域经济合作计划机制架构图

资料来源：作者自制。

（1）部长级会议。部长级会议是中亚区域经济合作计划的最高机构，负责确定该计划的基本合作领域、方向等，审议以及通过重要文件。截至2014年年底，已经召开部长会议13期，一般于每年10月或11月举行，由成员国轮流举办，会议主席由亚行和主办国代表共同担任（见表8－2）。

① 刘兴宏：《亚洲开发银行与中亚区域经济合作》，《东南亚纵横》2010年第5期。

表 8－2　中亚区域经济合作计划部长级会议一览表

序号	地点	时间	主要内容
1	马尼拉	2002 年 3 月	确定计划机制与优先领域，建立海关合作委员会
2	塔什干	2003 年 11 月	审议区域合作进展，吸收阿塞拜疆和蒙古国加入计划
3	阿斯塔纳	2004 年 10 月	就部分国家加入世贸组织进行磋商
4	比什凯克	2005 年 11 月	提出加快制订综合行动计划，吸收阿富汗加入计划
5	乌鲁木齐	2006 年 10 月	通过《中亚区域经济合作综合行动计划》，发表《乌鲁木齐宣言》
6	杜尚别	2007 年 11 月	通过《交通和贸易便利化战略》，批准研究院章程
7	巴库	2008 年 11 月	通过《贸易政策战略行动计划》和《能源领域区域合作战略》等
8	乌兰巴托	2009 年 10 月	通过《能源行动计划框架》《项目成果框架》
9	宿雾	2010 年 11 月	布置 2011 年进行的十周年总结研究，吸收土库曼斯坦和巴基斯坦加入计划
10	巴库	2011 年 11 月	发布《中亚区域经济合作计划 2020 战略》
11	武汉	2012 年 11 月	以“实施《中亚区域经济合作计划 2020 战略》：愿景与行动”为主题，发布《武汉行动计划》，计划建立实体学院等
12	阿斯塔纳	2013 年 10 月	以“交通和贸易一体化”为主题，讨论修订未来重点合作领域指导战略
13	比什凯克	2014 年 10 月	以“加强互联互通、促进经济转型”为主题，讨论加强国家间合作

资料来源：陈维：《论“中亚区域经济合作计划”的地位与作用》，《西部学刊》2014 年第 6 期；刘楚：《“中亚区域经济合作计划”研究》，中亚区域合作机制的现状与前景国际研讨会论文集；相关报道。

（2）高官委员会。该委员会主要由成员国司局级官员组成，每年召开会议两次。一次在春季，审查上一次部长级会议通过内容的执行情况；另一次通常置于部长级会议之前，为部长级会议的举行做准备。

（3）行业协调委员会。行业协调委员会包括交通部门协调委员会、海关合作委员会、贸易政策协调委员会以及能源部门协调委员会，其成员主要由参与方的专家组成，从属于高管委员会，负责研究与协调相关领域的合作问题，提出意见与对策。

（4）秘书处。秘书处为中亚区域经济合作计划的常设机构，位于马尼拉亚洲开发银行总部内，负责协调该计划的常规事务。

（5）研究院。该院于2006年批准成立，2009年开始各类活动，计划在中国新疆建立实体学院。主要通过能力建设、研究以及对外宣传等增强区域合作。组织对成员国的中高级官员进行培训，对各部门的需求开展调研活动，并建立网站等进行外宣。

（6）其他。中亚区域经济合作计划负责组织两个论坛活动，即工商发展论坛以及发展伙伴论坛。

三　发展历程

对于中亚区域经济合作计划的发展历程，笔者根据国内外相关的学术研究成果与报道，并结合当前该计划的发展，将其分为三大阶段：合作探索与框架建立阶段（1996～2001年）、机制建立与实施阶段（2002～2010年）以及战略规划与全面推进阶段（2011年至今）。

第一阶段：合作探索与框架建立阶段（1996～2001年）。自1996年开始，亚洲开发银行就倡议中国、哈萨克斯坦、乌兹别克斯坦、吉尔吉斯斯坦以及塔吉克斯坦五国开展区域间的经济合作，并考察中国、哈萨克斯坦、乌兹别克斯坦、吉尔吉斯斯坦在基础设施建设方面的需求，寻找具体领域和项目，探讨有关跨境贸易和运输政策问题。通过初期的考察，发现交通和能源为地区经济发展的主要推动力，还发现必须改进相应的政策和程序，探索其他更便利的贸易推广、移民和通关方式。在1999年到2001年期间，亚行在研究成果的基础上初步建立了合作框架，并于2001年在马尼拉召开的高官会上正式提出了合作框架设想。

第二阶段：机制建立与实施阶段（2002～2010年）。这个阶段以2002年3月中亚区域经济合作计划第一次部长级会议为起点，以2010年在宿雾召开的部长级会议发布的10年总结研究报告为终点。在这个阶段中，参与该计划的各个成员国之间加强了沟通与交流，逐步建立了互信。2002 年 3 月，中亚区域经济合作计划第一次部长级会议在马尼拉召开，中国、哈萨克斯坦、塔吉克斯坦、吉尔吉斯斯坦以及乌兹别克斯坦的代表参加了会议。会议确定了经济区域合作的重点领域为交通、能源以及贸易便利化，同时会议还确定了该项目的组织机制。

在这个阶段中，中亚区域经济合作计划扩充了若干成员国，大幅增强了该计划的影响力和作用。2003 年 11 月在马尼拉召开的第二次部长会议上，阿塞拜疆和蒙古国加入了中亚区域经济合作计划；在 2005 年的第四次部长级会议上，阿富汗加入计划；2010 年第十次部长级会议上，土库曼斯坦和巴基斯坦成为该计划新的成员。自此，该计划基本完成扩员。

在这一阶段，第五次部长级会议上所通过的《中亚区域经济合作综合行动计划》（简称《综合行动计划》）具有特殊的意义。《综合行动计划》对未来 3 年的合作活动制订了详细计划，结束了正式的总体战略框架缺失所导致的对部门发展项目指导不力的情况。《综合行动计划》的出台，标志着该计划已经从“建立信任形成共识”层面上升为“战略规划与实施”层面。文件提出了中亚经济区域合作的四大支柱，即建立区域基础设施网络、促进贸易和投资、提供区域公共产品以及加强知识传播和能力建设。为了推进务实合作，将任务区分为轻重缓急，该计划还提出了解决问题的两个结构层次：第一层次为解决与交通、能源和贸易等现有重点领域相关的问题；第二层次为解决人力资源开发、环境、农业等新领域的特别倡议，通过加强经济走廊、能力建设及知识转让等政策或其他方式，进一步深化各国间的合作。

应该说在这 10 年中取得的成就是巨大的。该计划从无到有，从概念到实际操作，实现了快速突破与发展。据统计，自 2001 年至 2010 年，批准的投资项目总额为 153.85 亿美元，批准的投资项目数量达 108 个，其中已经完工的投资项目为 28 个。[①] 分领域来看，在这 10 年中，交通领域的项目数量最多，增长速度也最快，其项目数量由 2001 年的 29 个增长至 2010 年的 71 个，累计

---

① 亚洲开发银行：《2012 年中亚区域经济合作计划开发成效评估》，中亚区域经济合作计划高级官员会议材料。

投入金额超过120亿美元。截至2010年，能源领域开展的项目25个，涉及资金超过30亿美元；贸易便利化领域开展项目12个，涉及资金总额为3亿美元左右。其间，中亚区域经济合作多边机构和政府合作伙伴通过179个技术援助项目（其中115个已经完工），共同开展了总额为2.05亿美元的技术和知识转移工作。

第三阶段：战略规划与全面推进阶段（2011年至今）。此阶段以2011年在巴库召开的第十次部长级会议批准未来10年的纲领性文件《中亚区域经济合作计划2020战略》为开端，并延续至今。经过第一个10年的发展，中亚区域经济合作计划作为成功的区域合作机制已经站稳脚跟，其威信和影响力不断提升。跨入第二个10年发展周期后，该机制将继续以具体项目为载体推动重点领域的务实合作。《中亚区域经济合作计划2020战略》为中亚地区区域经济合作提供了战略框架，总结了前10年中所取得的成就，对下一阶段区域合作进行谋划与展望。该战略指出未来10年的三大战略目标：一是拓展贸易；二是发展商业；三是友好合作。新战略提出，在第二个10年发展期间，将继续深化在交通、贸易便利化、能源和贸易政策四大重点领域的务实合作，同时力求实现把交通走廊首先变成物流走廊，之后再变成经济走廊，以实现两大战略任务，即扩大贸易和提高竞争力。

从总体上看，亚洲开发银行"中亚区域经济合作计划"所取得的成绩是巨大的。截至2014年12月，该计划总共动用资金超过240亿美元，用于四大重点领域的合作与建设。其中，亚洲开发银行资助的资金额达90亿美元之多[①]。根据《中亚区域经济合作计划2020战略》，预计将有超过500亿美元资金被投入重点领域，包括完成交通走廊建设、能源合作等工程。

四 重点领域进展现状

（一）交通领域

目前，该领域各项目进展较为顺利，中亚区域经济合作的6条走廊建设目

① ADB President Takehiko Nakao, Keynote Address at the 13th CAREC Ministerial Meeting, http://www.adb.org/news/speeches/keynote-address-13th-carec-ministerial-meeting.

标已有一半接近完工，其余路线将于2017年年底前全部完工（见表8-3）。截至2013年9月，约4487千米的公路路段，即公路建设总目标的52%，以及约3190千米的铁路，即铁路修复总目标的44%已经完工，超过2008年中亚区域经济合作交通和贸易便利化战略和行动计划设定的中期目标。根据预测，2013~2017年仍需要每年修缮1200千米公路。

表8-3　中亚区域经济合作6大走廊一览表

序号	连接地域	简介
1号走廊	欧洲—东亚	1号走廊为6条走廊中最长的一条，全程包括约13600千米公路和12000千米铁路，其中需要投资进行改善的大约有3840千米公路、3470千米铁路、3座机场和1个物流中心
2号走廊	地中海—东亚	2号走廊包括大约9900千米公路和9700千米铁路，其中需要投资进行改善的大约有1520千米公路、900千米铁路、4座机场和3个港口
3号走廊	俄罗斯—中东和南亚	3号走廊包括大约6900千米公路和4800公理铁路，其中需要投资进行改善的有1520千米公路、1100千米铁路和4座机场
4号走廊	俄罗斯—东亚	4号走廊包括大约2400千米公路和1100千米铁路，其中需要投资进行改善的有1480千米公路、180千米铁路、2座机场、6个物流中心以及1个贸易便利化项目
5号走廊	东亚—中东和南亚	5号走廊包括大约3700千米公路和2000千米铁路，其中需要投资进行改善的有1090千米公路、40千米铁路和1座机场
6号走廊	欧洲—中东和南亚	6号走廊包括大约10600千米公路和7200千米铁路，其中需要投资进行改善的大约有2390千米公路、1270千米铁路和2座机场

（二）能源领域

以《中亚区域经济合作计划2020战略》的框架为基础，当前能源领域工作计划的重点要素包括以下几方面：① 建设中亚—南亚能源走廊；②解决区域能源调度问题；③调节能源和水资源的关联问题；④筹集资金打造能源资产；⑤实施中期重点项目；⑥能力建设与知识管理。[①] 这其中最值得关注的是建设中亚—南亚能源走廊一项。中亚南亚区域电力市场（CASAREM）项目旨在通过一系列项目投资，以及相关制度安排和法律协议的支持，来实现增加两个地区国家间的电力贸易这一目标。该项目涉及三大能源工程，即中亚—南亚1000千伏输变电线（CASA－1000）工程，土库曼斯坦—阿富汗—巴基斯坦—印度天然气管线（TAPI线）工程，土库曼斯坦、乌兹别克斯坦、塔吉克斯坦、阿富汗、巴基斯坦、阿富汗电力部门总体规划（TUTAP），这三个都是耗资巨大的工程。但由于南亚地区，特别是阿富汗局势不稳定，相关的能源计划未能按计划执行。

（三）贸易政策领域

贸易政策战略行动计划（TPSAP）采取以下几项具体政策实现主要目标：①支持中亚国家加入世界贸易组织；②取消当前对进出口数量的限制；③降低并简化贸易税；④推行能力提升活动，以促进各国进入世贸组织；⑤改善贸易的总体制度环境；⑥降低中转和边境贸易壁垒。

（四）贸易便利化领域

该领域通过消除中亚区域经济合作走廊上跨境交通的非物质壁垒和执行交通便利化协议，使中亚区域经济合作走廊带来的福利最大化。近年来，该计划在完善贸易中的“过境”和“入境后”程序方面取得了几项关键性成果，包括加大对海关自动化信息系统、国家单一窗口系统、联合海关监管、现代化卫生和动植物检疫（SPS）设施的投资。

五　中亚区域经济合作计划优势分析

中亚区域经济合作计划机制自成立以来，在中亚地区取得了较快发展和显著成果，为中亚各国提供重要资金与技术支持，有利于中亚区域一体化的发展，更在国际舞台上强化了中亚地区发挥欧亚心脏地带以及交通枢纽的作用。

---

① 亚洲开发银行：《能源部门进展报告及工作计划（2012年10月～2013年6月）》，中亚区域经济合作计划高级官员会议材料。

这些成就的取得与其自身的特点与优势有着极为紧密的关联。

一是资金筹措能力强。中亚区域经济合作计划的主要资金来自亚洲开发银行，同时得到了欧洲复兴开发银行、国际货币基金组织、伊斯兰发展银行、联合国开发计划署及世界银行等国际机构的支持。这些权威机构在国际上的融资能力较强，可向该计划提供充足资金。截至 2014 年年底，该项目直接动用的资金已达到 240 亿美元。而根据《中亚区域经济合作计划 2020 战略》，未来投资额将超过 500 亿美元。

二是专业能力突出。由亚洲开发银行牵头，其他国际金融机构共同参与的模式，保证了该计划在投资和援助方面具有极强的专业能力，充分发挥了国际组织在区域经济合作领域的经验优势。运用亚洲开发银行的金融专业知识和投资管理经验，确定较为严密、规范的程序，建立起前期论证、中期跟踪以及后期评估等成套体系，确保资金使用到位，发挥应有作用。

三是着眼各国共同需求。自 1996 年起，亚洲开发银行就着力于探求中亚各国经济发展的关键领域，满足各国的共同需求。根据中亚地区交通等基础设施建设薄弱、各国间贸易壁垒问题严重，同时能源潜力大的特点，将能源、交通和贸易便利化作为重点领域，适应各国的共同需求，为其带来实际利益与发展，自然受到中亚国家的欢迎与支持。

四是淡化意识形态。根据《亚洲开发银行协定》的有关规定，所有工作人员在任职期间应奉行国际主义精神，即不得干涉任何成员国的政治事务，决策时也不应受成员国政治事务的影响。① 非政治化以及弱化意识形态的影响使中亚区域经济合作计划中各个项目的开展更加顺利，避免了因意识形态等问题难以调和而使项目流产的后果。

六　中亚区域经济合作计划与上海合作组织的关系

（一）组织成员比较

在组织成员方面，中亚区域经济合作计划与上海合作组织两大机制具有一

① ADB, Agreement Establishing Asian Development Bank, Article 36.

定的重合性。中亚各国，除土库曼斯坦外其余四国都是两大机制的双重成员。具体来看，土库曼斯坦受到其“永久中立”外交政策的影响，并不是上海合作组织成员国，而仅作为参会客人出席过上海合作组织活动；俄罗斯是上海合作组织的重要成员国，但并没有被吸收加入中亚区域经济合作计划，仅以观察员身份参与相关合作。上海合作组织观察员国包括阿富汗、印度、伊朗、蒙古国、巴基斯坦和白俄罗斯。其中阿富汗和巴基斯坦为中亚区域经济合作计划的成员国（见表8-4）。由此可见，两大组织在成员国方面具有较高的重合性。

表8-4　中亚地区及周边各国参与地区合作机制分布情况表

机制/国家	哈萨克斯坦	吉尔吉斯斯坦	塔吉克斯坦	乌兹别克斯坦	土库曼斯坦	中国	俄罗斯	巴基斯坦	阿富汗
上海合作组织	是	是	是	是	否	是	是	观察员国	观察员国
中亚区域经济合作计划	是	是	是	是	是	是	否	是	是

（二）合作领域以及机制比较

在区域经济合作领域方面，两大组织都将能源、交通以及贸易作为重点合作领域。根据《中亚区域经济合作计划2020战略》，交通和能源为未来10年的重点发展领域，6大经济走廊以及中亚—南亚能源走廊建设表明，在这些方面中亚区域经济合作计划将会发挥极其重要的作用。在上海合作组织方面，交通合作是上海合作组织区域合作的一个重点，《上海合作组织成立宣言》和《上海合作组织宪章》已明确将鼓励各成员国开展交通领域的有效合作作为该组织的宗旨和任务之一。目前已建立东部与西部两大主要运输通道。在能源领域，各成员国和有关观察员国按《上海合作组织宪章》确定的经济合作原则和战略，从实施具体合作项目入手，为形成和实现上合组织能源合作的统一构想积极开展工作并已取得许多可喜成果。

可以看出，在能源与交通领域，两大组织存在重合与交叉，因此两者之间如何避免重复、如何展开合作将是未来需要解决的重点问题。事实上，中亚区域经济合作行动计划与上合组织曾有过成功合作的先例。该行动计划原打算将发展跨国公路运输作为成员国重点合作项目，后考虑到上合组织在这方面已经做了不少工作，最终放弃了原来的想法，而是协助上合组织成员国商谈缔结国际道路运输便利化协议。①

在体制机制上，中亚区域经济合作计划是国际金融组织与中亚各国开展的合作，而上海合作组织是国家主导的国际组织，属于各国政府之间的合作，因此后者具有法律条约基础，对成员国的约束力更强，履行计划的动员能力也会更高一些。

在未来，我们相信中亚区域经济合作计划可以与上海合作组织实现优势互补，部分中亚地区的项目可以通过上合组织来进行具体实施，由亚洲开发银行作为融资平台筹措资金；两大机制之间加强联系，开展金融、贸易等领域的合作。从促进中亚区域经济合作的共同愿望出发，上海合作组织与中亚区域经济合作计划合作的前景十分广阔。

同时应当指出的是，受亚洲开发银行投票比重影响，美日两国在亚行中的影响力最大，不排除实施一些与上海合作组织利益不符，甚至与中俄两国利益冲突的项目的可能性。

七　亚洲开发银行与中亚五国的合作

（一）与吉尔吉斯斯坦的合作

自 1994 年吉尔吉斯斯坦成为亚洲开发银行成员国以来，双方已建立伙伴关系超过 20 年。亚行对吉尔吉斯斯坦的援助主要集中在保证电力供应、提高居民就业能力以及加强交通和通信网络建设等方面。在过去 20 年中，亚行帮助 53.3 万名吉尔吉斯斯坦公民喝上了安全饮用水，修建或升级公路 830 千米，修建水管网络 1770 千米；新建学校 321 所、农村医疗卫生点 190 余个。截至 2013 年年底，吉尔吉斯斯坦共接受亚行贷款 36 笔，总计约合 8.85 亿美元；资助款 27 笔，约合 3.66 亿美元；技术援助 85 项，总金额为 0.48 亿美元。总

① 赵常庆：《亚洲开发银行〈中亚区域经济合作综合行动计划〉与中国和上海合作组织的关系》，《俄罗斯中亚东欧市场》2009 年第 5 期。

计金额约合 12.5 亿美元。[①]

（二）与哈萨克斯坦的合作

自 1994 年加入亚洲开发银行后，哈萨克斯坦接受亚行贷款总计 32 亿美元，主要用于农业、教育、金融、交通、供水等领域。其中交通以及信息通信领域的资金投入最大，占贷款总额的一半以上。亚行对哈萨克斯坦的援助主要目的是增加其运输潜力，强化其在全球交通网络中的作用。2012 年，哈萨克斯坦向亚行所属的亚洲发展基金捐赠 549 万美元[②]。

（三）与土库曼斯坦的合作

土库曼斯坦于 2000 年加入亚洲开发银行。截至 2013 年年底，亚行共向土库曼斯坦提供贷款 1.25 亿美元，全部用于交通领域。根据亚行与土库曼斯坦签署的国家伙伴计划，亚行将向土库曼斯坦提供贷款，帮助土方修建南北铁路。亚行同时向土方提供了技术援助资金，帮助其为阿富汗—土库曼斯坦区域能源计划项目做好技术准备。[③]

（四）与塔吉克斯坦的合作

塔吉克斯坦于 1998 年加入亚洲开发银行。在过去的 16 年中，亚行利用其资金及技术优势，帮助塔吉克斯坦提高居民生活水平和减少贫困。特别值得指出的是，在塔吉克斯坦战后重建的过程中，亚洲开发银行发挥了较大作用，为塔战后的建设提供了一定的资金和项目援助。截至 2013 年年底，亚行向塔提供资助、贷款和技术援助共计 12 亿美元。通过亚行的援助，总共超过 600 千米的公路得以修缮和改造；新建或升级能源管线 493 千米；为超过 9 万户家庭送去洁净用水。[④]

（五）与乌兹别克斯坦的合作

乌兹别克斯坦于 1995 年加入亚洲开发银行。截至 2013 年 12 月，亚行向乌兹别克斯坦提供资金贷款 53 笔，共计 40 亿美元。乌兹别克斯坦是亚行在中

---

① ADB：Asian Development Bank and Kyrgyz Republic：Fact Sheet.

② ADB：Asian Development Bank and Kazakhstan：Fact Sheet.

③ ADB：Asian Development Bank and Turkmenistan：Fact Sheet.

④ ADB：Asian Development Bank and Tajikistan：Fact Sheet.

亚地区最大的合作伙伴和贷款对象。同时还有总值为 2.25 亿美元的技术援助。2013 年，亚行向乌提供贷款 6.91 亿美元，主要用于支持太阳能发电、固体垃圾处理、农村房屋改造、水资源以及小微企业发展。①

第八节　突厥语国家合作机制

突厥语国家合作机制是指涵盖突厥语国家首脑会议等一系列以突厥语国家名义组织的国际合作机制。这些机制大多是由土耳其倡议、中亚突厥语国家选择性参与的机制。此类机制包括突厥语国家元首会议、突厥语国家合作委员会、突厥语民族和团体大会、突厥语国家议会大会、突厥语国家文化和艺术理事会等。

一　突厥语国家元首会议

苏联解体，中亚五国获得独立后不久，土耳其总统厄扎尔提出了举办突厥语国家元首会议的倡议。1992 年 10 月 30 日，在土耳其安卡拉，土耳其、阿塞拜疆、哈萨克斯坦、土库曼斯坦、吉尔吉斯斯坦以及乌兹别克斯坦六国领导人参加了首次突厥语国家元首会议。会议发表了《安卡拉宣言》，确立了处理各国相互关系的准则，包括强调各国在共同的历史、语言和文化联系下，尊重各国独立、主权、领土完整、互不干涉，加强相互之间的团结与合作，增强相互技术援助和技术培训等一系列的内容，引起了外界广泛关注。土耳其代表在会议上提出了建立突厥联盟的设想，但由于中亚国家并不热衷于此而未能获得通过。

两年后的 1994 年，第二届突厥语国家首脑会议在土耳其伊斯坦布尔举行，与会领导人讨论了纳卡冲突、塔吉克斯坦内战、波黑战争等问题。这次会议上虽然泛突厥主义的气氛依旧较为浓厚，但是中亚各国已经从最初对土耳其的依赖幻想中冷静下来，逐步意识到突厥主义泛滥的危害性。哈萨克斯坦总统纳扎尔巴耶夫在当时就指出："这里没有任何泛突厥主义、泛伊斯兰主义。"

---

① ADB: Asian Development Bank and Uzbekistan: Fact Sheet.

1995 年 8 月 28 日，第三届突厥语国家元首会议在吉尔吉斯斯坦首都比什凯克举行，这也是该会议首次在土耳其以外的国家召开。会议讨论了加强合作，特别是打击贩毒等有组织犯罪的问题，以及一系列有关经济和文化合作的事项。会后发表了《比什凯克宣言》。

第四届突厥语国家首脑会议于 1996 年 10 月 21 日在乌兹别克斯坦首都塔什干举行，会议的主旨是加强和平、安全以及社会经济发展。1998 年 6 月 9 日，第五届突厥语国家首脑会议在哈萨克斯坦首都阿斯塔纳举行，发表了《阿斯塔纳宣言》。六国领导人一致认为，加强突厥语国家间经济、贸易、教育和文化等领域内的合作符合国家的根本利益，也有利于该地区的和平与稳定。此后，第六届、第七届突厥语国家首脑会议都按期举行。

但第八届会议则是与第七届会议时隔 5 年之后，才于 2006 年 11 月 18 日在土耳其的安塔利亚举行。各成员国首脑强调要进一步加强突厥语国家之间的合作，实现共同发展。突厥语国家在相当长一段时间内关系冷淡，重新恢复会议机制主要得益于土耳其政府在背后的大力推动。在该次会议上，哈萨克斯坦总统纳扎尔巴耶夫提出了关于成立突厥语国家议会大会的倡议，得到了阿塞拜疆、吉尔吉斯斯坦、土耳其三国的支持。

2009 年 10 月，第九届突厥语国家首脑会议在阿塞拜疆纳希切万举行。会上，土耳其、阿塞拜疆、哈萨克斯坦和吉尔吉斯斯坦四国首脑签署了成立突厥语国家合作委员会的协定。2010 年 9 月，第十届突厥语国家首脑会议在伊斯坦布尔召开，主要讨论如何加强突厥语国家合作和发扬突厥语传统等问题，具体研讨了突厥语国家合作委员会的运作问题。

二　其他机制

（一）突厥语国家合作委员会

该委员会是根据土耳其、阿塞拜疆、哈萨克斯坦、吉尔吉斯斯坦四国领导人在第九届突厥语国家首脑会议的倡议而成立的合作机制。其宗旨为加强和夯实突厥语国家的多边合作。值得注意的是，突厥语国家首脑会议中的乌兹别克斯坦和土库曼斯坦未加入该机制。2011 年 10 月 21 日，在哈萨克斯坦阿拉木图举行了首届突厥语国家合作委员会会议。2012 年 8 月，在比什凯克举行了第二届会议，共同确定了该机制的旗帜，该旗帜图案采用了各国国旗上的特色要素拼接而成，会后还发表了《比什凯克宣言》。至 2015 年 10 月，突厥语国家合作委员会已经举办五届会议。在第五届会议上，纳扎尔巴耶夫总统表示，该机制成员国将成为连接中国、俄罗斯、中东等地区的经济枢纽，将大力开发跨里海运输潜力，实现互联互通。

（二）突厥语国家议会大会

2009 年 9 月，在阿塞拜疆首都巴库举行了首届突厥语国家议会大会，阿、吉、土、哈四国参加了会议。该会议每年举行一次，其宗旨为利用各国在历史、文化、语言等方面的相同性扩大彼此间的合作，开展政治对话，为地区安全与繁荣创造条件和搭建平台。

（三）突厥语民族和团体大会

土耳其加强与中亚国家联系的另一个重要国际机制是突厥语民族和团体大会。该大会文件显示，突厥语民族和团体大会每年举行一次，至今已举行十余届。该机制成立于 1992 年 12 月，由阿塞拜疆、哈萨克斯坦、吉尔吉斯斯坦、土库曼斯坦、土耳其以及乌兹别克斯坦共同创建，工作语言为土耳其语，执行机关设于土耳其安卡拉市。

参考书目

一　中文资料

（一）中文书籍

1. 〔奥〕赖因哈德·西德尔：《家庭的社会演变》，王志乐等译，商务印书馆，1996。

2. 〔丹〕奥勒·诺格德：《经济制度与民主改革：原苏东国家的转型比较分析》，孙友晋译，上海人民出版社，2007。

3. 〔俄〕弗·伊·多博林科夫、阿·伊·克拉夫琴科：《社会学》，张树华、冯育民、杜艳钧等译，社会科学文献出版社，2006。

4. 〔法〕迪尔凯姆：《社会学研究方法论》，胡伟译，华夏出版社，1988。

5. 〔哈〕卡·托卡耶夫：《光与影》，弓为东译，世界知识出版社，2010。

6. 〔哈〕卡·托卡耶夫：《中亚之鹰的外交战略》，赛力克·纳雷索夫译，新华出版社，2002。

7. 〔哈〕努·纳扎尔巴耶夫：《探索之路》，新疆人民出版社，1995。

8. 〔哈〕努·纳扎尔巴耶夫：《在历史的长河中》，徐葵等译，民族出版社，2005。

9. 〔哈〕努·纳扎尔巴耶夫：《站在21世纪门槛上》，陆兵、王嘉琳译，时事出版社，1997。

10. 〔美〕胡曼·佩马尼：《虎视中亚》，王振西主译，新华出版社，2002。

11. 〔美〕杰弗里·萨克斯：《贫穷的终结：我们时代的经济可能》，邹光译，上海人民出版社，2007。

12. 〔美〕肯尼思·沃尔兹：《国际政治理论》，信强译，上海世纪出版集团，2003。

13. 〔美〕肯尼思·沃尔兹：《现实主义与国际政治》，张睿壮、刘丰译，北京大学出版社，2012。

14. 〔美〕罗纳德·麦金德：《经济市场化的次序——向市场经济转轨过程中的金融控制》，周庭煜、尹翔硕、陈中亚译，格致出版社，2014。

15. 〔美〕马丁·瑞沃林：《贫困的比较》，赵俊超译，北京大学出版社，2005。

16. 〔美〕玛莎·布瑞尔·奥卡特：《中亚的第二次机会》，李维建译，时事出版社，2007。

17. 〔美〕塞缪尔·亨廷顿：《第三波——20 世纪后期的民主化浪潮》，刘军宁译，上海三联书店，1998。

18. 〔美〕西德尼·塔罗：《运动中的力量：社会运动与斗争政治》，吴庆宏译，凤凰出版传媒集团、译林出版社，2005。

19. 〔美〕詹姆斯·多尔蒂、小罗伯特·普法尔茨格夫：《争论中的国际关系理论》（第五版），阎学通、陈寒溪译，世界知识出版社，2003。

20. 〔美〕兹比格纽·布热津斯基：《大棋局——美国的首要地位》，中国国际问题研究所译，上海人民出版社，1998。

21. 〔日〕福武直主编《世界各国社会学概况》，虞祖尧、张禄贤译，北京大学出版社，1982。

22. 〔土〕萨·尼亚佐夫：《永久中立 世代安宁》，赵常庆等译，世界知识出版社，1993。

23. 〔乌〕伊·卡里莫夫：《临近 21 世纪的乌兹别克斯坦：安全的威胁、进步的条件与障碍》，王英杰等译，国际文化出版公司，1997。

24. 〔乌〕伊·卡里莫夫：《乌兹别克斯坦从来不依赖任何人》，刘显忠等译，时事出版社，2006。

25. 〔乌〕伊·卡里莫夫：《乌兹别克斯坦沿着深化经济改革的道路前进》，陈世忠、邱冰译，国家文化出版公司，1996。

26. 艾莱提·托洪巴依：《中亚五国经济发展现状》，科学出版社，2014。

27. 包毅：《中亚国家的政治转型》，社会科学文献出版社，2015。

28. 北京大学社会学系社会学理论教研室主编《社会学教程》，北京大学出版社，1987。

29. 陈联璧、刘庚岑、吴宏伟编《中亚民族与宗教问题》，中央民族大学出版社，2002。

30. 丁笃本：《中亚通史——现代卷》，新疆人民出版社，2004。

31. 丁宏：《中亚五国民族文化综论》，民族出版社，2003。

32. 董全瑞：《收入分配差距因素论》，中国社会科学出版社，2008。

33. 樊怀玉、郭志仪等：《贫困论——贫困与反贫困的理论与实践》，民族出版社，2002。

34. 傅殷才主编《新保守主义经济学》，中国经济出版社，1994。

35. 古丽阿扎提·吐尔逊、阿地力江·阿布来提：《中亚跨国犯罪问题研究》，中央民族大学出版社，2013。

36. 国家统计局国际统计和外事司主编《国际经济和社会统计提要》，中国统计出版社，1986。

37. 何雪松：《社会问题导论：以转型为视角》，华东理工大学出版社，2007。

38. 贺卫：《寻租经济学》，中国发展出版社，1999。

39. 花菊香：《社会政策与法规》，社会科学文献出版社，2002。

40. 季志业主编《俄罗斯、中亚“油气政治”与中国》，黑龙江人民出版社，2008。

41. 焦一强：《从“民主岛”到郁金香革命：吉尔吉斯斯坦政治转型研究》，兰州大学出版社，2010。

42. 金宜久：《当代伊斯兰问题》，民族出版社，2008。

43. 金宜久：《伊斯兰教的苏菲神秘主义》，中国社会科学出版社，2009。

44. 李进峰、吴宏伟、李伟主编《上海合作组织发展报告（2014）》，社会科学文献出版社，2014。

45. 李静杰、郑羽主编《俄罗斯与当代世界》，世界知识出版社，1998。

46. 李淑云：《经济转型研究》，经济科学出版社，2014。

47. 李爽：《实现公平分配的制度与政策选择》，经济科学出版社，2007。

48. 刘庚岑，徐小云：《列国志：吉尔吉斯斯坦》，社会科学文献出版社，2005。

49. 刘明宇：《贫困的制度成因——产业分工与交换的经济学分析》，经济管理出版社，2007。

50. 刘启芸编著《列国志：塔吉克斯坦》，社会科学文献出版社，2006。

51. 刘晓凯：《利益分化与政治稳定》，人民出版社，2008。

52. 柳丰华：《俄罗斯与中亚：独联体次地区一体化研究》，经济管理出版社，2010。

53. 陆南泉、姜长斌主编《苏联剧变深层次原因研究》，中国社会科学出版社，1999。

54. 陆忠伟主编《非传统安全论》，时事出版社，2005。

55. 麻健：《调节不合理收入分配问题研究》，中国经济出版社，2008。

56. 马大正、冯锡时主编《中亚五国史纲》，新疆人民出版社，2002。

57. 潘德礼：《列国志：俄罗斯》，社会科学文献出版社，2005。

58. 潘志平主编《中南亚的民族宗教冲突》，新疆人民出版社，2003。

59. 潘志平主编《中亚的地缘政治文化》，新疆人民出版社，2003。

60. 皮艺军主编《越轨社会学概论》，中国政法大学出版社，2004。

61. 钱学文：《中东恐怖主义研究》，时事出版社，2013。

62. 秦放鸣：《中亚市场新视角》，中国社会科学出版社，2006。

63. 桑玉成等：《政府角色——关于市场经济条件下政府作为与不作为的探讨》，上海社会科学院出版社，2000。

64. 施玉宇：《列国志：土库曼斯坦》，社会科学文献出版社，2005。

65. 石岚：《中亚费尔干纳：伊斯兰与现代民族国家》，民族出版社，2008。

66. 苏畅：《中亚宗教极端势力研究》，中国世纪出版集团有限公司，社会科学文献出版社，2009。

67. 孙静：《中俄在中亚的共同利益及其实现机制研究》，光明日报出版社，2014。

68. 孙力、吴宏伟主编《中亚国家发展报告（2014）》，社会科学文献出版社，2014。

69. 孙力主编《中亚国家发展报告（2012）》，社会科学文献出版社，2012。

70. 孙壮志、苏畅、吴宏伟：《列国志：乌兹别克斯坦》，社会科学文献出版社，2004。

71. 孙壮志：《中亚安全与阿富汗问题》，世界知识出版社，2003。

72. 孙壮志：《中亚新格局与地区安全》，中国社会科学出版社，2001。

73. 唐钧主编《社会政策国际经验与国内实践》，华夏出版社，2001。

74. 涂龙德、周华：《伊斯兰激进组织》，时事出版社，2010。

75. 汪金国：《多种文化力量作用下的现代中亚社会》，武汉大学出版社，2006。

76. 王刚义、梅建明：《社会发展与社会政策研究》，中国人民公安大学出版社，2002。

77. 王海燕：《新地缘经济：中国与中亚》，世界知识出版社，2012。

78. 王如忠：《贫困化增长贸易条件变动中的疑问》，上海社会科学院出版社、高等教育出版社，1999。

79. 王蔚然：《中亚区域经济一体化研究》，知识产权出版社，2014。

80. 王玉先主编《外国社会保障制度概况》，工人出版社，1989。

81. 王治来：《中亚通史近代卷》，新疆人民出版社，2004。

82. 吴恩远、吴宏伟主编《上海合作组织发展报告（2010）》，社会科学文献出版社，2010。

83. 吴宏伟：《中亚人口问题研究》，中央民族大学出版社，2004。

84. 吴宏伟主编《俄美新较量——俄罗斯与格鲁吉亚的冲突》，长春出版社，2009。

85. 吴宏伟主编《中亚地区发展与国际合作机制》，社会科学文献出版社，2011。

86. 吴宏伟主编《新丝路与中亚——中亚民族传统社会结构与传统文化》，

社会科学文献出版社，2015。

87. 项英杰等：《中亚：马背上的文化》，浙江人民出版社，1994。

88. 肖斌：《制衡威胁——大国联盟战略的决策行为》，中国出版集团世界图书出版公司，2012。

89. 邢广程、孙壮志主编《上海合作组织研究》，长春出版社，2007。

90. 邢广程、赵常庆、孙壮志主编《中国与中亚》，社会科学文献出版社，1999。

91. 邢广程：《崛起的中亚》，三联书店香港有限公司，1993。

92. 邢广程：《苏联高层决策70年——从列宁到戈尔巴乔夫》，世界知识出版，1998。

93. 邢广程：《中国和新独立的中亚国家的关系》，黑龙江教育出版社，1996。

94. 徐洪峰、李林河：《美国的中亚能源外交（2001—2008年）》，知识产权出版社，2010。

95. 徐亚清：《中亚五国转型研究》，民族出版社，2003。

96. 薛君度、邢广程主编《中国与中亚》，社会科学文献出版社，1999。

97. 薛君度、朱晓中主编《转轨中的中东欧》，人民出版社，2002。

98. 杨德刚、杜宏茹：《中亚经济地理概论》，气象出版社，2013。

99. 杨鸿玺：《美国中亚战略20年：螺旋式演进》，社会科学文献出版社，2012。

100. 杨进：《贫困与国家转型——基于中亚五国的实证研究》，社会科学文献出版社，2012。

101. 杨恕：《转型的中亚和中国》，北京大学出版社，2005。

102. 杨恕主编《聚集中亚——中亚国家的转型及其国际环境》，中国社会科学出版社，2013。

103. 于国安、曲永义：《收入分配问题研究》，经济科学出版社，2008。

104. 张宁：《上海合作组织农业合作与中国粮食安全》，社会科学文献出版社，2015。

105. 张宁：《中亚能源与大国博弈》，长春出版社，2009。

106. 张千帆等：《宪政、法治与经济发展》，北京大学出版社，2004。

107. 张新平：《地缘政治视野下的中亚民族关系》，民族出版社，2006。

108. 赵常庆：《列国志：哈萨克斯坦》，社会科学文献出版社，2003。

109. 赵常庆：《中国与中亚国家合作析论》，社会科学文献出版社，2012。

110. 赵常庆：《中亚五国新论》，昆仑出版社，2014。

111. 赵常庆：《中亚五国与中国西部大开发》，昆仑出版社，2004。

112. 赵常庆主编《十年巨变·中亚和外高加索卷》，东方出版社，2003。

113. 赵常庆主编《颜色革命在中亚》，社会科学文献出版社，2011。

114. 赵常庆主编《中亚五国概论》，经济日报出版社，1999。

115. 赵鼎新：《社会与政治运动讲义》，社会科学文献出版社，2006。

116. 赵华胜：《中国的中亚外交》，时事出版社，2008。

117. 赵会荣：《大国博弈：乌兹别克斯坦外交战略设计》，光大出版社，2007。

118. 郑羽主编《既非朋友，也非敌人——苏联解体后的俄美关系（1991～2005)》(下卷)，世界知识出版社，2006。

119. 郑羽主编《中俄美在中亚：合作与竞争（1991～2007)》，社会科学文献出版社，2007。

120. 中国东欧中亚经济研究会编《转型国家经济评论（第1辑)》，东北财经大学出版社，2008。

121. 中国现代国际关系研究院反恐怖研究中心主编《国际恐怖主义与反恐怖斗争年鉴》，时事出版社，2006。

（二）中文期刊

1. 〔哈〕努·纳扎尔巴耶夫：《主权国家哈萨克斯坦的形成与发展战略》，《亚洲经济与生活》1992年第8期。

2. 〔土耳其〕R. 库塔·卡拉卡：《土耳其与中国间的认知分析》，《阿拉伯世界研究》2014年第2期。

3. 〔哈〕卡·托卡耶夫：《哈萨克斯坦对外政策》，《外交学院学报》2002年第3期。

4. 俄罗斯国际事务委员会：《俄罗斯在中亚的利益：内容、前景、制约因素》，《俄罗斯研究》2014 年第 2 期。

5. 范庆泉、周县华、刘净然：《碳强度的双重红利：环境质量改善与经济持续增长》，《中国人口·资源与环境》2015 年第 6 期。

6. 富育红：《巴基斯坦塔利班发展现状及演变趋势》，《南亚研究季刊》2014 年第 1 期。

7. 贾庆国：《新时期中美关系面临的挑战和机遇》，《国际观察》2015 年第 1 期。

8. 雷琳、郎正文：《吉尔吉斯斯坦南部面临的困境与挑战》，《新疆师范大学学报》（哲学社会科学版）2014 年第 2 期。

9. 刘东：《土耳其未来政局的三种走向》，《社会观察》2015 年第 7 期。

10. 刘丰：《大国制衡行为的概念辨析》，《国际论坛》2010 年第 1 期。

11. 刘庚岑：《吉尔吉斯斯坦的对外关系：历史、现状与前景》，《东欧中亚研究》1996 年第 5 期。

12. 罗英杰：《浅析俄罗斯对阿富汗的政策变化及其影响》，《国际论坛》2015 年第 3 期。

13. 马景：《中亚伊斯兰教新思潮及其动向》，《世界宗教文化》2014 年第 4 期。

14. 尚月：《俄罗斯的阿富汗政策》，《国际资料信息》2012 年第 6 期。

15. 陶文钊：《如何看待中美关系》，《当代世界》2015 年第 8 期。

16. 王缉思、钱颖一、王敏、贾庆国、白重恩等：《构建中美战略互信》，《国际经济评论》2012 年第 2 期。

17. 王金照、王金石：《工业增加值率的国际比较及启示》，《经济纵横》2012 年第 8 期。

18. 许涛：《当前中亚地区安全面临的新挑战——关于中国与中亚国家发展安全合作的思考》，《和平与发展》2014 年第 2 期。

19. 杨恕、蒋海蛟：《伊斯兰复兴和伊斯兰极端主义》，《新疆师范大学学报》（哲学社会科学版）2014 年第 2 期。

20. 袁鹏：《关于构建中美新型大国关系的战略思考》，《现代国际关系》2012 年第 5 期。

21. 昝涛：《中土关系及土耳其对中国崛起的看法》，《阿拉伯世界研究》2010 年第 4 期。

22. 张茉楠：《不确定性情境下行为决策研究之综合述评》，《现代管理科学》2004 年第 11 期。

23. 张睿壮、刘丰：《中国共产党建党九十年来的对美交往》，《南开学报》（哲学社会科学版）2011 年第 2 期。

24. 赵常庆：《论影响中国与中亚关系的俄罗斯因素及中俄关系的中亚因素》，《新疆师范大学学报》（哲学社会科学版）2011 年第 32 卷第 4 期。

25. 赵晶、倪红珍、陈根发：《我国搞耗能工业用水效率评价》，《水利水电技术》2015 年第 4 期。

（三）学位论文：

26. 巴克：《俄罗斯与吉尔吉斯斯坦关系研究》，吉林大学 2013 年硕士学位论文。

27. 郭桂均：《俄美在吉尔吉斯斯坦的争夺及对其政治变革的影响》，新疆师范大学 2012 年硕士学位论文。

28. 焦一强：《吉尔吉斯斯坦政治转型研究》，华东师范大学 2009 年博士学位论文。

29. 朴美来：《吉尔吉斯共和国两次革命与美国俄罗斯的干预》，南京大学 2011 年硕士学位论文。

30. 石丽娜：《吉尔吉斯斯坦民族问题与中亚地缘政治》，陕西师范大学 2007 年硕士学位论文。

二　俄文材料

（一）俄文书刊

1. Абдугани Мамадазимов, “Проблемы обеспечения национальной безопасности Таджикистана”, “Центральная Азия и Кавказ”, Швеция, №2, 2004.

2. Аитов. Н. А, “Общество переходного периода”, Алматы, изд.

ИПК，1993.

3. Аитов. Н. А，“Социология”，Учебник для технических вузов，Алматы，ИК Минобразования，1997.

4. В. Н. Иванов. “Социологическая лирика”，Юбилею ИСПИ РАН посвящается. Издание 3-е，дополненное и исправленное. . РИЦ ИСПИ РАН，2006.

5. Дилярам Аркин，“Хроника независимости”，Казахстан，15. 12. 2006.

6. Е. Гайдар，“Экономика переходного периода，Очерки экономической политики посткоммунистической России，Экономический рост 2000－2007”，Издательство Дело АНХ，2008.

7. Климова. Т，“Социальные проблемы демографических процессов”，Алматы，изд. КазГУ，1997.

8. Региональное бюро по странам Европы и СНГ ПРООН，“Центральная Азия 2010-Перспективы человеческого развития”，Ташкент，1999 г.

9. СПб，“Борьба с ветряными мельницами? Социально-антропологический подход к исследованию коррупции”. Алетейя，2007.

10. Статистический комитет СНГ，“Мир в цифрах”，ФСИ，Москва，1993г.

11. Т. Бараулина，О. Карпенко. “Миграция и национальное государство”. СПб ЦНСИ，2.

12. Туктибаев Нуркен，Нигмеджанов Жасулан，“Бюджетно-налоговая политика Республики Казахстан”，Алматы 2005.

（二）俄文报纸

1. “Азия—Экономика и жизнь”（Казахстан）.

2. “Бизнес и политика”（Таджикистан）.

3. “Вечерний Бишкек”（Кыргызстан）.

4. “Газета экономических новостей России и СНГ”（Россия）.

5. “Голос Узбекистана”（Узбекистан）.

6. “Деловой партнёр Узбекистана”（Узбекистан）.

7. “Известия”（Россия）.

8. “Казахстан и страны СНГ”（Казахстан）.

9. “Мысль”（Казахстан）.

10. “Народное слово”（Узбекистан）.

11. “Независимая газета”（Россия）.

12. “Нейтральный Туркменистан”（Туркменистан）.

13. “Правда”（Россия）.

14. “Саясат”（1999—2009，Казахстан）.

15. “Центральная Азия и Кавказ”（Швеция）.

16. “Экономика и статистика”（Узбекистан）.

（三）俄文网站

1. http：//asiaplus. tj/.

2. http：//mfa. tj/.

3. http：//ru. government. kz/.

4. http：//ru. government. kz/.

5. http：//rus. gov. kg/.

6. http：//www. academy. uz/.

7. http：//www. academy. uz/.

8. http：//www. brookings. edu/.

9. http：//www. finpol. kz/.

10. http：//www. gazeta. kz/.

11. http：//www. gov. uz/.

12. http：//www. izvestia. kz/.

13. http：//www. mid. tj/.

14. http：//www. mintrud. uz/.

15. http：//www. mz. kg/ru/z1/.

16. http：//www. president. kg/.

17. http：//www. rand. org/.

18. http：//www. sectsco. org/.

19. http：//www. stat. kg/.

20. http：//www. stat. tj/.

21. http：//www. tianshannet. com. cn/.

22. http：//www. turkmenistan. gov. tm/.

http：//www. usip. org/.

三　英文资料

1. Charles L. Glaser, *Realists as Optimists: Cooperation as Self-help*, International Security, Vol. 19, No. 3 (Winter, 1994 - 1995).

2. H. A. Simon, *Rational Choice and the Structural of Environments*, Psychological Review, Mar, 1956.

3. Zarina Kakenova, *Military-political cooperation between the U. S. and Central Asian States*, Procedia Social and Behavioral Sciences, 143 (2014).

4. Jim Nichol, *Central Asia: Regional Developments and Implications for U. S. Interests*, *Congress Research Service*, Foreign Affairs, Defense and Trade Division, May 12, 2007.

5. World Bank, *Human Development Sector Unit Central Asia Country Unit Europe and Central Asia Region*, January 6, 2005.

6. Townsend, *Poverty in the kingdom: survey of the Household Resource and Living standard*, Allen Lane and Penguin Books, 1979.

7. UNDP RBEC, *Bringing down barriers*, *Regional Cooperation for human development and human security*, *Central Asia Human Development Report*, UNDP RBEC Bratislava Regional Centre, Bratislava, 2005.

8. World Bank, *Poverty and Inequality*, *Eastern and the Former Soviet Union*, Washington D. C, 2005.

后　记

历经三年的重要项目终于有了一个让人满意的结果，这不禁让我松了一口气。2013 年，中国社会科学院俄罗斯东欧中亚研究所中亚学科正式进入社科院创新工程。经过认真讨论和反复论证，“中亚国家政治与社会稳定及其发展趋势”课题被列为 2013 ~2015 年中国社会科学院俄罗斯东欧中亚研究所创新工程项目。项目历时三年，于 2015 年 10 月完成并顺利结项。2016 年，该研究成果得到中国社会科学院后期资助，由社会科学文献出版社出版，书名定为《中亚安全与稳定研究》。

虽然这一课题是在 2013 年立项，但对中亚安全与稳定的研究早在中亚国家独立不久，即中国社会科学院俄罗斯东欧中亚研究所设立中亚研究室后就已经开始。之后，它一直是我们这一学科重点研究的领域之一。2009 年俄罗斯东欧中亚研究所开始编辑出版《上海合作组织发展报告》，2012 年开始出版《中亚国家发展报告》，中亚安全与稳定问题一直都是其中的重点内容。实际上，一直到这部书出版之前，在“中亚国家政治与社会稳定及其发展趋势”项目框架下，已经有数量较多的关于中亚安全问题的论文和研究报告发表在这两部皮书上，并且在国内外产生了较大的影响，受到有关部门的重视。

项目组成员是整个项目组合体中的中坚力量，没有他们的勤奋努力，再重要的项目也是无法顺利完成的。我很庆幸我们研究所有一个出色而专业的中亚研究团队，从第一任中亚室主任赵常庆研究员和俄罗斯东欧中亚研究所前所长邢广程研究员，到第二任主任孙壮志研究员，以及已经退休和还工作在第一线的每一位研究人员，他们为中国社会科学院中亚学科的建设与发展做出了突出贡献。在这里，我向他们表示最崇高的敬意。

“中亚国家政治与社会稳定及其发展趋势”项目组由八位成员组成。他们是吴宏伟（项目首席研究员）、张宁（执行研究员）、赵会荣（执行研究员）、苏畅（执行研究员）、包毅（执行研究员）、杨进（执行研究员）、肖斌（执行研究员）和张昊。张宁研究员是以社科基金项目进入创新工程，原本可以不参加这个项目，但他依然承担了本项目的部分工作。赵会荣于2015年年初调任俄罗斯东欧中亚研究所乌克兰研究室主任，但仍然坚持完成了自己原来承担的任务。张昊曾是我的硕士研究生，如今在中国社会科学院方志出版社工作，同时也在跟我攻读博士学位。他是一位聪明、有很高素养的年轻人，英语和俄语都相当不错。最关键的是，他对中亚研究的热爱与追求使其具有巨大的发展潜力。中亚研究室非常需要这样年轻有为的人来补充新鲜血液，但由于中国社会科学院无区别对所有学科实行那项人人皆知的政策，使得这么优秀的青年学子一直无法加入我们的团队从事他所热爱的工作。这不能不令人深感遗憾。

在项目进行过程中，中国社会科学院和俄欧亚所两级领导以及科研主管部门、图书馆、财务、后勤等各部门的人员都给了我们极大的帮助和支持，特在此表示衷心的感谢。确实，我们工作在科研第一线，总有许多默默无闻的同事在背后给予我们支持、鼓励和鞭策，他们才是无名英雄和值得我们永远记住的人。

吴宏伟

图书在版编目(CIP)数据

中亚安全与稳定研究 / 吴宏伟主编. -- 北京 : 社会科学文献出版社, 2017.2
ISBN 978 - 7 - 5097 - 9904 - 8

Ⅰ.①中… Ⅱ.①吴… Ⅲ.①国家安全 - 研究 - 中亚 ②社会稳定 - 研究 - 中亚 Ⅳ.①D736

中国版本图书馆 CIP 数据核字 (2016) 第 252985 号

中亚安全与稳定研究

主　　编 / 吴宏伟

出 版 人 / 谢寿光
项目统筹 / 祝得彬
责任编辑 / 张苏琴

出　　版 / 社会科学文献出版社 · 当代世界出版分社 (010) 59367004
地址: 北京市北三环中路甲 29 号院华龙大厦　邮编: 100029
网址: www.ssap.com.cn
发　　行 / 市场营销中心 (010) 59367081　59367018
印　　装 / 北京季蜂印刷有限公司

规　　格 / 开 本: 787mm × 1092mm　1/16
印 张: 26　字 数: 423 千字
版　　次 / 2017 年 2 月第 1 版　2017 年 2 月第 1 次印刷
书　　号 / ISBN 978 - 7 - 5097 - 9904 - 8
定　　价 / 89.00 元